认知建模和脑控机器人技术

李 伟 著

科学出版社
北 京

内 容 简 介

本书主要是作者在脑-机接口(brain-computer interface，BCI)或脑-机器人交互(brain-robot interaction，BRI)方面的多年研究成果。该书详细地介绍BRI系统常用的脑信号产生机理和应用方法，全面地阐述以Cerobot为基本框架的非“侵入”式BRI系统结构，其中包括信号采集与处理、软件接口与混合编程、硬件设计与搭建等，并针对不同的脑电模式和机器人提供丰富的大脑与机器人交互的案例。

本书可作为BRI初学者的入门教材，使其了解大脑以及脑-机交互的基本原理和方法，也可作为BRI系统开发者的参考书，帮助搭建脑-机交互系统，实现从脑电波到机器人行为的转化。与此同时，该书也可为生物医学工程、认知科学、医学、自动化、计算机、游戏设计和虚拟现实以及其他相关专业的科研人员、本科生、研究生、BCI/BRI的兴趣爱好者提供参考。

图书在版编目(CIP)数据

认知建模和脑控机器人技术/ 李伟著. —北京：科学出版社，2018.7
ISBN 978-7-03-057666-8

Ⅰ. ①认… Ⅱ. ①李… Ⅲ. ①机器人技术 Ⅳ. ①TP24

中国版本图书馆CIP数据核字(2018)第118575号

责任编辑：阚　瑞 / 责任校对：郭瑞芝
责任印制：吴兆东 / 封面设计：迷底书装

科学出版社 出版
北京东黄城根北街16号
邮政编码：100717
http://www.sciencep.com
北京凌奇印刷有限责任公司 印刷
科学出版社发行　各地新华书店经销
*
2018年7月第　一　版　开本：720×1000　1/16
2023年2月第四次印刷　印张：17 1/2　插页：4
字数：360 000

定价：108.00元

(如有印装质量问题，我社负责调换)

前　言

脑-机接口(brain-computer interface，BCI)通过计算机或者其他电子设备，为人脑和外界环境之间的通信建立了一条不依赖人体外周神经系统与肌肉组织的新通道。自 Vidal 于 20 世纪 70 年代首次提出 BCI 概念的近 40 年里，相关成果丰硕，特别是近年来，在 BCI 基础上发展起来的脑-机器人交互(brain-robot interaction，BRI)技术为机器人控制提供新途径。2012 年，高位截瘫的患者在布朗大学通过意念独立控制机械臂来喝咖啡，这使得运动障碍患者对拥有运动能力重拾希望；巴西世界杯，一位截瘫青年穿着由米格尔·尼科莱利斯团队所研制的“机械战甲”开球，更向世人展现了脑控机器人的魅力。

BRI 不仅可以为运动障碍患者提供一种按照自由意愿与外界交互的方式，减缓社会老年化和残疾人群所带来的社会压力；也可以为健康人群提供独立于肢体控制的新型控制方式，拓展人的工作能力。它的巨大的科研和应用潜力吸引了多个领域研究者的关注，越来越多的科研团队加入到这一蓬勃发展的研究领域。然而 BRI 融合多种科学和专业知识，增加了研究者实现意念读取与控制的难度。如何搭建系统从而实现脑电信号到机器人动作的转化，如何优化系统从而获得优质的脑电数据，如何选择数据处理方式从而得到较高的辨识效果，成为研究者在初期研究时所面临的问题。

本书立足于如何利用脑电波控制机器人的构思，旨在为读者提供有关 BRI 系统的应用型、指导性丛书。本书的作者多年从事非“侵入”式 BRI 的相关研究，从脑电模式设计到数据处理，从 Cerobot 脑-机器人交互系统搭建到复杂环境下的脑控机器人实践，在自动化、教育和军工业等领域内获得多项研究成果，总结了丰富的理论与实践经验，更体会到了探索未知大脑、进行真实环境的人-机交互，这一系列过程中的挑战与喜悦。作者在本书中汇聚多年的研究成果和实际经验，希望可以为涉及 BRI 技术领域的研究人员和兴趣爱好者提供一定的指导，帮助读者建立和研究 BRI 系统，并引发对该领域更广泛的思考。

感谢赵靖、李梦凡、毛晓前、张进、闻玺、胡鸿、李文轩、宋玉、支旦阳、杜秀兰、张俊和张凯丽等参与脑控机器人技术课题研究的热情和努力，以及他们对本书撰写给予的巨大帮助。

李　伟

2018 年 5 月 20 日

目　录

第 1 章　绪　论

1.1　脑科学与脑-机器人交互

人的大脑是由数以亿计的神经元交错构成的复杂系统，通过海量神经元交互作用时的放电活动来对各类信息进行编码、传输和处理，使人脑能够从大量含有噪声且迥然各异的信息中整合出重要的知识，形成对周围世界的理解。对大脑结构和功能的探索一直是自然科学研究中最具挑战性的课题之一。随着近 20 年脑科学研究的迅猛发展，各国特别是发达国家纷纷推出发展脑科学研究的国家战略规划，争相抢占该领域的科技制高点：2013 年年初，欧盟委员会宣布人脑工程和石墨烯两大科技入选“未来新兴旗舰技术项目”，并分别设立专项研发计划，每项计划将在未来 10 年内分别获得 10 亿欧元的经费；随后美国也正式公布了可与人类基因组计划相媲美的脑科学研究计划，预算达数十亿美元；日本推出总预算达 200 亿日元的“脑科学时代”计划；我国的《国家中长期科学和发展规划纲要(2006—2020 年)》将“脑科学和认知科学”作为重点研究领域。

脑科学的进步和社会的发展需求促生了一项多学科交叉的新型人-机交互技术：脑-机接口(brain-computer interface，BCI)，它不依赖于人的外周神经系统和肌肉，通过解码大脑活动而直接将人类的意图传递给外部设备[1,2]。通过 BCI 可以控制各种机器人设备[3-5]，如智能轮椅[6]、移动机器人[7]、机械臂[8]、四旋翼飞行器[9]、仿人机器人[10]等，这种由 BCI 直接输出被试对象的控制决策，并且被试对象能够感知机器人的反馈信息，从而在大脑与机器人之间建立双向信息交互的方式称为脑-机器人交互(brain-robot interaction，BRI)技术[11-13]，本书将基于 BRI 的智能机器人系统称作脑控机器人系统。BRI 与 BCI 相比有以下两个特点：首先，BRI 的被控对象为机器人，这使得系统需要考虑机器人的动力学和运动学等特性，增加系统的设计难度；其次，“交互”强调大脑和机器人双方在完成任务过程中的相互影响[14]，因此 BRI 更关注个体为适应机器人而逐步调整大脑的过程[15,16]，如动物在充分的视/触觉反馈下可将机械臂看作身体的一部分并有效地控制其完成任务[17]。

完整的脑控机器人系统不仅包含 BCI 和智能机器人两部分，还包括这两部分的融合，即通过充分挖掘机器人所具有的自主智能潜力、规划能力以及运动特性，将这两部分在感知和智能决策层面进行有机融合。该研究涉及神经科学、信号处理、控制理论、人工智能、机器人学等多个学科，是一个具有重大科研价值和应用前景的跨学科研究方向，其研究的意义有以下几方面。

(1)促进脑与认知科学的发展。脑与认知科学的目的是解释信息在大脑中的编码过程；BRI 包括解码大脑信息这一过程，因此利用 BRI 可以验证脑科学理论(如编码方式、信息分布)[18]。此外，BRI 通过开发大脑的可塑功能和其他高级认知功能，使得大脑适应外界环境，因此 BRI 为进一步探索大脑的高级认知过程提供了可能性。

(2)推动康复工程的发展。《2006 年第二次全国残疾人抽样调查主要数据公布》显示全国有 8296 万残疾人[19]。在欧洲，15%的人群长期遭受着残疾带来的痛苦[20]，其中有 33 万人是由脊髓损伤造成的伤害并且人员数量以每年大约 1 万人的速度增长[21]。在人口老龄化进程中，患有脑干中风、帕金森等疾病的人群逐年上升。神经功能障碍导致这些残疾人与老年人无法通过正常的神经-肌肉通路来与外界交流，提供恢复或者替代自身行动能力的技术使他们具有健康人的自理能力是康复工程亟待解决的问题。BRI 的直接应用是通过直接连接大脑与机器，即“绕过”受损伤的神经系统，为上述人群提供一种全新的、凭自由意志的与外界交互的方式[22]，这不仅可以改善生活质量，使得具有神经功能障碍的残疾人与老年人回归正常生活，同时也能够减轻他们对社会的依赖，减小社会负担。

(3)促进军工业的高效发展。一方面，BRI 可以为人类提供在危险或者狭小环境下作业的替身。舱外活动在太空任务中是十分危险的[23,24]，通过 BRI 意念控制机器人完成操作任务保障了操作人员的安全并降低了地面训练的时间与费用。另一方面，由于 BRI 建立的意念控制方式独立于肢体控制方式，所以操作任务繁重的人员可以通过把任务分配给意念控制与肢体控制这两种方式来减轻肢体控制的操作压力，提高工作效率[25]。

(4)具有极大的商业开发价值。基于 BCI/BRI 的游戏不仅提供一种休闲方式，同时能够提高人的意念控制能力[26]和注意力。越来越多的人开始把 BCI/BRI 应用于游戏的开发中，如具有代表性的脑电采集设备公司 Emotiv 和 Neurosky。

1.2　认知过程概述

通过特定的思维任务或外部刺激编码大脑的电生理活动，可以产生不同的脑电信号模式，常用的信号模式有稳态视觉诱发电位(steady-state visual evoked potential，SSVEP)[27]、事件相关电位(event-related potential，ERP)[28]、运动想象(motor imagery，MI)电位[29]等。

1.2.1　SSVEP 的视觉信息处理机制

人的所有感觉(视、听、触、痛、嗅、味觉等)均源于感觉系统的活动，不同感受器在接收到相关类型的刺激后会产生感觉信号，这些信号在感觉通路中经过复杂的加工处理后传至中枢，最终引起感知[30]。对于视觉信息的感知，外界视觉刺激经过眼睛的光学成像系统落到视网膜，在视网膜上经过初步的信息加工，沿着神经纤维经视交叉到达外膝体，经过一次神经交替，通过大脑枕叶的视觉初级皮层，进入到大脑次级和高级视中枢以及位于枕叶或顶叶皮层的更高级的联合区进行更高层次的信息加工[31]。在人类的大脑皮层中超过 30 个功能区域和视觉有关，包括初级视皮层(V_1，也称作纹状皮层(striate cortex))和纹外皮层(extrastriate cortex，如 V_2、V_3、V_4、V_5 等)，这些皮层功能区域具有功能特化(平行加工)的特性，各功能区分别对视觉的不同信息属性进行处理：V_1 负责加工处理视觉刺激的信息，是最简单也是最早参与知觉组织活动的神经基础，研究表明初级视皮层与视网膜之间具有良好的对应关系，每个初级皮层神经元对视觉刺激的细节都具有强大的调制作用，通过神经元效应可以辨认出视觉的方向、空间频率和颜色的微妙变化；V_2 是视觉皮层的第二主要视区，主要接受来自 V_1 的投射连接，并发送到 V_3、V_4、V_5，同时对 V_1 做出反馈连接，其功能也与 V_1 有许多共性，如对定位、空间频率和颜色等简单特征进行处理；V_3 位于 V_2 的前方，主要接受来自 V_1、V_2 的输入，投射到后顶叶皮层，而其辅助区(V_{3a})则是重要的运动加工区，负责对整个对侧视野的运动信息进行加工；V_4 位于 V_2 的前方、后颞下回皮层的后面，其主要功能和 V_1 相似，但可以处理中等复杂的物体特征信息，如几何形状等；V_5 也称中颞区(middle/medial temporal，MT)，由许多对视觉刺激的复杂运动有选择性的神经元组成，负责加工和处理复杂的视觉运动信息[32,33]。

对于这些众多的皮层功能区域，如何共同协作将视网膜图像转化为人们的视觉认知和行为，现有研究已经取得了一系列的重要进展[34]。对于呈现在人眼前的视觉刺激，其中携带的各种基本视觉信息，如亮度、形状、运动(包括运动方向和速度)、颜色、深度等，会经由不同的神经通路进行加工和传递，其中最主要的有背侧通路(dorsal stream)和腹侧通路(ventral stream)两条，如图 1.1 所示。背侧通路主要负责运动和空间位置信息的处理，通常称为“空间(where)通路”，它从 V_1 开始，经过 V_2、V_3 和 MT，最后到达后顶叶皮层(posterior parietal cortex，PPC)；腹侧通路则负责形状和颜色信息的处理以及对物体的识别，也和长期记忆有关，通常称为“内容(what)通路”，它从 V_1 开始，经过 V_2、V_3 和 V_4，最后到达下颞皮层(inferotemporal cortex，IT)。通过这两条既平行又分级串行的复杂神经通路，将人脑的 30 多个与视觉信息处理相关的皮层功能区域交互地联系起来进行协同工作。它们的高端输出将发送到前额叶皮层、海马皮层和杏仁核等与认知、意识、记忆和情绪等有关的结构，形成人类高级认知活动的神经基础[35]。

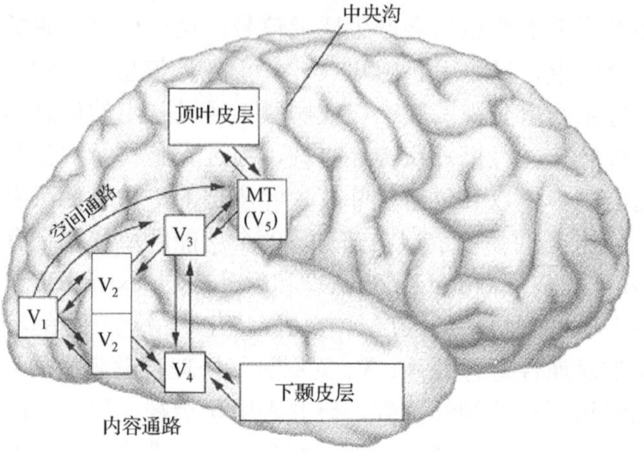

图 1.1　视觉信息加工的神经通路[36]

1966 年，Regan[37]通过使用固定频率调制的单色闪光刺激作用于人的双眼，在大脑枕部诱发出了具有与视觉刺激频率相同的基频及其谐波频率的周期性脑电响应 SSVEP。SSVEP 体现了大脑初级视觉皮层对外界周期性刺激所产生的一种物理响应，不会触发高级的视觉信息加工过程[38]，但是被试对象的注意对 SSVEP 存在着调制作用[39]。对于 SSVEP 模式的产生机制，现有研究中主要存在两种假设：一种假设认为其来自刺激所诱发的早期瞬态视觉响应的叠加；另一种假设则认为 SSVEP 来自刺激诱导的大脑持续场电位振荡(on going field potential oscillations)的相位重设，或神经元集群活动的改变[40]。尽管对于 SSVEP 的产生机制仍然存在争议，但是随着功能磁共振成像、功能性近红外成像等高分辨率脑功能成像技术的发展，当前对于这两类视觉刺激处理过程所涉及的脑功能区域的研究已经取得了一定的成果：SSVEP 信号是大脑初级视觉皮层对外界周期性刺激所产生的一种物理响应，并不涉及高级的视觉信息加工和认知心理过程，因此主要出现在初级视觉皮层所在的大脑枕区。

1.2.2　认知研究中常见的 N200 和 P300

当外加某种特定的刺激于感觉系统或脑的某一部位，在给予/撤销刺激或者当某种心理因素出现时脑区所产生的电位变化被称作事件相关电位(ERP)[41]。不同的外界刺激方式和心理因素会引起不同的 ERP，一般从以下三个方面对 ERP 进行描述。①极性，即电位相对参考电压的正负值，命名正向波为 P(positive)，负向波为 N(negative)。②潜伏期，即从施加/撤销刺激至波峰/波谷达到最高/低处的时间长度，以毫秒(ms)为单位。10ms 以内为早成分，10～50ms 为中成分，50～500ms 为晚成分，500ms 以后为慢波。与心理因素相关的成分主要为晚成分和慢波。根据极性和潜伏期对 ERP 进行命名，如命名潜伏期大约为 300ms 的正向波为 P300，命名潜伏期大约为 200ms 的负向波为 N200。③分布的脑区，即 ERP 较为明显的脑区。ERP 在被试对象未进行训练的情况下就可以获得。

P300 是在事件(如听觉、视觉刺激)发生后大约 300ms 出现的一个正向波[42]，是以 delta(0.5～4Hz)脑波为主要贡献和 theta(4～7.5Hz)脑波响应的融合[43]。1965 年，Sutton 等在研究 ERP 与刺激的不确定性关系时首先发现 P300。随着各种与 P300 类似的成分被发现，P300 扩展成一个含有多种成分的，潜伏期为 250～800ms，幅值为 5～20 μV 的家族[44]。常见的成分为 P3a 和 P3b。P3a 是由未预料到的、具有足够强度的刺激突然出现而诱发的一个正向波，其最大的波幅出现在额叶。P3a 主要由新异刺激诱发产生，因此被认为是朝向反应出现的标志。P3b 为最初发现的 P300，对于被试对象具有偶然性的刺激可诱发此电位，并且 P3b 在 Pz 点附近的幅值较高。图 1.2 为 3 种刺激组成的范式所诱发的 P3a 和 P3b[45]。

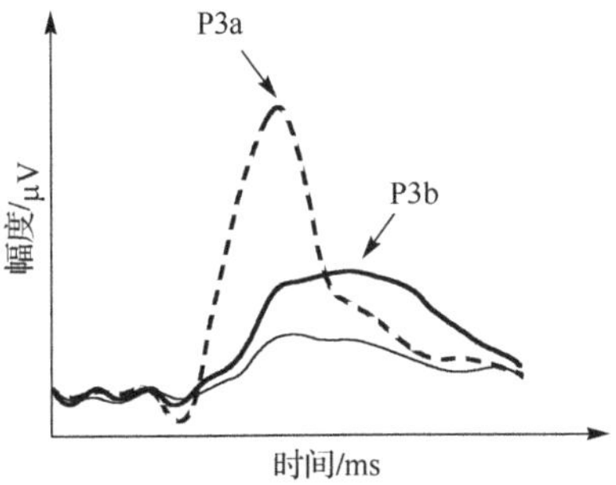

图 1.2　P3a 和 P3b

产生 P300 电位的一种解释为背景-更新理论(context-updating theory)[45]。P300 标志大脑对当前刺激的心理表征的校对活动。大脑在对刺激进行感观信息的初级处理之后，会在注意力的驱使下比较工作记忆中往期刺激的表征和当前刺激的表征。如果没有检测到差异，则大脑只产生与感观相关的 ERP，如 N100 和 P200；如果检测到差异，大脑会更新已有的相关刺激的表征，P300 则伴随该更新过程而出现。P300 的潜伏期随任务难度增加而变大，说明潜伏期可能反映了大脑对刺激物的评价所需要的时间；P300 的波幅与刺激的概率呈反向关系，表明 P300 的波幅可能代表背景表征的更新[46]。P300 的以上特征使得其成为反映认知信息处理过程[47](如记忆更新[44]、决策[48]等方面)的脑电信号。

N200 是在事件发生后 180～325ms 的负向波[44]。它是以 theta 脑波为主要贡献和 delta 脑波共同调制产生的波形[49]。采用不同的诱发范式可引起大脑不同意识程度和主观程度的信息处理过程，形成在幅值、潜伏期、脑区分布方面有差异的 N200 信号，如 N2a、N2b、N2c、前部 N2 等，构成 N2 家族。引起 N200 的心理因素主要有三种：新异性、认知控制和视觉注意。新异性是指偏差刺激与感觉记忆中的标准刺激之间的差异性[50]。非新异刺激构成的有关实验背景的短期记忆和人的生活经验所形成的长期记忆可导致刺激具有新异性，而N200与这种新异性相关。Courchesne等基于三刺激的 Oddball 范式在额叶采用新异刺激比其他非新异刺激诱发出更大的N200，形成新异效应；复杂的新异刺激比简单的新异刺激诱发出幅值更高的N200。认知控制是管理策略和处理有助于管理策略的反馈信息，包括反应抑制、反应冲突和错误监督。在要求被试对象指出单词颜色的 Stroop 范式中，词义与颜色不一致的条件在头皮的中央部诱发出延迟的N200，这可能是由于大脑在对包含两种互相冲突的信息的刺激做决策时选择了抑制词义信息，而 N200 与这一认知控制过程相关。视觉注意是呈现的刺激与大脑存储的对刺激的期望之间的差异引起的注意。Suwazono[51]赋予三刺激 Oddball 范式中的新异刺激具有标志目标刺激出现的功能。概率越小，目标刺激在枕叶和颞叶诱发的N200就越大，说明N200与视觉注意相关；当概率减小时，在新异刺激之后出现的刺激与大脑中的期望差异就越大，造成更大的N200。

运动视觉诱发电位(motion visual evoked potential，mVEP)是研究人类大脑视觉系统中运动信息处理过程的重要手段。运动起始视觉诱发电位(motion-onset visual evoked potential, motion-onset VEP)是mVEP中的一种电位，它是指刺激在静止一定时长后开始移动时所诱发的脑电信号。motion-onset VEP 包括 P100、N200 和P200[52]，其中N200是主导成分[53]，分布在枕叶和枕-颞叶，潜伏期为150～200ms。N200是对运动处理过程的响应和对时间上亮度变化响应的合成成分，在大脑的两个半球的分布上有差异：在80个被试对象的实验结果中，60%的被试者左侧半球具有更高的N200。

1.2.3 事件相关同步化和去同步化现象

事件相关同步化(event related synchronization，ERS)和事件相关去同步化(event related desynchronization，ERD)现象主要产生在大脑进行肢体运动想象的过程中，因此其也称为运动想象(motor imagery，MI)电位。在大脑进行肢体运动想象的过程中，大脑皮层的感觉运动区是主要的工作区域。中央沟把大脑半球的皮层分为前后两个部分，前部主要与运动有关，后部主要与感觉相关。躯体感觉皮层由两个区组成：第Ⅰ躯体感觉区位于中央后回和帝中央小叶的后部(Brodmann 3-1-2 区)，接受对侧半身通过背侧丘脑腹后核传过来的浅感觉和深感觉纤维；第Ⅱ躯体感觉区位于中央前、后回的最下部，外侧裂上唇，以躯干四肢感觉为主。躯体运动皮层由三个区组成：第Ⅰ躯体运动区(即初级运动区)位于中央前回和旁中央小叶的前部(4区和6区)；辅助运动区位于6区额叶内侧面，和运动的准备与编程有关；第Ⅱ躯体运动区位于中央前、后回下部与导叶之间，协调随意运动，与第Ⅱ躯体感觉区有某些重叠。

皮层第Ⅰ躯体感觉区和第Ⅰ躯体运动区都与躯体存在相似的定位关系，如图1.3所示。其投影如同头向下、脚朝上倒置的“人”形(头面部除外)，而且为左、右交叉管理。感觉运动皮层投射区的面积与运动的灵敏程度和感觉的敏锐程度有关。运动越灵活，感觉越灵敏的躯体对应的皮层感觉运动区的面积就越大。例如，手运动灵活并且感觉敏锐，所以其对应的投射区较大。

大脑皮层的不同生理状态能使脑电图的波形发生不同的变化。当大脑皮层某区域开始激活，该区域的代谢和血流增加，同时进行的信息加工导致脑电波的某些频段信号幅度减低或者阻滞，即频带能量降低，这一电生理现象称作事件相关去同步化。与之相反，头皮脑电某些频段在大脑静息或惰性状态下表现出明显波幅增高的电活动，即频带能量升高，将其称为事件相关同步化。

ERD/ERS不同于事件相关电位，它和刺激之间只存在锁时关系而不存在锁相关系，即频率阻断现象的潜伏期虽然大致相同但是波形的起始相位未必一致，因此不能用简单的线性方法(如时域叠加平均法)来提取，却可以采用频域分析检测。在ERD/ERS的研究中需要注意两点：①当涉及ERD/ERS时，需要指明具体的频带；②只有当事件发生前几秒测得的基线所代表的一种节律在功率谱中具有明显的谱峰时，ERD才有意义；同样，只有当事件导致信号中出现一种节律成分且其峰值是原功率谱中没有检测到时，ERS才有意义。

大脑的主要功能之一是参与运动的计划和运动的控制，而alpha(8～12Hz)、beta(12～40Hz)和gamma(40～100Hz)脑波显示出与运动行为密切相关的ERD/ERS现象，因此下面主要介绍这三种脑波信号的相关研究[54]。

alpha脑波的研究。当手准备运动时，10Hz的ERD主要表现在头皮对侧感觉运动区；当运动开始后ERD会扩展分到双侧的感觉运动区；同时，10Hz的ERS则出现在与运动不相关的区域或在运动结束后在曾出现ERD的区域。因此，许多研究人员将10Hz的ERD作为脑激活的指标，而把10Hz的ERS作为皮质区域恢复到惰性状态的标志。

beta脑波的研究。Jasper等认为25Hz的beta节律对手运动最敏感而且局限在对侧皮质的手运动区，在运动准备或在运动中表现为ERD；在运动结束后则恢复到基线形成ERS。Pfurscheller等认为一个完整的“self-paced”自主运动过程可分为3个不同的时期，包括运动的计划、运动的执行和运动结束后的恢复。运动计划时期出现在运动开始前大约2s，表现出对侧感觉运动皮质的mu与beta脑波的ERD现象；随着运动执行的开始，可以观察到双侧皮质区域出现对称的与肌电(electromyography，EMG)活动相关的ERD；当运动结束后，beta脑波的ERD很快恢复到基线而且显示出短暂的运动后ERS现象，而mu脑波的ERD在2～3s内缓慢恢复到基线。

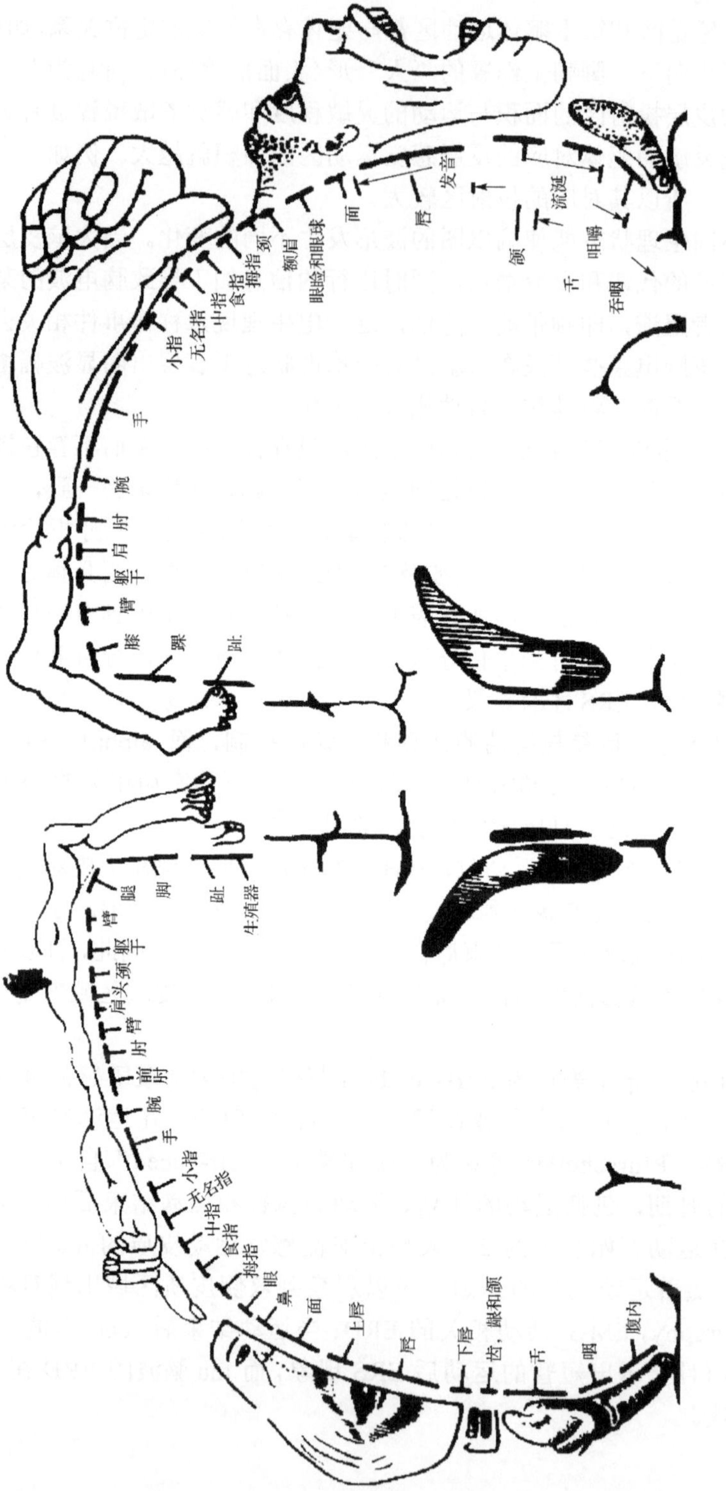

(a) 第 I 躯体感觉区　　(b) 第 I 躯体运动区

图 1.3　大脑感觉运动皮层与躯体对应关系

gamma 脑波的研究。Pfurscheller 等用手指、脚趾及舌等一系列简单运动性作业，在正常人中进行了重复性研究，记录了排列在头皮前后中央区 56 个电极的 EEG，分析和探讨了平均功率谱 8～40Hz 的脑电振荡活动特点与手指、脚趾和舌等运动的相关性与脑地形图分布的特点。研究表明：出现在对侧手运动区的 40Hz 的 ERS 与手指运动相关；而出现在接近头顶区的 40Hz 的 ERS 与脚趾运动相关；分布在双侧对称运动区域的 40Hz 的 ERS 则与舌运动密切相关。而且发现 40Hz 的 ERS 出现在准备运动之前是其最显著的特点。

不同脑波的 ERD/ERS 与大脑兴奋关系存在如下关系。alpha 和 beta 脑波的 ERD 可作为大脑激活的指标，而 ERS 的出现表明大脑处于失活的状态，提示皮质区域恢复到静息或惰性状态。与 alpha 和 beta 脑波不同的是，gamma 脑波的 ERS 与皮质激活相关，可能参与多区域和多种模式的信息整合加工过程。

运动想象的研究主要针对的是不做实际动作而只进行运动想象的过程，此时的脑电信号在对应的大脑皮层感觉运动区会出现与实际运动相似的 ERD/ERS 现象。Pfurtscheller 等研究表明，单边的肢体运动或想象运动时，大脑对侧 alpha 和 beta 脑波产生 ERD 现象，大脑同侧则产生 ERS 现象。这不仅证实了运动想象与实际动作是通过相同脑结构实现的，而且为 BCI 的研究提供了一种新的途径，即可以利用运动想象作为 BCI 的输入信号。然而，运动想象所诱发的 ERD/ERS 现象的幅值要明显弱于实际运动的 ERD/ERS 的幅值，因此在检测中更加困难。

1.3 脑-机接口技术

自 1929 年德国生理学家 Berger[55]首次报道人类脑电现象以来，人们围绕着脑电信号的生成机理、特征和应用等问题开展了广泛而深入的研究探索，其中脑-机接口的研究在 Vidal[56]1973 年首次提出后的这 40 多年中得到了长足的发展。一个完整的 BCI 系统如图 1.4 所示，主要包括信息编码(BCI 范式)、信号获取、信号解码和信息输出(外部控制设备)四个部分，基本工作原理可以描述为被试对象在执行特定思维任务或受到特定诱发范式刺激时，人脑神经系统会对任务或刺激的信息进行“编码”使得电生理活动产生相应的变化，形成不同的大脑活动模式；这些大脑活动可以通过多种测量技术进行获取和记录，包括头皮脑电(electroencephalography，EEG)[57]、皮层脑电(electrocorticography，ECoG)[58]、植入式电极[59]、脑磁图(magnetoencephalography，MEG)[60]、功能磁共振成像(functional magnetic resonance imaging，fMRI)[61]和功能性近红外成像(functional near-infrared imaging，fNIR)[62]等；通过对测量信号进行处理(包括预处理、特征提取和模式识别)，从中解码出大脑活动信息及被试对象的控制意图；最后依据被试对象意图输出控制指令，实现与外部设备间的信息交互。

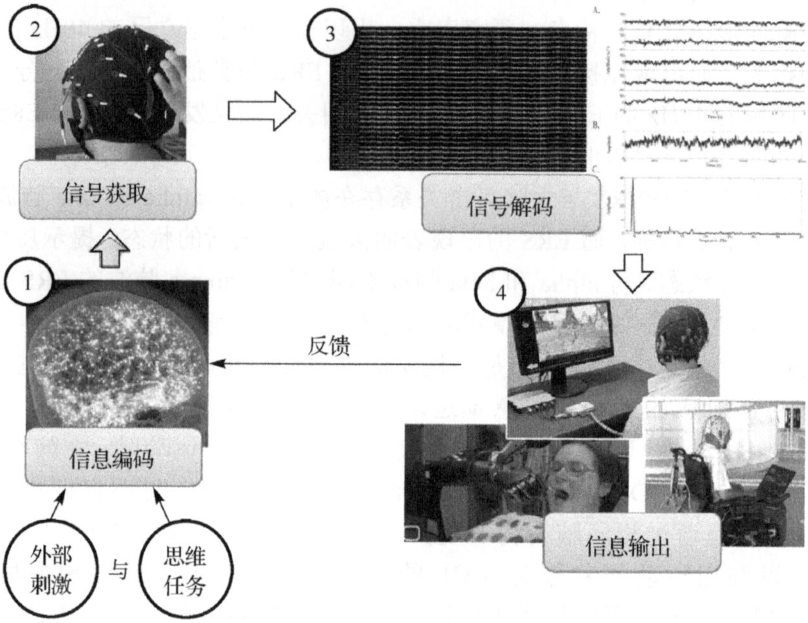

图 1.4　脑-机接口系统的基本构成

1.3.1　常见的信号模式

1. SSVEP

SSVEP 是基于固定频率的外部视觉刺激诱发产生的，体现了大脑初级视觉皮层对外界周期性刺激所产生的一种物理响应。SSVEP 产生于初级视觉皮层，在相应的枕部 EEG 电极中(包括 Oz、O1、O2 等通道)具有最大的响应幅度。在频域上，SSVEP 具有与刺激频率相同的基频和对应的谐波频率成分，在时域上与刺激源保持着良好的锁时、锁相特性。图 1.5 显示了 SSVEP 信号在时域、频域、空间域的信号特征。其中，图 1.5(a)是用于调制视觉刺激源的 12Hz 方波信号，其诱发出的 SSVEP 响应经过 11～13Hz 窄带滤波后的时域波形见图 1.5(b)，对 3s 时间内 Oz 通道的 SSVEP 信号进行快速傅里叶变换(fast Fourier transformation，FFT)得到的频谱特征如图 1.5(c)所示，提取各个通道频谱上 12Hz 处的能量绘制出 SSVEP 特征的空间分布如图 1.5(d)所示。这些特征使得 SSVEP 具有较高的信噪比、稳定的频谱以及较快的响应速度，被广泛应用于面向各类任务的 BRI 系统研究中。

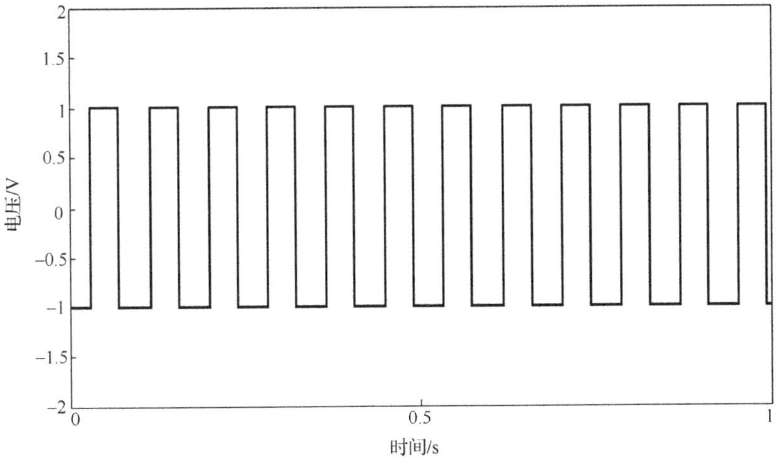

(a) 12Hz的方波刺激信号

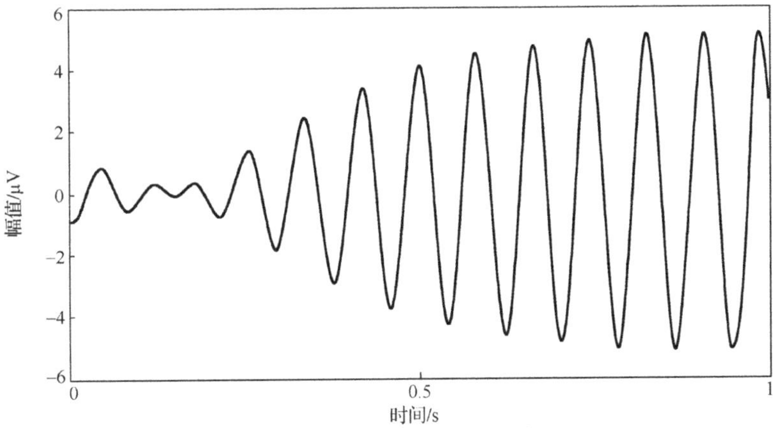

(b) Oz通道11～13Hz频段的时域信号

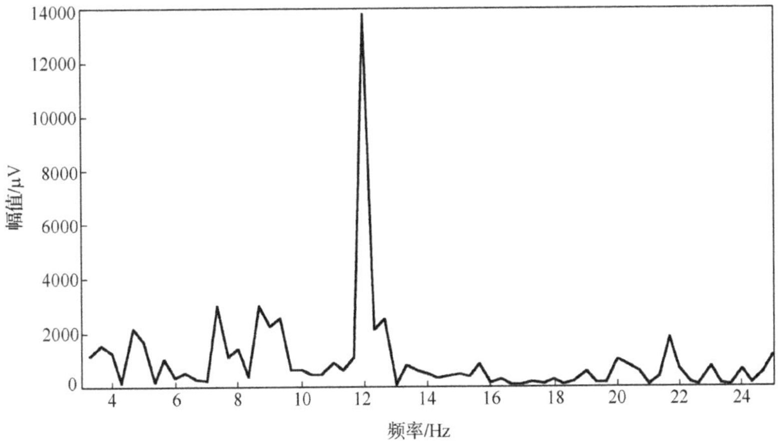

(c) Oz频道SSVEP信号的频谱分布

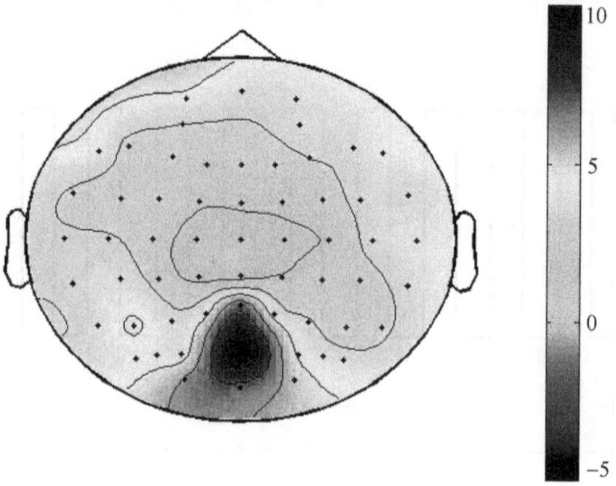

(d) 12Hz SSVEP响应的空间分布(见彩图)

图 1.5　SSVEP 信号的时域、频域、空间域特征

2．ERP

ERP 是在给予或撤销某种特定的、作用于感觉系统或脑的某一部位的刺激时，或者主动地出现某种自上而下的心理因素时，这种“事件”所引起的大量神经元的突触后电位同步总和的表现。ERP 反映了大脑从接收刺激到做出反应的这一连续的认知加工过程，连接了外界刺激与心理活动，在脑的高级功能的探索和 BCI/BRI 的应用方面都有非常广泛的研究。

Oddball 范式是产生 P300、N200 等 ERP 成分的经典实验范式。它是指在一项实验中对同一感觉通路随机地呈现两种概率相差很大的刺激，第 2 章将对此做详细的介绍。

图 1.6 是基于 Oddball 范式诱发的 ERP。以刺激出现时刻作为 0 时刻，根据每个成分的固有潜伏期和极性命名各个成分：P100、N100、P200、N200 和 P300。上述成分属于晚成分，与心理因素或者刺激的物理属性可能相关。

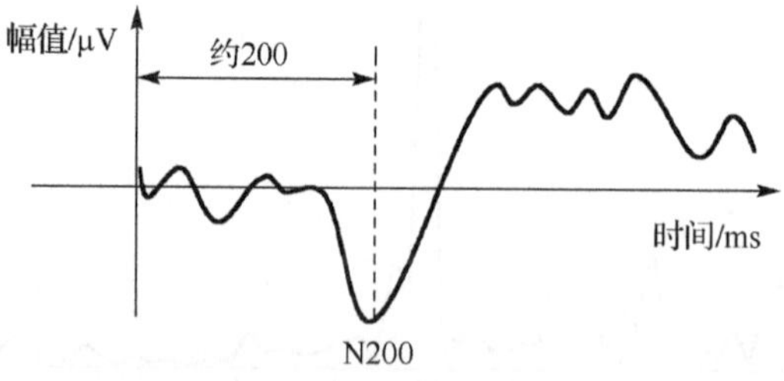

图 1.6　N200 波形图

3. MI

MI是在执行特定的心理或生理作业时(如想象左/右手、双脚、舌头等肢体部位的运动)，大脑皮层某些区域的神经元活动增强，削弱了整个神经元集群的同步性，造成脑电信号在特定频段上表现出频带能量下降的现象；ERS则是在大脑恢复静息或惰性状态时，脑电信号的特定频段表现出频带能量升高的现象[63,64]。研究表明，MI电位通常出现在mu脑波频段(8～12Hz)和beta脑波频段(18～26Hz)，主要产生于大脑感觉运动皮层，在不同的运动想象任务中具有不同的空间域特征分布。图1.7显示了被试对象进行左手、右手和双脚的运动想象时，在相应肢体部位的感觉运动皮层所产生的MI特征。

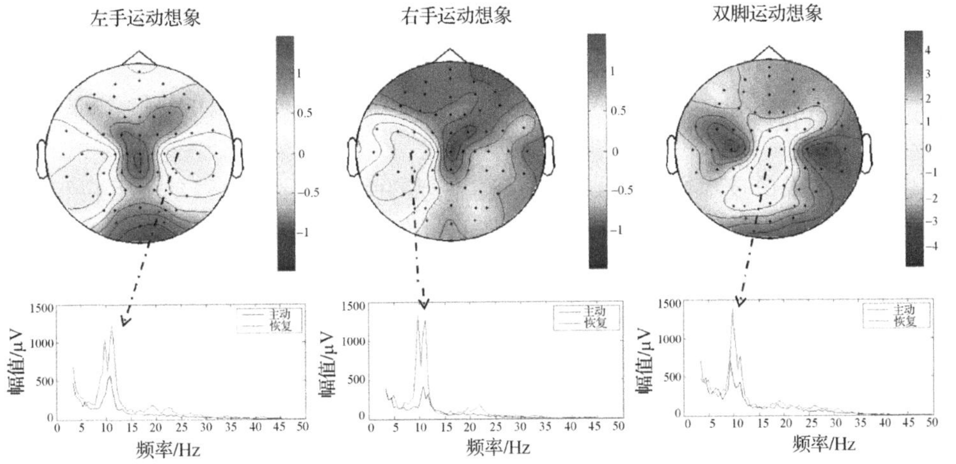

图1.7 左手、右手和双脚运动想象任务中的MI特征[63](见彩图)

在上述三种脑电信号模式中，ERP和SSVEP都是由外部刺激诱发产生的，虽然易造成被试对象疲劳，但具有更高的正确率、更多的指令种类、更短的训练时间以及更好的普适性；MI则是被试对象通过想象手臂、双脚等肢体动作而自发产生的，具有无须外部刺激、响应速度更快以及不易疲劳的特点，但分类正确率和可识别的指令数量都较为有限。这三种脑电信号模式的对比如表1.1所示。

表1.1 三种常用脑电信号模式的对比

脑电信号模式	事件相关电位	稳态视觉诱发电位	运动想象电位
实验范式	注视随机顺序闪烁的刺激源	注视固定频率闪烁的刺激源	想象手臂、双脚等肢体部位的运动
外部刺激	需要	需要	不需要
正确率	高	高	较低
响应速度	较慢	较快	快

续表

脑电信号模式	事件相关电位	稳态视觉诱发电位	运动想象电位
指令数量	多	较多	少
疲劳程度	易疲劳	易疲劳	不易疲劳
训练时间	较短	短	较长
普适性	强	强	较弱

4. 慢皮层电位

慢皮层电位(slow cortical potential，SCP)是 ERP 中的极低频率成分(0.1～2Hz)[65,66]，是持续时间为 300ms 至几秒的正/负电位的偏移[67]。健康人经过训练可以自行调整 SCP：进行思维活动增强大脑皮层的兴奋性，使得 SCP 为负向；减弱思维活动降低大脑皮层的兴奋性，使得 SCP 为正向。由于 SCP 的极性可控，所以可以将其作为 BCI/BRI 的输入信号进行脑控外部设备。

1.3.2 信号获取技术

现有的脑成像技术主要检测大脑活动引起的两种变化：血液动力反应和电生理活动[20]。血液动力反应是指血液为激活部分神经元而使得它们释放血糖的比率高于未激活的神经元[68]；基于此反应的成像技术包括功能磁共振成像技术、正电子发射断层成像技术(positron emission tomography，PET)、近红外光谱(near infrared spectroscopy，NIRS)等。电生理活动是神经元之间交换信息引起的电-化学反应。对脑电信号的检测是一种直接测量大脑活动的方式，其较高的时间分辨率可记录下更多的包含意图的脑变化活动，从而为探测大脑意图提供可能。脑电信号的采集方式分为有创式和无创式两类。有创式脑电采集方式是将电极放置在大脑皮层的上边/内部/下边来采集电信号，如皮层脑电位、局部场电位(local field potential，LFP)、单电极动作电位(single unit action potential，SU)[69,70]。由于这种方式距离神经元更近，所以采集的信号的噪声小，包含信息更多；但是它造价高，并且需要进行外科手术才能完成电极的安放，存在一定的风险性。浙江大学[71]、北京师范大学[72]等国内高校利用这类技术在猴子身上开展的研究在揭示大脑功能机理方面做出了贡献，而在国外的最新研究中，Hochberg 等[59]和 Collinger 等[73]通过在大脑皮层植入微电极阵列使瘫痪患者能够通过意念控制机械假肢完成各种抓取任务。无创式脑电采集方式是将电极安放在头皮表面，包括脑电图、脑磁图等，具有低成本、无手术风险的特点，但是受到的干扰较多。无创式技术包括 EEG、MEG、fMRI、fNIR 等，图 1.8 显示了它们在空间分辨率和时间分辨率方面的性能对比，图中横纵坐标的长度并不代表数值比例，仅表示不同技术在该性能方面的大小关系。

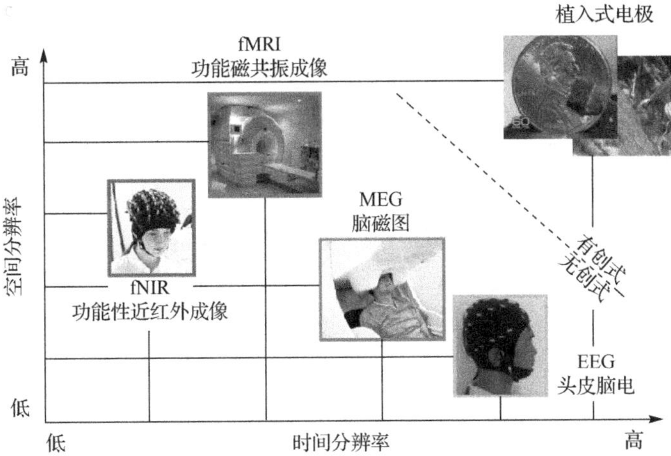

图 1.8 脑活动信息获取技术的时间分辨率和空间分辨率对比

EEG 通过检测大量神经元突触兴奋形成的电流采集脑电信号，除了具备上述无创式脑电采集设备的优势，EEG 还具有可携带的特点(在无创式采集设备中只有 EEG 和 NIRS 具有可携带性)[20]，因此已经成为应用在 BCI/BRI 领域最为广泛的信号采集设备：清华大学[74,75]、浙江大学[76]、华南理工大学[77]、华东理工大学[78]、南开大学[79]、天津大学[80]、北京理工大学[81]、Allison 研究组[82]、Jo 研究组[83]、Shenoy 研究组[84]、杜克大学[85]、美国 Wadsworth 研究中心[86]、奥地利格拉茨技术大学[87]、德国蒂宾根大学[88]、Liang 研究组[89]都搭建了基于 EEG 信号采集技术的 BCI/BRI 平台。介于上述调研，本书主要讨论基于 EEG 信号进行分析和实验搭建。

国际临床神经生理学联合会(International Federation of Societies for Electroencephalography and Clinical Neurophysiology)于 20 世纪 50 年代制定了统一的电极安放位置和命名的标准，命名为“国际 10-20 标准系统”。该系统定义鼻尖至枕外隆凸的连线为矢状线，左耳垂至右耳垂的连线为冠状线，两条线的交点为中央点，并以这两条线的长度的 10%或者 20%定位电极点，如图 1.9 所示。电极的命名方式为“大写字母”+“数字”(或小写字母“z”，代表在矢状线上的电极)。大写字母代表脑区，主要区域包括额叶(frontal，F)、中央区域(central，C)、顶叶(parietal，P)、枕叶(occipital，O)、颞叶(temporal，T)；奇数代表在矢状线以左的脑区，偶数代表在矢状线以右的脑区。在矢状线上从鼻尖到枕外隆骨的电极依次为额极中点——Fpz，额中点——Fz，中央点——Cz，顶点——Pz，枕点——Oz；在冠状线上从左向右的电极依次为左颞点——T3，左中央——C3，中央点——Cz，右中央——C4，右颞点——T4。在本书的所有实验中被试对象佩戴的电极帽都是依据国际 10-20 标准系统排布电极。

佩戴电极帽的过程主要分为以下七个步骤[90]。第一步测量被试对象大脑的周长，选择和此周长接近的电极帽。第二步测量鼻根到枕骨的长度，并以此长度的 1/2 处设定为中央点 Cz 所在位置，做标记；在距离鼻根 10%的长度的位置做标记，设定为额中点 Fz。第三步把电极帽的 Cz 电极放置在标记的中央点处，在固定 Cz 的情况下佩戴整个电极帽。第四步检查电极 Fz、Cz、Pz、Oz 是否位于头皮的矢状线，电极 Fz 是否位于标记的额中点，左侧与对应的右侧的电极是否处于同一个水平线。第五步固定涂有导电膏的参考电极于如图 1.9 所示的左耳与右耳乳突。第六步用注满导电膏的注射器插入到电极中慢慢注入导电膏，并要确保导电膏未过量，以防导联。注射通道的顺序为“地”通道，其次是实验所需的通道。第七步连接电极线与转换箱。

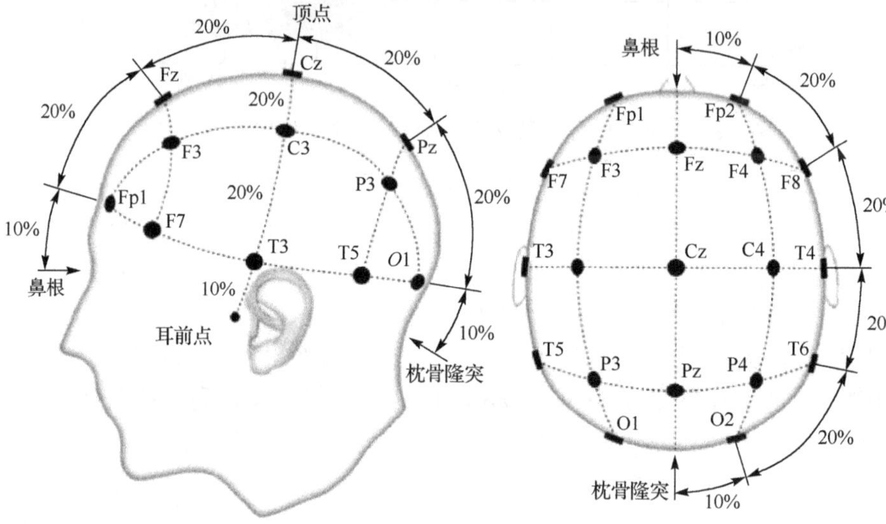

图 1.9　“10-20 国际标准导联”头皮电极布设 [91]

1.3.3　信号解码算法

在基于 EEG 技术的脑-机接口系统中，携带被试对象意图信息的脑电信号具有信噪比低、非平稳、存在个体间和个体内差异性等特点，如何从各种伪迹和噪声的干扰中解码出大脑的思维状态信息和被试对象的控制意图，是脑-机接口研究中的一个关键问题，可以分为预处理、特征提取和模式分类三个部分。

1．预处理

预处理是脑电信号解码的第一步，通过 EEG 电极采集到的原始脑电信号往往受到多种伪迹和噪声信号的干扰，如工频干扰、电磁噪声、眼电伪迹和肌电伪迹等，难以准确解码出大脑的思维活动信息，因此在进行特征提取和模式分类之前需要对脑电信号进行预处理，从而提高目标信号的信噪比。常用的预处理过程包括数字低通/高通/带宽滤波器、滤波器阵列(filter bank，FB)、特征通道优选、空间滤波(如 local average technique[92]与 Laplacian[93])、去除伪迹(如 independent component analysis[94])、去除参考电极影响(common average reference[93]、bipolar[65])、主成分分析(principal component analysis，PCA)、自相关(auto correlation)等。其中，数字滤波是依据携带有特征信息的特定频段，采用陷波滤波器、Butterworth 滤波器、Chebyshev 滤波器、有限脉冲响应(finite implues response，FIR)滤波器、无限脉冲响应(infinite impulse response，IIR)滤波器等[95,96]，去除脑电信号中掺杂的非特征频段的噪声干扰。通道优选是根据被试对象大脑不同区域的神经电位活跃程度，选取最适于分类和识别当前思维活动信息的通道组合，从而去除混杂有过多伪迹噪声以及与当前思维活动无关的脑电通道。例如，在基于视觉刺激诱发的 SSVEP 模式中，距离大脑枕部视觉皮层较远的通道携带的有关刺激的信息较少，因此去除这些通道、减少实验通道的数量，不仅可以缩短实验准备时间，提高被试对象舒适度，降低实验设备(主要是电极帽和脑电采集设备)的成本，还可以减少冗余信息，降低分类计算的数据量。虽然减少通道数量可能会丢失部分特征信息，但在通道包含足够的信息的情况下去除一些与思维活动相关性较小的通道，可能会因为减少冗余信息而提高正确率[97,98]。常用的通道优选方法有穷举法[99]、互信息最大化方法[100]、共空间模式算法[101]和自适应通道选择方法[102]等。

2. 特征提取

特征提取是利用各种信号处理技术从预处理后的脑电信号中提取能够反映大脑思维意图的特征向量。信号特征可以分为时域特征、频域特征和空间域特征[96,103]。时域特征提取方法主要分析脑电信号波形的几何性质，包括幅值、均值、方差等，具有直观性强、物理意义较为明确、信息失真少的特点，常用的算法有叠加平均、波形参数、直方图分析、峰值检测、相关分析等。频域特征提取方法是从频域上对脑电信号进行分析，提取其中的节律性特征，常用算法有傅里叶变换、功率谱分析、相干分析等。空间域特征提取算法是依据不同思维活动所引起的神经电位变化在大脑皮层的空间分布特性，对多通道脑电信号进行空间特征的提取和降维，常用算法包括 Laplacian 滤波、主成分分析、独立成分分析、共空间模式等。此外，脑电信号的非线性促使研究者也尝试利用分数维[104]、李雅普诺夫指数等非线性参量来提取特征。由于不同的脑电信号模式所具有的特征各不相同，所以在实际的脑-机接口系统中，选用的特征提取算法应该与脑电信号模式以及应用任务的性能需求保持一致。例如，ERP 和 SCP 模式是以时域特征为主，一般采用时域特征提取方法，或者以时域方法为主，结合频域方法和空间域方法。而以频域特征为主的 SSVEP 和 ERD/ERS 模式，一般采用频域特征提取方法，或者以频域方法为主，结合时域方法和空间域方法。

本节分别从时域、频域、空间域和相位角度方面介绍常用的特征提取算法，包括叠加平均、独立成分分析(independent component analysis，ICA)、快速傅里叶变换(fast fourier transform，FFT)、典型相关分析(canonical correlation analysis，CCA)、共空间模式(common spatial pattern，CSP)和相位同步分析。

1)叠加平均

采集的EEG信号不仅包含ERP，也包含其他生理或心理活动所对应的脑信号。由于ERP的幅值为2～10μV，远小于脑电信号的50～100μV，所以常常被淹没在其中。ERP具有恒定的波形和潜伏期，即同一个刺激多次诱发的ERP的波形和潜伏期大体相同，而作为ERP背景的EEG与刺激不具有锁时关系。基于ERP的上述特点，通过叠加多次诱发的脑电数据可以得到ERP波形。在多次叠加数据段时对齐刺激出现的时间点，这样ERP的幅值与叠加次数成比例地增大，而背景EEG则以随机噪声的方式加和，如图1.10所示。

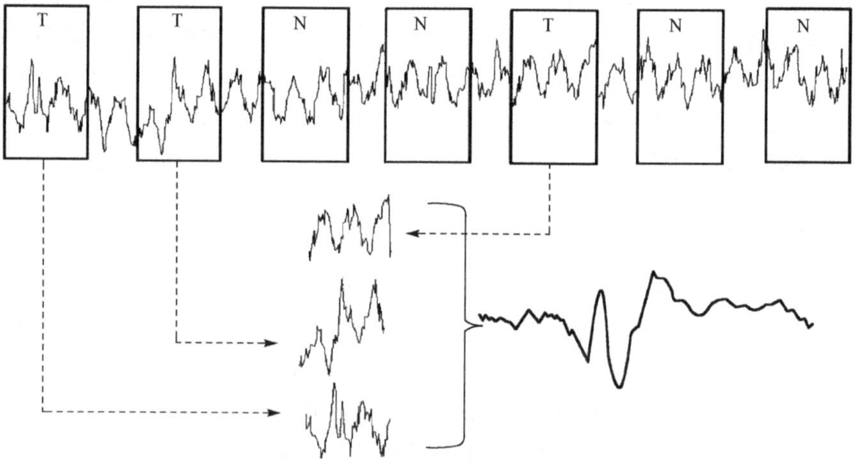

图 1.10　叠加平均示意图

当叠加次数为n次时，ERP增大了n倍，EEG增大了$\sqrt{n}$倍，因此幅值的信噪比可提高$\sqrt{n}$倍。把叠加后的数值除以n得到的平均值被认定为刺激单次诱发的ERP的幅值，从而将ERP从背景EEG信号中提取出来，上述过程常被称作叠加平均。被试对象之间存在个体差异，单个被试对象的诱发结果难以表明实验诱发的ERP的普适性，因此ERP的实验需要在多个被试对象上进行，并将同一种条件下全部被试对象的叠加平均ERP再进行一次平均，得到总平均值。这种总平均的方式可以说明全部被试对象的共同特点，显示了各个被试对象的ERP的一致性。

2)独立成分分析

ICA的目标是寻找一个非高斯数据的线性代表，使不同的成分在统计学上独立或尽可能独立地分解出来。ICA 分为两种方式：提取独立空间特征的空间 ICA 以及提取独立时间特征的时间 ICA。由于电极记录的是位于大脑皮层不同位置的混合 EEG 信号，所以 ICA 便可以用来将那些独立的成分单独提取出来，选择需要的成分做进一步分析。另有研究者对比了三种不同的 ICA 算法，包括 Infomax，FastICA，以及 SOBI，Infomax 表现出了最佳的性能[105]。

被试对象眨眼或者移动眼球会导致脑电产生很大的波动，形成伪迹。这些伪迹的波幅很高并且频带与 ERP 相近，因此难以利用传统的滤波或者叠加平均的方法来消除它们。ICA 是较为常用的鉴别伪迹的方法，它把原始的脑电信号转化为在统计学上独立的多个源信号[106]，再通过辨认和分离伪迹来得到较为纯净的 ERP[107]。

ICA 是一种信源分解技术，假设前提为原始信号是统计独立的独立成分，而观测到的信号是这些独立成分的混合；其基本思路是根据统计独立的原则将观测信号分解为若干个独立成分[108,109]。假设有 Q 个观测信号 $x=[x_1(t),x_2(t),\cdots,x_Q(t)]^{\mathrm{T}}$，它们是 Q 个独立的原始信号 $s=[s_1(t),s_2(t),\cdots,s_Q(t)]^{\mathrm{T}}$ 的线性组合：

$$x = As \tag{1.1}$$

其中，$A=[a_{ij}]_{Q\times Q}$ 是未知矩阵。上述 ICA 模型也可写为

$$x_i = \sum_{j=1}^{Q} a_{ij} s_j \tag{1.2}$$

即第 i 个观测量是矩阵 A 的第 i 个行向量与 s 的点乘。ICA 的主要目的是求解一个可以逆向上述混合过程的矩阵 $W=[w_{ij}]_{Q\times Q}$，使得有

$$u = Wx \tag{1.3}$$

其中，u 是在统计独立的意义下最逼近未知原始信号 s 的估计信号，图 1.11 描述了该过程。为求取 W 需要建立合适的目标函数并采用优化算法最大或者最小化此函数，尽可能地使 u 的各个分量互相独立。概率密度函数是衡量各个成分独立性的基本判据，但是在一般情况下是未知的，因此采用概率密度函数的泛函作为目标函数，常见是最大似然估计法、最大熵法和最小互信量法。常用于脑电分析的 EEGLAB 软件中采用基于最大熵(informax)的 ICA 方法来分解脑电信号。

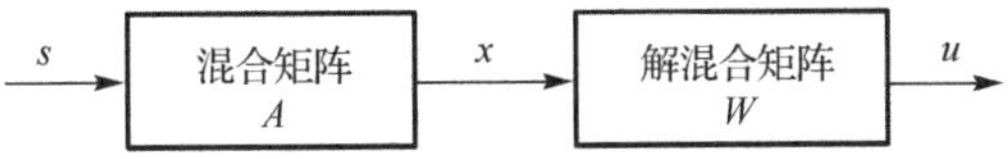

图 1.11 ICA 原理图

3) 快速傅里叶变换

快速傅里叶变换是离散傅里叶变换(discrete Fourier transform，DFT)的快速计算方法，能够根据时域信号的离散采样序列计算出特定频率成分的能量和幅值，因而

既能用于提取 SSVEP 的频域能量特征也能用于提取 SSVEP 的时域相位特征。对于一个长度为 N 的有限长离散采样信号 $s(n)$，它的 DFT 可以表示为以下形式：

$$\mathrm{DFT}(k)=\sum_{n=0}^{N-1}x(n)W_N^{kn},\quad k=0,1,\cdots,N-1,\ W_N=\mathrm{e}^{-\mathrm{j}\frac{2\pi}{N}} \tag{1.4}$$

按照式(1.4)，完成 DFT 的计算大致需要 N^2 次乘法计算与 N^2 次加法运算，而 FFT 则利用了 W_N 的周期性和对称性，将 N 点 DFT 分解为两个 $N/2$ 点的 DFT，并递归地向下分割，最终将计算的复杂度减少到 $O(N\log_2 N)$，极大地加速了 DFT 的计算速度。由于离散采样的限制，FFT 的频率分辨率 Δf 始终是有限的，它取决于数据采集的采样频率 f_s 和变换前时间序列的点数 N，所以有 $\Delta f=f_s/N$。在求得 DFT(k) 后可以根据式(1.5)获取频率为 f 的正弦波的能量值以及对应的相位：

$$\mathrm{Power}(f)=\frac{\left|\mathrm{DFT}(f/\Delta f)\right|^2}{N} \tag{1.5}$$

$$\mathrm{Phase}(f)=\arctan\Big(\big(\mathrm{R1}\big(\mathrm{DFT}\ f/\Delta f\big)\big)+\mathrm{jIM}\big(\mathrm{DFT}(f/\Delta f)\big)\Big) \tag{1.6}$$

其中，IM(∗)与 R1(∗)分别表示取括号中虚数的实部与虚部；j 表示虚数符号。FFT 作为一种使用最为广泛的时-频信号分析方法，具有较快的计算速度并且可以同时获得多个刺激频率对应的 SSVEP 响应的特征信息，尤其适用于使用了多个刺激频率的 SSVEP 信号解码。Jia 等[110]在频率与相位混合编码的 SSVEP 解码中就使用 FFT 进行特征提取，根据一次 FFT 的结果同时获取 10Hz、12Hz、15Hz 等三个刺激频率对应 SSVEP 相应的相位特征，并在通道优选的基础上取得了高于 90%的平均准确率。

当前研究频域的方法除了上述的傅里叶变换，还包括小波变换(wavelet transform，WT)、希尔伯特变换(Hilbert transform，HT)、经验模态分解(empirical mode decomposition，EMD)、最大比融合(maximum contrast combination，MCC)和最小能量组合(minimum energy combination，MEC)。Liu 等[96]统计对上述几类方法的使用情况，统计结果如表 1.2 所示。其中 FT 类算法包括 FFT 和 DFT，具有实现简单和运算速度快的优点，主要用于计算脑电信号的功率谱密度(power spectrum density，PSD)[111]，也被用来提取相位信息[112]。

表 1.2　主要 SSVEP 研究中各类特征提取算法的使用次数统计

算法	FT	WT	HT	EMD	MEC	MCC
文献数量	13	3	4	4	6	2

4)典型相关分析

典型相关分析(CCA)最早由 Hotelling 提出[113]，被视为对多元回归(multivariable

regression）和相关分析（correlation analysis）的延伸，是一种利用综合变量对之间的相关关系来反映两组数据之间的整体相关性的多元统计分析方法。在计算两组多维变量 X 与 Y 的相关性时，CCA 分别考虑两组变量各自的线性组合，在所有可能的线性组合中找到组合系数 W_x 与 W_y 来使得 $x = W_x^{\mathrm{T}} X$ 与 $y = W_x^{\mathrm{T}} Y$ 之间具有最大的相关性，并用该组合的单相关系数 $\rho(x, y)$ 来表示 X 与 Y 的相关性，称为典型相关系数，而这两个线性组合称为一对典型变量。在两组多变量的分析中，一般需要若干对典型变量才能完全反映出它们之间的相关性。因此，CCA 会继续在两组变量的与 (x, y) 不相关的线性组合中，找一对相关系数最大的线性组合，它就是第二对典型变量，而 $\rho(x_2, y_2)$ 就是第二个典型相关系数。这样，可以计算出若干对典型变量，从而表征两组变量间的全部相关性信息。

如果将多通道 EEG 数据定义为

$$X \in \mathbf{R}^{n \times m} \tag{1.7}$$

其中，n 表示 EEG 数据的通道数；m 表示时间窗中数据段的长度；将 Y 定义为由与刺激频率同频率的正弦与余弦波组成的二维时间序列：

$$Y = \begin{bmatrix} \dfrac{\sin(2\pi f_s i)}{f} \\ \dfrac{\cos(2\pi f_s i)}{f} \end{bmatrix}, \quad i = 1, 2, \cdots, m \tag{1.8}$$

其中，f 表示 EEG 的信号采样频率；f_s 表示视觉刺激的闪烁频率。经过 CCA 的计算过程后，$x = W_x^{\mathrm{T}} X$ 与 $y = W_x^{\mathrm{T}} Y$ 之间具有最大的相关性，也就是说计算结果 y 与多通道 EEG 中的 SSVEP 成分有最大的相似性，而 y 由正弦波信号与余弦波信号通过线性组合得到，根据下列辅助角公式：

$$\begin{cases} a \sin\alpha + b \cos\beta = \sqrt{a^2 + b^2} \sin(\alpha + \varphi) \\ \tan\varphi = \dfrac{b}{a} \end{cases} \tag{1.9}$$

即可根据 W_y 求解 SSVEP 响应的相位特征。但是，由于 CCA 过程并不对求解过程中的正负号做严格限定，因而在利用 W_y 求解 SSVEP 相位时需要通过计算一个单通道数据的 FFT，并根据 FFT 得到的相位特征对 CCA 的计算结果加以修正，求解步骤如下：

$$W_Y'(1) = \mathrm{sign}(-\mathrm{Im}(\mathrm{FFT}(y_{\mathrm{Oz}})(f_s))) \times |W_Y(1)| \tag{1.10}$$

$$W_Y'(2) = \mathrm{sign}(\mathrm{Rl}(\mathrm{FFT}(y_{\mathrm{Oz}})(f_s))) \times |W_Y(2)| \tag{1.11}$$

$$\varphi = \arctan[W_Y'(2) + \mathrm{j} W_Y'(1)] \tag{1.12}$$

其中，y_{Oz} 表示通道 Oz 处的 EEG 采样序列；Im(∗)与 Rl(∗)分别表示取括号中虚数的实部与虚部；sign(∗)表示取括号中变量“∗”的正负符号；j 表示虚数符号。Gao 等[114]的研究结果显示，使用 p-CCA 方法可以从多通道 EEG 数据中提取得到清晰的相位特征，在多个刺激目标之间的相位间隔为 60° 时，使用 3s 长数据段进行特征提取后做阈值分类可以达到 85%以上的平均分类准确率。

5)共空间模式

CSP 的原理是设计一系列空间滤波器使其中一类的方差最小而剩余类的方差最大。CSP 可以通过使用多个电极的数据来抑制噪声，因此此方法比其他方法需要更多的电极数据。另外，由于 CSP 基于 Fisher 判别准则，所以它仅仅能够反映出两个类别平均能量的区分能力。在实际应用中，这种平均能量的区分可能不足以反映样本数据在决策分类中的判别能力。从统计学的角度来说，算术平均对异常值十分敏感，所以一些人为因素，如眼动、肌肉活动等可能淹没正常的 EEG 信号，使一些通道的能量过大。而 CSP 只是单纯地将协方差矩阵进行累积，如果人为因素恰好在不同的实验条件下呈现不对称分布，CSP 会将其作为比重较大的特征值提取出来，这样便会使 CSP 空间滤波器产生偏差。另有研究者通过一些改进的 CSP 算法，如 FBCSP(filter bank common spatial pattern)来进行运动想象分类，其利用与被试对象对应的特定频段内的时空滤波器来计算特征向量，并最终验证了该算法对 4 类运动想象(左手、右手、双脚和舌头)的分类[115]。

6)相位同步分析

相位同步分析一般是指基于希尔伯特黄变换(Hilbert-Huang transform，HHT)等时频分析方法计算 EEG 数据中 SSVEP 成分的瞬时相位，并计算 SSVEP 的瞬时相位与刺激波形相位之间的差值，并从该差值的变化序列中构造特征值。由于 SSVEP 的锁相特性，理想情况下该差值应该为一个固定值，否则即说明 SSVEP 成分并未被有效诱发。HHT 包含经验模态分解(empirical mode decomposition，EMD)和希尔伯特谱分析两部分计算过程：EMD 将给定的信号分解为若干固有模态函数(intrinsic mode function，IMF)，该过程被视为一种依据信号特点进行的自适应分量“筛选”；希尔伯特谱分析则对“筛选”得到的一系列 IMF 分量求解其瞬时频率。

3. 模式分类

模式分类是将脑电信号中提取到的特征向量映射为指定的类别，以反映大脑的思维状态和被试对象的控制意图。目前脑-机接口研究中常用的分类算法可分为五类[116]：线性分类器、神经网络[117]、非线性贝叶斯分类器[118]、近邻法[119]和分类器的组合[120]。其中线性分类器包括 Fisher 线性判别分析(Fisher's linear discriminant analysis，FLDA)和支持向量机(support vector machine，SVM)等；神经网络中应用最广泛的是多层感知器；非线性贝叶斯分类器包括二次贝叶斯和隐马尔可夫模型等；最近邻分类器的一个典型例子是 k 邻近法；综合分类器包括 Boosting 和投票等[121]。线性分类器比非线性分类器往往具有更强的鲁棒性；非线性分类器在复杂或是数据集更大的情况下也会表现出更好的效果。尽管这些算法通常都可以被用于不同脑电信号模式下的模式分类，但是根据信号特征和应用任务的需求来匹配最佳的分类算法，可以有效提高系统的分类性能。文献[122]和[123]指出 FLDA 与逐步线性判别法(stepwise discriminant analysis，SWLDA)在探测 P300 时的分类效果优于其他分类器。用于评价分类算法性能的指标主要有分类正确率、错误率、计算速度、泛化能力、模型描述的简洁性和可解释性等[124]。

1) 线性分类器

线性分类器是把线性方程作为判别函数的算法，常见的算法包括 FLDA[125]、SVM[122]和 SWLDA[123]。

FLDA 所基于的 Fisher 准则是在 d 维空间中寻找一个最优方向，使得将所有训练样本投影到该方向形成一维空间后两类样本的投影尽量远离，而各类样本内部尽量密集[126]。它通过如下公式对输入的特征向量做类别的判定。

$$f(x)=w^{\mathrm{T}}x-w_0 \tag{1.13}$$

其中，w_0 为阈值；w 为 d 维空间的最优方向的向量；x 为输入的特征向量。

FLDA 的目标是用超平面来分离代表不同类的数据。对于二分类问题，特征向量位于超平面的哪一侧，则被分类为对应侧的一类。对于多分类的问题，通常使用“一对余”的策略来实现，即将其中的一类从其他类中分离出来。FLDA 具有算法简便，计算时间短，分类准确率高等优点，这使得其在在线 BCI 系统中有着广泛的应用。正是由于其线性的特点，所以其主要的缺点就是无法对一些复杂的非线性 EEG 数据作出正确的分类，这时便需要使用核函数来解决[127]。此外，为了使时变 EEG 信号得到更好的分类，众多研究者提出一些改进的 FLDA 算法，如卡尔曼自适应 LDA(Kalman adaptive LDA，KALDA)[128]、正则化 LDA(regularized LDA)[128]等。

SVM 是一种基于统计理论的算法。设平行于分类超平面，并且分别过各类样本中距离分类超平面最近的点的两个超平面为 H_1 和 H_2，它们之间的距离为分类间隔。SVM 的主要思想是寻找不但能把两类样本无误地分开，并且可以使得分类间隔最大的超平面，该超平面为最优的分类面[129]。H_1 与 H_2 上的训练样本是支持向量，而最优分类面的权系数向量就是这些支持向量的线性组合。判定某个样本的分类函数为

$$f(x)=\sum_{i=1}^{R}\alpha_i^* y_i K(x_i,x)+b^* \tag{1.14}$$

$$K(x_i,x)=x_i^{\mathrm{T}}x \tag{1.15}$$

其中，x_i 是训练样本；$y_i \in \{+1,-1\}$ 是向量 x_i 对应的类别标号；α_i^* 为最优解，当 x_i 为支持向量时，α_i^* 不为零。在本书中，核函数 $K(\cdot)$ 为线性函数。

SVM 方法建立在统计学习理论的VC(Vapnik-Chervonenkis)维理论和结构风险最小原理基础上，根据有限的样本信息在模型的复杂性和学习能力之间寻求最佳折中，以求获得最好的推广能力，因而面对脑信号这种个体差异较大且随被试对象精神状态变化的非平稳信号通常具有较好的鲁棒性与泛化能力。在多通道数据解码中，可以分别针对多个单通道数据做特征提取并构造一个多维的特征向量，将大量的特征数据作为训练集对 SVM 进行训练便可构造出对应的分类器。在训练 SVM 时，可以通过优选核函数、惩罚系数等相关参数法来对训练结果加以优化，获得最佳的训练结果。有研究结果显示[130]，面对同样的数据集，SVM 通常可以取得比神经网络更高的分类准确率。

SVM 的主要优势在于它的灵活性，通过使用最大差额、二元性及核函数等方式来适用于多种分类问题。而且，SVM 的使用相对简单，其决策规则只是利用一个简单的核空间内的线性函数，因此这使得 SVM 更加稳定且具有更小的方差，同时小方差使得随时间变化的脑电信号特征产生更小的错误率。SVM 的鲁棒性也使得它在处理高维特征向量及小训练样本中表现出色，但是 SVM 分类器比其他分类器需要更长的计算时间。为了克服这一问题，有研究者提出了基于 OAO RBF(one again one radial basis function)核的支持向量机来提高短时窗口的分类准确率。

SWLDA 是通过在判别函数中选择合适的特征元素进行判别来降低特征空间的维数，从而扩展了 FLDA 算法。SWLDA 包括前向和后向的逐步分析过程。利用最小二乘法估计输入向量的权值进而预估特征向量的所在类别。首先把统计学上显著性最大的特征元素加入到判别式中，每当加入一个元素时，就进行一次后向分析来移除显著性最小的特征元素。持续该过程直至判别式中的元素数量达到预定值或者没有更多的特征满足进入特征函数的条件则停止[131]。

线性分类器的计算量小，鲁棒性强，但是在辨识复杂的非线性数据时往往效果不佳。神经网络具有强大的学习能力，当神经元足够多时可以逼近多种非线性方程。但是，它的训练量较大，并且计算原理属于“黑盒子”，难以进行理论分析，普适性较差。近邻法只适用于维数较低的数据。由此可见，不同的分类器具有不同的特点，研究者应根据脑电模式的特征选用分类器，例如，文献[132]和[133]发现 FLDA 与 SWLDA 在探测 P300 时的分类效果优于其他分类器。

2) 神经网络

神经网络被看作一种自适应的机器：由简单处理元构成的规模宏大的并行分布式处理器，而神经元的连接强度存储了神经元网络从外界环境中学习得来的知识[134]。在神经网络中，较为常用的是带有反向传播算法的多层感知器。多层感知器包括输入层(多个感知单元)、多层隐藏层(多个计算节点组成)和一层输出层(多个计算节

点)。每个计算节点是一个基于非线性激活函数的神经元模型，其普遍形式为 logistic 函数

$$y_j = \frac{1}{1+\exp(-v_j)} \tag{1.16}$$

其中，v_j 是神经元 j 的所有加权突出输入值(设偏差值的输入为 1)；y_j 是神经元 j 的输出。权值代表了相连两个神经元之间的紧密程度，因此权值的计算十分重要。反向传播算法的基本思想是根据理想输出与实际输出之间的误差，从输出层向输入层逐级校正权值，以减小所有训练样本的误差能量总值。

3) 非线性贝叶斯

贝叶斯分类器的基本思想是把特征向量归类于概率最大的类别。朴素贝叶斯分类器是较为常用的方法，将训练样本分解为特征向量 W 和决策类别量 C。分类器假设特征向量中的各个元素是独立作用于类别的。分类器首先计算出特征向量属于每个类的概率，然后将概率最大的类别判定为此特征向量属于的类别，设 X 为样本，则有

$$P(C_i \mid X) > P(C_j \mid X), \quad 1 \leqslant j \leqslant m, j \neq i \tag{1.17}$$

其中，C_i 代表类；m 是类的总数。

贝叶斯决策是统计模型决策中的基本方法之一，它的基本思想是在已知类条件概率参数表达式和先验概率的基础上利用贝叶斯公式计算事件对应的后验概率并根据后验概率的大小进行决策，该方法尤其适用于解决一些信息不完全、特征维度少的分类问题。在相位编码 SSVEP 的解码中，已知相位特征 φ 时，第 i 个视觉刺激被选中的后验概率可由式(1.18)计算：

$$P(T_i \mid \varphi) = \frac{P(v)P(\varphi \mid T_i)}{\sum_{j=1}^{I} P(T_i)P(\varphi \mid T_i)} \tag{1.18}$$

其中，T_i 表示事件“第 i 个视觉刺激被受试选中”；$P(T_i)$ 表示事件 T_i 发生的先验概率；$P(\varphi|T_i)$ 表示已知事件 T_i 发生时 SSVEP 相位特征 φ 的类条件概率；$P=(T_i|\varphi)$ 表示已知 φ 值时事件 T_i 发生的后验概率；I 表示刺激目标的数量。$P(\varphi|T_i)$ 可以根据训练数据拟合得到，而 $P(T_i)$ 的初始值一般设为 $1/I$。在单周期分类无法得出可靠结果时，还可以在每一次计算后以计算得到的后验概率替换先验概率 $P(T_i)$，依次递归地计算后验概率。

贝叶斯分类器的分类原理是通过某对象的先验概率，利用贝叶斯公式计算出其后验概率，即该对象属于某一类的概率，选择具有最大后验概率的类作为该对象所属的类。贝叶斯分类器包含朴素的贝叶斯分类器(naïve Bayesian classifier)、隐马尔

可夫模型(hidden Markov model，HMM)及贝叶斯图形网络(Bayesian graphical network，BGN)等。所有的贝叶斯分类器产生的都是非线性边界，且可再生，这使得分类器能够更加有效地剔除不确定的样本信息。但是贝叶斯分类器在 BCI 中的应用不如线性分类器，只有 HMM 在 MI 中有部分的应用，BGN 由于其较长的计算时间未被应用到 BCI 的分类中。

4)近邻法

近邻法是分段线性判别函数的极端情况，是把每类中的所有的样本都当作该类的代表点来判定。针对一个未知的样本和某类，计算该样本到这类中所有样本的欧氏距离中的最小值，再比较样本到所有类的最小值，那么对应这些值当中最小值的类别为该样本的归属类别。从直观上来看，样本和距离它最近的样本属于同一类别[14]。

kNN 分类算法是数据挖掘分类技术中最简单的方法之一。所谓 k 最近邻，就是 k 个最近的邻居的意思，说的是每个样本都可以用它最接近的 k 个邻居来代表。kNN 算法的核心思想是如果一个样本在特征空间中的 k 个最相邻的样本中的大多数属于某一个类别，则该样本也属于这个类别，并具有这个类别上样本的特性。该方法在确定分类决策上只依据最邻近的一个或者几个样本的类别来决定待分样本所属的类别。kNN 方法在类别决策时，只与极少量的相邻样本有关。由于 kNN 方法主要靠周围有限的邻近的样本，而不是靠判别类域的方法来确定所属类别的，所以对于类域的交叉或重叠较多的待分样本集来说，kNN 方法较其他方法更为适合。而且与其他分类算法相比较，kNN 在 MI 中的应用表现出更高的分类准确率。

5)模糊分类器

模糊(fuzzy)是与清晰相对的概念。确定性的分类要求明确地将样本划分为某个类别，如同数学中的集合一样不存在模棱两可，然而大量的事物往往是无法精确描述的，这时就可以运用模糊逻辑的相关方法进行模糊分类。模糊分类通常包含模糊化、模糊推理、结模糊化三个步骤。模糊化是指通过隶属度函数将输入的特征值映射到对应的模糊集合，用隶属度来描述特征样本对某一模糊集合的隶属程度。例如，在处理相位编码 SSVEP 时，可以使用归一化的圆上概率密度函数作为相位特征的隶属度函数：

$$u_i(\varphi)=\frac{p_i(\varphi\,|\,u_i,k_i)}{p_i(u_i\,|\,u_i,k_i)}=\exp(k_i(\cos(\varphi-u_i)-1)) \tag{1.19}$$

其中，φ 表示提取到的相位特征；u_i 表示第 i 个刺激对应的理想相位；k_i 表示第 i 个刺激对应的相位分布的方差的倒数。式(1.20)描述一个常见的最大最小模糊规则，根据该条规则可以推理得到描述第 i 个视觉刺激被选中程度的隶属度 $u_{\mathrm{tar}}(i)$：

$$\mathrm{R}^{i}\text{：IF}(\varphi\ \text{is Tar}_{i}\ \text{AND}\cdots\text{AND}\ \varphi\ \text{isn't Tar}_{j})\tag{1.20}$$

$$\text{THEN (Selected target is Tar}_{i})$$

依次推理得到描述所有视觉刺激被选中的隶属度后便可以使用最大隶属度法实现解模糊，确定被用户选中的视觉刺激目标。文献[135]对多种不同的信号解码算法进行了对比分析，其测试结果表明结合 FFT 与模糊逻辑分类能实现相位编码 SSVEP 的高效解码。在模糊分类中，模糊化函数与模糊规则的设计与选择会直接影响分类结果的好坏，但相关设计又没有通用的规律依据，这要求设计人员必须对问题有一定的认识并能够设计符合实际情况的相关规则与函数才能取得理想的处理结果。

6）分类器的组合

基于不同算法的分类器都具有不同的优势和劣势，因此组合分类器可达到优势互补的效果。分类器组合主要有三种方式：增强(boosting)、投票(voting)和堆栈(stacking)。boosting 串联多个分类器，每个分类器关注的是前一个分类器分类错误的样本。voting 使得每个分类器都对样本进行分类，根据分类结果进行类别的投票，并选择票数最多的类别为最终类别。stacking 把一部分的分类器作为零级判别来转换特征向量为输出值，再将这些输出传递给一级判别的分类器进行再次判定，得到最终的分类结果。最近，将几个分类器进行结合的思想也不断地应用于 BCI 的特征分类中，结合之后的整体性能要优于单一的任意一个分类器[136]。

7）投票器

投票器的目的是通过比较样本在多次判定结果中被判别为各个类别的次数而决定其最终的归属类别。下面以 ERP 信号模式为例来说明投票器在分类中的重要作用。

在 ERP 信号模式下系统进行若干次包含固定个刺激的“重复”(repetition)，分类器在每个 repetition 中对每个刺激二分类(target 类和 non-target 类)，因此系统对每个刺激将进行多次二分类并在结束多个 repetition 之后选出这些刺激中最有可能作为目标刺激的一个刺激。首先，根据分类器的判定结果对样本打分(score)：target 的 score 为 1，non-target 的 score 为 0。其次，统计每个刺激在所有 repetition 中的总得分(total_score)。再次，在总得分中找出最高分，设为 target_score，这个分数所对应的刺激为目标刺激，如式(1.21)～式(1.23)所示。若存在多个刺激分数相同的情况，则统计在所有 repetition 中分类器转换这几个刺激对应的样本后得到的标量值的总和(total_value)，总和最大的刺激为目标刺激，如式(1.24)和式(1.25)所示。

$$\text{score}_{j}^{i}=\begin{cases}1, & \text{value}_{j}^{i}>\text{threshold}\\ 0, & \text{其他}\end{cases},\quad i=1,\cdots,n,j=1,\cdots,N\tag{1.21}$$

$$\text{total\_score}_j = \sum_{i=1}^{n} \text{score}_j^i, \quad j = 1, \cdots, N \tag{1.22}$$

$$\text{target\_score} = \max\{\text{total\_score}_j\}, \quad j = 1, \cdots, N \tag{1.23}$$

$$\text{total\_value}_{j^*} = \sum_{i=1}^{n} \text{value}_{j^*}^i \tag{1.24}$$

$$\text{target\_value} = \max\{\text{total\_value}_{j^*}\} \tag{1.25}$$

其中，value_j^i 是编号为 j 的刺激在第 i 个 repetition 中的分类器输出的标量值；score_j^i 是标量值对应的分值，当且仅当 value 大于阈值 threshold 时为 1，threshold 在本书中设为 0；total_score_j 是编号为 j 的刺激在所有 repetition 中的总得分；j^*是得分 total_score 最高的刺激的编号；total_value_{j^*} 是 j^*刺激在所有 repetition 中的标量值的总和；n 是根据实验而定的 repetition 总数；N 是界面上刺激的个数。

1.3.4 被控对象

脑-机接口将解码出的被试对象意图信息转换为对应的控制指令，发送给各类外部设备，从而完成键盘输入、鼠标控制、电脑游戏、环境调节以及虚拟设备和真实机器人的控制等[137, 138]多种应用任务。其中，对各类真实机器人设备(如智能轮椅、移动机器人、机械臂、四旋翼飞行器、仿人机器人等)的控制最具挑战性，这是因为：①真实机器人的动力学特性会受到自身结构特异性和周围环境的影响，即对于脑-机接口输出的相同控制指令，不同的机器人设备和不同的动作执行环境都会使得实际的动作效果产生差异，导致很多情况下即使准确解码出了被试对象意图，对机器人的控制结果也与被试对象的期望并不一致。例如，当轮式移动机器人因电机老化等原因造成两侧动力不匹配时，机器人执行前进指令的行驶路线并不是一条直线，这就要求系统具有更高的响应速度和更准确的反馈信息，以使被试对象能根据每个指令的实际执行效果实时决策和调整后续的机器人动作。②由于真实机器人需要与周围环境或者被试对象进行交互，所以某些因分类错误而产生的控制指令以及被试对象的某些错误决策，都可能会对机器人设备和被试对象造成严重损伤，所以脑控真实机器人系统不仅需要有较高的分类正确率和响应速度，也需要机器人本身具备自主感知和决策能力从而在可能发生损伤的情况下主动采取应对措施。由此可见，通过脑-机接口控制真实机器人不仅需要系统具有更高的实时性和可靠性，而且需要融合机器人自主智能以降低损伤设备和被试对象的风险，这些需求在控制虚拟设备以及与计算机通信等其他脑-机接口应用中往往并不存在，也使得 BRI 成为在脑-机接口基础上的一个全新的研究课题。

1.3.5 性能评价

在脑控机器人技术的研究中，一个关键问题是如何对系统进行性能评价。脑控机器人系统的性能评价就是按照一定的验证流程和评价指标，对系统的某些性能或完成特定任务的能力进行测量，从而作为优化和改进系统各部分参数指标的依据，同时也是评价不同系统性能优劣和应用前景的重要标准，是推动基于脑-机融合的脑控机器人研究不断发展和走向实用化的关键。但是在多样化的脑控机器人系统中，各系统所采用的脑电信号模式并不相同，所控制的机器人设备的工作参数和应用场合也存在很大差异；此外，现有研究大都分别对脑-机接口与机器人这两部分各自的性能进行评价和描述，而并不能有效地反映出系统整体的表现和性能。因此，如何建立脑控机器人系统的统一的性能评价体系，以有效地表现系统整体的闭环实时控制性能，尤其是其服务于运动障碍人群的能力，是当前研究中亟待解决的一个难题。

在脑控机器人系统中，脑-机接口是当前研究中制约系统整体表现的主要部分，因此其评价指标常被用来代表整个系统的性能。对脑-机接口性能的评价通常采用分类正确率、信息传输率、Cohen's Kappa 系数、互信息、灵敏性和特异性(sensitivity and specificity)、相关系数(correlation coefficient)等[139-142]，其中信息传输率由于可以综合反映脑-机接口系统的分类正确率、响应速度、可输出指令种类等多方面的性能，在当前研究中应用最为广泛。然而，上述指标实际只能量化描述脑-机接口部分的性能，并不能真实反映出融合智能机器人后系统的整体表现[143, 144]：高信息传输率的脑控机器人系统并不能避免被试对象的错误决策，整个系统仍然具有碰撞、损伤的风险；另外，较低信息传输率的脑控机器人系统也可以通过结合智能机器人的自主感知决策能力，使整个系统更加高效、可靠地完成任务。Bianchi 等[145]通过字符输出实验证明了相同的脑-机接口系统在搭配不同的机器人控制接口后，整个系统会表现出完全不同的性能，这表明了从评价脑-机接口的角度来衡量脑控机器人系统性能的研究思路具有片面性。

为了能够有效地评价整体系统的性能，Bianchi 等[145]和 Quitadamo 等[146]提出了系统效率(efficiency)的度量方法，Dal Seno 等[147]也提出了系统效用(utility)这一指标，这些指标强调了机器人控制接口对系统整体性能的贡献，因而能够比传统的脑-机接口评价指标更好地衡量系统的整体表现。但是在脑控机器人的闭环实时控制任务中，不同机器人以及不同应用任务往往会对整个系统产生不同的性能要求。例如，在智能机械臂的控制任务中，由于精细操作的需要，系统需要在输出控制指令时具有较高的正确率和响应速度；而对于仿人机器人而言，由于其行为种类和应用任务的多样性，系统能否对数量众多的仿人机器人动作进行有效控制将更为重要。上述指标未能考虑被控机器人系统的类型和实际控制任务的需求，并不能作为有效验证和评价系统整体性能的依据。如何设计能够适用于特定脑控机器人系统并且有效地反映其服务于运动障碍患者能力的评价标准，是当前研究中亟待解决的一个关键难题。

1.4 常用的机器人种类

机器人 Robot 一词最先出现于 1920 年捷克作家 Capek 所写的剧本 *Rossum's Universal Robots*，剧中人造劳动者取名 Robota，意为“苦力”“奴隶”，反映了人类希望造出和自己一样具有思考与劳动能力的机器代替自己工作的愿望。机器人是一种能够进行编程并在自动控制下执行某些操作和移动作业任务的机械装置[148]。根据机器人的发展进程，通常将它们分为三代：第一代的机器人是操作机器，不能离开人的控制独自运动；第二代的机器人是按事先编好的程序对机器人进行控制，使其自动重复完成某种方式的操作；第三代机器人是智能机器人，它是利用各种传感器来获取环境信息，然后利用机器智能技术进行识别、理解、推理，最后做出规划决策，能自主行动实现预定目标的高级机器人。

1.4.1 移动机器人

1. 轮椅

智能轮椅又称智能轮椅式移动机器人，是将智能机器人技术应用于电动轮椅的产物，是一种典型的服务型机器人。智能轮椅一般由伺服电机驱动，加装超声测距仪、红外测距仪、毫米波雷达、摄像头、GPS(global position system)、麦克风等传感器，并融合机器人定位与导航、多传感器融合、机器视觉及语音识别等高新技术，具备自主导航、自主避障等功能，提供触控、语音与手势识别等多种交互方式。相较于普通的电动轮椅，智能轮椅交互方式灵活，具备环境感知与自我保护能力，具有更高的灵活性和安全性，尤其适用于那些肢体运动不便的残疾人与行动缓慢的老年人，提高他们的生活自理能力，改善他们的生活质量。

自 1986 年以来，如美国麻省理工学院、德国乌尔姆大学、加拿大 AAI 公司以及我国的浙江大学、上海交通大学在内的诸多研究团队都开展了智能轮椅的相关研究[149]。虽然智能轮椅与双轮差速移动机器人具有相似的数学模型和运动行为，自由度也较少(一般为 2 个)，但作为一种特殊的交通工具，它的安全性与易用性直接关系到用户的人身安全，因而对相关技术与控制方法提出了很高的要求。在初期的研究中，智能轮椅的研究着重于解决轮椅的低级控制问题，如电机驱动装置、速度控制以及避障控制等，但随着研究的逐渐深入，如何提高智能轮椅的交互性、适应性与自主性成为相关研究中的关键问题。两种典型的智能轮椅平台如图 1.12 所示。

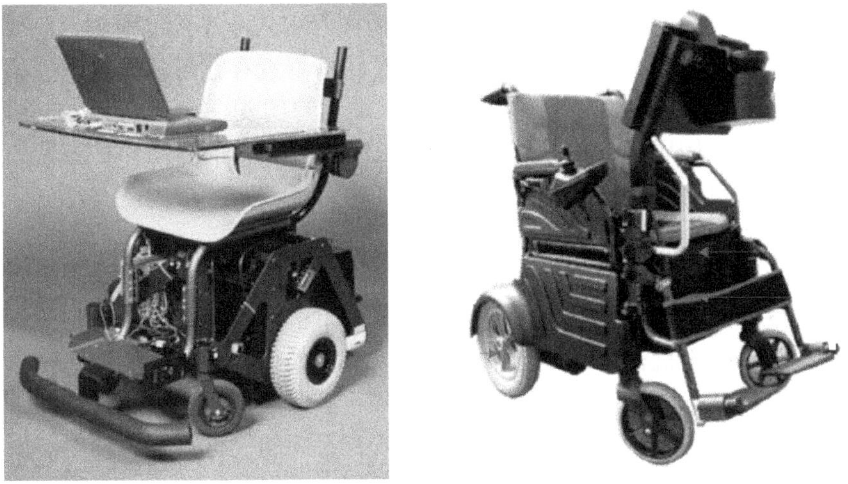

(a) MIT“威尔斯利”智能轮椅平台 (b) 上海交通大学“交龙”智能轮椅平台

图 1.12 两种典型的智能轮椅平台

作为一种特殊的双轮驱动轮式机器人，智能轮椅的控制模式大致可以分为三种：自主模式、半自主模式和手动模式。在自主模式下，用户可以直接输入目的地信息而轮椅完全依靠搭载的传感器完成环境感知和路径规划，并自动地行驶到目标位置。重庆邮电大学国家信息无障碍研发中心就巧妙结合 Android 智能手机与智能轮椅平台，使用拓展卡尔曼滤波对 Google 卫星地图数据与手机电子罗盘数据进行数据融合，提供了一种较高精度的低成本智能轮椅室外自主导航系统解决方案[150]。在半自主模式下，用户可以对轮椅的运动速度与方向进行控制，但是在走廊、人员密集处等特殊环境中以及在遇到障碍物、楼梯等无法通行的特殊情况下，轮椅可以智能地执行减速、避让等动作来保障轮椅与用户的安全。德国乌尔姆大学研制的智能轮椅 MAID 在窄区域航行(narrow area navigation，NAN)模式下就可以自动判别行驶前方的障碍物并采取相应的绕行策略避让障碍物并在完成绕行后自动恢复到用户指定的行进方向[151]。在手动模式下，轮椅的所有控制权转交给用户，完全依照用户的指令来执行相关任务。相对而言，半自主模式和自主模式都能减轻用户的操作负担，尤其能够适应患有严重运动障碍疾病的患者和行动不便的老年人的使用需求，显著地提高他们的出行能力。

针对不同的用户人群，智能轮椅可以提供诸如摇杆输入、键盘输入、语音识别、手部与头部动作识别、肌电与脑电识别等多种不同的人机交互方式。在众多的交互方式中，基于脑电识别的“脑控”技术是一种面向重度运动障碍患者的特殊人机交互方式，“脑控智能轮椅”也成为了这项人机交互方式的主要应用之一[152]。Tanaka 等[153]于 2005 年首先搭建了基于事件相关去同步化电位(ERD)的智能轮椅控制系统，实现了对轮椅左右转向的控制，并在真实环境下对该系统进行了实验验证。

Mandel 等[154]则在基于 SSVEP 实现轮椅控制的同时引入分享控制策略，使得用户在正常情况下可控制轮椅往任何方向运动，而在轮椅附近存在可能导致碰撞的障碍物时，自主控制模块控制轮椅完成避障操作以保证用户的安全性。Pathirage 等[155]则在智能轮椅上搭载机械臂，让用户能够通过 ERP 控制轮椅的移动和机械臂的抓取动作，以期通过应用该系统提高残疾人的自理能力。

2. 轮式机器人

随着科技的发展和进步，机器人在生产生活中得到了广泛应用，工业机器人大多都是机械臂式固定机器人，生活中则是可以根据人们需要按照确定路径移动的移动机器人应用较多。根据移动机构的不同，移动机器人可以分为轮式、履带式、腿式、跳跃式和复合式等，不同结构的机器人具有不同的制造方式和功能。以驱动轮子来实现机器人移动和工作的轮式机器人，因其自重轻、承载大、机构简单、驱动和控制相对方便、行走速度快、工作效率高和机动灵活等特点，应用越来越多。机器人技术融合了机械、电子、传感器、计算机、人工智能等多学科知识，涉及当今许多前沿领域的技术[156-158]。本节将从运动系统/机械设计、导航和定位技术、多传感器融合技术对轮式机器人展开介绍。

1) 运动系统/机械设计

轮式机器人中轮子个数直接关系到机器人的设计难度、用途和控制方式，所以轮式机器人一般根据轮子个数进行分类：单轮滚动机器人、两轮移动机器人、三轮和四轮机器人等[159]。单轮滚动机器人(包括球型机器人)只有一个轮子，运动方式是沿地面滚动前进。哈尔滨工业大学设计了一种球形滚动机器人，该滚动机器人的转向和驱动行走两种运动是相互分开、独立进行的，滚动迅速、具有很强的机动性、转向灵活，能够用于空间探索任务[160]。两轮移动机器人主要包括自行车机器人和两轮呈左右对称布置的两轮移动机器人。三轮及四轮移动机器人是轮式机器人中最常见的结构，当在平整地面上行走时，这种机器人也是最合适的选择，汽车领域已为其发展提供了成熟的技术，其研究也将对现代汽车行业的发展产生深远影响。

在轮式机器人的结构设计中，最为重要的是转向机构的设计。转向机构主要分为如下几种：艾克曼转向(前轮转向前轮驱动或者前轮转向后轮驱动)、滑动转向(两侧车轮独立驱动)、全向转动(基于全方位移动轮构建，如麦克纳姆轮)、轴-关节转向(车轮转动幅度较大)、车体-关节转向(转弯半径小，转向灵活，但是轨迹难以控制)。轮式机器人的设计中应根据具体需要来选择转向机构的设计。

2) 导航和定位技术

导航和定位技术可以确定机器人在工作环境中相对于全局坐标的位置，是机器人应用中最基本的要求。导航方式包括惯性导航、磁导航、激光导航、视觉导航和卫星导航等。定位方式有惯性定位、路标定位、声音定位和地图模型匹配等。AGV(automatic guided vehicle)自动引导车是20世纪50年代发展起来的智能搬运(装配)型机器人，它的导航定位系统能保证AGV小车沿正确路径行走，并保持一定的行走精度[161]。轮式机器人的设计需要对机器人的模型进行分析才能得出合理有效的导航方式和定位方式，而每种定位技术又有各自的优点和局限性，一般在实际应用中，通过综合使用其中的几种并结合外界传感器信息，可以有效地提高导航定位精度和可靠性。罗雨在无人平台的轮式移动机器人的定位导航系统中加入了多信息融合模型，实验表明轮式机器人系统的性能有了很大的提升[162]。

3) 多传感器融合技术

在轮式机器人中传感器就相当于人的感官。它收集外界和自身产生的信息，从而为后续处理积累数据。传感器使得机器人具备了类似人类的知觉功能和反应能力，常见传感器有如下几种：内部传感器将电机、轴等机械部件或机械结构(如手臂、手腕等)安装在一起，完成位置、速度、力度的测量，实现伺服控制，如测量机器人行进速度的线加速度计和测量转角的陀螺仪；外部的传感器主要是用来检测外部环境，防止碰撞，如超声波传感器、视觉传感器、触觉传感器等。控制器接收并处理由传感器发送的数据，辅助轮式机器人按照预定路径进行移动。多传感器信息的融合使得轮式机器人更加智能化。

脑控机器人技术的发展也为机器人应用提供了新的研究方向。孟丽霞等设计了基于双激光雷达的移动车导航系统，该系统可根据环境信息实现智能避障并结合脑-机控制意图实现人机协同导航，具有更高的准确性、容错性和鲁棒性[163]。Perrin等提出了半自主性导航策略，轮式机器人从环境中获得所需的信息并做出移动规划，使用者监督轮式机器人的移动并通过脑-机接口拒绝或同意机器人的智能决策[164]。

3. 履带式机器人

轮式机器人虽然能够满足某些特殊的性能要求，但是结构特征导致其应用场合受到地面情况的限制。对于复杂地面，履带式移动机器人具有更强的实用性。履带式机器人的主体部分由两条有一定弹性的履带组成，两个主电动机分别驱动两条履带以实现主体的移动。当两条履带的速度相同时，机器人实现前进或后退移动；当两条履带的速度不同时，机器人实现转向运动。

履带式移动机器人能够很好地适应地面的变化，因此对履带式移动机器人的研究得到了迅速的发展。其具有以下特点[165]：履带增加了机器人与地面的接触面积，保证了在地面松软或者不平的情况下机器人的运动质量；当旋转半径很小时，机器人可以完成原地转向；轮子外裹的履带往往呈齿状，主体运动时抓地力大，爬坡力强。

作为双轮履带式机器人的代表，SRV-1 机器人是一款开源机器人，可传送现场视频，支持自主运行以及集群运行模式，并且有丰富的第三方软件支持，被广泛应用于研究、教育、勘探等领域[166]。下面以 SRV-1 机器人为例(图 1.13)进行动力学模型分析。

SRV-1 依照差速传动原理运动，其结构化简图如图 1.14 所示。

图 1.13　SRV-1 机器人示意图

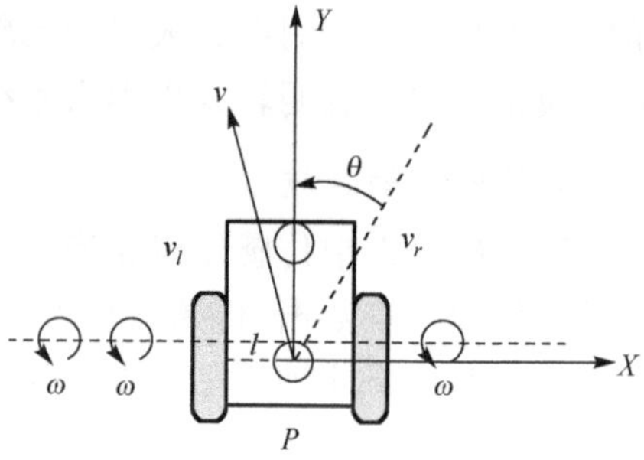

图 1.14　SRV-1 机器人结构

近似的运动学模型推导[167, 168]如下：

$$x_{cr\_l} = \frac{v_l - v_y}{w} \tag{1.26}$$

$$x_{cr\_r} = \frac{v_r - v_y}{w} \tag{1.27}$$

$$v_x = \frac{v_r - v_l}{x_{cr\_r} - x_{cr\_l}} y_{cr\_v} \tag{1.28}$$

$$v_y = \frac{v_r + v_l}{2} - v_d \tag{1.29}$$

$$v_d = \frac{v_r - v_l}{x_{cr\_r} - x_{cr\_l}} \left(\frac{x_{cr\_r} + x_{cr\_l}}{2} \right) \tag{1.30}$$

$$w = \frac{v_r - v_l}{x_{cr\_r} - x_{cr\_l}} \tag{1.31}$$

其中，v_x 和 v_y 是机器人在 X、Y 轴的线性速度；w 是机器人的角速度；v_l 和 v_r 是机器人左右履带的线性速度；x_{cr_l} 和 x_{cr_r} 分别是机器人左右履带在 X 轴方向的旋转中心；y_{cr_v} 是机器人在 Y 轴方向的即时旋转中心。其逆向运动学关系式如下：

$$v_l = v_y + x_{cr\_l} w \tag{1.32}$$

$$v_r = v_y + x_{cr\_r} w \tag{1.33}$$

机器人的运动速度和曲率半径分别为

$$v = \frac{v_x + v_y}{2} \tag{1.34}$$

$$R = \left| \frac{\mathrm{d}s}{\mathrm{d}\theta} \right| \tag{1.35}$$

$$\frac{\mathrm{d}s}{\mathrm{d}\theta} = \frac{\mathrm{d}s / \mathrm{d}t}{\mathrm{d}\theta / \mathrm{d}t} = \frac{v}{w} = \frac{v_r + v_l}{v_r - v_l} \times l \tag{1.36}$$

其中，s 为机器人的运动轨迹；θ 为机器人转动的角度。根据上述的动力学模型可以借由设定不同的旋转半径来设置机器人速度，从而生成任意所需的曲线轨迹(图 1.15)。控制履带式机器人运动通常采用以下两个基本的控制策略：机器人原地转动和机器人沿直线运动。第一种是机器人在原地转动。由式(1.31)和机器人的运动速度公式(1.34)可知，在这种情况下机器人左右轮速度必须大小相等，但方向相反，以左转为例见图 1.16(a)；第二种是机器人沿直线运动，在这种情况下机器人左右轮的速度必须相等而且方向一致(图 1.16(b))。

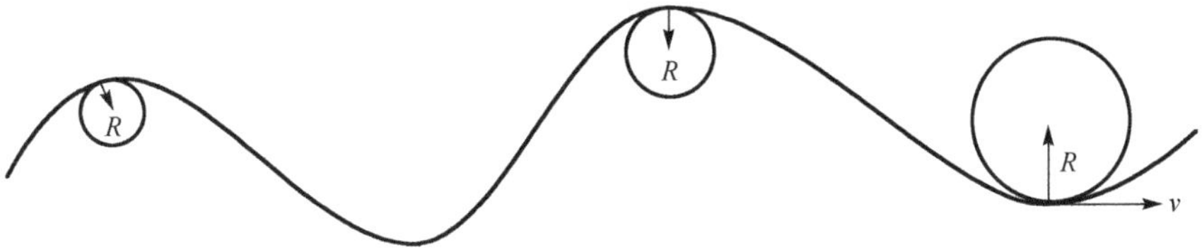

图 1.15 机器人轨迹示意图

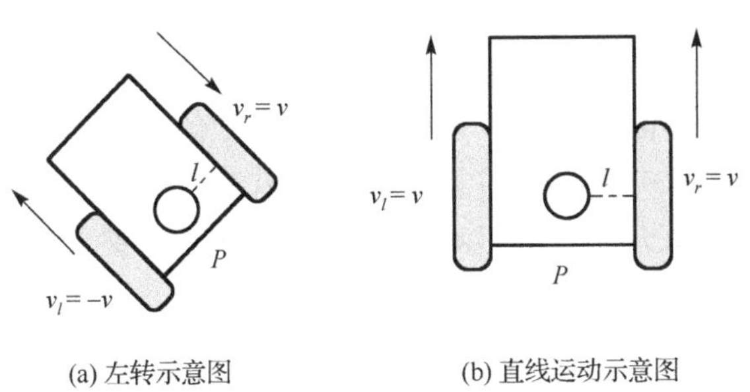

(a) 左转示意图 (b) 直线运动示意图

图 1.16 机器人运动示意图

对 SRV-1 机器人的研究主要分为两种形式：仿真研究与实物研究。WEBOTS 软件可以提供对 SRV-1 机器人的仿真，它是一个可以运行在多种主流操作系统上的仿真平台，已经被超过 1265 所大学和研究中心使用，Cyberbotics 公司对其设定为轻量级仿。WEBOTS 可以用于模型开发环境、程序和模拟机器人，用户可以在一个共享的环境，根据内嵌的多个类似的以及不同的节点或者机器人来设计复杂的 WEBOTS 机器人装置。每个对象的属性，如形状、颜色、纹理、质量、摩擦等，都由用户选择。任意地为机器人搭载虚拟的传感器设备和执行器设备的设定为使用者提供了多种设计的可能性。此外其虚拟机器人的控制器的设计也可以在多种集成编译工具以及第三方环境中进行。机器人的行为是可测试的实际的现实世界。控制器程序可以被转移到实际可用的机器人[169]。在该仿真软件中，可以通过 wb_servo_set_velocit()语句来实现对机器人电机的速度设置，wb_robot_get_time()则为获取系统仿真时间的编程接口。

SRV-1 机器人实物依据其控制协议来进行机器人的控制。SRV-1 依靠其搭载的 Lantronix Matchport 无线模块来进行通信。根据其控制协议，通过向机器人的 10001 端口发送不同的字符就能实现机器人不同行为，例如，当发送形如“M 50 30 20”格式的字符时，表示设置机器人左履带以 50%的速度前进，右履带以 30%的速度前进，持续时间为 200ms(注：指令的时间单位为 10ms)。图 1.17 为 WEBOTS 环境下的机器人仿真图形。

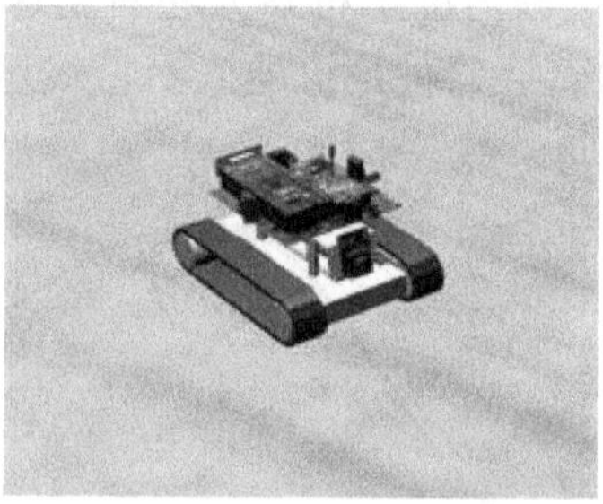

图 1.17　WEBOTS 虚拟 SRV-1 机器人

文献[166]～[170]中，Song 等分别利用 Google Glass 的触控板与旋转矢量传感器实现对 SRV-1 机器人的控制。以 SRV-1 机器人为被控对象，通过对虚拟和真实环境下为 SRV-1 机器人设置各种迷宫等障碍任务，来验证其控制性能。在图像处理领域，Bolla 等根据履带式机器人的集群运动模式来验证其快速条形码图像处理算法[171]。在脑控领域，支丹阳等将 Lego 机器人以履带机器人模式演绎并进行了脑-机接口的设计和机器人的交互控制[172]。

1.4.2　机械臂

机械臂是目前在机器人技术领域中得到最广泛实际应用的自动化机械装置，在工业制造、医学治疗、娱乐服务、军事以及太空探索等领域都得到广泛应用，如图 1.18 所示。它是一种复杂的机电系统，综合电子学、机械学、控制理论、计算机理论技术以及人工智能等多种学科。机械臂的研究涉及空间位置姿态（简称位姿）描述、机械臂运动学、逆运动学、动力学和机械臂控制与轨迹规划等。通过运动学和逆运动学运动方程求解可以控制机械臂以最优路径达成预定位姿，完成基本运动控制。

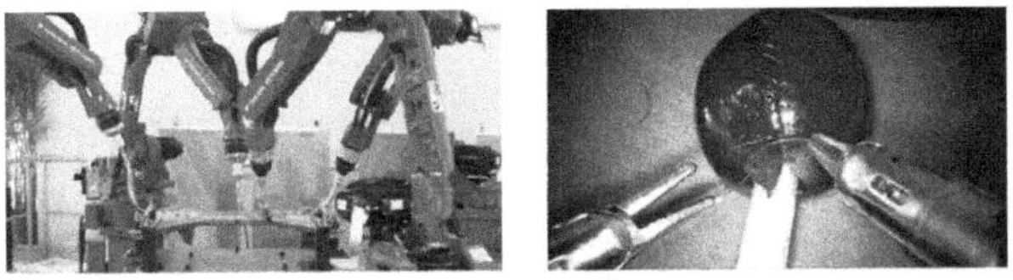

(a) 工业制造　　(b) 外科医生控制"达芬奇"缝合葡萄

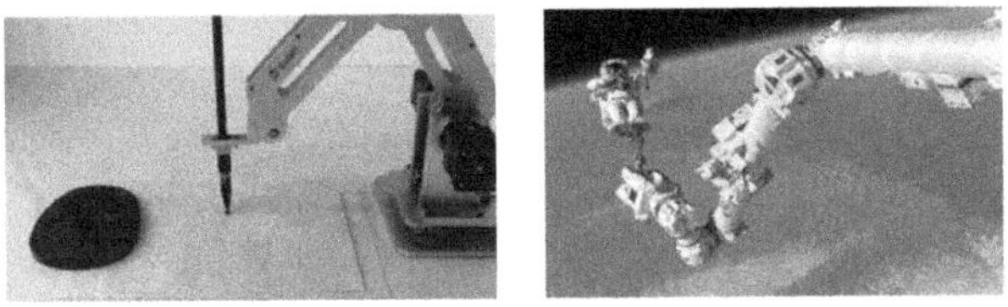

(c) 智能桌面机器人Dobot　　(d) 太空探索

图 1.18　机械臂的应用

机械臂的运动模式有四种：直角坐标型、圆柱坐标型、关节型和极坐标型，四种运动模式下的机械臂如图 1.19 所示。直角坐标型机械臂的臂部由三个相互正交移动副组成，带动腕部分别沿 X、Y、Z 三个坐标轴的方向做直线移动；圆柱坐标型机械臂的臂部由一个转动副和两个移动副组成，所占空间较小，工作范围较大，应用较广泛；关节型机械臂的臂部由动力型旋转关节和前、下两臂组成。它以臂部各相邻部件的相对角位移为运动坐标，动作灵活，所占空间小，工作范围大，能在狭窄空间内绕过各种障碍物；极坐标型机械臂的臂部由两个转动副和一个移动副组成，产生沿手臂轴 X 的直线移动以及绕基坐标轴 Y 的转动和绕关节轴 Z 的摆动，手臂可做绕 Z 轴的俯仰运动。

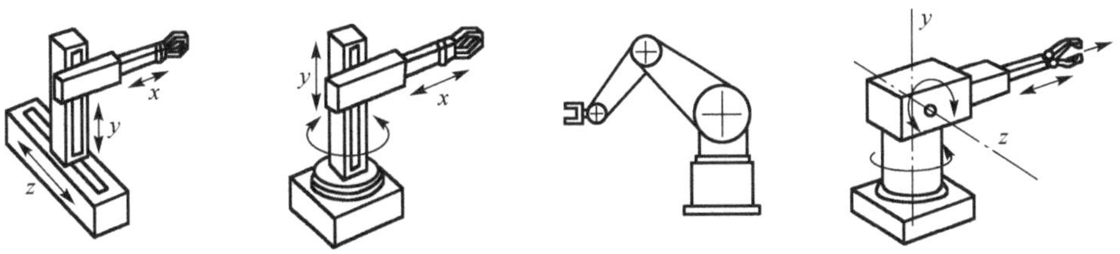

(a) 直角坐标型机械臂　　(b) 圆柱坐标型机械臂　　(c) 关节型机械臂　　(d) 极坐标型

图 1.19　机械臂的运动模式

图 1.20 所示为一款简单机械臂，此机械臂共 6 个自由度，由 6 个微型伺服电机（舵机）组成，其中包含 1 个旋转底座、4 个关节和 1 个由舵机控制张合的简易机械手。关节 1 用于完成机械臂的左右旋转动作，关节 2～4 可在一定范围内活动，关节 5 和

关节 6 用于完成机械手的抓取动作。为了完成机械臂水平前进、水平后退、垂直向上、垂直向下固定距离的定向运动，需对此机械臂的关节 2、关节 3 和关节 4 建模并进行逆运动学问题求解，求得机械臂末端移动固定距离时三个关节分别转动的角度，从而以最优路径达到最优位姿。关节 2、关节 3 和关节 4 的运动学模型如图 1.21 所示。

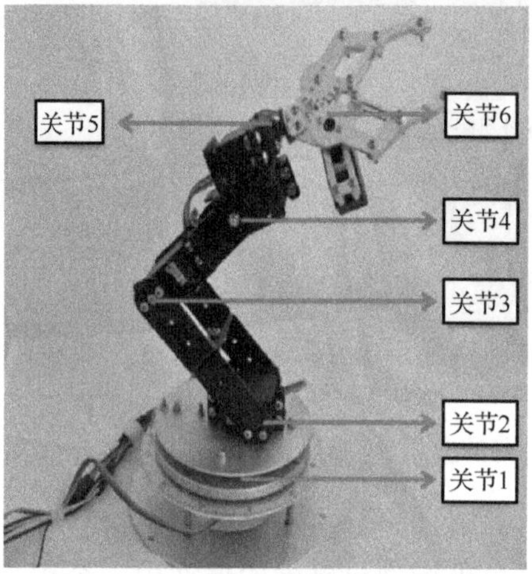

图 1.20　6 自由度机械臂

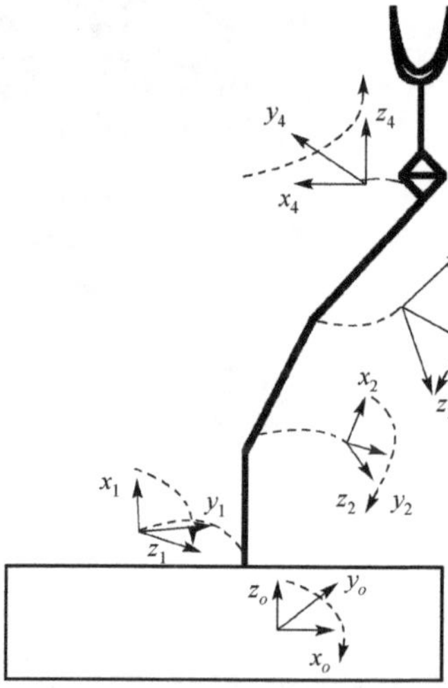

图 1.21　机械臂运动学模型

机械臂在初始状态时手臂形成直角并且机械手水平向前，如图 1.22 所示。此时的机械臂连杆参数如表 1.3 所示。在本机械臂中具体控制机械臂位置的自由度为前 4 个关节，而关节 5 与关节 6 分别控制末端执行器与地面的夹角和张合状态，关节 1 可以直接由柱面坐标系的角度确定，而在该面的具体位置 (x,y,z) 则由关节 2、关节 3 和关节 4 确定。因此，确定各连杆参数后可根据逆运动学求解，得出关节 2、关节 3 和关节 4 对应的角度，从而确定末端执行器的位置，控制机械臂完成确定动作。

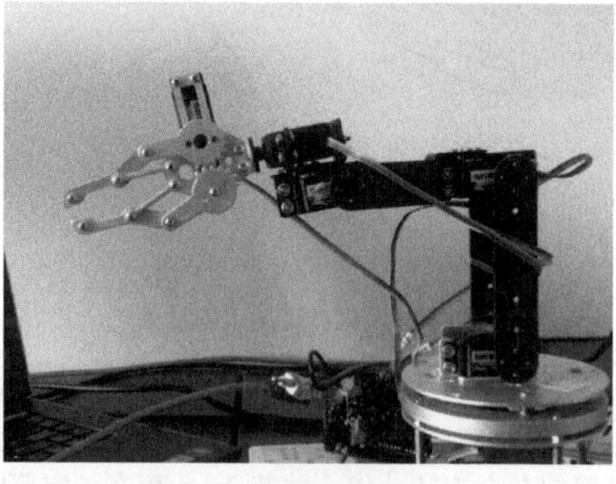

图 1.22　机械臂初始状态

表 1.3 连杆参数表

i	a_i / mm	α_i / (°)	d_i / mm	θ_i / (°)	关节角度/(°)
0	0	90	0	0	0～180
1	105 (l_1)	0	0	θ_1	0～180
2	92 (l_2)	0	0	θ_2	27～180
3	0	0	0	θ_3	0～180
4	0	0	0	0	0～180
5	0	0	0	0	0～90

连杆参数表 1.3 中 a_i 代表沿 x_i 轴从 z_i 移动到 z_{i+1} 的距离； α_i 代表绕 x_i 轴从 z_i 旋转到 z_{i+1} 的角度； d_i 代表沿 z_i 轴从 x_{i-1} 移动到 x_i 的距离；θ_i 代表绕 z_i 轴从 x_{i-1} 旋转到 x_i 的角度。

机械臂的前四个关节控制机械臂的位置，第五、六关节分别控制末端执行器与地面的夹角和末端执行器的张合状态，第一自由度可以直接由柱面坐标系的角度确定，而在该面的具体位置(x, y)则由一、二、三这三个关节确定。反映坐标(x, y)与 θ_1、θ_2、 θ_3 以及连杆长度 l_1、 l_2 的关系的齐次变换矩阵为

$$
{}_3^0T = \begin{bmatrix} c_{123} & -s_{123} & 0 & l_1c_1 + l_2c_{12} \\ s_{123} & c_{123} & 0 & l_1s_1 + l_2s_{12} \\ 0 & 0 & 1 & 0 \\ 0 & 0 & 0 & 1 \end{bmatrix} \tag{1.37}
$$

在逆运动学中确定最终位置的三个量 x、y、φ，其中 φ 是连杆 3 对 X 轴的方位角，假定这个变换矩阵为

$$
{}_3^0T = \begin{bmatrix} c_\Phi & -s_\Phi & 0 & x \\ s_\Phi & c_\Phi & 0 & y \\ 0 & 0 & 1 & 0 \\ 0 & 0 & 0 & 1 \end{bmatrix} \tag{1.38}
$$

在此逆运动学方程中可以通过解四个非线性方程求得 θ_1、θ_2 和 θ_3，其中四个线性方程如下：

$$
C_\Phi = C_{123} \tag{1.39}
$$

$$
S_\Phi = S_{123} \tag{1.40}
$$

$$
x = l_1c_1 + l_2c_{12} \tag{1.41}
$$

$$
y = l_1s_1 + l_2s_{12} \tag{1.42}
$$

其中， $c_i = \cos\theta_i$； $s_i = \sin\theta_i$； $c_{ij} = \cos(\theta_i + \theta_j)$； $s_{ij} = \sin(\theta_i + \theta_j)$，而通过式(1.41)和式(1.42)可求得

$$c_2 = \frac{x^2 + y^2 - l_1^2 - l_2^2}{2l_1 l_2} \tag{1.43}$$

$$s_2 = \pm\sqrt{1 - c_2^2} \tag{1.44}$$

$$\theta_2 = \arctan(s_2, c_2) \tag{1.45}$$

若将式(1.41)和式(1.42)写成如下形式：

$$x = k_1 c_1 - k_2 s_1 \tag{1.46}$$

$$y = k_1 s_1 + k_2 c_1 \tag{1.47}$$

其中

$$k_1 = l_1 + l_2 c_2 \tag{1.48}$$

$$k_2 = l_2 s_2 \tag{1.49}$$

求解这种形式方程可通过变量代换，令

$$m = \sqrt{k_1^2 + k_2^2} \tag{1.50}$$

$$\varphi = \arctan(k_2, k_1) \tag{1.51}$$

则可以将 k_1 和 k_2 表示为

$$k_1 = m\cos\varphi \tag{1.52}$$

$$k_2 = m\sin\varphi \tag{1.53}$$

将其代入式(1.46)和式(1.47)，可以将两式写成

$$\frac{x}{m} = \cos\varphi\cos\theta_1 - \sin\varphi\sin\theta_1 \tag{1.54}$$

$$\frac{y}{m} = \cos\varphi\sin\theta_1 - \sin\varphi\cos\theta_1 \tag{1.55}$$

因此

$$\cos(\varphi + \theta_1) = \frac{x}{r} \tag{1.56}$$

$$\sin(\varphi + \theta_1) = \frac{y}{r} \tag{1.57}$$

最终可得

$$\theta_1 = \arctan(y,x) - \arctan(k_2,k_1) \tag{1.58}$$

又依据 $\theta_1+\theta_2+\theta_3=\phi$ 即可以求出 θ_3 值。这样就会求得三个角度使得机械臂到达期望位置[173]。

机械臂广泛应用于生活和工业制造中。Palankar等使用视觉刺激诱发 P300 脑电信号，并将其转化为控制指令用于轮椅以及安装在轮椅上的 7 自由度机械臂的控制。通过轮椅以及机械臂间的协作，使用者能够成功完成日常活动[174]。Shen 等使用基于 SSVEP 的脑控系统控制多自由度机械臂，此机械臂拥有三个旋转关节和两个转换关节，能够应用于生产之中[175]。Waytowich 等使用 P300 字符拼写视觉刺激界面诱发 P300 成分并与 StaubliTX40 机械臂进行通信，通过脑控系统控制机械臂将物体放置于规定的位置[176]。

1.4.3 多旋翼飞行器

多旋翼无人机是一种特殊的无人驾驶直升机，涉及无线通信、导航、传感器及融合、软件等众多学科领域。它通常配有三个或以上旋翼轴，并通过每个轴上的电动机转动来带动旋翼以产生推力，各旋翼的总距固定，通过改变不同旋翼之间的相对转速，可以改变单轴推进力的大小，从而控制飞行器的运行轨迹[177, 178]。主要由动力系统、主体、控制系统三部分组成，其中动力系统包括电机、电子调速器、旋翼(螺旋桨)；主体部分包括机架、脚架、云台；控制系统包括由遥控接收器、地面站以及由主控、GPS、惯性测量单元(inertial measurement unit，IMU)、电子陀螺组成的飞行控制器，图 1.23 为多旋翼无人机及其系统构成[178, 179]。

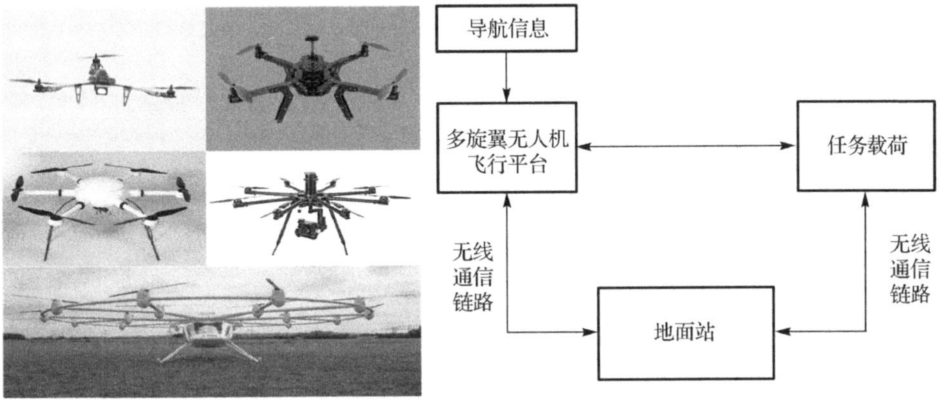

图 1.23 多旋翼无人机及其系统构成

多旋翼无人机具有垂直起降、悬停、倒飞、侧飞的能力，整体结构简单，控制灵活，噪声小且飞行安全。表 1.4 列出了多旋翼无人机与固定翼以及直升机的主要区别[179]。

表 1.4　多旋翼无人机同固定翼以及直升机的主要区别

多旋翼	固定翼	直升机
多个旋翼	固定机翼+摆翼	螺旋桨+旋翼
不稳定系统	自稳定系统	不稳定系统
欠驱动系统	完整驱动系统	完整驱动系统
电机+旋翼	螺旋桨+助推发动机	发动机+螺旋桨
垂直起落且结构简单	续航时间长且飞行效率高、荷载大	垂直起落、续航中、荷载中
续航短荷载小	需助跑	结构复杂且维护成本较高

在多旋翼无人机家族中最为常见的是四旋翼无人机。它的 4 个旋翼轴和电机分别位于十字架结构机身的 4 个顶点。其动力学模型较为复杂，具有强耦合、非线性、欠驱动(6 个自由度，4 个输入量)、干扰敏感的特点。目前国内外提出的一些经典控制方法有：比例-积分-微分(proportion-integral-differential，PID)控制[180-182]、反步法[183-186]、神经网络控制[187-189]等。为了获得四旋翼无人机的数学模型，首先建立两个基本坐标系：惯性坐标系 $E(OXYZ)$ 和飞行器坐标系 $B(oxyz)$，见图 1.24。图 1.25 为欧拉角定义。

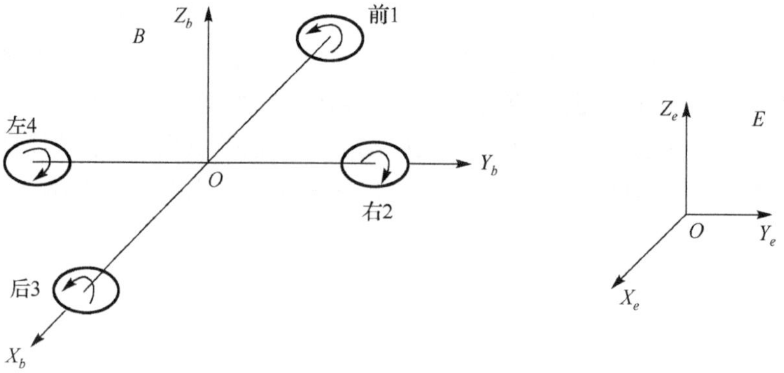

图 1.24　惯性坐标系与飞行坐标

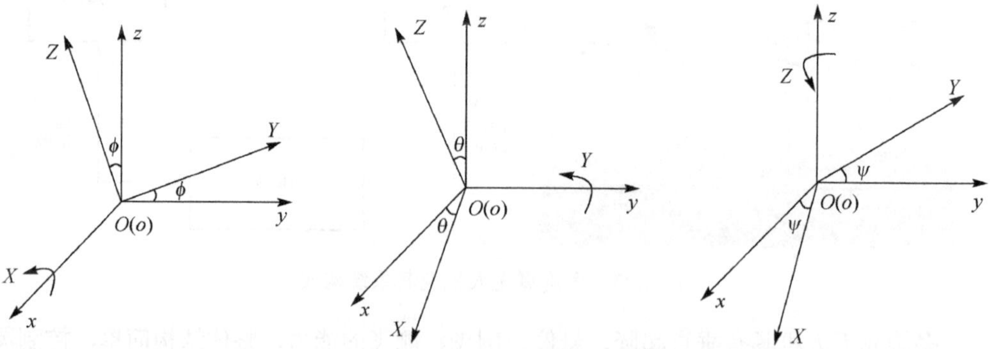

图 1.25　欧拉角定义

分别定义欧拉角如下。

(1)偏航角ψ：Ox在OXY平面的投影与X轴夹角。

(2)俯仰角θ：Oz在OXZ平面的投影与Z轴夹角。

(3)翻滚角φ：Oy在OYZ平面的投影与Y轴夹角。

飞行器坐标系到惯性坐标系的转换矩阵R为[182]

$$R=\begin{bmatrix}\cos\psi\cos\phi & \cos\psi\sin\theta\sin\phi & \cos\psi\sin\theta\cos\phi+\sin\psi\sin\phi \\ \sin\psi\cos\theta & \sin\psi\sin\theta\sin\phi & \sin\psi\sin\theta\cos\phi-\sin\phi\cos\psi \\ -\sin\theta & \cos\theta\sin\phi & \cos\theta\cos\phi\end{bmatrix} \tag{1.59}$$

目前，众多学者纷纷开展了对多旋翼无人机的研究。如Shi等[190]搭建了一款基于脑-机接口的低速无人机室内目标搜索系统，该系统由决策子系统和半自治导航子系统组成，实现了对室内目标有效且可靠的搜索；Song 等[191]提出了一种基于脑电信号的四旋翼无人机控制策略，使用三种脑电信号相对应地控制四旋翼无人机的姿态，即俯仰角、偏航角以及滚转角；黄水长等[192]设计了一种多旋翼农药喷洒无人机控制系统，能够有效地提高农药喷洒效率、减轻对环境的污染；李继宇等[193]研究了多旋翼无人机在杂交水稻授粉作业中的应用，为后继者的研究提供了新的技术参考；赵利坡等[194]、王万国等[195]以及曹蔚然等[196]对多旋翼无人机在输电线路检测中的应用进行了深入研究，有效地提高了输电线路运行维护的效率。此外，多旋翼无人机的航拍功能已经被应用于多个领域，如浙江电视台使用六旋翼航拍器进行电视新闻节目的拍摄，使得节目更加丰富[197]；辽宁省大伙房水库采用多旋翼无人机的航拍功能对饮用水源保护区的环境进行勘察，提高了获取保护区生态环境信息的精确性、可靠性和实时性[198]。

虽然多旋翼无人机的发展已经取得一定的成果，但是在许多方面仍然存在着众多难题，如飞行速度、载荷及航程、智能化等。因此在未来多旋翼无人机将向高智能化发展，并逐步朝着高空、高速、长距离航行、高载荷、能源多样化的方向发展。而在信息化社会的大背景下，通过对高智能化无人机的不断探索，也将使得高智能化的多旋翼无人机逐步走进人们的生活，为人们的日常生活提供便利[178, 181]。

1.4.4 仿人机器人

仿人机器人具有模拟人类某些行为或技能的能力，其研究范畴包括从简单的非条件反射到高级智能行为，如双脚直立行走、认知外部环境、自主判断与决策、情感交互控制等，因此这一课题综合了机械工程、电子工程、计算机工程、控制工程以及人工智能等多个学科的最新研究成果，是代表了机电一体化的最高成就之一，也是目前研究发展最为活跃的领域之一[199]。仿人机器人的研制始于20世纪60年代，在随后的几十年中取得了迅速的发展，由于具有众多的自由度、复杂的机械结构和多样的行为动作，其人机交互技术是当前研究的难点之一[200]。2008 年，Bell 等[201]首次实现了基于 BRI 的仿人机器人控制系统，通过引入机器视觉技术和任务级控制策略，使仿人机器人根据被试对象意图自主抓取不同颜色物体并将其放到被试对象指定的平台上，如图 1.26(a)所示。此后，基于 BRI 的仿人机器人远程控制技术逐渐成为研究的一个热点方向。

相比其他类型机器人，基于 BRI 的仿人机器人系统所具有的特点如表 1.5 所示。①大多数仿人机器人的自由度(degree of freedom, DOF)都超过了 20 个，这使得它们可以适应更为复杂的工作环境(如在不平整地面行走、进入狭窄空间、跨越障碍、上下台阶)和完成更加多样的交互任务(探索未知环境、操作仪器设备、抓取和移动物体、与周围人群进行交流)，但同时也要求 BRI 系统能够提供足够数量的控制指令。②从操作者获取反馈的角度来看，仿人机器人作为被试对象的远程替身，工作在被试对象的视线范围以外，这使得被试对象需要借助机器人搭载的摄像头，通过实时视频反馈获取周围环境和指令执行效果等信息。然而当前研究中大都使用单目摄像头，仅根据一个实时视频画面建立对周围物体空间位置关系和机器人自身运动状态的感知与理解，无疑是非常困难的，这就要求融合更多的其他类型传感器信息(如激光雷达、超声测距传感器、惯性传感器、压力传感器等)，以建立机器人更加准确的环境认知并提供给被试对象更加全面的信息反馈。③由于上述特点，仿人机器人的远程控制对 BRI 系统的信息传输性能有特别的要求。在各类机器人被控对象中，机械臂的控制要求 BRI 系统具有很高的正确率和可靠性，以完成抓取和操作物体的精细作业任务；智能轮椅需要帮助运动障碍的被试对象移动位置，所以要求 BRI 系统具有良好的操作舒适度和很高的使用安全性；仿人机器人则要求 BRI 系统不仅能够提供多样化的控制指令以完成不同种类的交互任务，还需要融合多模态传感器信息和机器人自主智能，因此这一研究更具挑战性，也更加需要神经科学、自动化、生物医学工程、机械等多个学科研究团队的共同努力。

Guneysu 等[202]用四个 SSVEP 刺激代表四个方向，控制仿人机器人绘图。Tidoni 等[203]把这四个刺激附加在仿人机器人反馈的视觉图像周边以减少被试对象在机器人动作画面与视觉刺激之间的切换。Choi 等[83]混合 P300、SSVEP 和 MI 三种模式：通过 MI 模式改变机器人当前行走状态；利用 SSVEP 模式旋转头部并结合 MI 模式转身；采用 P300 模式选择目标，如图 1.26(b)所示。Ma 等[204]融合 P300 和眼电信号来设计机器人控制系统，在眼电模式下利用眨眼控制仿人机器人到达目的地，然后在 P300 模式下，根据控制意图与界面上各个方向的箭头的对应关系来选择箭头刺激，界面随机地切换箭头和人脸图片来诱发电位并由机器人自主完成对应行为，如抓取、跳舞，如图 1.26(c)所示。

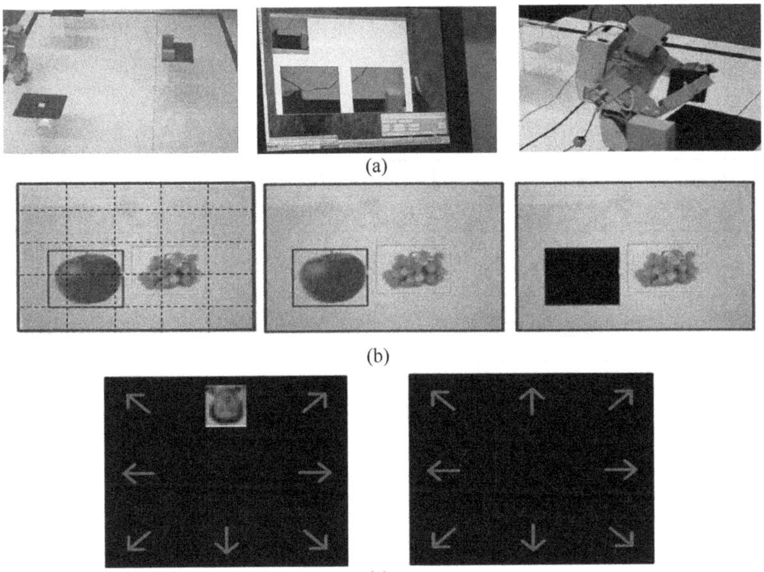

(a)　(b)　(c)

图 1.26　基于 P300 的仿人机器人控制实验的视觉刺激界面

除了结合多种脑电模式，利用人工智能技术根据环境信息或任务进展的特点把每个脑电状态对应为不同的控制指令也可以增加指令数量。Yun 等[205]提出基于规划行为选择网络的 BRI 系统。此系统包含多个行为方案，当被试对象给出某个控制指令时系统将根据对环境的感知评测各个方案，并选出最优的行为规划控制仿人机器人。Chae 等[206]采用以姿态为因变量的控制方式把三种 MI 的特定脑电状态对应为五种仿人机器人的控制指令。当系统辨识出大脑想象的肢体动作时，将根据当前机器人的行为状态赋予此肢体动作不同的控制意图：当机器人处于停止状态时，想象左手对应机器人的左扭头动作；当机器人处于前进状态时，想象左手对应机器人的停止动作。对于危险环境或者复杂动作，BRI 的控制方式可能无法及时给出多个指令进行控制，而人工智能的引入可以缓解这一问题。在文献[84]中把机器人行走的目的地或者是抓取物体的对象作为 P300 刺激来诱发 ERP。机器人首先拍摄周围环境物体的照片并将其分割为多个子图传递给视觉诱发界面，而界面将随机地闪烁这些子图的边框。被试对象根据任务要求通过注视视觉刺激来进行目的地或者物品的选择。系统利用机器学习技术寻找包含 P300 的脑电信号，并将与此段脑电信号对应的刺激视为被试对象的控制意图。当系统确认某个目的地或者某个物体为所注视的刺激时，机器人将按照环境的模型自主地走到目的地或者抓起物体，完成任务，如图 1.26(a)和图 1.27 所示。为完成远程控制任务，段峰等[79]采用 SSVEP 模式首先控制仿人机器人到达目的地，之后采用闭眼方式切换为 MI 模式。在 MI 模式下被试对象通过想象脚的运动启动抓取操作，而系统利用图像识别技术自动锁定目标完成机器人的抓取，降低被试对象脑控仿人机器人抓取的难度。图 1.27 展现了现阶段部分仿人机器人的 BRI 系统的应用成果。

表 1.5　运动障碍辅助领域中常用的脑控机器人系统

被控对象	机械臂	智能轮椅	仿人机器人
自由度	<10	3	>20
工作环境	固定在某一位置	在平整地面上移动	在不平整地面行走、进入狭窄空间、跨越障碍、上下台阶等
常见任务	抓取和操作物体的精细作业任务	帮助运动障碍被试对象移动位置	作为被试对象的替身与环境和人群进行交互
反馈特点	通常工作在被试对象视线范围内	被试对象与轮椅一起移动	通常工作在被试对象视线范围外，需借助机器人摄像头的视频反馈
BRI 的性能需求	高正确率和高可靠性	良好的操作舒适度和很高的安全性	控制指令多样，需融合多模态传感器信息和机器人自主智能
主要团队	美国杜克大学[207] 美国匹兹堡大学[59] 美国布朗大学[73] 中国浙江大学[208]	日本电气通信大学[209] 瑞士 IDIAP 研究所[210] 新加坡国立大学[211] 华南理工大学[56]	美国华盛顿大学[84] 韩国 KAIST 研究所[83] 南开大学[79]

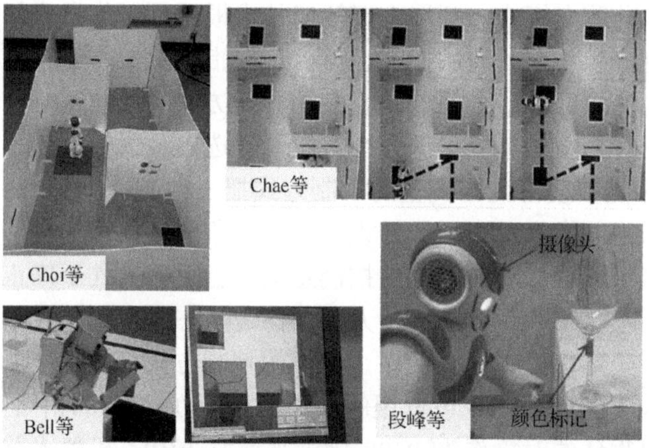

图 1.27　现阶段部分仿人机器人的 BRI 系统的应用成果

参 考 文 献

[1] Wolpaw J R, Birbaumer N, Mcfarland D J. Brain-computer interfaces for communication and control. Invited Review Clinical Neurophysiology, 2002, 113(6): 767-791.

[2] Lebedev M A, Nicolelis M A L. Brain-machine interfaces: Past, present and future. Trends in Neurosciences, 2006, 29(9): 536-546.

[3] 王行愚，金晶，张宇，等. 脑控:基于脑-机接口的人机融合控制. 自动化学报，2013，39(3)：208-221.

[4] 李鹏海，丁皓，万柏坤，等. 脑-机接口在移动外设控制中的应用研究进展. 生物医学工程学杂志, 2011, 28(3): 613-617.

[5] Lance B J, Kerick S E, Ries A J, et al. Brain-computer interface technologies in the coming decades. Proceedings of the IEEE, 2012, 100: 1585-1599.

[6] Long J, Li Y, Wang H, et al. A hybrid brain computer interface to control the direction and speed of a simulated or real wheelchair. IEEE Transactions on Neural Systems & Rehabilitation Engineering, 2012, 20(5): 720-729.

[7] 赵启斌，张丽清, Cichocki A, 等. 三维虚拟现实环境中基于 EEG 的异步 BCI 小车导航系统. 科学通报, 2008, (23): 2888-2895.

[8] Li Y, Zhang X, Huang Z, et al. Design of wearable intelligent mind controlled prosthetic hand. Proceedings of International Conference on Mechatronics and Automation, Chengdu, 2012: 2462-2466.

[9] Royer A S, Doud A J, Rose M L, et al. EEG control of a virtual helicopter in 3-dimensionals pace using in telligent control strategies. IEEE Transactions on Neural Systems & Rehabilitation Engineering, 2010, 18(6): 581-589.

[10] Li W, Jaramillo C, Li Y. A brain computer interface based humanoid robot control system. Proceedings of the IASTED International Conference on Robotics, NewYork, 2011: 390-396.

[11] 伏云发，王越超，李洪谊，等. 直接脑控机器人接口技术. 自动化学报，2012，38(8)：1229-1246.

[12] Mcfarland D J, Wolpaw J R. Brain-computer interface operation of robotic and prosthetic devices. Computer, 2008, 41(10): 52-56.

[13] Ortiz-Rosario A, Adeli H. Brain-computer interface technologies: From signal to action. Reviews in the Neurosciences, 2013, 24(5): 537-552.

[14] Gao S, Wang Y, Gao X, et al. Visual and auditory brain-computer interfaces. IEEE Transactions on Biomedical Engineering, 2014, 61(5): 1436-1447.

[15] Wood G, Kober S E, Witte M, et al. On the need to better specify the concept of "control" in brain-computer-interfaces/ neuro feed back research. Frontiers in Systems Neuroscience, 2014, 8: 1-4.

[16] Wolpaw J R, Birbaumer N, McFarland D J, et al. Brain computer interfaces for communication and control. Clinical Neurophysiology, 2002, 113(6): 767-791.

[17] Nicolelis M A. Brain-machine interfaces to restore motor function and probe neural circuits. Nature Reviews Neuroscience, 2003, 4(4): 417-422.

[18] Sakurai Y. Brain-machine interfaces can accelerate clarification of the principal mysteries and real plasticity of the brain. Frontiers in Systems Neuroscience, 2014, 8(104): 1-16.

[19] 范新安. 脑-控车辆的人车交互及控制研究. 北京: 北京理工大学, 2015.

[20] Castermans T, Duvinage M, Cheron G, et al. Towards effective non-invasive brain-computer interfaces dedicated to gait rehabilitation systems. Brain Sciences, 2013, 4(1): 1-48.

[21] Rupp R. Challenges in clinical applications of brain computer interfaces in individuals with spinal cord injury. Frontiers in Neuroengineering, 2014, 7(38): 1-15.

[22] Lebedev M A. Brain-machine interfaces: An overview. Translational Neuroscience, 2014, 5(1): 99-110.

[23] 杨鑫, 吴边, 陈卫东, 等. 脑-机接口技术在航天领域的潜在应用. 载人航天, 2012, 18(3): 87-92.

[24] Xu M. Exploring brain-computer interfaces for use in space missions. Human Performance in Space: Advancing Astronautics Research in China, A Sponsored Supplement to Science, Beijing, 2014: 28.

[25] Allison B Z, Graimann B, Gräser A. Why use a BCI if you're healthy. Proceedings of IEEE Conference on Intelligent Systems, New York, 2008: 7-11.

[26] Kaplan A, Shishkin S, Ganin I, et al. Adapting the P300-based brain-computer interface for gaming: A review. IEEE Transactions on Computational Intelligence & AI in Games, 2013, 5(2): 141-149.

[27] 徐光华, 张锋, 王晶,等. 面向智能轮椅脑-机导航的高频组合编码稳态视觉诱发电位技术研究. 机械工程学报, 2013, 49(6): 21-29.

[28] 张宇, 王行愚, 张建华,等. 离散粒子群优化-贝叶斯线性判别分析算法用于视觉事件相关电位 P300 的分类. 中国生物医学工程学报, 2010, 29(1): 46-52.

[29] Lafleur K, Cassady K, Doud A, et al. Quadcopter control in three-dimensional space using a noninvasive motor imagery-based brain-computer interface. Journal of Neural Engineering, 2013, 10(4): 711-726.

[30] Kandel E R, Schwartz J H, Jessell T M, et al. 神经科学原理. 5 版，徐群渊导读. 北京: 机械工业出版社, 2013.

[31] 汪云九. 神经信息学——神经系统的理论和模型. 北京: 高等教育出版社, 2006: 102-105.

[32] 王淑珍, 朱思泉. 视觉信息加工的神经机制. 眼科研究, 2008, 26(9): 717-720.

[33] 周扬, 王健. 视皮层分区及其 fMRI 研究进展. 现代生物医学进展, 2006, 6(9): 79-81.

[34] 石冠楠, 耿海燕. 视觉意识及其神经机制. 心理科学, 2007, 30(5): 1136-1138.

[35] 寿天德. 视觉的神经基础. 自然杂志, 2015, (1): 17-25.

[36] 华沙. 眼睛接收到的信息如何被大脑识别? http: //www. zhihu. com/question/21557819[2017-03-16].

[37] Regan D. Some characteristics of average steady-state and transient responses evoked by modulated light. Electroencephalography & Clinical Neurophysiology, 1966, 20(3): 238-248.

[38] Ding J, Sperling G, Srinivasan R. Attentional modulation of SSVEP power depends on the

network tagged by the flicker frequency. Cerebral Cortex, 2006, 16(7): 1016-1029.

[39] Skosnik P D, Krishnan G P. The effect of cannabis use and gender on the visual steady state evoked potential. Clinical Neurophysiology, 2006, 117(1): 144-156.

[40] Makeig S, Westerfield M, Jung T P, et al. Dynamic brain sources of visual evoked responses. Science, 2002, 295(5555): 690-694.

[41] 魏景汉, 罗跃嘉. 事件相关电位原理与技术. 北京: 科学出版社, 2010.

[42] Proverbio A M, Riva F. RP and N400 ERP components reflect semantic violations in visual processing of human actions. Neuroscience Letters, 2009, 459(3): 142-146.

[43] Ruiz N, Taib R, Chen F. Freeform pen-input as evidence of cognitive load and expertise. Proceedings of the International Conference on Multimodal Interfaces, New York, 2011: 185-188.

[44] Jin J, Allison B Z, Wang X, et al. A combined brain-computer interface based on P300 potentials and motion-onset visual evoked potentials. Journal of Neuroscience Methods, 2012, 205(2): 265-276.

[45] Potter M C. Short-term conceptual memory for pictures. Journal of Experimental Psychology Human Learning & Memory, 1976, 2(5): 509-522.

[46] Chiappa S, Barber D. EEG classification using generative independent component analysis. Neurocomputing, 2006, 69(7-9): 769-777.

[47] Salem M, Hamouda M, Ben H S J. Blind separation of auditory event-related brain responses into independent components. Proceedings of the National Academy of Sciences of the United States of America, 1997, 94(20): 10979-10984.

[48] 季忠, 秦树人. 微弱生物医学信号特征提取的原理与实现. 北京: 科学出版社, 2007.

[49] 万柏坤, 朱欣, 杨春梅, 等. ICA去除EEG中眼动伪差和工频干扰方法研究. 电子学报, 2003, 31(10): 1571-1574.

[50] Liu T, Goldberg L, Gao S, et al. An online brain-computer interface using non-flashing visual evoked potentials. Journal of Neural Engineering, 2010, 7(3): 36003-36011.

[51] Mcfarland D J, Sarnacki W A, Wol-paw J R. Brain-computer interface (BCI) operation: Optimizing information transfer rates. Biological Psychology, 2003, 63(3): 237-251.

[52] Lubbe R H J V D, Neggers S F W, Verleger R, et al. Spatiotemporal overlap between brain activation related to saccade preparation and attentional orienting. Brain Research, 2006, 1072(1): 133-152.

[53] Curtin A, Ayaz H, Liu Y, et al. A P300-based EEG-BCI for spatial navigation control. Proceedings of International Conference of the IEEE Engineering in Medicine & Biology Society, San Diego, 2012: 3841-3844.

[54] 周鹏. 基于运动想象的脑-机接口的研究. 天津: 天津大学, 2007.

[55] Haas L F. Hans Berger, Richard Caton, and electroencephalography. Journal of Neurology

Neurosurgery & Psychiatry, 2003, 74(1): 9.

[56] Vidal J J. Toward direct brain-computer communication. Annual Review of Biophysics & Bioengineering, 1973, 2(4): 157-180.

[57] 尧德中. 脑功能探测的电学理论与方法. 北京: 科学出版社, 2003.

[58] Hill N J, Lal T N, Schröder M, et al. Classifying EEG and ECoG signals without subject training for fast BCI implementation: Comparison of nonparalyzed and completely paralyzed subjects. IEEE Transactions on Neural Systems & Rehabilitation Engineering, 2006, 14(2): 183-186.

[59] Hochberg L R, Daniel B, Beata J, et al. Reach and grasp by people with tetraplegia using a neurally controlled robotic arm. Nature, 2012, 485(7398): 372-375.

[60] Jürgen M, Gerwin S, Christoph B, et al. An MEG-based brain-computer interface (BCI). Neuroimage, 2007, 36(3): 581-593.

[61] Weiskopf N, Mathiak K, Bock S W, et al. Principles of a brain-computer interface (BCI) based on real-time functional magnetic resonance imaging (fMRI). IEEE Transactions on Biomedical Engineering, 2004, 51(6): 966-970.

[62] Wubbels P, Nishimura E, Rapoport E, et al. Exploring calibration techniques for functional near-infrared imaging (fNIR) controlled brain-computer interfaces. Proceedings of 3rd International Conference on Foundations of Augmented Cognition, Beijing, 2007: 23-29.

[63] Pfurtscheller G, Schlögl A. BCI competition III datasets. http://www.bbci.de/competition/iii/#datasets [2017-03-12].

[64] Pfurtscheller G, Silva F H L D. Event-related EEG/MEG synchronization and desynchronization: Basic principles. Clinical Neurophysiology, 1999, 110(11): 1842-1857.

[65] 卞薇宁, 孟飞, 高小榕, 等. 基于慢皮层电位的脑-机接口方法. 首届全国功能神经影像学和神经信息学研讨会, 济南, 2003: 26-27.

[66] 潘家辉. 基于 P300 和 SSVEP 的高性能脑-机接口及其应用研究. 广州: 华南理工大学, 2014.

[67] 李勃. 脑-机接口技术研究综述. 数字通信, 2013, 40(4): 5-8.

[68] Luis N A, Jaime G G. Brain computer interfaces, a review. Sensors, 2012, 12(2): 1211-1279.

[69] Burns A, Adeli H, Buford J A. Brain-computer interface after nervous system injury. Neuroscientist: A Review Journal Bringing Neurobiology Neurology & Psychiatry, 2014, 20(6): 639-651.

[70] Ortizrosario A, Adeli H. Brain-computer interface technologies: From signal to action. Reviews in the Neurosciences, 2013, 24(5): 537-552.

[71] 张韶岷, 陈卫东, 孙超, 等. 动物脑电-行为同步记录及分析系统. 浙江大学学报(工学版), 2009, (11): 2028-2033.

[72] 宋艳, 曲折, 管益杰, 等. 视知觉学习的认知与神经机制研究. 心理科学进展, 2006, 14(3): 334-339.

[73] Collinger J L, Wodlinger B, Downey J E, et al. High-performance neuroprosthetic control by an

individual with tetraplegia. Lancet, 2013, 381(9866): 557-564.

[74] Chen X, Wang Y, Nakanishi M, et al. High-speed spelling with a noninvasive brain-computer interface. Proceedings of the National Academy of Sciences, 2015, 112(44): 6058-6067.

[75] 孟丽霞, 陶霖密, 孙富春, 等. 基于脑-机接口与双激光雷达的移动车导航系统. 机器人, 2012, 34(4): 449-454.

[76] 吴边, 苏煜, 张剑慧, 等. 基于 P300 电位的新型 BCI 中文输入虚拟键盘系统. 电子学报, 2009, 37(8): 1733-1738.

[77] Zhang R, Li Y, Yan Y, et al. Control of a wheelchair in an indoor environment based on a brain-computer interface and automated navigation. IEEE Transactions on Neural Systems & Rehabilitation Engineering, 2016, 24(1): 128-139.

[78] Chen L, Jin J, Daly I, et al. Exploring combinations of different color and facial expression stimuli for gaze-independent BCIs. Frontiers in Computational Neuroscience, 2016, 10(19): 1-11.

[79] Duan F, Lin D, Li W, et al. Design of a multimodal EEG-based hybrid BCI system with visual servo module. IEEE Transactions on Autonomous Mental Development, 2015, 7(4): 332-341.

[80] Ke Y, Wang P, Chen Y, et al. Training and testing ERP-BCIs under different mental workload conditions. Journal of Neural Engineering, 2016, 13(1): 1-14.

[81] Fan X, Bi L, Teng T, et al. A brain-computer interface-based vehicle destination selection system using P300 and SSVEP signals. IEEE Transactions on Intelligent Transportation Systems, 2015, 16(1): 274-283.

[82] Jin J, Allison B Z, Zhang Y, et al. An ERP-based BCI using an oddball paradigm with different faces and reduced errors in critical functions. International Journal of Neural Systems, 2014, 24(8): 1-14.

[83] Choi B, Jo S. A low-cost EEG system-based hybrid brain-computer interface for humanoid robot navigation and recognition. Plos One, 2013, 8(9): 1-13.

[84] Bell C J, Shenoy P, Chalodhorn R, et al. Control of a humanoid robot by a noninvasive brain-computer interface in humans. Journal of Neural Engineering, 2008, 5(2): 214-220.

[85] Colwell K A, Ryan D B, Throckmorton C S, et al. Channel selection methods for the P300 speller. Journal of Neuroscience Methods, 2014, 232: 6-15.

[86] Wolpaw J R, Mcfarland D J, Vaughan T M. Brain-computer interface research at the Wadsworth Center. IEEE Transactions on Rehabilitation Engineering, 2000, 8(2): 222-226.

[87] Pfurtscheller G, Brunner C, SchlöGl A, et al. Mu rhythm (de)synchronization and EEG single-trial classification of different motor imagery tasks. Neuroimage, 2006, 31(1): 153-159.

[88] Birbaumer N, Hinterberger T, Kübler A, et al. The thought-translation device (TTD): Neurobehavioral mechanisms and clinical outcome. IEEE Transactions on Neural Systems &

Rehabilitation Engineering, 2003, 11(2): 120-123.

[89] Liang N, Saratchandran P, Huang G, et al. Classification of mental tasks from EEG signals using extreme learning machine. International Journal of Neural Systems, 2006, 16(1): 29-38.

[90] Zhang D, Song H, Xu H, et al. An N200 speller integrating the spatial profile for the detection of the non-control state. Journal of Neural Engineering, 2012, 9(2): 38-41.

[91] Suwazono S, Machado L, Knight R T. Predictive value of novel stimuli modifies visual event-related potentials and behavior. Clinical Neurophysiology, 2000, 111(1): 29-39.

[92] Pfurtscheller G, Silva F H L D. Event-related EEG/MEG synchronization and desynchronization: Basic principles. Clinical Neurophysiology, 1999, 110(11): 1842-1857.

[93] Fattouh A, Horn O, Bourhis G. Emotional BCI control of a smart wheelchair. International Journal of Computer Science, 2013, 10(3): 32-36.

[94] Chai R, Ling S H, Hunter G P, et al. Brain-computer interface classifier for wheelchair commands using neural network with fuzzy particle swarm optimization. IEEE Journal of Biomedical & Health Informatics, 2014, 18(5): 1614-1624.

[95] Zhang H, Guan C, Ang K K, et al. BCI competition IV-data set I: Learning discriminative patterns for self-paced EEG-based motor imagery detection. Frontiers in Neuroscience, 2012, 6: 7.

[96] Liu Q, Chen K, Ai Q, et al. Review: Recent development of signal processing algorithms for SSVEP-based brain computer interfaces. Journal of Medical & Biological Engineering, 2014, 34(4): 299-309.

[97] 施锦河. 运动想象脑电信号处理与 P300 刺激范式研究. 杭州: 浙江大学, 2012.

[98] Colwell K A, Ryan D B, Throckmorton C S, et al. Channel selection methods for the P300 speller. Journal of Neuroscience Methods, 2014, 232: 6-15.

[99] 马忠伟, 高上凯. 基于 P300 电位的脑-机接口系统中参数优化问题的研究. 中国生物医学工程学报, 2009, 28(6): 851-855.

[100] Lan T, Erdogmus D, Adami A, et al. Channel selection and feature projection for cognitive load estimation using ambulatory EEG. Computational Intelligence & Neuroscience, 2007, 2007(7-8): 1-12.

[101] Keng A K, Yang C Z, Wang C, et al. Filter bank common spatial pattern algorithm on BCI competition IV datasets 2a and 2b. Frontiers in Neuroscience, 2012, 6: 39.

[102] Lal T N, Schröder M, Hinterberger T, et al. Support vector channel selection in BCI. IEEE Transactions on Biomedical Engineering, 2004, 51(6): 1003-1010.

[103] Tangermann M, Müller K R, Aertsen A, et al. Review of the BCI competition IV. Frontiers in Neuroscience, 2012, 6(55): 55.

[104] 李明爱, 崔燕, 杨金福. 脑电信号中眼电伪迹自动去除方法的研究. 电子学报, 2013, 41(6): 1207-1213.

[105] Naeem M, Brunner C, Leeb R, et al. Seperability of four-class motor imagery data using

independent components analysis. Journal of Neural Engineering, 2006, 3(3): 208.
[106] 李洪, 孙云莲. 基于 EMD 虚拟通道的 ICA 算法在信号消噪中的应用. 北京邮电大学学报, 2007, 30(5): 33-36.
[107] Nugent A C, Luber B, Carver F W, et al. Deriving frequency-dependent spatial patterns in MEG-derived resting state sensorimotor network: A novel multiband ICA technique. Human Brain Mapping, 2017, 38(2): 779.
[108] Vergara V M, Mayer A, Damaraju E, et al. The effect of preprocessing pipelines in subject classification and detection of abnormal resting state functional network connectivity using group ICA. Neuroimage, 2016, 145: 365-376.
[109] Samadi M R H, Zakeri Z, Cooke N. VOG-enhanced ICA for removing blink and eye-movement artefacts from EEG. IEEE-EMBS International Conference on Biomedical and Health Informatics, Las Vegas, 2016: 603-606.
[110] Jia C, Gao X, Hong B, et al. Frequency and phase mixed coding in SSVEP-based brain-computer interface. IEEE Transactions on Bio-medical Engineering, 2011, 58(1): 200-206.
[111] Wang Y, Wang R, Gao X, et al. A practical VEP-based brain-computer interface. IEEE Transactions on Neural Systems & Rehabilitation Engineering, 2006, 14(2): 234-240.
[112] Manyakov N V, Nikolay C, Hulle M M V. Multichannel decoding for phase-coded SSVEP brain-computer interface. International Journal of Neural Systems, 2012, 22(5): 187-380.
[113] Hotelling H. Relations between two sets of variables. Biometrika, 1936, 28: 321-335.
[114] Li Y, Bin G, Gao X, et al. Analysis of phase coding SSVEP based on canonical correlation analysis(CCA). Proceedings of International Conference on Neural Engineering (NER), Piscataway, 2011: 368-371.
[115] Keng A K, Yang C Z, Wang C, et al. Filter bank common spatial pattern algorithm on BCI competition IV datasets 2a and 2b. Frontiers in Neuroscience, 2012, 6: 39.
[116] Lotte F, Congedo M, Lecuyer A, et al. A review of classification algorithms for EEG-based brain-computer interfaces. Journal of Neural Engineering, 2007, 4(2): R1-R13.
[117] Gao W, Guan J A, Gao J, et al. Multi-ganglion ANN based feature learning with application to P300-BCI signal classification. Biomedical Signal Processing & Control, 2015, 18: 127-137.
[118] Lemm S, Schäfer C, Curio G. BCI competition 2003-data set III: Probabilistic modeling of sensorimotor mu rhythms for classification of imaginary hand movements. IEEE Transactions on Biomedical Engineering, 2004, 51(6): 1077-1080.
[119] Schlögl A, Lee F, Bischof H, et al. Characterization of four-class motor imagery EEG data for the BCI-competition 2005. Journal of Neural Engineering, 2005, 2(4): L14-L22.
[120] Panicker R C, Puthusserypady S, Sun Y. Adaptation in P300 brain-computer interfaces: A two-classifier cotraining approach. IEEE Transactions on Biomedical Engineering, 2010, 57(12): 2927-2935.

[121] 徐舫舟. 基于运动想象的脑-机接口相关算法研究. 济南: 山东大学, 2014.

[122] Oskoei M A, Gan J Q, Hu H. Adaptive schemes applied to online SVM for BCI data classification. Proceedings of Annual International Conference of the IEEE Engineering in Medicine and Biology Society, Minneapolis, 2009: 2600-2603.

[123] 许敏鹏, 张立新, 明东, 等, 基于SSVEP阻断与P300特征的混合范式脑-机接口. 电子学报, 2013, 41(11): 2247-2251.

[124] 秦锋, 杨波, 程泽凯. 分类器性能评价标准研究. 计算机技术与发展, 2006, 16(10): 85-88.

[125] Li M, Li W, Zhao J, et al. A P300 model for cerebot-a mind-controlled humanoid robot. Robot Intelligence Technology and Applications, 2014, 274: 495-502.

[126] Mika S, Ratsch G, Weston J, et al. Fisher discriminant analysis with kernels. Proceedings of the 1999 IEEE Signal Processing Society Workshop, Madison, 1999: 41-48.

[127] Baudat G, Anouar F. Generalized discriminant analysis using a kernel approach. Neural Computation, 1990, 12(10): 2385-2404.

[128] Vidaurre C, Schlogl A, Cabeza R, et al. Study of on-line adaptive discriminant analysis for EEG-based brain computer interfaces. IEEE Transactions on Biomedical Engineering, 2007, 54(3): 550-556.

[129] Juang C F, Chen G C. ATS fuzzy system learned through a support vector machine in principal component space for real-time object detection. IEEE Transactions on Industrial Electronics, 2012, 59(8): 3309-3320.

[130] Singla R. Comparison of SSVEP signal classification techniques using SVM and ANN models for BCI applications. International Journal of Information & Electronics Engineering, 2014, 4(1): 398.

[131] Allison B Z, Wolpaw E W, Wolpaw J R. Brain-computer interface systems: Progress and prospects. Expert Review of Medical Devices, 2007, 4(4): 463-474.

[132] Manyakov N V, Chumerin N, Combaz A, et al. Comparison of classification methods for P300 brain-computer interface on disabled subjects. Computational Intelligence & Neuroscience, 2011, 2011(1687-5265): 1-12.

[133] Krusienski D J, Sellers E W, Cabestaing F, et al. A comparison of classification techniques for the P300 speller. Journal of Neural Engineering, 2006, 3(4): 299-305.

[134] Vidal J J. Toward direct brain-computer communication. Annual Review of Biophysics & Bioengineering, 1973, 2(1): 157-180.

[135] Manyakov N V, Chumerin N, Robben A, et al. Sampled sinusoidal stimulation profile and multichannel fuzzy logic classification for monitor-based phase-coded SSVEP brain-computer interfacing. Journal of Neural Engineering, 2013, 10(3): 747-754.

[136] Dutta S, Singh M, Kumar A. Classification of non-motor cognitive task in EEG based interface using phase space features in multivariate empirical mode decomposition domain. Biomedical

Signal Processing and Control, 2018, 39: 378-379.

[137] Pfurtscheller G, Müller-Putz G R, Schlögl A, et al. 15 years of BCI research at Graz University of Technology: Current projects. IEEE Transactions on Neural Systems & Rehabilitation Engineering, 2006, 14(2): 205-210.

[138] Benjamin B, Guido D, Matthias K, et al. The non-invasive Berlin brain-computer interface: Fast acquisition of effective performance in untrained subjects. Neuroimage, 2007, 37(2): 539-550.

[139] Obermaier B, Neuper C, Guger C, et al. Information transfer rate in a five-classes brain-computer interface. IEEE Transactions on Neural Systems & Rehabilitation Engineering, 2001, 9(3): 283-288.

[140] Cohen J. A coefficient of agreement for nominal scales. Educational & Psychological Measurement, 1960, 20(1): 37-46.

[141] Sitaram R, Zhang H, Guan C, et al. Temporal classification of multichannel near-infrared spectroscopy signals of motor imagery for developing a brain-computer interface. Neuroimage, 2007, 34(4): 1416-1427.

[142] Cabestaing F, Vaughan T M, Mcfarland D J, et al. Classification of evoked potentials by Pearson's correlation in a brain-computer interface. Amse Modelling C Automatic Control, 2007, 67: 156-166.

[143] Yuan P, Gao X, Allison B, et al. A study of the existing problems of estimating the information transfer rate in online brain-computer interfaces. Journal of Neural Engineering, 2013, 10(2): 26014-26024.

[144] Billinger M, Daly I, Kaiser V, et al. Is it Significant? Guidelines for Reporting BCI Performance. Berlin: Springer, 2013: 333-354.

[145] Bianchi L, Quitadamo L R, Garreffa G, et al. Performances evaluation and optimization of brain computer interface systems in a copy spelling task. IEEE Transactions on Neural Systems & Rehabilitation Engineering, 2007, 15(2): 207-216.

[146] Quitadamo L R, Abbafati M, Cardarilli G C, et al. Evaluation of the performances of different P300 based brain-computer interfaces by means of the efficiency metric. Journal of Neuroscience Methods, 2012, 203(2): 361-368.

[147] Dal S B, Matteucci M, Mainardi L T. The utility metric: A novel method to assess the overall performance of discrete brain-computer interfaces. IEEE Transactions on Neural Systems & Rehabilitation Engineering, 2010, 18(1): 20-28.

[148] 蔡自兴. 机器人学. 2 版. 北京: 清华大学出版社, 2009: 1-13.

[149] 鲁涛, 原魁, 朱海兵. 智能轮椅研究现状及发展趋势. 机器人技术与应用, 2008, (2): 1-5.

[150] 罗元, 孔维熙, 张毅. 基于Android手机的智能轮椅室外导航方法. 计算机工程, 2013, 39(6): 312-315.

[151] Prassler E, Scholz J, Strobel M, et al. MAid: A robotic wheelchair operating in public environments.

Lecture notes in Computer Science, 1998, 1724: 68-95.

[152] Vanacker G, Del R M J, Lew E, et al. Context-based filtering for assisted brain-actuated wheelchair driving. Computational Intelligence & Neuroscience, 2007, 2007: 3.

[153] Tanaka K, Matsunaga K, Wang H O. Electroencephalogram-based control of an electric wheelchair. IEEE Transactions on Robotics, 2005, 21(4): 762-766.

[154] Mandel C, Th T, Laue T, et al. Navigating a smart wheelchair with a brain-computer interface interpreting steady-state visual evoked potentials. Proceedings of International Conference on Intelligent Robots and Systems, 2009: 1118-1125.

[155] Pathirage I, Khokar K, Klay E, et al. A vision based P300 brain computer interface for grasping using a wheelchair-mounted robotic arm. International Conference on Advanced Intelligent Mechatronics, 2013, 8212: 188-193.

[156] 徐国华，谭民．移动机器人的发展现状及其趋势．机器人技术与应用, 2001, (3): 114-120.

[157] 王鹏飞，孙立宁，黄博．地面移动机器人系统的研究现状与关键技术．机械设计，2006, 23(7): 1-4.

[158] Grand C, Amar F B, Plumet F, et al. Stability and traction optimization of a reconfigurable wheel-legged robot. International Journal of Robotics Research, 2004, 23:1041-1058.

[159] 朱磊磊，陈军．轮式移动机器人研究综述．机床与液压, 2009, 37(8): 242-247.

[160] 邓宗全，岳明，禹鑫燚,等．球形运动器动力学分析及控制系统设计．机器人，2006, 28(6): 565-570.

[161] Parkin R M, Tao B, Jackson M R. The use of low cost FM-CW radar sensors in navigation. Microprocessors & Microsystems, 1998, 21(6): 377-382.

[162] 罗雨．基于多信息融合的轮式移动机器人定位导航技术研究．北京：北京理工大学, 2011.

[163] 孟丽霞，陶霖密，孙富春，等．基于脑-机接口与双激光雷达的移动车导航系统．机器人，2012, 34(4): 449-454.

[164] Perrin X, Havarriaga R C, Colas F, et al. Brain coupled interaction of sami autonomous navigation of assistive robot. Elsevier Journal of Robotics and Autonomous Systems, 2010, 58:1246-1255.

[165] 李明．机器人．上海：上海科学技术出版社, 2012: 32-33.

[166] Song Y, Wen X, Li W, et al. Google glass-based remote control of a mobile robot. SPIE-The International Society for Optical Engineering, Baltimore, 2016: 1-8.

[167] Neamtu D V, Fabregas E, Wyns B, et al. A remote laboratory for mobile robot applications. International Federation of Automatic Control (IFAC), Milano, 2011: 7280-7285.

[168] Martinez J L, Mandow A, Morales J, et al. Approximating kinematics for tracked mobile robots. The International Journal of Robotics Research, 2005, 24: 867-878.

[169] Cyberbotics Ltd.Webots. https://www.cyberbotics.com/webots.php[2016-11-30].

[170] Wen X, Song Y, Li W, et al. Rotation vector sensor-based remote control of a mobile robot via google glass. Proceedings of the Robot Intelligence Technology and Applications, Berlin, 2017: 581-588.

[171] Bolla K, Istenes Z, Kovacs T, et al. A fast image processing based robot identification method for Surveyor SRV-1 robots. Proceedings of International Conference on Advanced Intelligent Mechatronics, Budapest, 2011: 1003-1009.

[172] 支丹阳, 杜秀兰, 赵靖, 等. 基于便携式脑电信号采集器的脑-机器人交互系统. 电子测量与仪器学报, 2016, 30(5):694-701.

[173] Craig J J, 负超. 机器人学导论. 北京: 机械工业出版社, 2006.

[174] Palankar M, Laurentis K J D, Alqasemi R, et al. Control of a 9-DoF wheelchair-mounted robotic arm system using a P300 brain computer interface: Initial experiments. IEEE International Conference on Robotics and Biomimetics, Bangkok, 2009: 348-353.

[175] Shen H, Zhao L, Bian Y, et al. Research on SSVEP-based controlling system of multi-DoF manipulator. Proceedings of International Symposium on Neural Networks, Wuhan, 2009: 171-177.

[176] Waytowich N, Henderson A, Krusienski D, et al. Robot application of a brain computer interface to staubli TX40 robots-early stages. World Automation Congress, New York, 2010: 1-6.

[177] 百度百科. 多旋翼无人机. http://baike.baidu.com/link?url=TOSzoaFC9K9I83hhC39wKN0-QKVArf9LNSFI4-I2aASSGgnpmGennxW9W5AXfKJJPVVBEHtXzvb7F5dQi9DwUr9Fdo5QFA6cZXZjIF0KV3p1sqbvT1oPpInvewuqlcRjA0pyjpyhr93W5lTwj0cM58K[2017-03-26].

[178] 张天航, 白金平. 旋翼式无人机的发展和趋势. Artificial Intelligences and Robotics Research, 2013, 2: 16-23.

[179] 叶勇韬, 陆晓彬, 成曙煌, 等. 多旋翼无人机任务系统. 电子测试, 2016, (14): 16-17.

[180] Salih A L, Moghavvemi M. Flight PID controller design for a UAV quadrotor. Scientific Research & Essays, 2010, 5(23): 3660-3667.

[181] Khatoon S, Shahid M, Ibraheem, et al. Dynamic modeling and stabilization of quadrotor using PID controller. International Conference on Advances in Computing, Communications and Informatics, New Delhi, 2014: 746-750.

[182] 李俊, 李运堂. 四旋翼飞行器的动力学建模及 PID 控制. 辽宁工程技术大学学报, 2012, 31(1): 116-119.

[183] 薛若宸. 无人机飞行控制与航迹规划研究. 北京: 北京理工大学, 2016.

[184] 滕雄, 吴怀宇, 陈洋, 等. 基于反步法的四旋翼飞行器轨迹跟踪研究. 计算机仿真, 2016, 33(5): 78-83.

[185] Gong X. Trajectory tracking control of a quad-rotor UAV based on command filtered backstepping. Applied Mechanics & Materials, 2012, 419: 718-724.

[186] Ahmed B, Pota H R, Garratt M. Rotary wing UAV position control using backstepping.

Proceedings of IEEE Conference on Decision and Control, New Orleans, 2008: 1957-1962.
[187] Lee B Y, Lee H I, Tahk M J. Analysis of adaptive control using on-line neural networks for a quadrotor UAV. Proceedings of 13th International Conference on Control, Automation and Systems, New York, 2013: 1840-1844.
[188] Dierks T, Jagannathan S. Output feedback control of a quadrotor UAV using neural networks. IEEE Transactions on Neural Networks, 2009, 21(1): 50-66.
[189] 林文. 基于模糊小波神经网络的四旋翼飞行器鲁棒自适应控制. 长沙航空职业技术学院学报, 2015, 15(4): 30-38.
[190] Shi T, Wang H, Zhang C. Brain computer interface system based on indoor semi-autonomous navigation and motor imagery for unmanned aerial vehicle control. Expert Systems with Applications, 2015, 42(9): 4196-4206.
[191] Song Y, Liu J, Gao Q, et al. A quadrotor helicopter control system based on brain-computer interface. IEEE International Conference on Mechatronics and Automation, Beijing, 2015: 1478-1483.
[192] 黄水长, 栗盼, 赵伟雄. 农药喷洒多旋翼无人机控制系统研究. 自动化与仪表, 2015, 30(5): 9-12.
[193] 李继宇, 周志艳, 兰玉彬, 等. 旋翼式无人机授粉作业冠层风场分布规律. 农业工程学报, 2015, 31(3): 77-86.
[194] 赵利坡, 范慧杰, 朱琳琳, 等. 面向巡线无人机高压线实时检测与识别算法. 小型微型计算机系统, 2012, 33(4): 882-886.
[195] 王万国, 张晶晶, 韩军, 等. 基于无人机图像的输电线断股与异物缺陷检测方法. 计算机应用, 2015, 35(8): 2404-2408.
[196] 曹蔚然, 朱琳琳, 韩建达. 面向旋翼无人机的高压输电线在线检测方法. 计算机应用研究, 2014, 31(10): 3196-3200.
[197] 沈泰阁. 浙江电视台钱江频道六旋翼航拍器及 TVU 4G 传输系统应用体验. 现代电视技术, 2015, (11): 140-142.
[198] 王姝. 多旋翼无人机航拍在饮用水源保护区环境勘查中的应用——以辽宁省大伙房水库为例. 辽宁大学学报(哲学社会科学版), 2016, 44(5): 57-62.
[199] 赵建东. 仿人机器人行走误差自调整模糊控制研究. 北京: 清华大学, 2004.
[200] 王毅. 基于仿人机器人的人机交互与合作研究. 北京: 北京科技大学, 2015.
[201] Bell C J, Shenoy P, Chalodhorn R, et al. Control of a humanoid robot by a noninvasive brain-computer interface in humans. Journal of Neural Engineering, 2008, 5(2): 214-220.
[202] Guneysu A, Akin H L. An SSVEP based BCI to control a humanoid robot by using portable EEG device. Proceedings of the IEEE Engineering in Medicine & Biology Society, Osaka, 2013: 6905-6908.

[203] Tidoni E, Gergondet P, Kheddar A, et al. Audio-visual feedback improves the BCI performance in the navigational control of a humanoid robot. Frontiers in Neurorobotics, 2014, 8: 1-8.

[204] Ma J, Zhang Y, Cichocki A, et al. A novel EOG/EEG hybrid human-machine interface adopting eye movements and ERPs: Application to robot control. IEEE Transactions on Bio-Medical Engineering, 2014, 62(3): 876-889.

[205] Yun S J, Lee M C, Cho S B. P300 BCI based planning behavior selection network for humanoid robot control. Proceedings of the International Conference on Natural Computation, Shenyang, 2013: 354-358.

[206] Chae Y, Jeong J, Jo S. Toward brain-actuated humanoid robots: Asynchronous direct control using an EEG-based BCI. IEEE Transactions on Robotics, 2012, 28(5): 1131-1144.

[207] Ramakrishnan A, Ifft P J, Pais-Vieira M, et al. Computing arm movements with a monkey brainet. Scientific Reports, 2015, 5: 10767.

[208] Wang D, Zhang Q, Li Y, et al. Long-term decoding stability of local field potentials from silicon arrays in primate motor cortex during a 2D center out task. Journal of Neural Engineering, 2014, 11(3): 036009.

[209] Tanaka K, Matsunaga K, Wang H O. Electroencephalogram-based control of an electric wheelchair. IEEE Transactions on Robotics, 2005, 21(4): 762-766.

[210] Galán F, Nuttin M, Lew E, et al. A brain-actuated wheelchair: Asynchronous and non-invasive brain-computer interfaces for continuous control of robots. Clinical Neurophysiology, 2008, 119(9): 2159-2169.

[211] Rebsamen B, Guan C, Zhang H, et al. A brain controlled wheelchair to navigate in familiar environments. IEEE Transactions on Neural Systems & Rehabilitation Engineering, 2010, 18(6): 590-598.

[212] Li M, Li W, Zhou H. Increasing N200 potentials via visual stimulus depicting humanoid robot behavior. International Journal of Neural Systems, 2015, 25(8): 1550039.

第 2 章　基于典型 EEG 的脑电诱发方式

2.1　SSVEP

2.1.1　频率编码的界面设计

常用的 SSVEP 刺激方式包括光刺激、单图形刺激和模式翻转刺激[1]。光刺激是把受一定频率调制的光源，如发光二极管、荧光灯和氛灯等作为视觉刺激，这种方式可以产生任意频率的闪烁模式，但需要额外的驱动电路来精确地调制光源。单图形刺激是指在计算机显示器上以一定频率显示诸如矩形、方块或者箭头等单个图形的刺激方式，如图 2.1(a)所示。模式翻转刺激方式在计算机显示屏上以一定的速率交替出现两个互为翻转的图形模式，目前常用的图形模式包括棋盘格和栅格，颜色一般为黑白色，如图 2.1(b)所示。刺激方式的频率、调制深度、颜色、对比度等参数都会对 SSVEP 的特征产生影响。相比于光刺激，单图形刺激和模式翻转刺激均采用显示器显示使得它们可以更为方便地改变刺激源的布局和数目，但是同时受到显示器刷新频率的限制而只能产生有限的精确频率，并且能够产生的频率无法高于刷新频率的一半，这导致 BRI 系统能够输出的指令数量有限[2]。相比单图形刺激，模式翻转刺激虽然能够诱发产生更为显著的低频 SSVEP 响应，但是高频响应较弱，能够诱发可识别 SSVEP 响应的频带更窄，而且该方式下翻转图片的尺寸大于单图片刺激方式，在界面上能够布设的刺激源数量更少，因而基于模式翻转刺激方式的脑机接口系统的信息传输率(10.3～45.5bits/min，中间值为 26bits/min)低于基于单图形刺激方式的系统(7.5～58bits/min，中间值为 35.075bits/min)[1]。

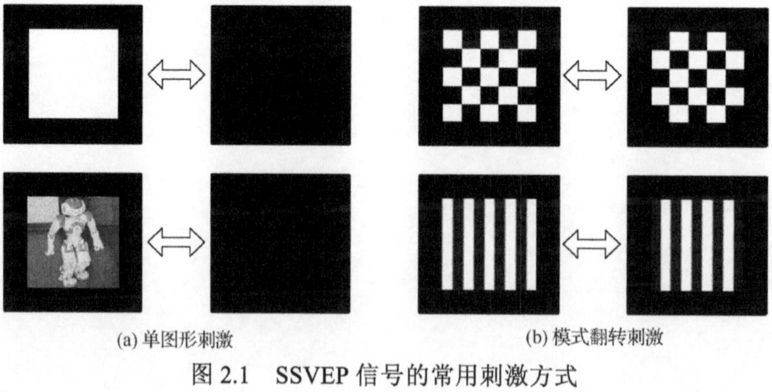

(a) 单图形刺激　　(b) 模式翻转刺激

图 2.1　SSVEP 信号的常用刺激方式

2.1.2　相位编码的界面设计

相位调制是一种使用了 SSVEP“锁相”特性的脑信号编码方法，该编码方法通常与频率编码方法结合使用，一方面可拓展 SSVEP 的指令数量，另一方面可以丰富特征信息，有利于提高 SSVEP 信号解码的准确率。相位调制方法可以将多个视觉刺激目标的闪烁频率设置为相同的值，但必须将它们的闪烁时序互相错开，即让多个同频刺激具有不同的刺激相位，从而使得各个刺激对应的信号具有差异化的、可供分类识别的参考相位特征。如图 2.2 所示，在相位编码方式中，对于一个特定的刺激频域，刺激相位(ϕ_s)可以由闪烁周期中视觉刺激的“点亮时刻”与闪烁周期起始时刻之间的时间差和闪烁周期之间的比值换算得到，而诱发信号的参考相位(Φ_r)被定义为 SSVEP 成分与对应标准正弦信号之间的相位差。

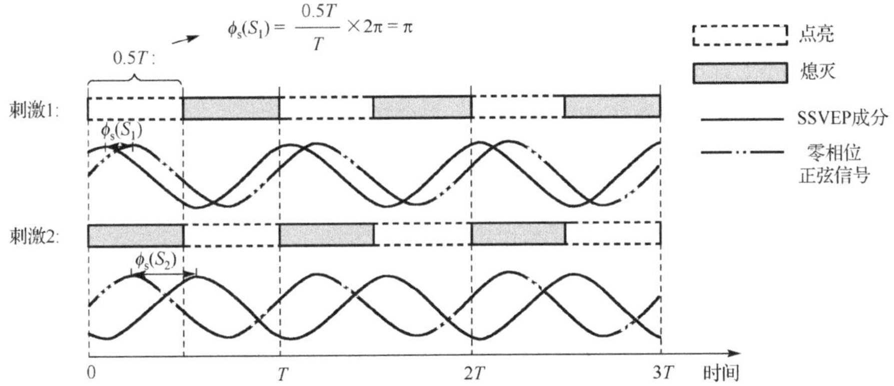

图 2.2　SSVEP 相位编码示意图

用于实现频率编码的刺激方法，如光刺激、单图形刺激等，都在相位编码的界面设计中有所应用。光刺激的硬件驱动电路可以提供任意形式的驱动波形，理论上在任意的刺激频率都可以提供无数多个闪烁频率相同但刺激相位不同的视觉刺激。在 Lee 等[3]设计实现的相位编码界面中，6 个 LED 小灯都以 31.25Hz 的频率闪烁(32ms 为一个亮-灭周期)，且 6 个小灯的点亮时间依次间隔 4ms，从而 6 个目标所诱发出的 SSVEP 信号的相位特征也依次间隔 60°。如图 2.3 所示，单图形刺激的相位编码一般通过“错帧策略”实现，即将多个同频刺激的点亮帧依次错开，以此来使得刺激的出现时间具有确定的时间差，该策略能实现的视觉刺激数量受到显示器刷新频率的限制，但仍然能够显著增加视觉刺激的数量。Jia 等在文献[4]中结合使用频率编码和相位编码，利用 3 个刺激频率(10Hz、12Hz、15Hz)实现了包含 15 个目标的单图形刺激 SSVEP 诱发界面，将基于 SSVEP 范式的 BCI 系统的信息传输速率提高到了约 60 bits/min。另外，针对传统“错行调制”策略所能编码的相位数量受显示器刷新频率限制的问题，也有学者提出了一些改进方法。Wong 等[5]提出可以通过合理的设置视觉刺激在画面中的布局来拓展编码相位的数量，该方法应用了显示器的“行-列扫描特性”，即在每一帧画面中，位于屏幕上方的图像总是先于下方的图像完成刷新显示，而这一时间差可以根据显示器的行频以及图像在屏幕中的竖直高度差计算得到。Manyakov 等[6]提出一种采样正弦刺激(sampled sinusoidal stimulation)方法，依次显示的图片的亮度呈现阶梯趋势，借此形成类似于采样正弦信号的刺激波形，并通过设定不同的亮度变化时序来形成多样化的相位编码。如图 2.4 所示，第一种虚线表示期望得到的正弦刺激波形，第二种虚线表示正弦波形的离散采样结果，实线表示用于模拟正弦刺激波形的实际刺激的亮度变化波形，图中所示的刺激设定最终能实现 3 个刺激频率都为 15Hz，刺激相位分别为 0、2π/3、4π/3 的相位编码视觉刺激。另外，Tong 等[7]还提出使用变相位的多周期编码来提高相位编码的灵活性，获得了较为理想的诱发信号。

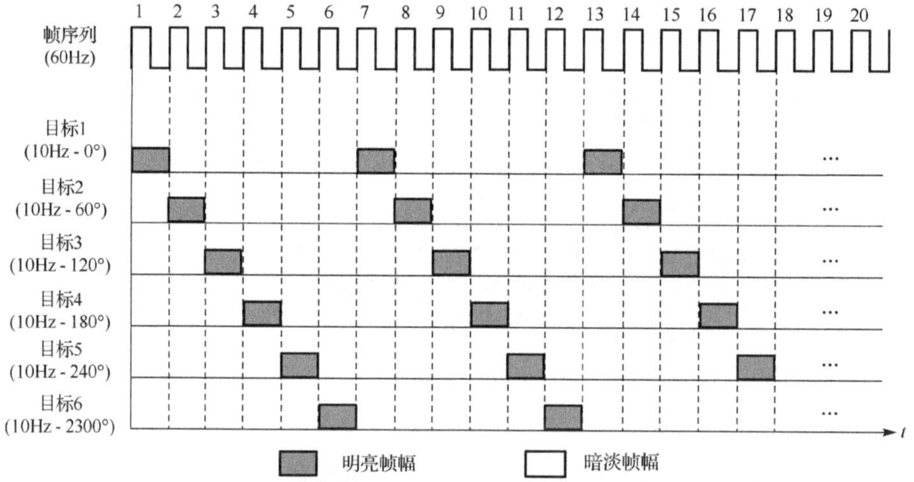

图 2.3　单图形刺激相位编码的错帧实现

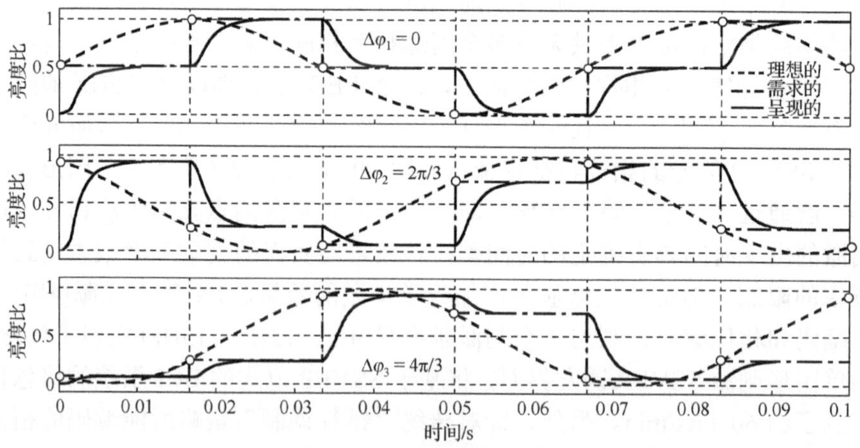

图 2.4　采样正弦刺激实现相位编码

2.2 ERP

2.2.1 诱发范式

ERP 的诱发范式是实验运作的方式，是研究 ERP 的重要部分。不同的诱发范式会引起被试对象的不同心理活动，从而产生不同的 ERP。本节主要介绍诱发 N200 和 P300 的实验范式。

1. Oddball 范式

Oddball 范式包括经典的两刺激式和衍生的三刺激式，其基本思想是在实验中随机地向被试对象的某一感觉通路呈现两种或三种出现概率不同的刺激。

经典的 Oddball 范式包含两种刺激：经常出现的标准刺激和偶尔出现的偏差刺激。如图 2.5 所示，白色的竖条代表标准刺激，黑色竖条代表偏差刺激，标准刺激构成偏差刺激的背景。偏差刺激出现的概率通常小于 30%，标准刺激出现的概率通常大于 70%。在实验中通常要求被试对象对偏差刺激作出反应，此时偏差刺激又称为靶刺激。经典的 Oddball 范式通常被用于诱发 P300 和失匹配负波（mismatch negativity，MMN）。

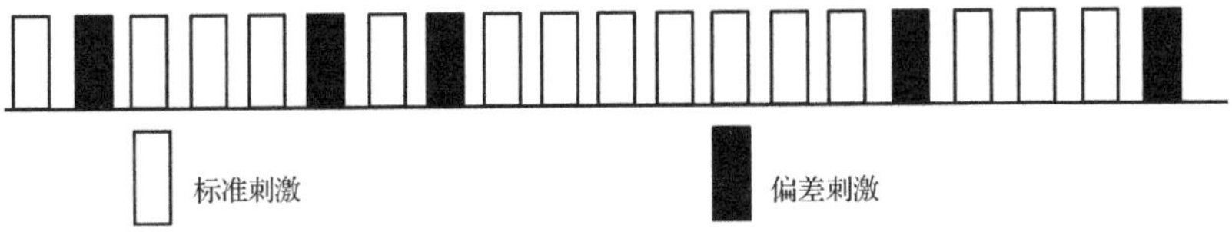

图 2.5 经典的 Oddball 诱发范式

衍生的 Oddball 范式包含三种刺激：经常出现的标准刺激和两种偶尔出现的偏差刺激。操作者要求被试对象只关注偏差刺激中的某一种，未被关注的偏差刺激称为非靶偏差刺激。每种偏差刺激可以每次以相同或不同的方式出现，以不重复的方式出现的偏差刺激称为新异刺激。在图 2.6 中，灰色竖条代表每次以相同方式出现的偏差刺激，而斜纹、竖纹、横纹代表每次以不同方式出现的偏差刺激。衍生的 Oddball 范式在研究与新异相关的额部 N2 和 P3a 方面有广泛应用[8]。

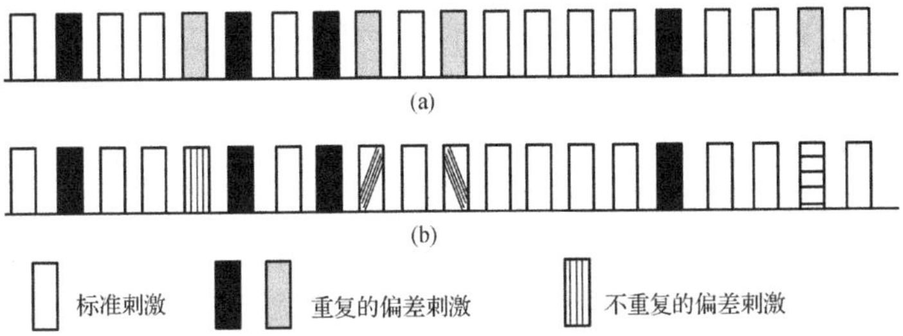

图 2.6 衍生的 Oddball 范式

2. Sternberg 范式

Sternberg 范式是一种用于研究短期记忆的范式。首先要求被试对象接收并记忆 1～4 个事物，然后出现一个测试项，被试对象需要根据之前所记忆的内容来对该测试项做判定。如果被试对象认定测试项是之前记忆的事物中的某一个，则判定为正判定；否则，为负判定。在一些研究中发现，负判定可以诱发出幅值更大的 ERP。由于被试对象需要提取相关的记忆才能判定测试项，所以该范式可以用来研究与记忆相关的 ERP 的特点，从而探究记忆的过程，如额叶的 N200[9]。

3. Stop signal 范式

Stop signal 范式是一种研究大脑反应抑制的范式[10]。该范式包含两种类型的刺激——反应刺激和停止刺激。当仅有反应刺激出现时，被试对象需要尽快按照刺激的指示作出反应；当停止刺激跟随反应刺激出现时，被试对象需要抑制自己作出反应的冲动。抑制已经形成的动作反应冲动为反应抑制，这便于人们灵活地对外界进行反应，因此该范式在认知神经学和心理学方面有广泛的应用。

4. Stroop 范式

Stroop 范式广泛地应用于认知控制和前额叶的研究[9]，如判断字体颜色是否一致的实验。该范式的刺激一般为表示颜色的词，根据词义和字体颜色可将刺激分为两种：词义与字体颜色相同的刺激(如绿色的"green")和词义与字体颜色不同的刺激(如红色的"green")[11]。被试对象的任务是按照要求对字体颜色或者词义进行判定，以观察词义信息和颜色加工之间是否存在干扰。Stroop 范式已经从颜色-词义的研究发展到面孔-词义的研究，以研究词义信息和情绪加工之间是否存在干扰。

2.2.2 界面设计

在脑-机器人交互中，界面设计由于影响脑电信号的质量所以极为重要，主要包括优化现有的基于 P300 的界面和设计诱发非 P300 的界面。经典的 Oddball 范式常见于诱发 N200 和 P300 的实验，因此本小节主要介绍以 Oddball 范式为基础的诱发视觉 ERP 的界面。

Farwell 和 Donchin 于 1988 年首先提出了基于 P300 的拼写系统[12]，其界面也成为了应用最为广泛的诱发界面。该界面为一个 6×6 的字符矩阵，每行或者每列随机闪烁。被试对象集中注意力来注视他/她想输出的字符，当这个字符所在的行或者列闪烁时，被试默数加 1；当其他行或列闪烁时，被试对象不做任何操作并尽量忽略这些行或列的闪烁。被试对象注视的刺激对象可看作 Oddball 范式中的靶刺激，其随机出现可诱发 P300 电位。系统通过辨识该电位判定被试对象注视的行和列，进而取其重叠的字符推测被试对象的意图。

P300 是一种与人的心理因素有关的内源性成分，通过修改刺激/范式来调节被试对象对刺激的注意力和认知难度，从而改变 P300 形状。一些研究组采用延长目标-目标刺激的时间间隔[13,14]，增强刺激的视觉强度[15]，扩展矩阵尺寸[16]，降低闪烁频率[17]来增大被试对象对刺激的不确定性，获取幅值较大的 P300 成分。Shishkin 等[18]采用移动矩阵的方式提高被试对象对刺激的注意力，从而提高信号幅值。刺激闪烁的排列方式不仅影响被试对象的心理状态，也关系到系统的信息传输速度。Jin 等[19]采用排列组合的方式重新编排刺激的闪烁次序，缩短重复闪烁刺激的时间，提高传输速度。Townsend 等[20]拆分 8×9 的矩阵为两个子矩阵并使其轮流闪烁，防止空间位置相邻的刺激在时间上相邻地闪烁，避免信号幅值的降低。Guger 等比较了 RC(row column)和 SC(single character)两种闪烁方式[21]，认为前者可以获得较高的辨识 P300 的准确率。针对患有眼球损伤的瘫痪患者，Liu 等[22]以圆圈形式排布矩阵的行和列上的字符，避免了移动眼球的困难。

一些研究组尝试根据 ERP 与脑认知的关系设计诱发其他 ERP 电位的界面，获得幅值更大或者种类更多的 ERP 来提高系统的辨识准确率，或者降低被试对象在实验中的认知或者感官负荷，减小疲劳程度。清华团队[23,24]利用 motion-onset VEP 设计基于滑动方式的 N200 拼写系统，并使癫痫患者成功利用此界面拼写字符。基于人类大脑处理熟悉面孔的视觉信息时会产生多种 ERP，Kaufmann 等[24,25]把熟悉的人脸附加在字符上进行闪烁，通过诱发 N170、P300、N400f 等多种成分提高辨识目标刺激的准确率；之后该研究组在患者家中利用此界面完成了电脑绘图的任务，证明了此项界面的可靠性。Kato 等[26]通过 CNV(contingent negative variation)进行外部设备的开关切换。Jin 等[27]采用偏差刺激随机出现在目标字符上方的方式，构成偏差刺激与记忆痕迹的不匹配，诱发 MMN(mismatch negativity)、P300 和其他 ERP 成分，通过增大信号幅值提高了辨识的准确率和速度。除了优化界面，增加被试对象的心理任务也是提高系统性能的方法。Xu 等[28]通过比较被试对象在发现目标刺激时采用按键和默计数两种方式完成任务的实验结果，发现引入更多的心理任务可以提高系统辨识的性能。

2.3 MI

不同于基于视觉诱发的脑电模式，运动想象过程理论上不需要任何的外界刺激作为激励，只需要根据想象进行时的 ERD/ERS 现象进行判断即可得到分类的结果。然而，运动想象中的个体差异性体现地较为明显，训练多次的被试对象与未接受训练的个体之间 ERD/ERS 现象差别较大。因此，训练范式的设计对获得较好的运动想象效果具有关键作用。本节主要介绍两种训练范式，一种是传统的单向训练范式，另一种是结合多种范式下的带反馈的训练范式。

2.3.1　单向训练模型

单向训练范式是指在无反馈的情况下进行的运动想象训练过程。一般的运动想象过程训练时序如图 2.7 所示。一个时序过程被称作一个 trial，每次训练过程都由若干个 trial 组成。训练开始有 2s 的准备时间，被试对象在此期间保持安静。在 2s 时刻，系统发出短暂的提示音(持续时长一般是 200ms)，同时显示一个“十”字以提示被试准备开始想象；在 3s 时刻，系统随机显示一个箭头(向左或向右，也可以根据不同的任务出现其他的指示内容)引导被试对象想象；在第 3s 至第 6s，被试对象进行相应的想象直到箭头消失，完成一个 trial。

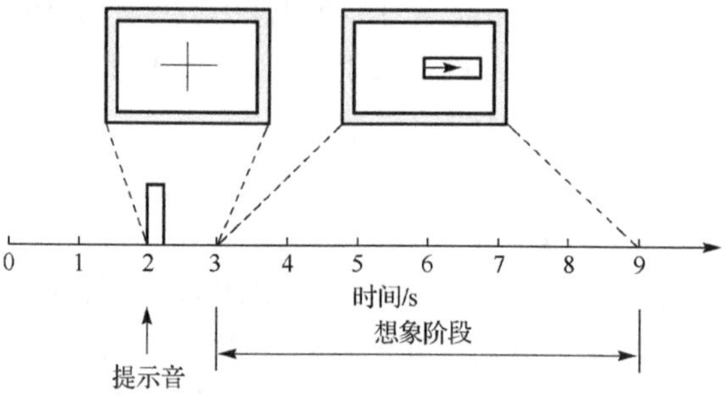

图 2.7　运动想象训练时序图

训练对于新被试对象是必要的。训练过程最好是连续的，有规律地完成训练项目，中间间隔时间不宜太长。训练过的被试对象通常在一个阶段内不需要再进行运动想象的训练，便可较好地完成之后的运动想象任务。

单向训练范式下的运动想象训练过程较为漫长，被试对象呈现 ERD/ERS 现象比较困难，因此对运动想象的发展及应用产生了较大的阻碍。研究人员发现，在单向训练范式的同时加入反馈的提示，即告知被试对象用什么样的想象方式或者如何想象能得到更好的结果，可提高训练效果。因此便出现了带反馈的训练范式。

2.3.2　带反馈训练模型

带反馈的训练范式是指在想象过程中加入一定的反馈(包括声音及视觉提示等)，使被试对象能够实时得到自己在这一训练过程中想象的结果，并根据想象的正确与否决定下一个 trial 的想象对象及方式，以更好地完成运动想象的训练过程。研究证明，带反馈的训练范式比单向的训练范式更能有效地激发 ERD/ERS 现象，减少训练时间，提高运动想象的分类准确率。下面具体介绍几种常用的带反馈的训练范式。

1. 基于带通频段能量判别的反馈训练范式

带通频段指的是与运动想象过程相关的频段，包括 α、β、γ 等，通过提取对应频段内的信号并计算其能量，然后利用线性阈值[29,30]或人工神经网络[31,32]的方法进行想象过程的判别。一个典型的训练时序如图 2.8 所示，该实例也被应用在 Graz-BCI 4c 数据的获取中。

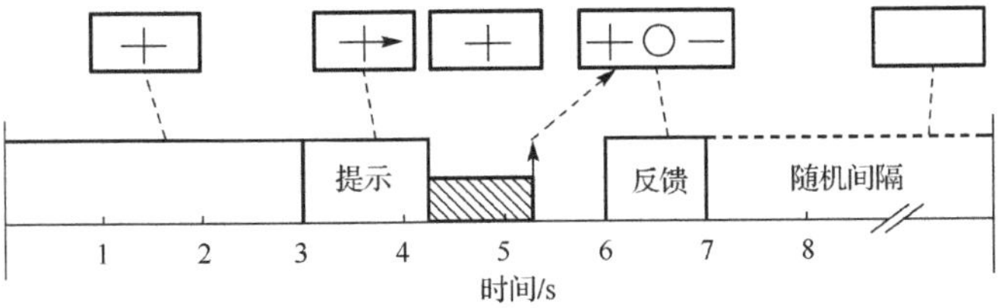

图 2.8　基于带通频段能量判别的反馈训练范式时序图

首先，被试对象有 3s 的休息时间。然后指示（向左或向右的箭头）出现，该指示提示被试对象进行对应的运动想象过程。在接下来的一段固定时间内，经过对数据的在线分析及计算，会出现一到两次分类结果反馈给被试对象。最后当 trial 结束时，出现一个随机长度的空屏幕时间间隔。在线的分类过程通过基于学习向量量化（learning vector quantization，LVQ）的人工神经网络来实现。预提取的频段能量作为神经网络的输入向量，而且由于个体差异的存在，每个被试对象的活跃频段是不同的，训练过程中往往是通过搜索个体中最活跃的频段作为每个被试对象的最佳频段来计算能量。

这种训练范式存在如下几个缺点：反馈的结果不能实时地呈现给被试对象，存在时间差；预先训练的神经网络模型无法在在线训练的过程中实时根据被试对象的状态及时调整；反馈的结果只是一种定性的方式，缺乏定量的判断。针对以上几点问题，一些改进的带反馈的训练范式被不断提出，以更好地提高运动想象训练效率。

2. 自适应自回归反馈训练范式[33]

自适应自回归（adaptive auto regression，AAR）是自回归模型的改进算法。AR 模型是一种线性预测，即已知 N 个数据，可由模型推出第 N 点前面或后面的数据（设推出 P 点）。其本质类似于插值，目的都是增加有效数据，只是 AR 模型是由 N 点递推，而插值是由两点（或少数几点）去推导多点，所以 AR 模型要比插值方法效果更好。自适应的 AR 模型则是根据不断变化的数据实时地调整 AR 参数，使模型更好地满足当前系统的需要。

在运动想象训练过程中，为了使被试对象更好地掌握自己目前的状态和获得更好的想象效果，常加入基于 AAR 的反馈来实时提示被试对象当前的想象方式是否合理，以便更好地完成训练过程。自适应过程能根据被试对象的状态变化不断地调整 AR 模型的参数，使被试对象与模型更好地融合，达到最佳的训练目的。基于 AAR 的反馈训练范式时序图如图 2.9 所示，该范式被应用于 BCI 4e 数据的获取。

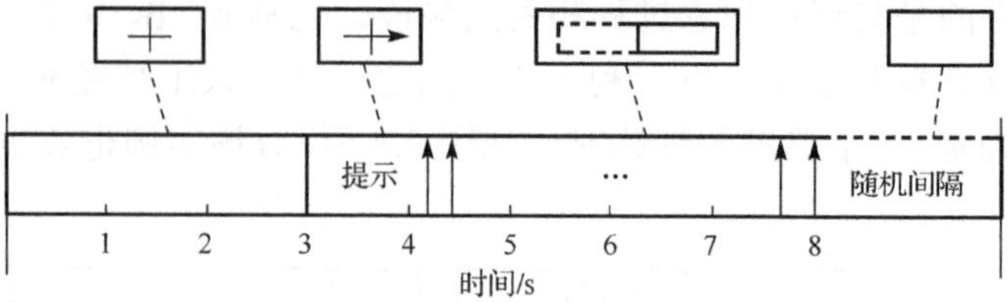

图 2.9　基于 AAR 的反馈训练范式时序图

与基于带通频段能量判别的反馈训练范式不同的是，在提示出现后被试对象想象过程的数据直接处理便可以得到分类结果，每 0.25 s 刷新一次分类结果，并反馈给被试对象，直到一个 trial 结束。这样，一个 trial 中会出现多次分类的时间点，因此可以实时反馈被试对象的想象状态，以便于被试对象根据反馈的结果进行调整。反馈的形式以进度条的形式呈现，进度条的长度由分类结果出现前的一段数据经过 AAR 及线性判别分析(LDA)得出。LDA 数值的正负代表了运动想象的左右，对应于进度条的左右变化，而 LDA 数值的大小代表了运动想象的效果，对应于进度条的长度大小。因此，该训练范式提供了具有高时间分辨率的反馈结果，由于其不需要对特定频段进行预处理，所以提高了反馈的效率，进而可以得到更好的训练结果，缩短被试对象的训练周期。

这种训练范式存在如下的缺点：训练过程中使用的分类器是根据训练前的数据计算而来的，最初的数据势必存在 ERD/ERS 现象不明显的现象，因此开始训练的一段时间内会存在不明显甚至是错误的分类结果，进而影响到运动想象的训练过程。因此，如何提高训练初始阶段反馈效果的准确性及有效性是训练过程中存在的关键问题。近几年，一些研究者提出了结合视觉刺激的反馈训练范式，借助视觉刺激大都无需训练的优点，协助提高反馈结果的准确率。

3. 结合 SSVEP 的反馈训练范式

对于新的被试对象来说，运动想象训练过程难以产生足够的 ERD/ERS 现象，由此会导致违背本意甚至错误的反馈结果，而这样的反馈会极大地挫败被试对象的信心并阻碍训练过程的进行。因此，适当地增加反馈效果的准确性对提高训练的效率具有重要的意义。基于视觉的脑电信号范式具有分类准确率高，训练时间短(甚至无需训练)的优点。因此，如果将其作为辅助运动想象反馈训练范式的手段，有助于提高反馈效果和训练效率。

华南理工大学的 Yu 等[34]提出了一种结合 SSVEP 的反馈训练范式来增强运动想象的训练过程。SSVEP 起到了比运动想象更重要的作用，随着训练过程的进行，被试对象将会逐渐地将视觉刺激注意力转移到运动想象中去。结果表明，被试对象在经过 5 次的训练过程，每次训练过程大约 1.5h 后便可以产生出可区分的左右手运动想象信号。下面具体介绍一下结合 SSVEP 与 MI 的反馈训练范式的实施过程。

整个反馈训练范式包括两个部分，标准的反馈训练范式与结合的反馈训练范式。标准的反馈训练范式用来训练并校准结合反馈范式中 SSVEP 及 MI 的相关模型参数以用于结合的反馈训练范式中。标准的反馈训练范式时序如图 2.10 所示。

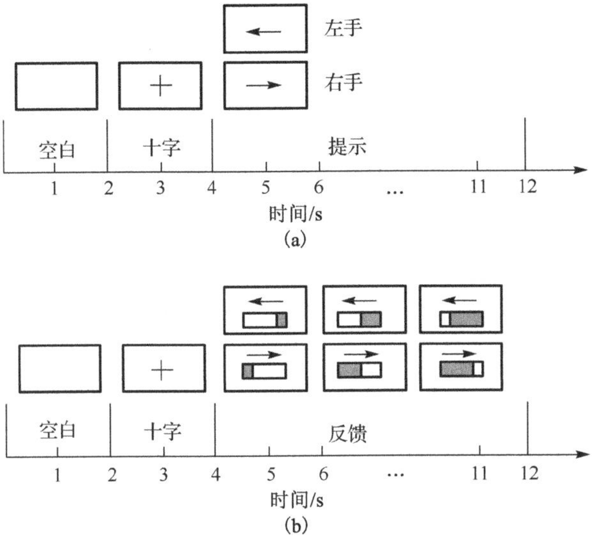

图 2.10　标准反馈训练范式时序图

图 2.10(a)表示校准时序，图 2.10(b)表示标准反馈时序，执行想象任务类型由箭头随机指向左或右。在校准的过程中，被试对象要求根据箭头的指示进行想象左手或右手的运动。而在标准反馈过程中，被试对象要根据箭头的指向进行左手或右手的想象运动并使进度条向目标方向扩展。如图 2.10(a)所示，在校准的过程中被试对象需要完成 60 次左手或右手的想象任务，前 2s 为空白屏幕，然后 2s 的十字提示准备开始，从第 4s 开始被试对象需要按箭头的指示进行 8s 的想象任务。所有校准过程中的数据将用于构建反馈训练过程中的分类器。如图 2.10(b)所示，在标准反馈的过程中，屏幕中央会出现一个水平进度条，被试对象要求根据箭头的指向进行左右手的运动想象过程使进度条按照箭头指向进行扩展。进度条扩展的规则设定如下：在进行某一想象过程中，进度条只能朝箭头的指向进行扩展而不能向反方向扩展；进度条的长度不能超过设定好的长度；进度条的长度每 200ms 更新一次。进度条每次扩展的长度由在线的分类结果决定。对于在线的分类算法，标准反馈中使用的是共同空间模式法(CSP)，具体算法可参见文献[35]中描述。

结合 SSVEP 及 MI 的反馈训练范式时序如图 2.11 所示。从图中可以看出，结合反馈训练范式的人机交互界面包括三部分：位于屏幕左右两侧的两个 SSVEP 刺激按钮（图中粗箭头），位于屏幕中央的反馈进度条以及一个位于屏幕上方的细箭头指示当前执行的想象任务。两个 SSVEP 按钮的闪烁频率分别为 7.5Hz（左）和 6.0Hz（右），反馈进度条只有在训练过程中才会出现。图 2.11（a）表示的校准过程的时序与标准反馈中的时序相同。当提示箭头出现时，SSVEP 按钮开始以固定的频率进行闪烁，被试对象要求在注视闪烁的同时进行对应左手或右手的想象过程。其中，SSVEP 与 MI 的校准数据都将被提取用来训练结合反馈训练范式中的分类器以便进行在线反馈。图 2.11（b）描述的是结合 SSVEP 与 MI 反馈训练范式的时序图，其时序与标准反馈中的时序是相同的，只有在反馈阶段其用户交互界面有所不同：当出现向左的提示箭头时，被试对象需要进行左手运动的想象并同时注视左边以 7.5Hz 进行闪烁的 SSVEP 按钮；当出现向右的提示箭头时，被试对象需要进行右手运动的想象并同时注视右边以 6.0Hz 进行闪烁的 SSVEP 按钮。在结合反馈训练范式下，被试对象要求将更多的注意力集中到运动想象中去，这样，反馈进度条便会更多地由运动想象的因素所决定，以加速运动想象的训练效率。其在线的分类结果由 SSVEP 和 MI 的特征共同决定，反馈进度条的长度由在线分类结果决定并以每 200ms 刷新一次的频率进行更新。在线分类模型由产生 SSVEP 特征向量的典型相关分析和产生 MI 特征向量的 CSP 共同经过 LDA 训练后产生，进度条的长度由在线数据经过 LDA 模型后计算得到，具体可参见文献[34]中详述。

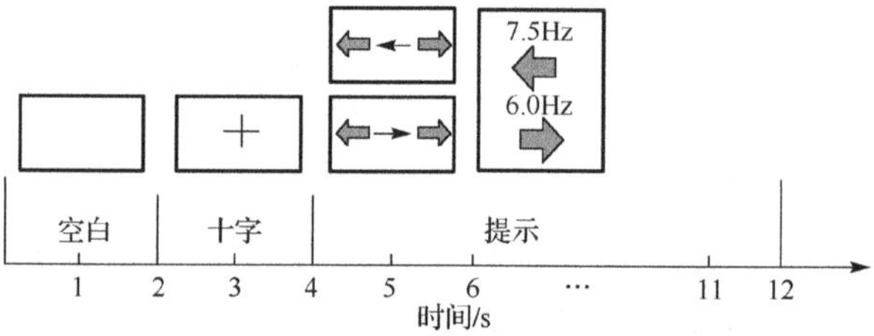

(a)

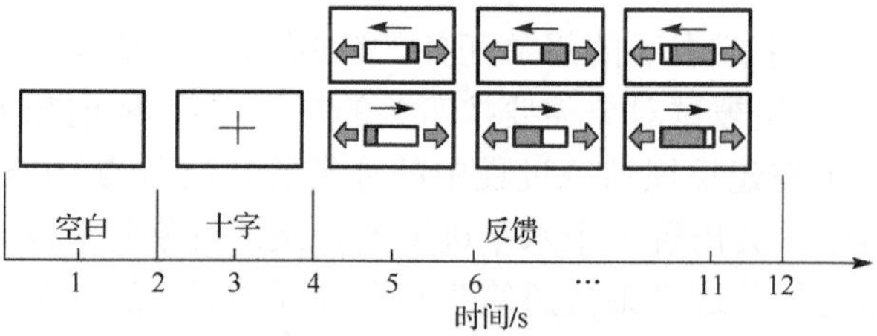

(b)

图 2.11　结合 SSVEP 与 MI 的反馈训练范式时序图

在标准反馈训练范式及结合 SSVEP 与 MI 的反馈训练范式中，被试对象的训练过程由 5 个 session（会话）组成，每周进行一个 session。每个训练 session 由一个校准 run 和两个反馈 run 组成，总时间大概持续 1.5h，两个相邻的 run 之间有大约 5min 的休息时间，每个 run 由 60 个 trial 组成。在完成上述的 5 个 session 后，被试对象基本上可以产生运动想象的脑电特征，可以成功地激发 ERD/ERS 现象，并用于完成在线的控制实验等操作。

参 考 文 献

[1] Zhu D, Bieger J, Molina G G, et al. A survey of stimulation methods used in SSVEP-based BCIs. Computational Intelligence & Neuroscience, 2010, 2010: 7023575.

[2] 朱丹华. 基于视觉诱发电位相位的脑机接口研究. 杭州: 浙江大学, 2011.

[3] Lee P L, Sie J J, Liu Y J, et al. An SSVEP-actuated brain computer interface using phase-tagged flickering sequences: A cursor system. Annals of Biomedical Engineering, 2010, 38(7): 2383-2397.

[4] Jia C, Gao X, Hong B, et al. Frequency and phase mixed coding in SSVEP-based brain-computer interface. IEEE Transactions on Bio-medical Engineering, 2011, 58(1):205-206.

[5] Wong C M, Wang B, Wan F, et al. An improved phase-tagged stimuli generation method in steady-state visual evoked potential based brain-computer interface. IEEE Conference on Biomedical Engineering & Informatics, 2010, 28(1):745-749.

[6] Manyakov N V, Chumerin N, Robben A, et al. Sampled sinusoidal stimulation profile and multichannel fuzzy logic classification for monitor-based phase-coded SSVEP brain-computer interfacing. Journal of Neural Engineering, 2013, 10(3): 747-754.

[7] Tong J, Zhu D. Multi-phase cycle coding for SSVEP based brain-computer interfaces. Biomedical Engineering Online, 2015, 14(1):13-15.

[8] 唐孝威. 思维研究. 杭州: 浙江大学出版社, 2014.

[9] 国家自然科学基金委员会. 未来 10 年中国学科发展战略: 脑与认知科学. 北京: 科学出版社, 2012.

[10] 王行愚, 金晶, 张宇, 等. 脑控: 基于脑–机接口的人机融合控制. 自动化学报, 2013, 39(3): 208-221.

[11] Wolpaw J R, Birbaumer N, Heetderks W J, et al. Brain-computer interface technology: A review of the first international meeting. IEEE Transactions on Rehabilitation Engineering, 2000, 8(2): 164-173.

[12] Farwell L A, Donchin E. Talking off the top of your head: Toward a mental prosthesis utilizing event-related brain potentials. Electroencephalography & Clinical Neurophysiology, 1988, 70(6): 510-523.

[13] Gonsalvez C J, Barry R J, Rushby J A, et al. Target-to-target interval, intensity, and P300 from an auditory single-stimulus task. Psychophysiology, 2007, 44(2): 245-250.

[14] Allison B Z, Pineda J A. Effects of SOA and flash pattern manipulations on ERPs, performance, and preference: Implications for a BCI system. International Journal of Psychophysiology, 2006, 59(2): 127-140.

[15] 马忠伟，高上凯. 基于 P300 的脑-机接口：视觉刺激强度对性能的影响. 清华大学学报，2008，48(3)：415-418.

[16] Allison B Z, Pineda J A. ERPs evoked by different matrix sizes: Implications for a brain computer interface (BCI) system. IEEE Transactions on Neural Systems & Rehabilitation Engineering, 2003, 11(2): 110-113.

[17] Mcfarland D J, Sarnacki W A, Townsend G, et al. The P300-based brain-computer interface (BCI): Effects of stimulus rate. Clinical Neurophysiology, 2010, 122(4): 731-737.

[18] Shishkin S L, Ganin I P, Kaplan A Y. Event-related potentials in a moving matrix modification of the P300 brain-computer interface paradigm. Neuroscience Letters, 2011, 496(2): 95-99.

[19] Jin J, Horki P, Brunner C, et al. A new P300 stimulus presentation pattern for EEG-based spelling systems. Biomedizinische Technik, 2010, 55(4): 203-210.

[20] Townsend G, LaPallo B, Boulay C B, et al. A novel P300-based brain-computer interface stimulus presentation paradigm: Moving beyond rows and columns. Clinical Neurophysiology, 2010, 121(7): 1109-1120.

[21] Liu Y, Zhou Z, Hu D. Gaze independent brain-computer speller with covert visual search tasks. Clinical Neurophysiology, 2011, 122(6): 1127-1136.

[22] Zhang D, Song H, Xu H, et al. An N200 speller integrating the spatial profile for the detection of the non-control state. Journal of Neural Engineering, 2012, 9(2): 38-41.

[23] Zhang D, Song H, Xu R, et al. Toward a minimally invasive brain-computer interface using a single subdural channel: A visual speller study. Neuroimage, 2013, 71(5): 30-41.

[24] Kaufmann T, Schulz S M, Grünzinger C, et al. Flashing characters with famous faces improves ERP-based brain-computer interface performance. Journal of Neural Engineering, 2011, 8(5): 173-178.

[25] Holz E M, Botrel L, Kaufmann T, et al. Long-term independent brain-computer interface home use improves quality of life of a patient in the locked-in state: A case study. Archives of Physical Medicine & Rehabilitation, 2015, 96(3): S16-S26.

[26] Kato Y X, Yonemura T, Samejima K, et al. Development of a BCI master switch based on single-trial detection of contingent negative variation related potentials. Proceedings of International Conference of the IEEE Engineering in Medicine & Biology Society, New York, 2011: 4629-4632.

[27] Jin J, Wsellers E, Zhou S, et al. A P300 brain-computer interface based on a modification of the mismatch negativity paradigm. International Journal of Neural Systems, 2015, 25(3): 595-599.

[28] Xu H, Zhang D, Ouyang M, et al. Employing an active mental task to enhance the performance of auditory attention-based brain-computer interfaces. Clinical Neurophysiology, 2013, 124(1): 83-90.

[29] Renard Y, Lotte F, Gibert G, ct al. OpenViBE: An open-source software platform to design, test, and use brain-computer interfaces in real and virtual environments. Presence Teleoperators & Virtual Environments, 2010, 19(1): 19-53.

[30] Mcfarland D J, Neat G W, Read R F, et al. An EEG-based method for graded cursor control. Psychobiology, 1993, 21(1):77-81.

[31] Flotzinger D I D, Pfurtscheller G, Neuper C, et al. Classification of non-averaged EEG data by learning vector quantisation and the influence of signal preprocessing. Medical & Biological Engineering & Computing, 1994, 32(5):571-576.

[32] Kalcher J, Flotzinger D, Neuper C, et al. Graz brain-computer interface II: Towards communication between humans and computers based on online classification of three different EEG patterns. Medical & Biological Engineering & Computing, 1996, 34(5):382-388.

[33] Schloegl A, Lugger K, Pfurtscheller G. Using adaptive autoregressive parameters for a brain-computer-interface experiment. Engineering in Medicine & Biology Society Proceedings of Annual International Conference, Chicago, 1997:1533-1535.

[34] Yu T, Xiao J, Wang F, et al. Enhanced motor imagery training using a hybrid BCI with feedback. IEEE Transactions on Biomedical Engineering, 2015, 62:1706-1717.

[35] Dornhege G, Blankertz B, Curio G. Speeding up classification of multi-channel brain-computer interfaces: Common spatial patterns for slow cortical potentials. Proceedings of the 1st International IEEE EMBS Conference on Neural Engineering, New York, 2003, 595-598.

第 3 章　脑控仿人机器人平台——Cerebot

在脑控机器人系统中，不同机器人及不同应用任务往往会对整个系统的性能有不同的要求。例如，在智能机械臂的控制任务中，精细操作需要系统在输出控制指令时具有较高的正确率和响应速度；而对于仿人机器人而言，由于其行为种类和应用任务的多样性，系统能否对数量众多的仿人机器人动作进行有效地控制将更为重要。为了在统一的平台上开展脑控机器人的各项研究，本书作者搭建了 Cerebot 脑控机器人平台。这一平台在硬件上集成了 Cerebus 多通道神经信号采集设备以及智能轮椅、机械臂、NAO 仿人机器人等各类机器人设备，在软件上结合了 OpenViBE、VC++、MATLAB、Choregraphe 等多种编程语言，具有配置灵活和易于扩展的优点，能够满足不同专业领域的团队对脑控机器人各项关键技术开展研究的需要。

3.1　硬 件 组 成

3.1.1　Cerebus 神经信号采集设备

Cerebus 神经信号采集设备是由美国 Blackrock Microsystems 公司研制开发的一款用于在线实时记录、处理和显示多通道非平稳神经信号的高精度设备[1]，提供了多个模拟信号和数字信号的 I/O 接口，能够以最高 30kHz 采样率和 16 位采样精度记录与处理多达 128 通道的神经信号，并提供了基于 C++和 MATLAB 的软件编程接口以方便用户进行灵活的实验流程设计。其硬件系统主要由前置放大器(front-end amplifier)、放大器稳压电源(amplifier power supply)、神经信号处理器(neural signal processor)三部分组成，如图 3.1 所示。

(a) 前置放大器　　　　(b) 放大器稳压电源

(c) 神经信号处理器

图 3.1　Cerebus 神经信号采集设备

前置放大器接收大脑及周边神经系统(包括头皮 EEG 电极、植入式电极阵列等)的测量信号，并对神经信号进行模拟放大、硬件滤波和模数转换。Cerebus 前置放大器的模拟失真、噪声较小，信号更加稳定。硬件滤波采用了 1 阶 0.3Hz 高通滤波器和 3 阶 7500Hz 低通滤波，能够有效地滤除掉并非脑电信号的伪迹和噪声的干扰。模数转换可以对最多 128 通道的脑电信号同时进行 16 位采样精度、最高 30kHz 采样率、250nV 信号分辨率的高精度采样。整个前置放大器采用超紧凑型设计，外形尺寸为 $200\times120\times50\text{mm}^3$，重量为 600g，可以很方便地放置于实验台附近；通过数字光纤与神经信号处理器连接，可以最大限度地减少模拟传输距离，避免模拟信号传输带来的信号衰减和干扰，保证最高的信号采集质量。

神经信号处理器通过无信号衰减的光纤连接到前置放大器，因此实验中可以放置在屏蔽室外，便于远距离传输的实验设计。该处理器负责对采样后的多达 128 通道的数字信号进行处理，包括多个频段的数字滤波以及捕捉和分析微电极阵列测量信号中的实时动作电位，处理后的神经信号数据通过以太网传输到计算机。该处理器还能够同时采集和记录 16 通道模拟输入信号、16 位数字输入信号、1 路 RS232 串口输入信号，从而便于同步记录实验过程中的事件刺激，方便实验流程的设计。

3.1.2　机器人平台

1. NAO

NAO 仿人机器人是由法国 Aldebaran Robotics 公司研制开发的仿人机器人，具有强大的环境感知和智能信息处理能力，提供了丰富的功能函数库和便捷的程序接口[2]，如图 3.2 所示。该机器人的身体具有 25 个自由度，搭载有 2 个摄像头、4 个麦克风、1 个超声波距离传感器、2 个红外线发射器和接收器、1 个惯性板、9 个触觉传感器和 8 个压力传感器，并且可以搭载激光测距扫描仪对周围环境进行建模，其上配备的两个 CPU 处理器可以更好地控制各个关节完成复杂任务。

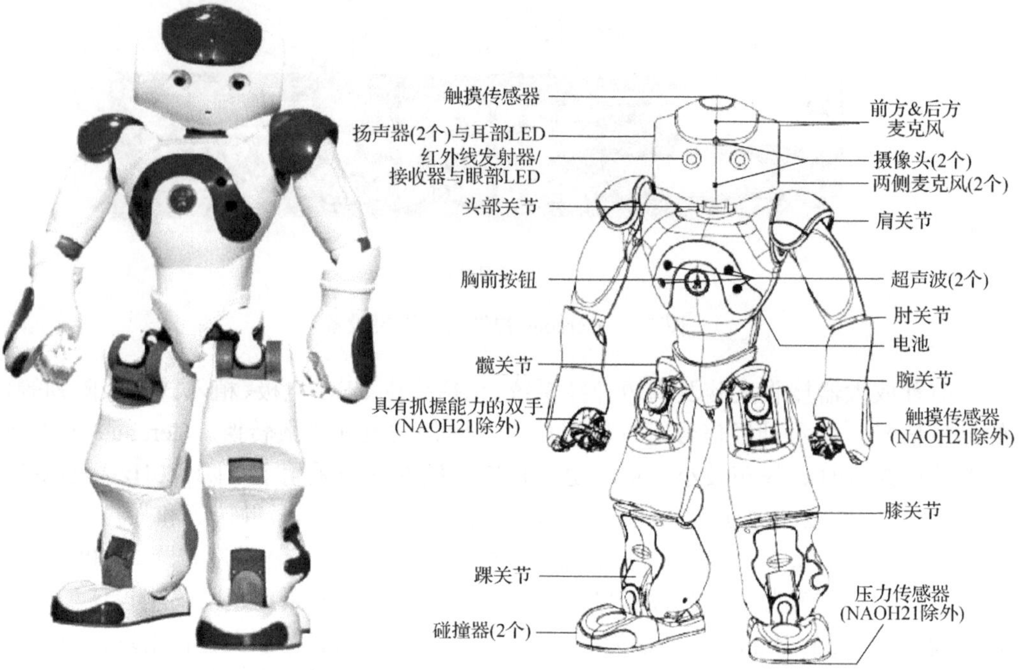

图 3.2　NAO 仿人机器人结构图

NAO 机器人上搭载有嵌入式操作系统 NAOqi，负责协调与控制 NAO 机器人的各种动作和功能。NAOqi 提供了大量先进的机器人功能模块，如语音辨识、物体识别、地图构建等，能够合理地利用机器人平台上的有效资源实现相应的复杂功能。用户可在 Windows、Mac 或 Linux 系统下编写程序，通过 Choregraphe、C++、Python、Urbi、.Net 等多种语言调用各类算法及功能模块，从而方便地创建机器人行为和完成复杂的机器人任务。

2. KT-X PC

KT-X PC 仿人机器人由 Kumotek 公司出品，包括 20 个自由度，其中 12 个自由度用于机器人走路，分布在臀部、膝盖和踝关节；6 个自由度用于胳膊的动作，分布在肩膀和手臂；2 个自由度用于头部运动。该机器人内置 1.6GHz 的 Atom Z530 处理器、内存扩展槽、视频输入、扬声器、60MHz 的电动机控制器、CMOS 相机、高转矩/钛驰轮液压马达等。该机器人的 PC 处理器可提供 160 亿字节的硬盘和 2 个 USB 端口，可用于连接无线服务器和额外的闪存驱动。处理器隐藏在机器人内部，可在 Windows 或者 Linux 系统下运行，支持 C++、Python 语言，能够实时控制机器人行为或者执行预定行为。

3.2　以 OpenViBE 为框架的软件系统

Cerebot 的软件平台是基于 OpenViBE 编程环境开发的，集成了 OpenGL、OpenCV、Choregraphe、Central software 以及 C++和 MATLAB 编写的自定义功能模块，具有配置灵活和易于扩展的优点，用于开展面向机器人的 BRI 研究。

3.2.1　OpenViBE 开发工具

在脑-机接口领域的研究中，常用的开发工具和软件平台有 OpenViBE、BCI2000、EEGLAB、BioSig、Tobi 等。其中 OpenViBE 是一款操作简单并且功能强大的图形化编程软件，由法国国家医学与健康研究所等多家机构联合开发，集成了信号采集、数据处理、数据可视化、基于虚拟现实(virtual reality, VR)的交互显示等多种功能模块，支持超过 30 种型号的脑电采集设备，并提供了与 C++和 MATLAB 的通信接口，可以灵活地扩展在虚拟现实环境下的应用。

3.2.2　OpenViBE 环境下的实例

本节主要依据 OpenViBE 软件提供的案例来阐述在 SSVEP、ERP 和 MI 实例。

1．SSVEP 实例

图 3.3 所示是 SSVEP 下的结构图。当该程序开始运行时首先通过“Run Command”控件启动外部的 SSVEP 界面程序，如图 3.4 所示。在 SSVEP 界面运行

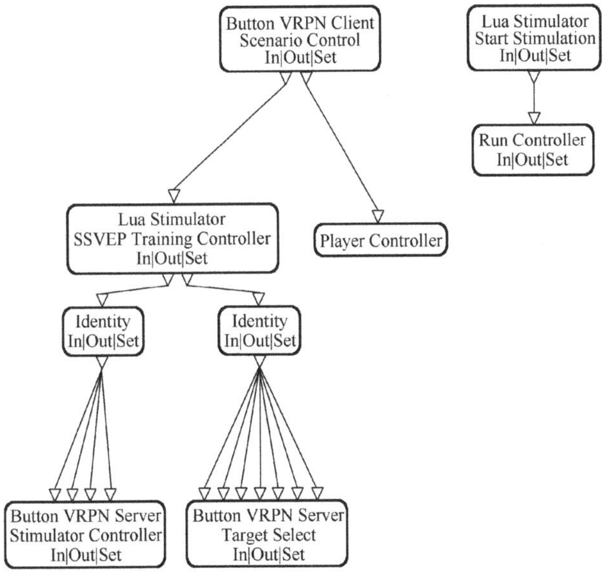

图 3.3　实现 SSVEP 的 OpenViBE 框架

的过程中，通过虚拟-现实外围设备网络(virtual-reality peripheral network，VRPN)实现程序与 SSVEP 界面的通信。“SSVEP Training Controller”在 Lua(一种在 C 语言上建立的开发源代码)脚本下控制整个实验的流程和设置 SSVEP 界面，包括目标刺激的顺序、刺激的尺寸、刺激位置、trial 的时间间隔；该控件通过 Button VRPN Server 衍生的“Stimulator Control”和“Target Select”向 SSVEP 界面传递刺激的顺序与目标刺激的顺序。当实验结束时，SSVEP 界面通过 Button VRPN Client 衍生的“Scenario Controller”向“Player Controller”发送结束程序的指令。

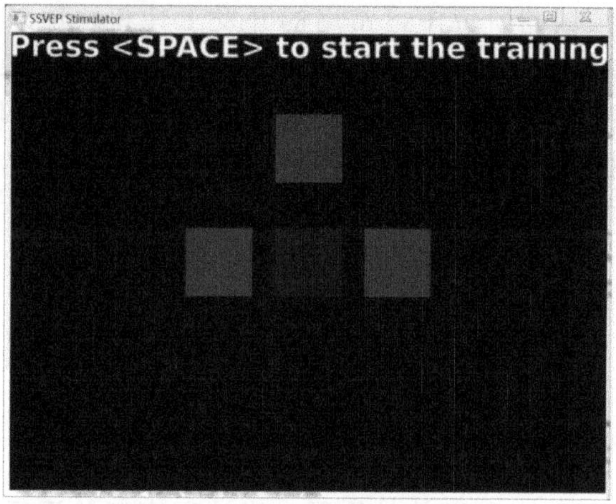

图 3.4　诱发 SSVEP 的界面

2. ERP 实例

图 3.5 所示流程具有两部分的功能：诱发 ERP 和训练分类器。“Generic Stream Reader”通过发送视觉刺激和目标刺激的顺序来控制“P300 Speller Visualisation”显示的刺激，显示的界面如图 3.6 所示。被试对象在获得目标刺激的信息后开始注视目标(target)刺激，并根据行刺激和列刺激的闪烁是否包括目标刺激来做出不同的心理活动。另外，程序通过“Channel Selector”“Temporal Filter”“Signal Decimation”分别对数据进行通道选择、滤波和降频的预处理。“Stimulation Based Epoching”控件将数据截取为多个数据段，并利用“Epoch Average”平均同类型的刺激(目标或者非目标)。“Feature Aggregator”控件将多个通道的向量组合成一个特征量，并传送到“Classifier Trainer”控件来训练分类器。

3. MI 实例

图 3.7 所示的流程负责记录数据和引导被试对象进行运动想象，交互界面如图 3.8 所示。“Acquisition Client”控件从采集器上读取数据并传送给“Generic Stream

Writer”来记录数据。“Graz Motor Imagery BCI Stimulator”在 Lua 下编写来设置实验的参数，如想象的类型、基准时间长度、蜂鸣声的长度、箭头反馈时间长度等。“Graz Visualization”根据设置来显示“十”字、箭头、发出蜂鸣声，从而引导被试对象进行运动想象实验。

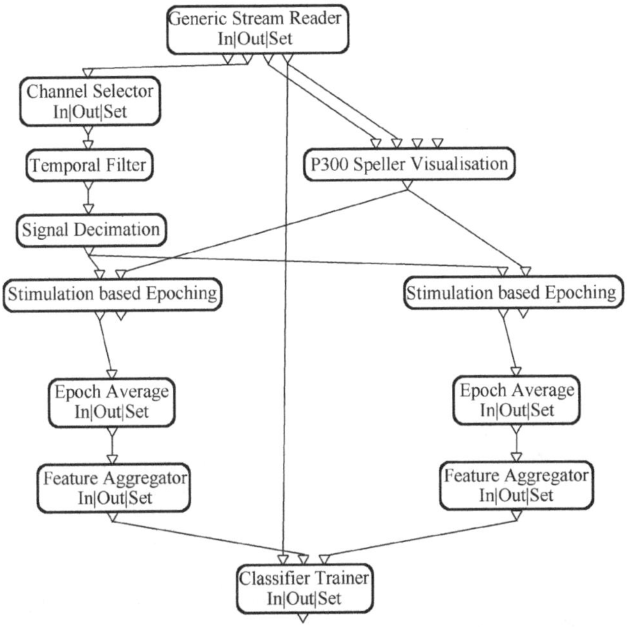

图 3.5　完成 ERP 的 OpenViBE 框架

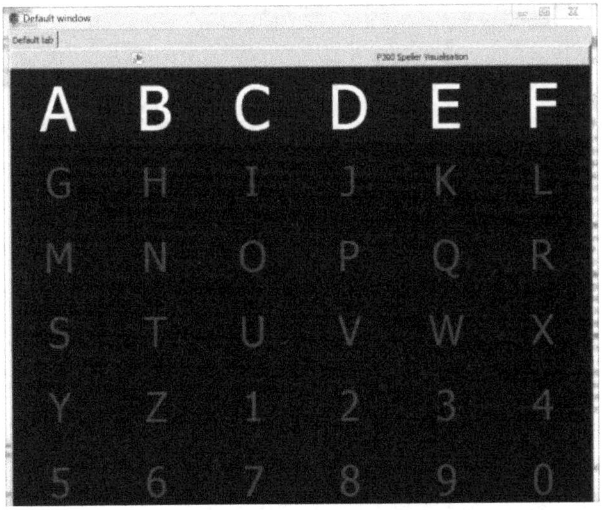

图 3.6　诱发 ERP 的界面

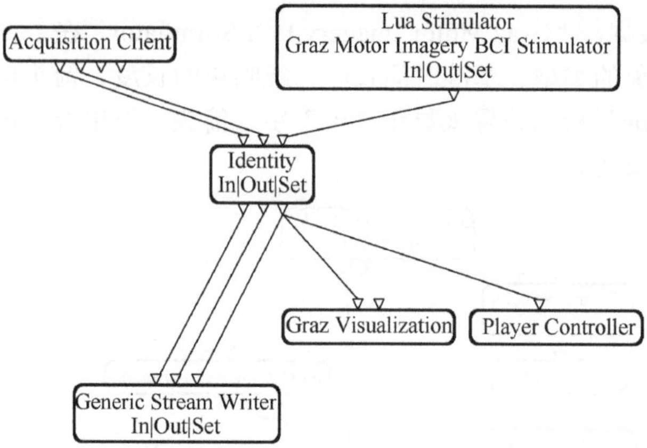

图 3.7　完成 MI 的 OpenViBE 框架

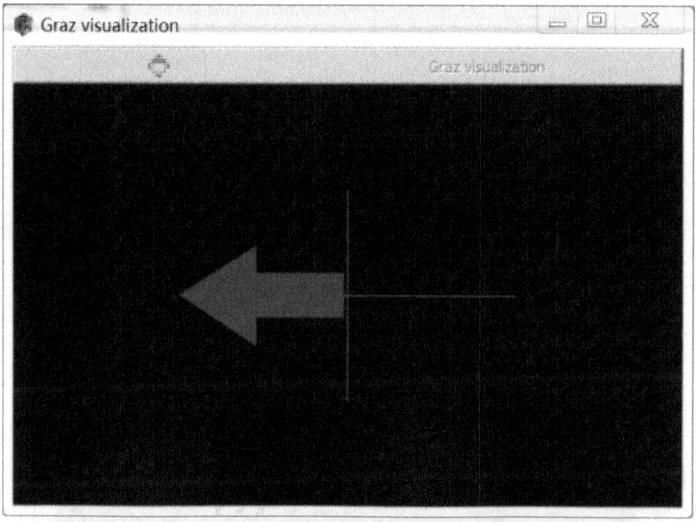

图 3.8　MI 的界面

3.3　OpenViBE 环境下的系统

在 OpenViBE 环境下，本书所设计的平台通过集成 OpenGL、OpenCV、Choregraphe、Central software、C++和 MATLAB 编写的自定义功能模块，能够根据不同的任务要求和实验条件灵活地配置与扩展平台，从而开展 BRI 研究中的离线分析和在线控制实验。系统平台的结构如图 3.9 所示。

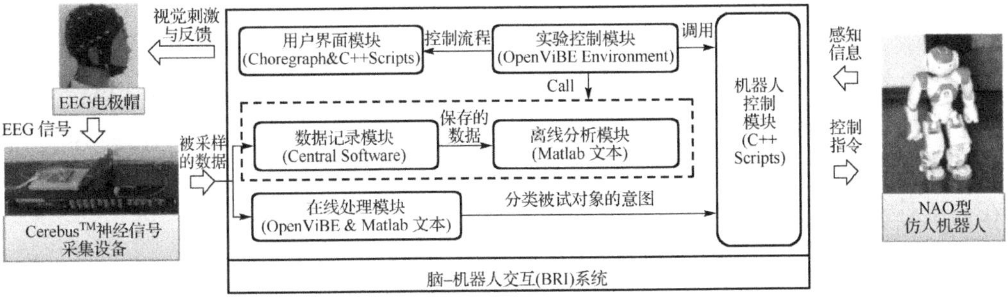

图 3.9　Cerebot 脑控机器人平台的系统结构

在离线分析实验中，被试对象需要根据系统的指示执行特定的思维任务，如想象左/右手的运动、注视特定的视觉刺激源等，软件平台负责采集和记录这一过程中的脑电数据，见图 3.9 中的虚线部分。在这一过程中，基于 OpenViBE 编写的实验控制模块负责协调和控制整个实验流程，包括提示任务、计数、定时、依次调用其他的功能模块以及协调其他模块中的数据通信。基于 OpenGL 和 OpenCV 编写的用户界面模块负责将任务提示通过箭头、边框、声音等方式呈现给被试对象，并在基于视觉诱发的 BRI 研究中显示不同类型的视觉刺激源。Cerebus 神经信号采集设备采样和处理被试对象在特定思维任务中的脑电信号。基于 OpenViBE 和 MATLAB 编写的离线分析模块提取和分析离线脑电数据的信号特征，进行离线的数据分析与模型训练。

在在线控制实验中，被试对象根据机器人周围环境的反馈信息和控制任务的要求，自主决策并执行思维活动，软件平台实时采集和分类脑电信号的特征模态，并根据分类结果控制机器人完成用户期望的行为动作。在这一过程中，用户界面模块不再呈现任务提示，而是通过摄像头视频、虚拟机器人等方式显示机器人的周围环境及其动作的执行效果。基于 OpenViBE 和 MATLAB 编写的在线处理模块实时处理被试对象当前状态下的脑电信号以分类被试对象的思维状态，并将分类结果发送给机器人控制模块，从而驱动机器人执行被试对象期望的动作。

3.4　基于 Cerebot 的仿人机器人控制实例

近些年越来越多的研究人员利用 BCI 技术控制机器人。文献[3]～[5]提出利用脑电信号控制机械臂；文献[6]～[8]报导利用 BCI 技术控制移动机器人，如轮椅[9-11]、仿人机器人[12]。和机械臂与移动机器人相比，仿人机器人更加先进，它们可模仿人类的动作完成日常生活中的任务[13]；然而仿人机器人的控制难度也更大。仿人机器人可用于陪护患者或者老年人的复杂工作，或者在危险的环境下作为工作人员的替身。对于具有运动功能障碍的患者，利用仿人机器人在患者与外界环境之间建立沟通的桥梁是十分必要的[14]。

本节在上述 Cerebot 平台的基础上提出仿人机器人控制系统[15]，包括 EEG 信号采集设备、仿人机器人、CCD(charge coupled device)相机，如图 3.10 所示。该系统实现将被试对象想象“左转”“右转”“前进”的脑电信号转化为机器人的三种动作，从而在被试对象与机器人之间建立联系。

图 3.10　基于 BCI 的仿人机器人控制系统

3.4.1　行走行为

KT-X PC 仿人机器人利用 12 个马达控制腿部与脚部的运动。机器人的三维轴上配有 3 个陀螺仪/加速度传感器来保持平衡，在较低层面利用立方的插补算法生成轨迹。本节定义 3 种机器人行为：左转、右转、前进。每个行为都包括一系列的机器人状态，例如，一个完整的前进动作被拆分为以下的状态：重心右倾—抬左腿—左腿向前—左腿下降—重心左倾—抬右腿—右腿向前—右腿下降。为了实现这些状态，本节以 Denavten-Hartenberg 标记法来表示：

$$T_L^0 = T_1^0 T_3^1 T_5^3 T_7^5 T_9^7 T_{11}^9 T_L^{11} \tag{3.1}$$

$$T_R^0 = T_2^0 T_4^2 T_6^4 T_8^6 T_{10}^7 T_{12}^8 T_R^{12} \tag{3.2}$$

公式描述从脚底中间到机器人躯干的中点之间的转换和旋转关系。T_k^i 描述了从协调系统$\{k\}$到协调系统$\{i\}$之间的转换，包括角度矩阵 R_k^i 和转换向量 ${}_k^iP$ 。本节定义协调系统$\{0\}$为参考系统，其原点位于躯干的中点；$\{L\}$与$\{R\}$在左脚和右脚的底部中点。六个以奇数表示的协调系统$\{1\}$、$\{3\}$、$\{5\}$、$\{7\}$、$\{9\}$和$\{11\}$描述了机器人的左胯关节、膝盖、左踝关节等；而$\{2\}$、$\{4\}$、$\{6\}$、$\{8\}$、$\{10\}$和$\{12\}$这六个以偶数表示的系统则相应地描述右侧系统。图 3.11 给出了利用软件 RobovieMaker2(RM2)来编写“向前走”这一行为的程序界面；图 3.12 的六幅图描述了“向前走”这一过程。通过独立的计算机或者机器人自带的处理器、USB 接口或者无线适配器实现仿人机器人的控制。机器人可实时地将 RM2 下编写的行为通过串口发送给微型控制器来控制机器人。

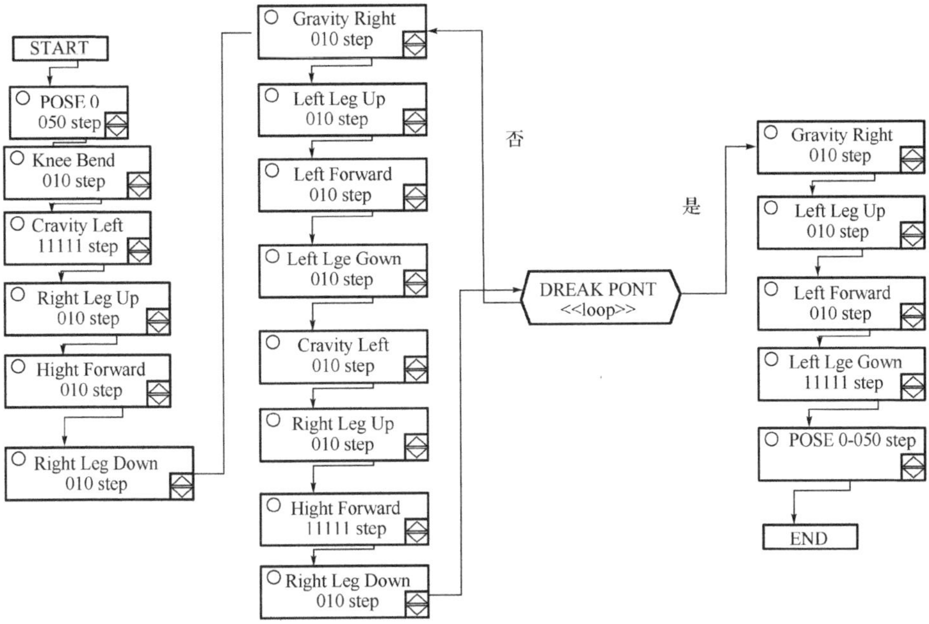

图 3.11　在 RM2 下的编写前进动作

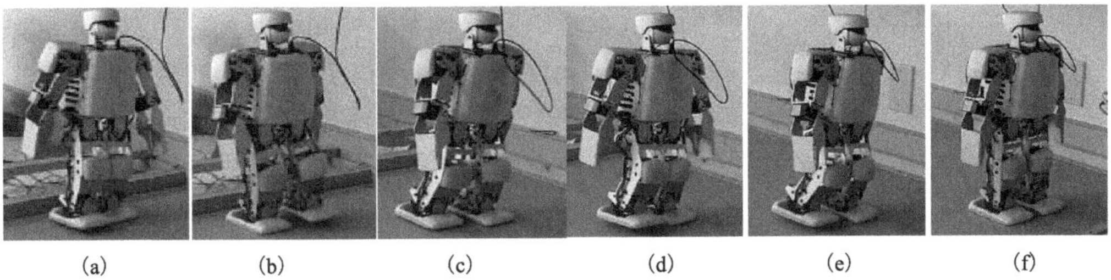

图 3.12　前进的分解动作

3.4.2　脑控行走行为

神经学的研究为理解大脑运动皮层提供借鉴。脑控机器人的基础是与运动相关的脑皮层节律。大脑头皮层的 EEG 信号记录了多神经元的树突与轴突的放电活动，这些特征可用于控制机器人活动[16]。

1. *运动皮层*

如图 3.13 所示，主要运动皮层(M1)位于额叶中央前回，是控制人类行为的重要脑区。文献[17]认为 M1 控制肌肉和动作；非主要的运动皮层毗邻 M1，并在排序动作序列环节发挥重要作用。前运动皮质(premotor cortex，PMA)反映了需要外界暗示的动作，包含镜像神经元，这一激发过程可能会利用视觉暗示[18]。相反，辅助运动区(supplementary motor area，SMA)受控于内部控制的动作，如回忆并做一些动作[19]。

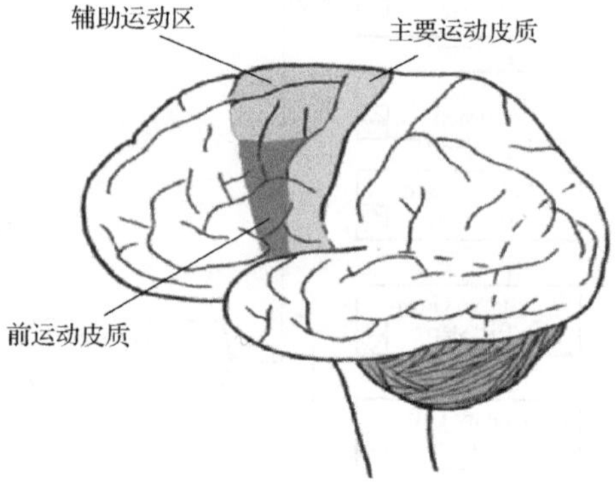

图 3.13　运动皮层

2. 控制机制

本节描述的系统的控制机制如图 3.14 所示。Cerebus 读取 32 通道的脑电信号，传递给信号处理模块。信号处理模块首先滤波去除高频噪声，其次将信号分解为 delta(0～4Hz)、theta(4～8Hz)、alpha(8～13Hz)和 beta(13～30Hz)[20]的脑电信号。识别和映射模块基于神经信号的模式来辨识脑电状态并控制机器人。行为识别和映射模块包括 C-means 分类器和模糊神经元网络。本节把左脑和右脑的相位关系作为信号特征来进行识别。机器人行为模块将对应的机器人行为发送给控制机器人的 20 个执行器。轨迹规划模块在底层产生机器人轨迹来控制机器人的行走行为。

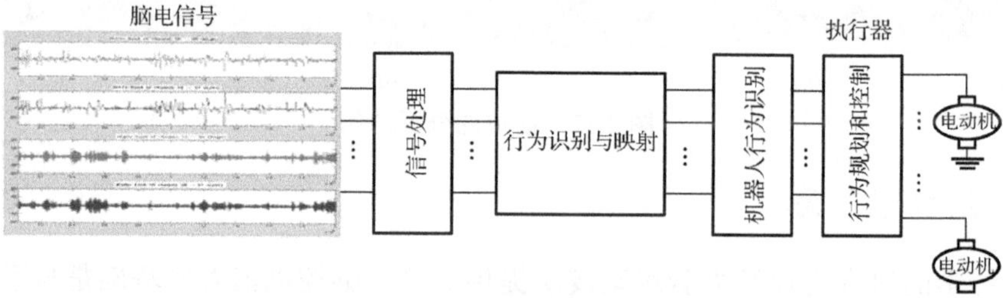

图 3.14　行走行为的控制机制

3. 信号处理

低通滤波器滤除高频噪声，并采用小波变换将脑电信号分解为 delta、theta、alpha 和 beta 脑波信号。文献[21]总结了脑电频率的特征。当人在非注意的状态(如即将入睡)时 theta 脑波信号的幅值达到最大；其幅值在眨眼或其他眼部动作时也将升高。当人处于“非聚焦的注意”状态(如冥想)时 alpha 脑波信号的幅值达到最大。当人集中注意力或者沉思时 beta 脑波信号的幅值达到最大。图 3.14 的最左侧的脑电信号是 T8 和 T7 通道的 delta 与 alpha 脑波信号。

4. 模式

为了利用脑电信号控制仿人机器人，我们需要通过提取特征来产生固定的模式。文献[22]采用 alpha 节律来控制仿人机器人。图 3.15 显示三组在 T7 和 T8 通道记录的 delta 频段的脑电信号，细线表示左侧脑区的 T7 通道，粗线表示右侧脑区的 T8 通道。信号的相位关系与三种大脑活动(想象“机器人左转”、想象“机器人右转”、想象“机器人前进”)有一定相关性。当人想象“机器人右转”时，T7 通道的相位超前于 T8 通道，如图 3.15(a)所示；当人想象“机器人左转”时，T8 通道的相位超前于 T7 通道，如图 3.15(b)所示；当人想象“机器人前进”时，T7 和 T8 通道的相位同步，如图 3.15(c)所示。在后续研究中发现在左侧脑区 FT7、T7 和 TP7 通道记录的脑电信号非常相近，而在右侧脑区 FT8、T8 和 TP9 记录的脑电信号也非常相近。为了将信号特征与行为对应，本节进行如下的特征提取算法。

$$
\begin{aligned}
\Delta\text{phase}_{\text{T8}}^{\text{T7}} &= \text{T7\_phase} - \text{T8\_phase} \\
\Delta\text{phase}_{\text{FT8}}^{\text{FT7}} &= \text{FT7\_phase} - \text{FT8\_phase} \\
\Delta\text{phase}_{\text{TP8}}^{\text{TP7}} &= \text{TP7\_phase} - \text{TP8\_phase}
\end{aligned}
\tag{3.3}
$$

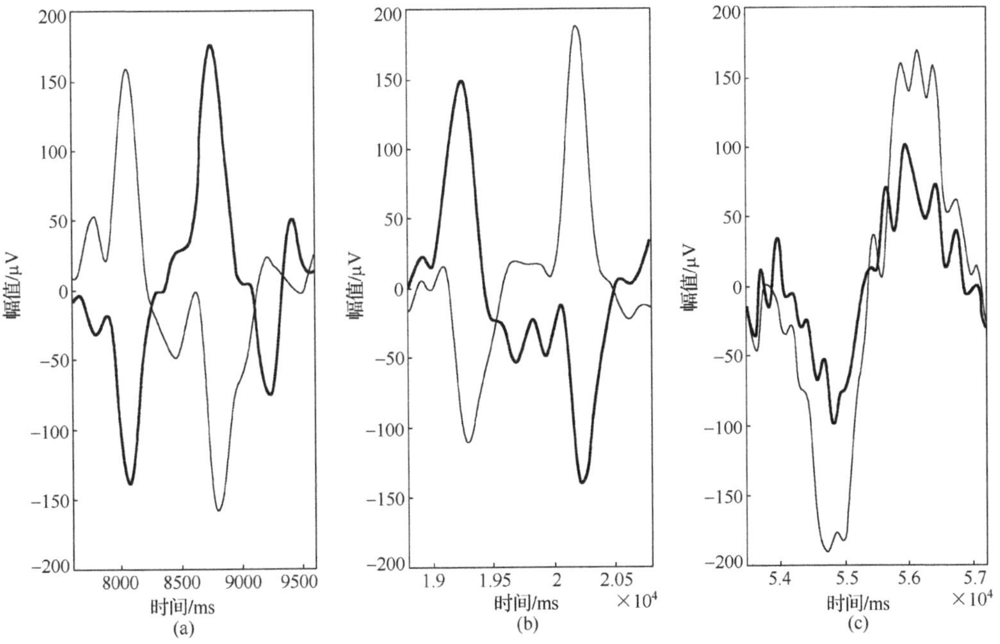

图 3.15　脑电活动的模式

5. 控制算法

本节设计用于控制机器人行为的模式辨识算法，包括两部分。第一部分计算脑电信号的主要相位。第一步：分别从 T7、FT7、TP7 和 T8、FT8、TP8 这两侧提取 delta 脑波信号。第二步：利用阈值 ε 提取 delta 脑波信号。第三步：在每段数据中找到最大值和最小值。第四步：基于这两个最值计算共同窗口。第五步：在窗内利用傅里叶变换计算脑电信号的主要相位。第六步：基于上述公式计算主要相位的差异。

第二部分是利用模糊准则来判定当前脑电状态所对应的机器人行为。模糊准则如图 3.16 所示。图 3.17 显示控制机器人左转的录像截图。

If $\Delta\text{phase}_{\text{T8}}^{\text{T7}}$ is near positive 180° and $\Delta\text{phase}_{\text{FT8}}^{\text{FT7}}$ is near positive 180° and $\Delta\text{phase}\dfrac{\text{TP7}}{\text{TP8}}$ is near positive 180°

Then make the rotot turning right

If $\Delta\text{phase}\ _{\text{T8}}^{\text{T7}}$ is near negative 180° and $\Delta\text{phase}_{\text{FT8}}^{\text{FT7}}$ is near negative 180° and $\Delta\text{phase}_{\text{TP8}}^{\text{TP7}}$ is near negative 180°

Then make the robot turning left

If $\Delta\text{phase}_{\text{T8}}^{\text{T7}}$ is near zero and $\Delta\text{phase}_{\text{FT8}}^{\text{FT7}}$ is near zero and $\Delta\text{phase}_{\text{TP8}}^{\text{TP7}}$ is near zero

Then make the robot walking forward

Else stop the robot

图 3.16　模糊准则

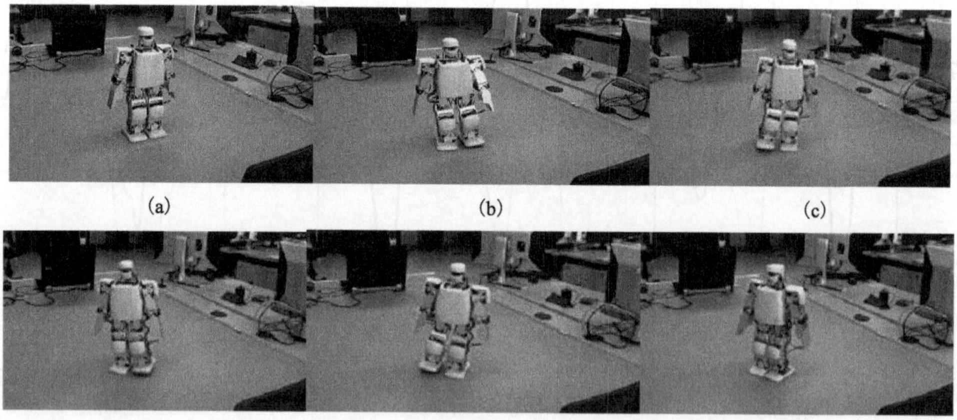

(a)　(b)　(c)　(d)　(e)　(f)

图 3.17　脑控机器人左转

3.4.3　实验

本节利用 32 通道 EEG 设备记录被试对象想象“左转”“右转”“前进”时的脑电活动，并用其控制仿人机器人。本节设计两种实验。在第一种实验中，当被试对象开始想象“右转”、“左转”和“前进”时，被试对象同时对应地抬起右手、抬起左手或者两只手同时抬起，CCD 相机同步记下这些动作。在第一种实验中记录的脑电信号可能包括肌肉信号。

在第二组实验中，被试对象在接收到实验人员的语音指令后立即想象“右转”“左转”“前进”的动作。与此同时，CCD 相机同步记录实验人员抬右手、左手或者两只手的动作，用于标记脑电信号进行后续分析。在第二种实验下，脑电信号不包括肌肉信号。

参 考 文 献

[1] Corp B M. Cerebus-Animal. http://www.blackrockmicro.com/content.aspx?id=13[2012-03-12].

[2] Corp A. Aldebaran Robotics. https://www.aldebaran.com/en[2012-03-12].

[3] Chapin J K, Moxon K A, Markowitz R S, et al. Real-time control of a robot arm using simultaneously recorded neurons in the motor cortex. Nature Neuroscience, 1999,(2): 664-670.

[4] Wessberg J, Stambaugh C R, Kralik J D, et al. Real-time prediction of hand trajectory by ensembles of cortical neurons in primates. Nature, 2000, 408(6810): 361-365.

[5] Lebedev M A, Nicolelis M A L. Brain-machine interfaces: Past, present and future. Trends in Neurosciences, 2006,(29): 536-546.

[6] Millán J D R, Renkens F, Mouriño J, et al. Noninvasive brain-actuated control of a mobile robot by human EEG. IEEE Transactions on Biomedical Engineering, 2004,(51): 1026-1033.

[7] Tanaka K, Matsunaga K, Hori S. Electroencephalogram-based control of a mobile robot. Electrical Engineering in Japan, 2005,(152): 39-46.

[8] Barbosa A O G, Achanccaray D R, Meggiolaro M A. Activation of a mobile robot through a brain computer interface. Proceedings of 2010 IEEE International Conference on Robotics and Automation, Anchorage, 2010: 4815-4821.

[9] Rebsamen B, Burdet E, Guan C, et al. Controlling a wheelchair using a BCI with low information transfer rate. Proceedings of IEEE 10th International Conference on Rehabilitation Robotics, Noordwijk, 2007: 1003-1008.

[10] Galán F, Nuttin M, Lew E, et al. A brain-actuated wheelchair: Asynchronous and non-invasive brain-computer interfaces for continuous control of robots. Clinical Neurophysiology, 2008,(119): 2159-2169.

[11] Iturrate I, Antelis J M, Kubler A, et al. A noninvasive brain-actuated wheelchair based on a P300

neurophysiological protocol and automated navigation. IEEE Transactions on Robotics, 2009,(25): 614-627.

[12] Bell C J, Shenoy P, Chalodhorn R, et al. Control of a humanoid robot by a noninvasive brain-computer interface in humans. Journal of Neural Engineering, 2008,(5): 214-220.

[13] Hirai K, Hirose M, Haikawa Y, et al. The development of Honda humanoid robot. Proceedings of 1998 IEEE International Conference on Robotics and Automation, Leuven, 1998: 1321-1326.

[14] Wolpaw J R, McFarland D J, Vaughan T M. Brain computer interface research at the wadsworth center. IEEE Transactions on Neural Systems and Rehabilitation Engineering, 2000,(8): 222-226.

[15] Li W, Jaramillo C, Li Y. A brain computer interface based humanoid robot control system. Proceedings of IASTED International Conference on Robotics, Bakersfield, 2011: 390-396.

[16] Garcia G N. Direct Brain-Computer Communication Through Scalp Recorded EEG Signals. Switzerland: Department of Electricity, Ecoloe Polytechnique Federale de Lausanne, 2004.

[17] Breedlove M, Rosenweig M, Watson N. Biological Psychology: An Introduction to Behavioral, Cognitive, and Clinical Neuroscience. Sunderland: Sianuer Associates, Inc., 2007.

[18] Buccino G, Lui F, Canessa N, et al. Neural circuits involved in the recognition of actions performed by nonconspecifics: An fMRI study. Journal of Cognitive Neuroscience, 2004,(16): 114-126.

[19] Halsband U, Matsuzaka Y, Tanji J. Neuronal activity in the primate supplementary, pre-supplementary and premotor cortex during externally and internally instructed sequential movements. Neuroscience Research, 1994,(20):149-155.

[20] Jahankhani P, Kodogiannis V, Revett K. EEG signal classification using wavelet feature extraction and neural networks. Proceedings of IEEE John Vincent Atanasoff 2006 International Symposium on Modern Computing, Sofia, 2006: 120-124.

[21] Amai W, Fahrenholtz J, Leger C. Hands-free operation of a small mobile robot. Autonomous Robots, 2001,(11): 69-76.

[22] Bozinovski S, Sestakov M, Bozinovska L. Using EEG alpha rhythm to control a mobile robot. Proceedings of the Annual International Conference of the IEEE Engineering in Medicine and Biology Society, New Orleans, 1988: 1515-1516.

第 4 章　脑-机器人交互技术

4.1　基于低频 SSVEP 的脑-机器人交互技术

4.1.1　基本的 SSVEP 系统

1. 系统搭建

在基于 SSVEP 模式的 BRI 系统中，由第 i 个视觉刺激源在 t 时刻诱发产生的脑电信号 $y_i(t)$ 可以表示为[1]

$$y_i(t)=\sum_{k=1}^{N_h} a_{i,k}\sin(2\pi k f_i t+\phi_{i,k})+B_{i,t},\quad i=1,2,\cdots,N \tag{4.1}$$

其中，f_i 是该刺激的闪烁频率；N 是刺激源的个数；N_h 是分析中所考虑的谐波次数；$a_{i,k}$ 与 $\Phi_{i,k}$ 分别是每个正弦谐波成分的幅值和相位；$B_{i,t}$ 为与 SSVEP 响应无关的信号的总和，包括电磁噪声、肌电和眼电等。如果要产生稳定、可区分、可重复的脑电信号，需要根据式(4.1)中的 SSVEP 信号形式对用户界面模块和在线处理模块进行优化设计。用户界面模块以精确和固定的频率 f_i 闪烁 N 个视觉刺激源，以诱发产生 SSVEP 谐波信号 $\sum_{k=1}^{N_h} a_{i,k}\sin(2\pi k f_i t+\Phi_{i,k}c)$。选用 60Hz 刷新频率的液晶显示器显示 4 个单图形刺激源，方波信号将图形的闪烁频率分别调制为 5.45Hz、6.67Hz、8Hz 和 10Hz。用户界面如图 4.1 所示，中间位置显示 NAO 机器人传回的视频画面，4 幅代表不同机器人动作的图片作为视觉刺激在视频画面周围闪烁。

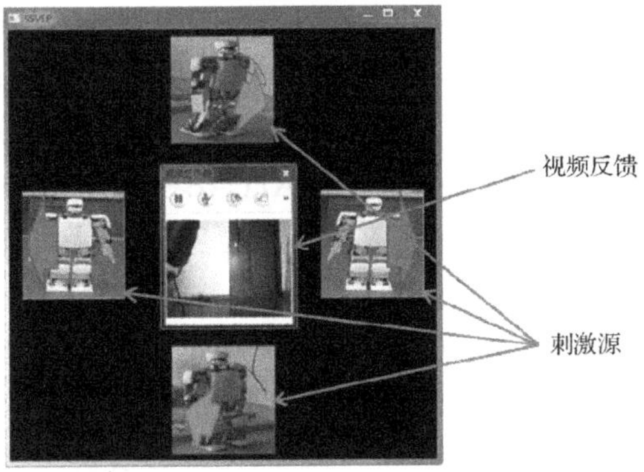

图 4.1　SSVEP 模式的用户界面

在线处理模块去除 $B_{i,t}$ 成分并提取信号特征 a_{i,n_i} (i=1,2,3,4)，其中 n_i 是第 i 个刺激源诱发出最大幅值的谐波次数。根据不同被试对象注视各刺激源时的频谱特征来设定分类阈值 σ_i，使得

$$\sigma_i = \begin{cases} \leqslant a_{i,n}, \text{当被试对象注视第}i\text{个刺激源时} \\ > a_{i,n}, \text{当被试对象休息或注视其他刺激源时} \end{cases} \tag{4.2}$$

对于实时采集的脑电信号，如果第 i 个刺激频率处特征 a_{i,n_i} 满足 $a_{i,n_i} > \sigma_i$，则表明当前被试对象注视的是第 i 个刺激源。由于 a_{i,n_i} 和 n_i 都存在显著的个体性差异，所以谐波次数 n_i 与分类阈值 σ_i 都需要在充分考虑正确率和响应速度的情况下对每个被试对象分别进行标定。在线处理模块从头皮枕部 Oz 通道实时读取脑电数据，进行 3～30Hz 的带通滤波，使用 3s 时长、1s 间隔的时间窗截取实时脑电数据，然后对数据段进行快速傅里叶变换以计算频谱分布 $A(t)$

$$A(t) = |\mathrm{FFT}(y((t-3)\times S+1:t\times S))| \tag{4.3}$$

其中，S 是采样率；$y(t\times S)$ 是 t 时刻的采样数据；$y((t-3)\times S+1:t\times S)$ 是时间窗截取得到的数据段。因此注视第 i 个刺激源时在 n_i 次谐波处的频谱能量就近似等于式(4.1)中的响应幅值 $a_{i,n_i}(t)$，对其进行标准化处理得到特征值

$$p_{i,n}(t) = \frac{a_{i,n}(t)}{\sum_{f=3}^{30} A(t)/N_f}, \quad i=1,2,3,4 \tag{4.4}$$

其中，$\sum_{f=3}^{30} A(t)/N_f$ 表示 3～30Hz 频段的平均能量。将四个刺激源频率处的特征值 $p_{i,n_i}(t)(i=1,2,3,4)$ 组成特征向量，并检测是否超过各自的分类阈值 σ_i'，当 $p_{i,n_i}(t) > \sigma_i'$ 时，第 i 个刺激源就是 t 时刻被试对象注视的目标，分类结果通过实验控制模块发送给机器人控制模块，控制机器人执行相应的动作。

SSVEP 模式的实验控制模块如图 4.2 所示，主要负责协调用户界面模块、在线处理模块和机器人控制模块间的数据通信。该模块基于 OpenViBE 编程环境实现各个功能，图中圆角方框是 OpenViBE 环境提供的基本功能函数，函数间的连线代表数据传递关系，直角方框和箭头代表相关函数同其他模块间的数据交互。在程序运行过程中，“Read SSVEP Pattern”函数首先通过 MATLAB 引擎启动并初始化 SSVEP 模式的在线处理模块，“Input Commands”函数接收实验操作人员的按键指令并将其发送给“Control SSVEP Stimuli Flash”函数来启动实验。“Control SSVEP Stimuli Flash”函数控制用户界面模块上的刺激源闪烁，与用户界面模块的信息交互(图 4.3)。“Read SSVEP Pattern”函数读取在线处理模块的分类结果，并将其转换为控制指令通过“Control Robot Behaviors”函数发送给机器人控制器模块。机器人控制模块的功能

流程如图 4.3 所示，集成了 Choregraphe 和 C++编写的自定义功能模块，能够通过 TCP/IP 协议控制真实机器人和虚拟机器人。当实验结束时，“Control SSVEP Stimuli Flash”函数关闭用户界面，“Read SSVEP Pattern”函数通过 “Stop Program”函数结束脑电数据的采集和处理。

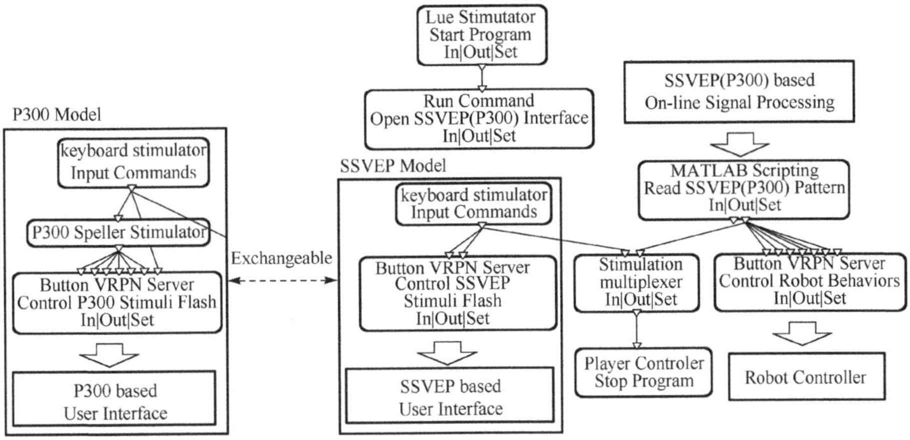

图 4.2 基于 OpenViBE 编程环境的 SSVEP/ERP 模式实验控制模块

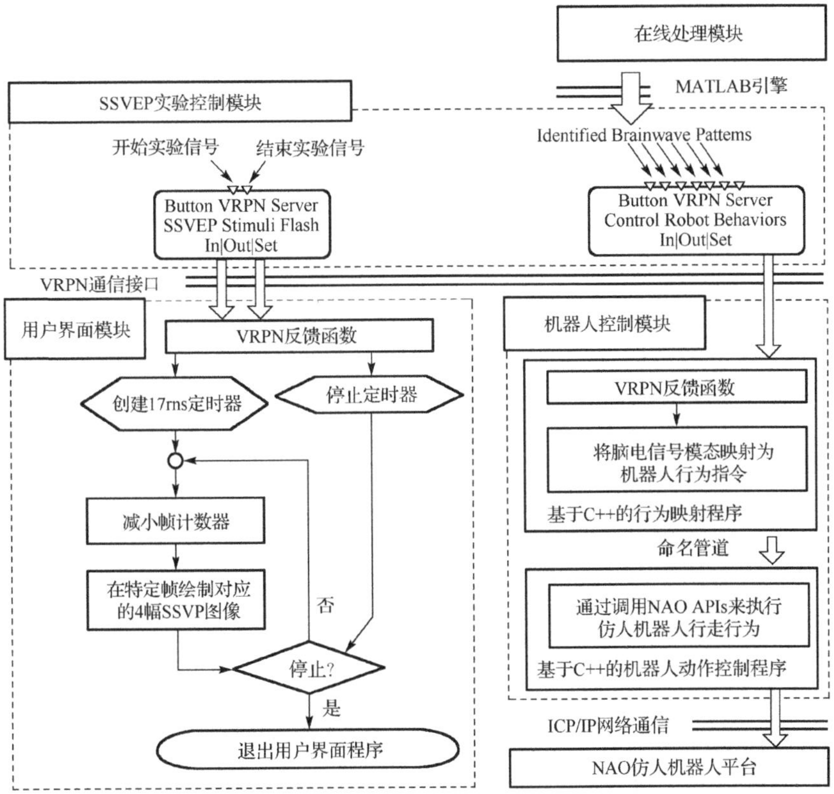

图 4.3 SSVEP 模式下各模块的数据交互和功能流程框图

2. 在线评价实验

实验在没有任何电磁屏蔽设施的普通办公室环境下进行，共有 7 名健康被试对象参加，包括 6 名男性和 1 名女性，年龄在 22～29 岁，视力正常或者矫正后正常。所有被试对象均无任何遗传或大脑损伤病史，也没有癫痫或其他精神疾病发作的病史，实验前都已认真阅读并签署了书面的知情同意书。

被试对象以最舒服和放松的姿势坐在椅子上，在其前方大约 70 cm 处放置有一台 22 寸（1 寸=0.33m）液晶显示器，用以显示视觉刺激和用户界面。为每个被试对象选取尺寸合适的 32 通道标准 EEG 电极帽，并按照“10-20 国际标准导联”方法佩戴和分布电极位置，地电极（ground electrode）选用前额 Fpz 通道，参考电极（reference electrode）放置在耳后乳突位置。

在线评价基于 SSVEP 的系统主要包括离线标定实验、在线开环实验和在线闭环实验三个阶段。离线标定实验记录被试对象注视不同视觉刺激时的脑电信号，为每个被试对象构造特征向量和训练分类器参数。每名被试对象在记录阶段进行 36 轮实验，在每轮实验中由系统随机指定一个视觉刺激源，被试对象集中注意力注视这一目标，并尽量避免头部和身体其他部分的动作，在每轮实验结束后休息 3 s，然后开始下一轮实验。在完成所有实验后，采用离线分析模块为每个被试对象提取特征向量和训练分类器参数。

在在线开环实验中，被试对象需要按照随机指示注视视觉刺激源，以控制仿人机器人完成一系列行走动作。图 4.4 展示了在线开环实验的基本流程。实验开始前需要配置脑电采集设备的测量通道和采样率以及该名被试对象的分类器参数。启动实验程序后，用户界面开始闪烁视觉刺激，被试对象按照指示注视刺激源以驱动机器人完成相应动作，此时神经信号采集设备实时采样脑电信号并传递给在线处理模块进行特征提取和模式分类。每名被试对象都需要开展多于 30 轮的在线开环实验，每轮实验中需要控制仿人机器人完成一个指定动作，统计所有轮实验的正确率、响应时间和信息传输率，从而评价在线开环控制性能。正确率 p 定义为所有指定动作中被试对象能够控制机器人成功完成的比例；响应时间 T 定义为从被试对象接到指示到驱动机器人执行相应动作所需的时间；信息传输率（information transfer rate，ITR）定义为

$$\mathrm{ITR}=\frac{p\log_2(p)+(1-p)\log_2\left(\frac{1-p}{N-1}\right)+\log_2 N}{T} \tag{4.5}$$

其中，N 是机器人动作的数量；p 与 T 分别是正确率和响应时间；ITR 的单位是 bits/min。在一些文献中，对 ITR 增加一个为 $[1-2\times(1-P)]$ 的系数，表示系统的实际信息传输率（pratical bit rate，PBR）。

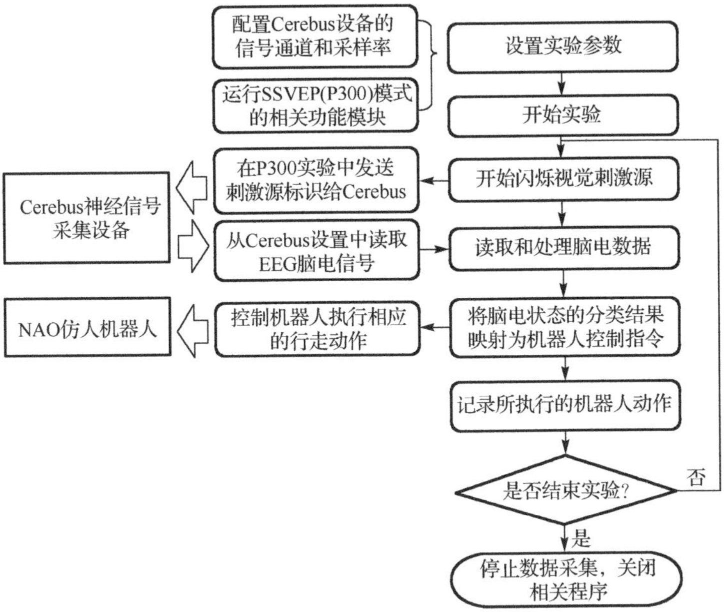

图 4.4　SSVEP 的在线开环实验流程

选择在线开环实验中取得最好控制表现的被试对象，重复进行 3 次在线闭环实验。在闭环实验中，被试对象需要根据机器人反馈的视频，使用基于 SSVEP 模式的 BRI 系统控制仿人机器人沿白线走到终点位置，实验任务如图 4.5 所示。被试对象在 SSVEP 模式下只能控制机器人的前进、后退、左转和右转 4 种动作，统计 3 次实验的平均完成时间和平均指令数量，从而评价 SSVEP 模式的在线闭环控制性能。

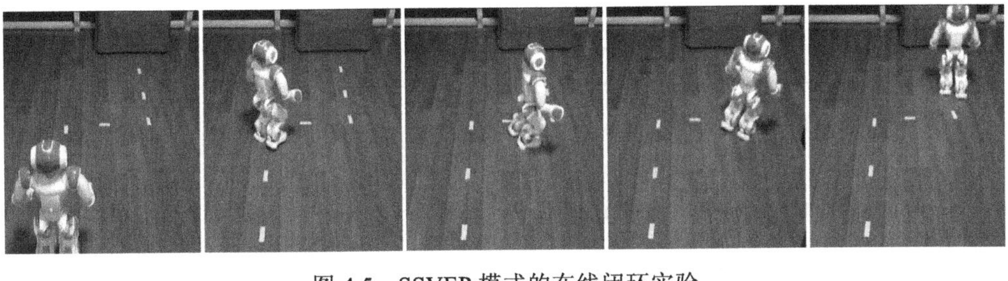

图 4.5　SSVEP 模式的在线闭环实验

3. 实验结果

表 4.1 列出 7 名被试对象使用 SSVEP 模式进行在线开环实验的结果，被试对象 subj4 和 subj7 都是首次参加 SSVEP 实验，用括号中的“N”标示。所有被试对象都使用 Oz 通道进行脑电数据的采集和处理，使用 4 个刺激源(5.45Hz、6.67Hz、8Hz 和 10Hz)控制仿人机器人的前进、左转、右转和后退 4 种动作。采用“实验次数”

描述该被试对象控制仿人机器人动作的总数量，其中成功完成的动作数量与实验次数的比值称为控制正确率。实验结果表明，除了被试对象 subj1，其他被试对象在控制不同刺激频率对应的机器人动作时都呈现出显著的差异性，体现了不同个体的视觉神经回路对刺激频率所具有的敏感性差异。

表 4.1　SSVEP 模式下控制 4 种机器人动作的在线开环实验结果

被试对象编号	实验次数	机器人动作的控制正确率/%					响应时间/s	ITR/(bits/min)
		5.45 Hz	6.67 Hz	8 Hz	10 Hz	平均		
subj1	129	100	100	100	100	100	2.69	44.6
subj2	69	64.3	80.9	90.5	92.3	82.6	3.25	19.5
subj3	33	86.7	100	100	83.3	93.9	3.34	28.2
subj4 (N)	68	94.4	94.7	100	90.9	95.6	4.46	22.5
subj5 (N)	72	75	65	90	81.3	77.8	4.24	12.5
Subj6 (N)	31	100	100	62.5	100	90.3	4.26	19.5
subj7 (N)	37	100	100	91.7	71.4	91.9	3.33	26.4
平均值±标准差		88.6 ±14.2	91.5 ±13.6	90.7 ±13.3	88.5 ±10.5	90.3 ±7.7	3.65 ±0.67	24.7 ±10.2

在 SSVEP 模式下的在线开环实验中，subj1 取得了最高的信息传输率，因此选择该被试对象参加图 4.5 所示的在线闭环实验，统计他在 3 次重复任务中的平均完成时间和平均指令数量，实验结果见表 4.2。表中的指令缩写 WF、WB、TL、TR 分别代表仿人机器人的前进、后退、左转、右转 4 种动作。实验结果显示，subj1 使用 SSVEP 模式完成实验的平均时间分别为 96 s，使用的平均指令数量分别为 18.7 个。

表 4.2　SSVEP 模式在控制仿人机器人沿线行走实验中的性能

脑电模式	平均完成时间/s	WF	WB	TL	TR	总计
SSVEP	96	10.7	0	3	4.7	18.7

4.1.2　分层递阶结构的系统

1. 基于 CCA 和 FFT 的异步解码算法

BRI 系统的工作方式主要有同步 (synchronous) 和异步 (asynchronous) 两种[2]。在同步方式中，系统设定有明确的起始和终止时间点，由这两类时间点将系统的操作过程划分为主动控制阶段 (active control) 和系统复位阶段 (system reset period)，如图 4.6 (a) 所示。在主动控制阶段，系统发出同步提示来告知被试对象注视视觉刺激并进行特征提取和分类，而被试对象需要尽量在该主动控制阶段内维持这一大脑状态；在系统复位阶段，系统不对被试对象的脑电特征模态进行分类，因此也不输出任何控制指令[3]。在异步方式中，系统并不给予任何同步提示信号，而是实时对脑电特征模态进行分类，被试对象可以在任意时刻通过执行特定的思维活动发出控制指令。异步系统把被试对象的大脑状态划分为控制状态(active control)和空闲状态(attentive idleness)[4]。控制状态是被试对象自主执行系统可识别的特定思维活动，例如，在 SSVEP 模式中，控制状态是注视视觉刺激的脑电状态；空闲状态是除了控制状态的大脑的所有活动状态，例如，在 SSVEP 模式中空闲状态包括注视非额定频率的视觉刺激、闭目休息以及活动头部和身体其他部位等。异步 BRI 系统需要对被试对象的大脑状态进行实时监测，在被试对象处于空闲状态时系统并不输出任何控制指令，而当被试对象处于控制状态时，系统会对其脑电信号模态进行分类并控制机器人完成用户期望的动作[5]。由此可见，异步系统提供了一种更灵活、更人性化的人机交互途径和更加贴近人们的日常生活方式，因而是未来脑控仿人机器人研究发展的趋势。但是，异步 BRI 系统也面临很多的技术难点需要解决，其中对于空闲状态的识别是当前的难点。在系统的长时间工作过程中，无法准确识别空闲状态将会产生各种各样的误操作，可能导致碰撞、机器人失控、甚至对周围人群造成伤害等严重后果。由于大脑在不执行任何特定思维任务时的活动模式是非常复杂、不固定的，很难为空闲状态所包含的这些活动模式都建立具有代表性、数据量充足的训练样本，所以如何对空闲状态进行实时准确的识别和监测是当前研究亟待解决的一个难题[6-8]。

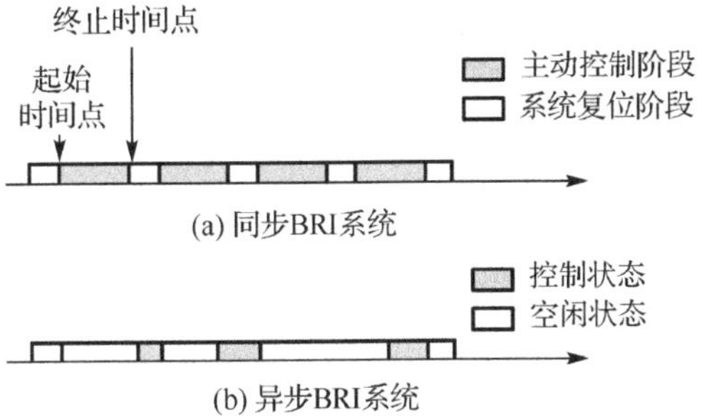

图 4.6　同步和异步 BRI 系统的工作流程

为实时准确地分类脑电信号中的 SSVEP 特征及空闲状态，本书对现有 CCA 算法进行了改进，结合 FFT 运算提出了一种新的 SSVEP 异步解码算法。在传统的 CCA 算法中，需要为每个刺激频率构造一个参考信号 Y_{f_i}，然后进行多次 CCA 计算，如图 4.7 所示。但事实上，对每个被试对象而言，一个刺激频率的 SSVEP 信号通常只在基频和谐波频率中包含 1 个最大响应的频率，Bin 等[9]的研究结果也表明，当使用 CCA 处理较长时间 (>2s) 的脑电数据时，只使用基频构造参考信号 $Y=(y_1(t);y_2(t))=(\sin(2\pi ft);\cos(2\pi ft))$ 和使用多个谐波频率构造参考信号具有非常接近的分类正确率。因此本书使用各刺激源所诱发的最大响应谐波成分构造参考信号为

$$Y=\begin{bmatrix}\sin(2\pi n_1 f_1 t)\\ \cos(2\pi n_1 f_1 t)\\ \sin(2\pi n_2 f_2 t)\\ \cos(2\pi n_2 f_2 t)\\ \vdots\\ \sin(2\pi n_5 f_5 t)\\ \cos(2\pi n_5 f_5 t)\end{bmatrix} \tag{4.6}$$

其中，$f_1, f_2, \cdots, f_5$ 是所使用的 5 个刺激源的闪烁频率；$n_1, n_2, \cdots, n_5$ 是这些刺激源诱发出最大响应的谐波次数。对于含有多个刺激源的 SSVEP 系统，这一改进的算法虽然增加了参考信号 Y 中频率成分的个数，但只需要进行一次 CCA 运算就可以提取出信号特征，因而极大地降低了系统的计算负荷。

通过 CCA 运算得到了变换向量 W_x，使得变换后的脑电数据 x 与参考信号具有最大的相关系数，因此 CCA 运算可以作为一种对多通道脑电数据进行降维的技术。使用 FFT 计算降维后数据 x 的频谱能量分布

$$P(\omega)=|\,\mathrm{FFT}(x, N_{\mathrm{FFT}})\,|^2 / N_{\mathrm{FFT}} \tag{4.7}$$

其中，N_{FFT} 是进行 FFT 变换的数据点数，$\mathrm{FFT}(x, N_{\mathrm{FFT}})$ 用于返回数据 x 的 N_{FFT} 点快速傅里叶变换结果。定义 5 个刺激源具有最大 SSVEP 响应的谐波频率为特征频率 $n_i f_i\,(i=1,2,3,4,5)$，其中 n_i 是最大响应的谐波次数，对特征频率处的频谱能量 $P(\omega)$ 进行标准化处理得到特征值

$$F_i=\frac{P(2\pi n_i f_i)}{\underset{3\mathrm{Hz}\leqslant f\leqslant 25\mathrm{Hz}}{\mathrm{mean}}(P(2\pi f))},\quad i=1,2,3,4,5 \tag{4.8}$$

其中，$\underset{3\mathrm{Hz}\leqslant f\leqslant 25\mathrm{Hz}}{\mathrm{mean}}(P(2\pi f))$ 表示 3～25Hz 频段内的平均能量。使用 F_i 构造特征向量，检测各刺激源对应的特征值是否超过阈值 σ_i。如果仅有第 k 个刺激源的特征值超过阈值，则分类结果为

$$C=k,\begin{cases}F_i\geqslant\sigma_i, & i=k\\ F_i<\sigma_i, & i\neq k\end{cases} \tag{4.9}$$

如果所有刺激源的特征值都低于阈值，则分类为空闲状态：

$$C=0,\ F_i<\sigma_i,\quad i=1,2,3,4,5 \tag{4.10}$$

如果有两个或两个以上的刺激源特征值都高于各自的阈值，则认为被试对象大脑处于噪声状态，不输出任何控制指令。整个算法的分类处理流程如图 4.7 所示。

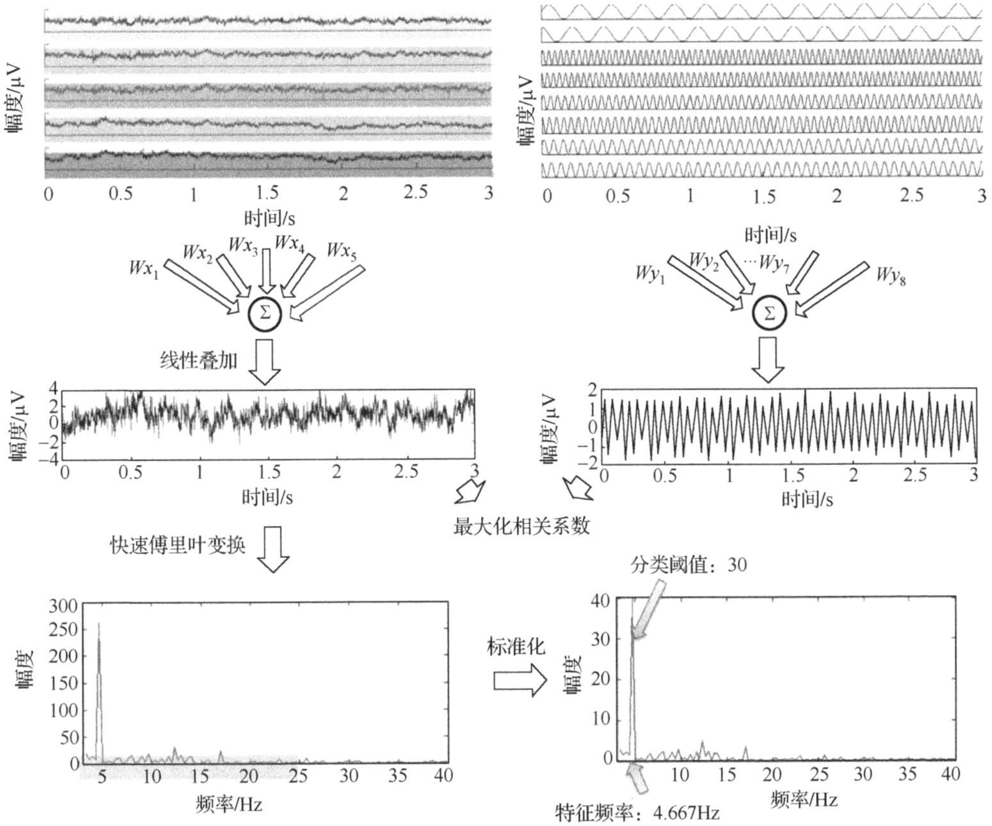

图 4.7 基于 CCA 和 FFT 的异步解码算法的信号处理流程

2. 基于 SSVEP 的分层递阶体系结构

人类大脑和机器智能在信息处理方面存在着一些相似点：首先，信号在大脑中是由不同脑皮层分层级、分阶段处理的，这种层次化的信息处理结构在机器系统中也很常用；其次，与机器系统的模块化结构相似，脑皮层也被划分为负责特定功能的区域，如视觉区、听觉区、语言区、运动区等，各个脑区在人的感知和认知过程中扮演不同角色，通过相互之间的协同工作来实现各类行为[10]。本书从大脑与机器的这些相似点出发，基于分层级和模块化的融合思想，提出了一种基于视觉诱发模式的分层递阶体系结构。该体系结构包括脑-机接口层、行为映射层和机器人控制层共 3 层，如图 4.8 所示，用于在被试对象大脑与仿人机器人之间建立双向的信息交互通路，在信息感知、决策判断、知识记忆等多个层次实现互相适应和协同工作。

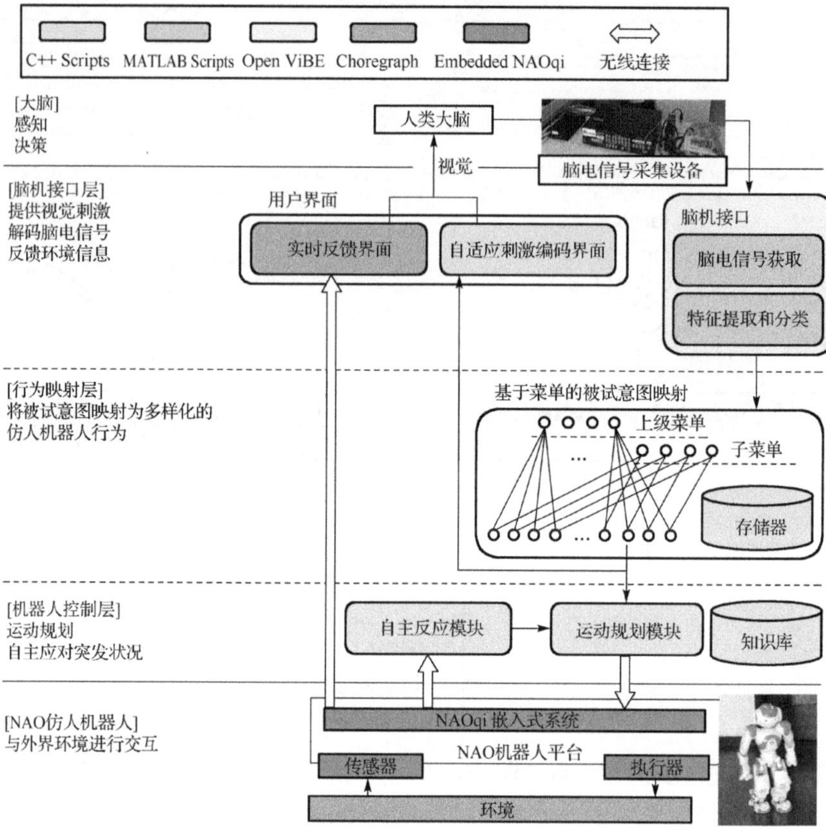

图 4.8　基于分层递阶体系结构的 BRI 系统结构图

脑-机接口层采用基于 CCA 和 FFT 的异步解码算法，采集被试对象的实时脑电信号并辨识其控制意图，同时通过一个自适应刺激编码界面(adaptive content-coding interface)来显示视觉刺激源和机器人视频反馈。自适应刺激编码界面如图 4.9(a)所示，在 LCD 显示器(22 寸、1440×900 分辨率、60 Hz 刷新率)上基于 Windows DirectX API 和 Choregraphe 实现该界面，位于界面中间的 Visual Feedback 窗口用于显示机器人摄像头的视频反馈，界面右侧的 Robot Posture Window 窗口显示的虚拟 NAO 机器人用于显示真实仿人机器人的实时位姿，界面上的 SSVEP Stimulus 1 至 SSVEP Stimulus 5 窗口用于显示 5 个不同闪烁频率的视觉刺激源，Menu Label 用于显示刺激源所代表的机器人控制指令所属的菜单信息。行为映射层采用基于二级菜单的被试对象意图映射策略，在上级菜单(top-level menu)中根据刺激源编码的用户意图进入不同机器人行为类别的子菜单(submenu)，本节只定义了 4 类机器人行为，因此刺激源 5 在这一级菜单中并不显示刺激图片，如图 4.9(b)所示。分层递阶体系结构所选用的仿人机器人行为及其类别，需要根据具体作业任务进行定义。在如图 4.9(c)～(f)所示的 4 类子菜单中，刺激源 1～4 用于编码不同种类的机器人行为指令，在界面上对应地显示代表这些行为的机器人图片，刺激源 5 则用于编码“返回上级菜单”指令，行为映射层根据被试对象的控制意图和当前的菜单信息，发送相应的机器人行为指令给机器人控制层。通过这种映射策略，5 个刺激源可以在上级菜单中编码 5 个机器人行为类别，在每类子菜单中编码 4 个机器人行为指令，因此被试对象可有效地控制 20 种仿人机器人行为。机器人控制层将每个行为指令转换为多个关节的精确运动参数以控制仿人机器人准确地完成这一行为；此外，该层中的自主反应模块能够自主地对碰撞、摔倒等突发状态做出反应，从而避免机器人因等待被试对象决策而导致的损伤。本节设计的自主反应模块能够基于超声传感器的测距信息控制机器人避障，和基于惯性传感器的测量数据控制仿人机器人在摔倒时重新站起，这两项功能可有效地提高脑控仿人机器人在行走过程中的可靠性和安全性。

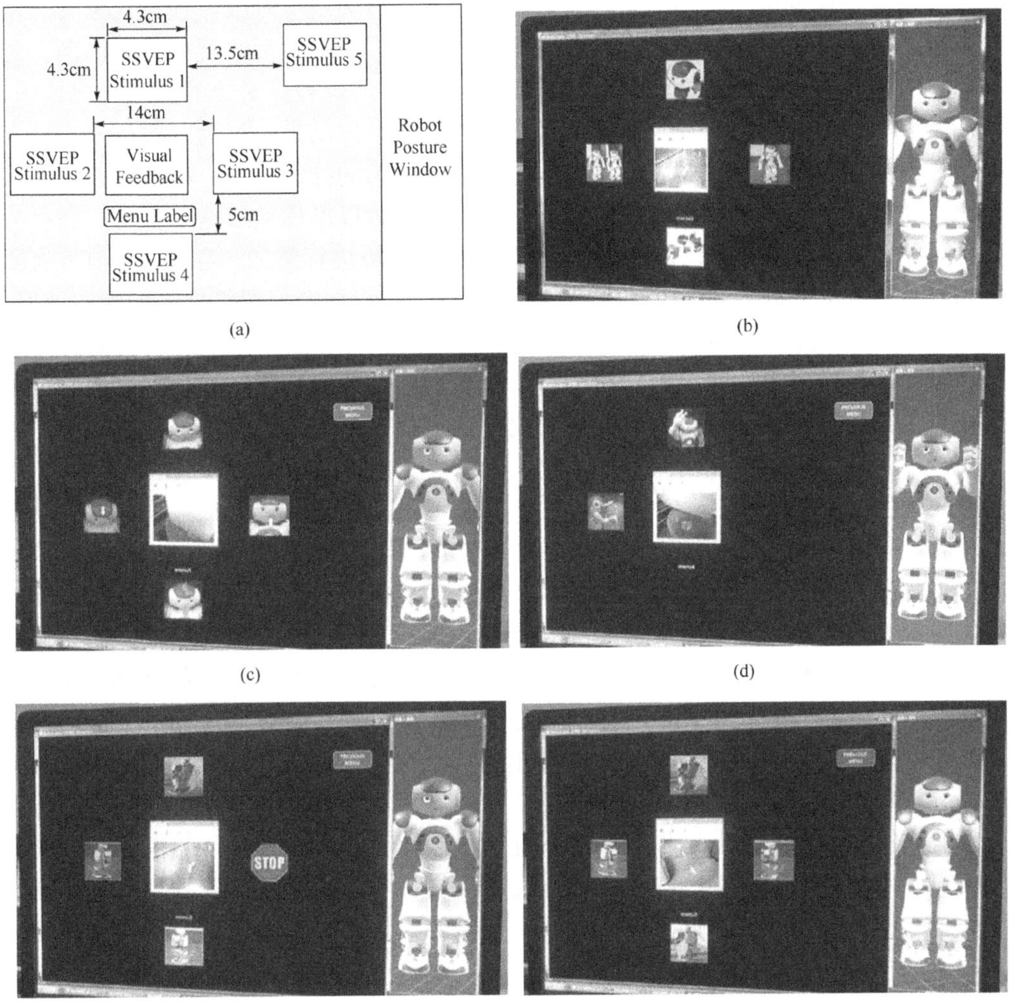

(a)　(b)　(c)　(d)　(e)　(f)

图 4.9　自适应刺激编码界面及其在各级菜单下的呈现内容

在基于分层递阶体系结构的脑控仿人机器人系统中各层级之间通过相互协调和共同配合，实现对仿人机器人全身运动的控制。一个典型的控制过程可以分解为以下 4 个阶段：在系统启动阶段机器人控制层首先检测仿人机器人是否处于站立状态，如果检测到机器人正处于蹲或躺的状态，机器人控制层就发送指令控制其站起，然后脑机接口层开始在自适应刺激编码界面上闪烁代表机器人行为类别的刺激图片；在类别选择阶段，被试对象通过注视界面上的各个刺激源来选择相应的行为类别，脑-机接口层解码出被试对象的类别选择意图后将其发送给行为映射层，行为映射层根据当前所处阶段将被试对象意图映射为机器人行为类别的选择指令，并缓存当前类别的信息，脑-机接口层接收到行为类别选择指令后，将自适应刺激编码界面上的刺激源切换为代表这一类别的机器人行为图片；在行为选取阶段，被试对象首先根据刺激源的图片内容认知该刺激源所编码的机器人行为，然后注视相应刺激源以选取期望的机器人行为，在这一过程中，脑-机接口层解码被试对象的行为选取意图，并在界面上对应的刺激源周围显示红色边框以反馈解码结果，行为映射层根据缓存中的行为类别信息将被试对象意图映射为机器人行为的控制指令，机器人控制层将这一指令翻译为仿人机器人相关关节的精确运动参数以准确完成这一行为；在行为执行阶段，机器人控制层以固定的 2s 周期对周围环境进行感知，当检测到前方有障碍物时，机器人控制层将终止仿人机器人的行走动作，但会保留机器人的转向速度，即控制机器人完成原地转向，此时脑-机接口层的反馈界面上显示障碍物的距离信息，以帮助被试对象决策当前状况适合采取转向还是后退行为，行为映射层则会屏蔽被试对象的前进意图，以避免与障碍物发生碰撞。

3. 基于 SSVEP 的脑-机器人交互实验设计

脑控仿人机器人系统的性能评价在图 4.10 所示的实验环境下进行，被试对象需要根据机器人摄像头的实时反馈视频，通过 BRI 控制仿人机器人从起始位置走到目标气球前并将气球抓起。这一任务包含了仿人机器人在运动障碍辅助领域的 3 种典型应用场景和工作方式，分别是在多障碍物的非结构化环境下导航、观察和探索周围环境，以及对物体进行抓取与操作。本节选取对 BRI 系统具有不同熟练程度的多个被试对象，通过统计他们完成任务的表现来评价所提出的基于异步解码算法和分层递阶体系结构的脑控仿人机器人系统。

假定实验在未知的非结构化环境中开展，因此机器人系统内部并未存储相关地图信息，而随意选取的障碍物和低对比度的室内环境，也使得依靠机器视觉对周围物体进行检测和识别非常困难。为此，本节将仿人机器人完成任务的整个过程分解为基本的机器人行为，由被试对象根据周围环境进行选取和组合。为了对比不同熟练程度的被试对象以及不同的机器人行为策略对任务完成效果的影响，本实验对各个障碍物的形状尺寸和摆放位置进行了约束，如图 4.11 所示。图中阴影方块代表实验环境中放置的不同形状和尺寸的障碍物，机器人脚下的虚线表示任务中机器人行走的最佳路线。在图 4.10 和图 4.11 中标出的 A 位置将整个导航过程划分为两个阶段，在前一阶段中机器人的行走空间较为宽阔，被试对象可以在较大的控制尺度上调整机器人连续行走的速度和方向；后一阶段则非常狭小，最窄部分的通行宽度仅为 0.5m，而实验所用的 NAO 仿人机器人横向宽度约为 0.35m，行走过程中的左右晃动也需要占据更多的空间，因此被试对象需要对机器人位置进行固定步长的精细调整，以减少碰撞的次数。

图 4.10　脑控仿人机器人系统的在线闭环评价任务

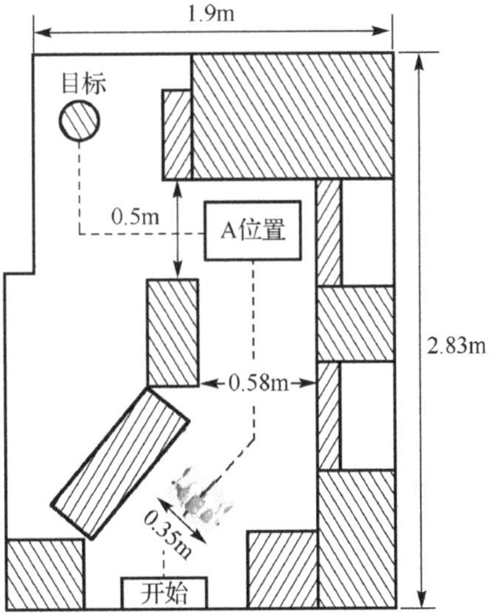

图 4.11　在线闭环评价实验的环境约束

为完成脑控仿人机器人系统的性能评价任务，本节共定义并实现了 14 种仿人机器人行为，并根据其功能和作用划分为以下 4 类。

(1)环境观察(environment inspection，EI)类行为。用于控制仿人机器人头部的相关动作，以帮助被试对象观察和理解周围环境，包括以下 4 种机器人行为。

左右扫视(scan from left to right，SLR)：控制仿人机器人头部的水平角度首先转到–0.75rad(左转为负，右转为正)，然后转到+0.75rad，即从左到右扫视周围环境，最后回到初始角度(朝向正前方)。

上下扫视(scan from up to down，SUD)：控制仿人机器人头部的竖直角度首先转到+0.75rad(抬头为正，低头为负)，然后转到–0.75rad，即从上到下扫视周围环境，最后回到初始角度(朝向水平方向)。

启动底部摄像头(activate bottom camera，ABC)：启动位于 NAO 机器人嘴部位置的摄像头，为被试对象提供机器人双脚前方的视频画面，用于控制机器人在密集环境下行走。

启动顶部摄像头(activate top camera，ATC)：启动位于 NAO 机器人前额位置的摄像头，为被试对象提供机器人正前方的视频画面，用于控制机器人抓取和操作物体。

(2)抓取操作(manipulation operation，MO)类行为。用于控制仿人机器人手臂的相关动作，以完成抓取和操作物体的任务，本节针对任务的具体需求，定义和实现了以下 2 种机器人行为。

抓起物体(pick up object，PUO)：当机器人双手并未抓有物体时，控制机器人手臂抓取并举起面前的物体。

放下物体(put down object，PDO)：当机器人双手抓有物体时，控制机器人手臂放下这一物体。

(3)速度调节(walking with gross movement，WGM)类行为。用于控制仿人机器人以固定的速度行走，直到被试对象输出新指令来调节速度或者停止行走。这类指令适用于在宽阔的环境中帮助被试对象用较少的操作量完成机器人的行走任务。机器人的行走速度分为前进速度和转向速度，速度坐标系如图 4.12 所示，其中定义左转速度为负，右转速度为正。

加速前进(walk forward，WF)：将机器人的前进速度增大 0.05 m/s，但前进速度的最大值为 0.1 m/s，如图 4.12 所示。

加速右转(turn right with speed increment，TRSI)：将机器人的转向速度增大 0.1 rad/s，但转向速度的最大值为 0.2 rad/s，如图 4.12 所示。

加速左转(turn left with speed increment，TLSI)：将机器人的转向速度减小 0.1 rad/s，但转向速度的最小值为–0.2 rad/s，如图 4.12 所示。

停止行走(stop)：停止仿人机器人的行走行为，即将前进速度和转向速度都置为 0。

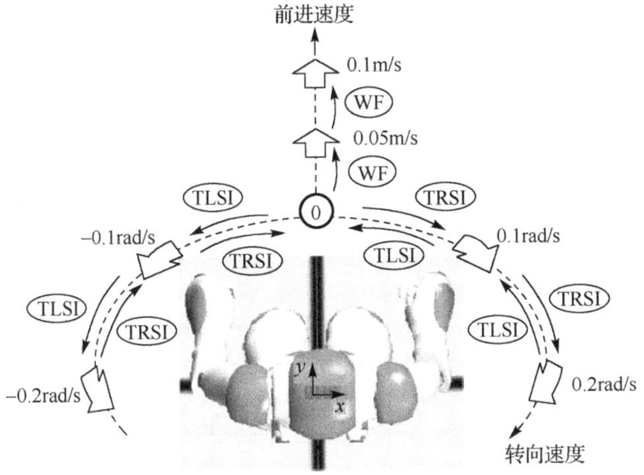

图 4.12　脑控仿人机器人系统的速度坐标系

(4) 位置调节 (walking with fine tuning，WFT) 类行为。用于控制仿人机器人前进一段固定的距离或转过一个固定的角度，每个指令都是以固定的步长对机器人的位置或方向进行调节。这类指令可以用在狭小的环境中，帮助被试对象精细地调整机器人的位置和方向从而穿过狭窄通道或者靠近物体以方便抓取。

前进固定距离 (step forward，SF)：控制仿人机器人以 0.05m/s 的速度前进 0.1m。

后退固定距离 (step backward，SB)：控制仿人机器人以 0.05m/s 的速度后退 0.1m。

右转固定角度 (turn right with fixed radian，TRFR)：控制仿人机器人向右转过 0.4rad。

左转固定角度 (turn left with fixed radian，TLFR)：控制仿人机器人向左转过 0.4rad。

对于速度调节 WGM 和位置调节 WFT 这两类用于控制机器人行走的行为，它们的区别如图 4.13 所示。WGM 类行为可以通过累加和组合来调节机器人的行走速度，在图 4.13 (a) 中，被试对象在 T0 时刻输出 WF 指令使仿人机器人以 0.05m/s 的固定速度前进，之后在 T1 时刻通过输出第二个 WF 指令使机器人的前进速度增加到 0.1m/s。当机器人在 T2 时刻行走到一个道路拐弯位置时，被试对象连续输出两个 TRSI 指令来使机器人以最大速度 0.2rad/s 向右转，同时前进速度仍然保持 0.1m/s。当机器人在 T4 时刻离开拐弯位置后，被试对象输出 TLSI 指令来降低机器人的右转速度以便于调整方向，然后再次输出 TLSI 指令将转向速度降为 0rad/s 从而使机器人沿直线前进。当 T6 时刻被试对象再次输出 TLSI 指令时，机器人将以 0.1 rad/s 的速度左转。在 T7 时刻被试对象输出 Stop 指令来停止机器人的行走，此时前进速度和转向速度都变为 0。而 WFT 类行为的指令只能控制仿人机器人执行固定距离或角度的行走动作，在图 4.13(b) 中，T0 时刻被试对象输出的 SF 指令使仿人机器人以 0.05m/s 的速度前进 1m 距离，此时 T1 时刻输出的 SF 指令并不会改变行走的速度和距离，即 BRI 系统在 WFT 类行为执行的过程中不会再响应其他的同类指令。在 T2 时刻的 TRFR 指令控制机器人以 0.2rad/s 的速度向右转过 0.4rad 角度，T4 和 T5 时刻的 TLFR 指令则控制机器人以 0.2rad/s 的速度向左转过 0.4rad 角度，T6 时刻输出的 TRFR 指令不会改变机器人左转的速度和角度，即 WFT 类行为的组合并不会形成速度和距离的累加。

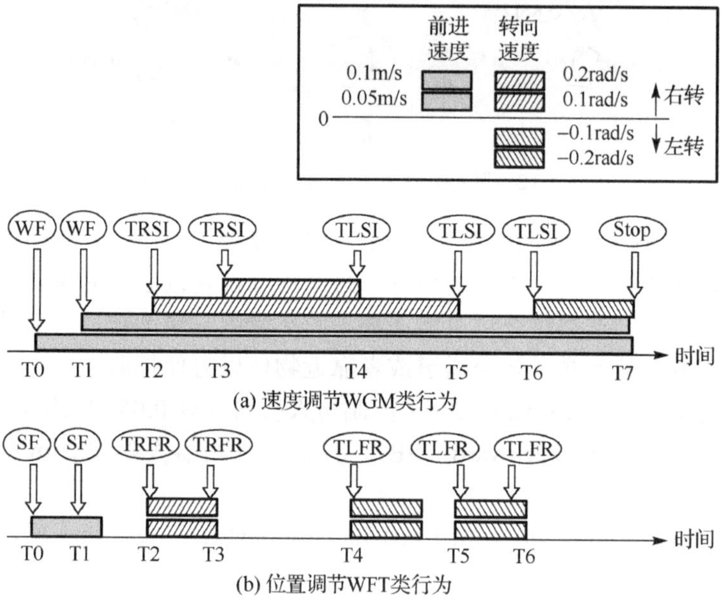

图 4.13　速度调节类行为和位置调节类行为示意图

4. 脑控仿人机器人系统的评价流程

对脑控仿人机器人系统的性能评价包括离线标定、在线开环评价和在线闭环评价三个阶段，如表 4.3 所示。为了统计在线闭环评价阶段的侧面擦碰次数和正面碰撞次数，在实验过程中脑控仿人机器人系统并未启用机器人控制层的自主反应模块。

表 4.3　脑控仿人机器人系统的评价流程

阶段名称	主要工作
离线标定阶段	标定 SSVEP 模式的分类参数
	从 6 个闪烁频率中为每个被试对象选取 SSVEP 响应较大的 5 个
在线开环评价阶段	在线、开环、异步地控制仿人机器人行为并统计正确率、响应速度和信息传输率；根据各被试对象对不同频率的控制性能为 5 个刺激源分配刺激频率

续表

阶段名称	主要工作
在线闭环评价阶段	键盘控制实验
	WFT-only 实验×1 次
	hybrid WFT-WGM 实验×2 次
	WGM-only 实验×2 次
	hybrid WFT-WGM 实验×1 次
	WGM-only 实验×1 次
	统计各次实验的总计导航时间、导航指令数量、侧面擦碰次数和正面碰撞次数，评价脑控仿人机器人系统的性能

1) 离线标定

离线标定阶段主要记录被试对象注视不同视觉刺激时的脑电数据，通过离线数据分析构造各个被试对象 SSVEP 模式的特征向量和分类参数，并为每个被试对象选取 5 个具有较大 SSVEP 响应的刺激频率。在该阶段，界面上共显示 6 个不同频率的视觉刺激源，在每组实验中有一个刺激源会被随机选取为目标刺激，在其上方显示黄色三角箭头作为指示，如图 4.14 中的时刻①所示。1s 之后，6 幅图片开始以固定频率进行闪烁，此时被试对象需要始终注视目标刺激，并尽量避免频繁眨眼和身体活动，这个过程持续 5s，如图 4.14 中的时段②所示。在随后的 3s 内被试对象可以进行放松和活动，直到系统选取新的目标刺激并开始下一组实验，如图 4.14 中时段④所示。6 个刺激源的闪烁频率分别为 4.615Hz、6.67Hz、8.57Hz、12Hz、15Hz 和 20Hz，每个被试对象共需进行 48 组实验，每个刺激源作为其中 8 组实验的目标刺激。选取这 6 个频率是首先考虑到在 60Hz 刷新率的 LCD 显示器上，用于调制刺激源亮度的方波信号的周期必须是整数帧，因此刺激源的闪烁频率只能是 60/NHz，其中 N 是正整数[11]；其次，被试对象在刺激源的谐波频率处也往往会被诱发产生 SSVEP 响应，因此需要避免选取互为谐波的多个刺激频率[12]。对记录的脑电数据进行离散分析的过程为：①提取注视过程中被试对象处于稳定状态中的 3s 数据段，即从注视开始后的 1～4s，如图 4.14 中的时段③所示。②分别计算注视不同频率刺激时所有 EEG 通道的功率谱密度，对 6 个刺激频率处的频谱能量进行平均后绘制 SSVEP 响应强度的脑电地形图(topographical distribution)，根据 SSVEP 的特征分布选取用于数据处理的多个特征通道。③使用基于 CCA 和 FFT 的异步解码算法，计算被试对象注视各刺激频率时的特征向量，从 6 个刺激频率中分别为每名被试对象挑选 5 个具有较强 SSVEP 响应的刺激作为后续研究中该被试对象的刺激频率。④针对每个刺激频率设置分类阈值参数，根据该刺激源是否被选为目标刺激，将 48 组实验数据中提取到的特征向量划分为两类，根据两类特征样本训练分类阈值参数。

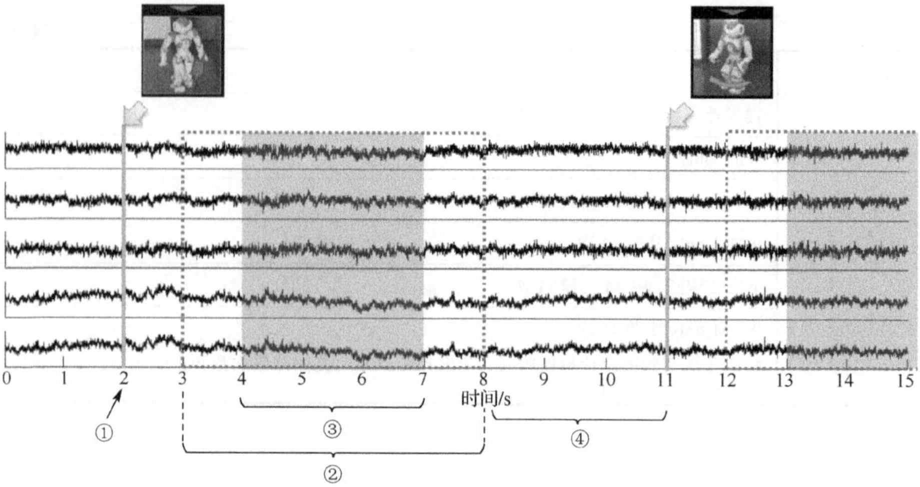

图 4.14　离线标定阶段的实验流程

2) 在线开环评价

在在线开环评价阶段，用户界面使用该被试对象的刺激频率闪烁 5 个视觉刺激源，被试对象需要按顺序注视相应刺激源来控制仿人机器人完成一组随机指定的动作序列。这个阶段中每名被试对象共需要输出 50 个机器人动作指令，其中每个刺激源对应的指令各 10 个。实验开始前首先对 BRI 系统进行参数配置，设置采样率为 1kHz，每次处理的数据段时长为 3s，处理的频率为 2Hz(即每隔 0.5s 读取之前 3s 的数据进行一次处理)，并根据离线标定阶段的分析结果设置特征通道以及该被试对象的刺激频率和分类阈值。实验开始后，系统随机选取机器人动作然后在对应的刺激源上用箭头进行指示，被试对象需要在随后的 7s 时间内集中注意力以产生该刺激的 SSVEP 响应，系统使用异步解码算法对被试对象的控制意图及空闲状态进行分类，并发送相应的控制指令从而驱动仿人机器人完成被试对象期望的动作。

对脑控仿人机器人的在线开环评价主要采用正确率、响应时间和信息传输率三个常用的指标。正确率 p 定义为被试对象在系统给出指示后的 7s 时间内控制机器人成功执行这一动作的比例。如果这段时间内被试对象未能输出任何控制指令，或者输出的第一个指令是错误的，都会将这次指令的输出记为失败；只有输出的第一个指令正确时才会记为成功，如果整段时间内输出多次正确指令也只会记为一次成功；如果被试对象在输出至少 1 次正确指令后又再输出了错误指令，这组实验也被记为成功，因为被试对象在输出正确指令后可以进行短时间的休息和活动，未被要求去避免注视其他视觉刺激源。响应时间 T 定义为从系统给出指示到机器人执行这一动作所花费的时间，输出错误的实验不被计入这一指标的统计。按照式(4.5)定义的信息传输率，N 取 5 表示五种动作，包括前进、左转、右转、左移和右移。

在在线闭环评价实验中被试对象需要使用基于分层递阶体系结构的BRI系统控制仿人机器人的14种行为。系统采用了基于二级菜单的被试对象意图映射策略，用户界面上的5个刺激源在不同菜单下分别用于编码不同的菜单控制指令和机器人行为，如图4.15所示。在上级菜单中，刺激源1～4分别编码了EI类、WGM类、WFT类、MO类4个机器人行为的类别，刺激源5此时并不编码任何控制指令。在各个类别的子菜单中，刺激源1～4分别编码具体的仿人机器人行为，而刺激源5在子菜单中用于编码“返回上级菜单”指令。图4.15(b)显示了刺激源1～4在各类子菜单中分别编码的行为，在图中各行为按照图4.15(a)中这4个刺激源的空间位置进行排布。

由此可见，不同刺激源在整个仿人机器人的远程控制任务中具有不同的使用频次和可靠性要求，然而不同被试对象对同一刺激频率的正确率和响应时间都存在显著差异，因此本书根据每名被试对象在5个刺激频率处的在线开环控制表现，分别为5个刺激源分配频率，分配过程需要依据如下的5条原则。

原则1：刺激源3用于停止机器人以固定速度行走，因此分配其具有最短响应时间的刺激频率。

原则2：刺激源1用于控制机器人行走时最常使用的两种前进行为(WF和SF)，因此分配其具有最高正确率和较短响应时间的刺激频率。

原则3：刺激源5仅用于从各类子菜单返回上级菜单，在整个控制任务中使用次数最少，因此分配其具有最低正确率和最长响应时间的刺激频率。

原则4：刺激源4用于控制WFT类中的后退固定距离行为，相比刺激源2所控制的左转固定距离行为使用的频次更少，因此分配剩余两个刺激频率中具有较低正确率和较长响应时间的。

原则5：刺激源2采用按原则1～4分配后剩余的刺激频率。

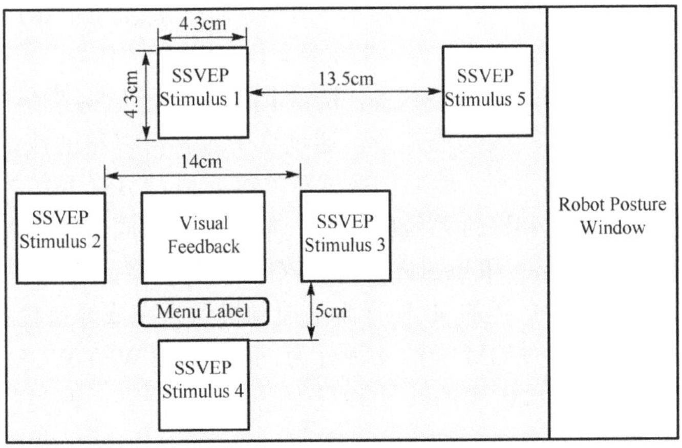

(a) SSVEP界面中刺激源的位置分布

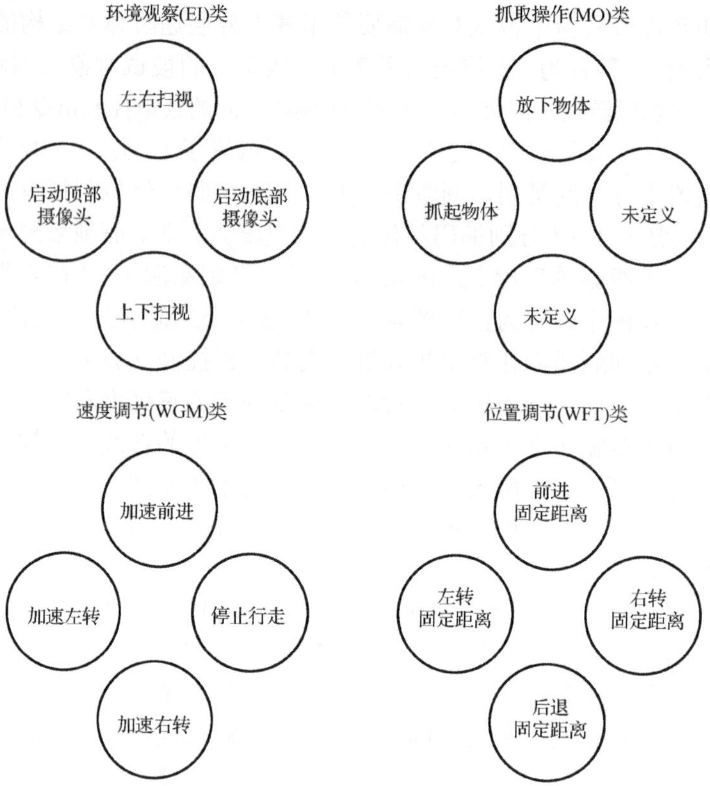

(b) 刺激源在各类子菜单中所编码的机器人行为

图 4.15　用户界面的刺激源与仿人机器人行为的编码关系

3) 在线闭环评价

在在线闭环评价阶段，被试对象使用基于分层递阶体系结构的 BRI 系统，根据视频反馈远程控制仿人机器人的 14 种行为，来完成 4.1.2 节描述的任务。首先，被试对象需要使用键盘输入控制仿人机器人完成任务，键盘上的"↑""↓""←""→"和"Q"5 个按键分别代替 5 个刺激源所编码的指令，通过这个过程可以帮助被试对象熟悉分层递阶体系结构和实验控制流程。然后，被试对象需要通过 BRI 系统控制仿人机器人完成这一任务，为了对比和评价系统的性能，本书采用不同的导航控制策略分别设置了 WFT-only、WGM-only 和 hybrid WFT-WGM 3 种类型的实验。WFT-only 实验只允许被试对象使用 WFT 类的 4 种行为来控制机器人完成导航任务，WGM-only 实验只允许被试对象使用 WGM 类的 4 种行为，而 hybrid WFT-WGM 实验则允许被试对象使用 WFT 类和 WGM 类的共 8 种行为完成导航任务，两类行为通过分层递阶体系结构的行为类别菜单进行切换和选取。

每个被试对象需要进行总共 7 次 BRI 实验，其中包括 1 次 WFT-only 实验、3 次 WGM-only 实验和 3 次 hybrid WFT-WGM 实验。被试对象首先进行 1 次 WFT-only

实验，由于这类实验的完成难度较小并且多次实验的结果相差不大，而且每次实验都需要被试对象平均输出 51.8 个控制指令，多次实验会带给被试对象较大的操作负担，因此本实验只要求被试对象完成 1 次 WFT-only 实验。在之后的 2 次 hybrid WFT-WGM 实验中，被试对象首先使用 WGM 类行为控制仿人机器人从起始位置行走到图 4.11 中的 A 位置，然后使用 WFT 类行为控制机器人通过障碍物密集区域走到气球前。之后被试对象还需再依次进行 2 次 WGM-only 实验、1 次 hybrid WFT-WGM 实验和 1 次 WGM-only 实验。在完成所有实验后，对被试对象在 3 类实验中的表现分别进行统计，由于不同类型实验的主要区别都集中在仿人机器人的导航阶段，所以本书采用下述 4 个指标对脑控仿人机器人系统完成导航任务的性能进行评价。

(1) 总计导航时间：被试对象控制仿人机器人从起始位置行走到目标气球处所花费的时间。

(2) 导航指令数量：被试对象在导航阶段任务中输出的指令总数。

(3) 侧面擦碰次数：仿人机器人手臂侧面擦过障碍物的次数，侧面擦碰并不影响机器人继续行走。

(4) 正面碰撞次数：仿人机器人碰撞障碍物的次数，当发生正面碰撞时，仿人机器人会被实验人员重新摆放到合适的位置和方向(最佳行走线路上离碰撞最近处)，之后被试对象继续控制机器人完成导航任务。

5 名具有不同 BRI 操作熟练度的健康被试对象参加了本实验，包括 4 名男性和 1 名女性，年龄为 23～29 岁，视力正常或者矫正后正常。5 名被试对象分别编号为 1～5，所有被试对象都是首次参加闭环实验，其中被试对象 subj1、被试对象 subj2 和被试对象 subj3 参加过多次 SSVEP 实验，但只有被试对象 subj3 使用过基于分层递阶体系结构的 BRI 系统，被试对象 subj4 和 subj5 则是第一次参加 SSVEP 实验。

所有被试对象均无任何遗传或大脑损伤病史，也没有癫痫或其他精神疾病发作的病史。实验在没有任何电磁屏蔽设施的普通办公室环境下进行，按照“10-20 国际标准导联”方法佩戴 64 通道标准 EEG 电极帽，地电极选用前额的 FPz 通道，参考电极放置在头皮顶部位置，使用 Cerebus 神经信号采集系统以 1kHz 的采样率采集各 EEG 电极处的脑电信号。实验前所有被试对象均阅读实验的流程并签署了书面的知情同意书，并由伦理委员会审批通过。

5. 实验结果

1) 离线分析结果

图 4.16 显示了 SSVEP 响应强度的脑电地形图，是通过对各通道脑电信号在 6 个刺激频率处的频谱能量求平均得到的，本书据此选取了头皮枕区响应较强的 9 个通道 P1、Pz、P2、PO5、PO3、POz、PO4、PO6 和 Oz 作为数据分类的特征通道。

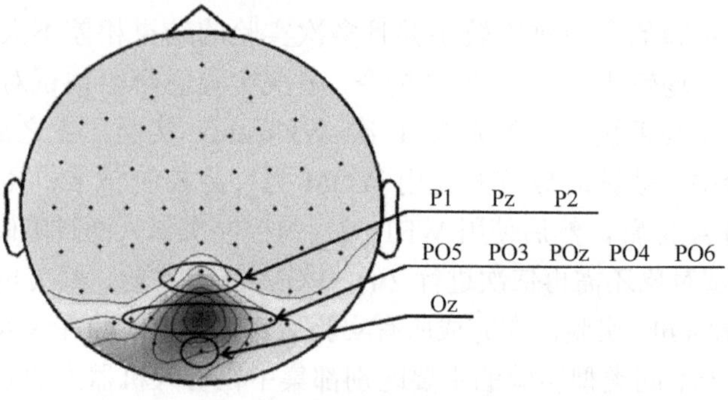

图 4.16　SSVEP 响应强度的脑电分布以及所选取的特征通道

使用基于 CCA 和 FFT 的多通道异步解码算法对上述 9 个通道的脑电数据进行处理，处理前后的频域特征对比情况如图 4.17 所示。图中所用数据是在被试对象 subj1 注视 6.667Hz 刺激源的过程中记录的，处理前后的频谱曲线都经过了标准化处理，即将 FFT 计算得到的功率谱密度除以 3～25Hz 频段能量的均值。对于该被试对象而言，单通道脑电数据的特征频率的能量较为微弱，容易受到非特征频段的干扰，而使用多通道解码算法对上述通道的脑电数据进行处理后，刺激频率的二次谐波 13.33Hz 成分的信噪比得到了增强，其他频率成分则受到抑制。使用该算法对 5 个被试对象在各刺激频率下的脑电数据分别进行处理，得到的频谱特征如图 4.18 所示。这一结果反映了个体对不同频率的敏感性差异，为了降低个体性差异对脑控仿人机器人系统性能评价的影响，本节根据各刺激频率所诱发的 SSVEP 特征值的大小，为每个被试对象去除具有最小 SSVEP 响应的频率，剩余的 5 个频率则作为刺激频率用于后面阶段的实验研究。

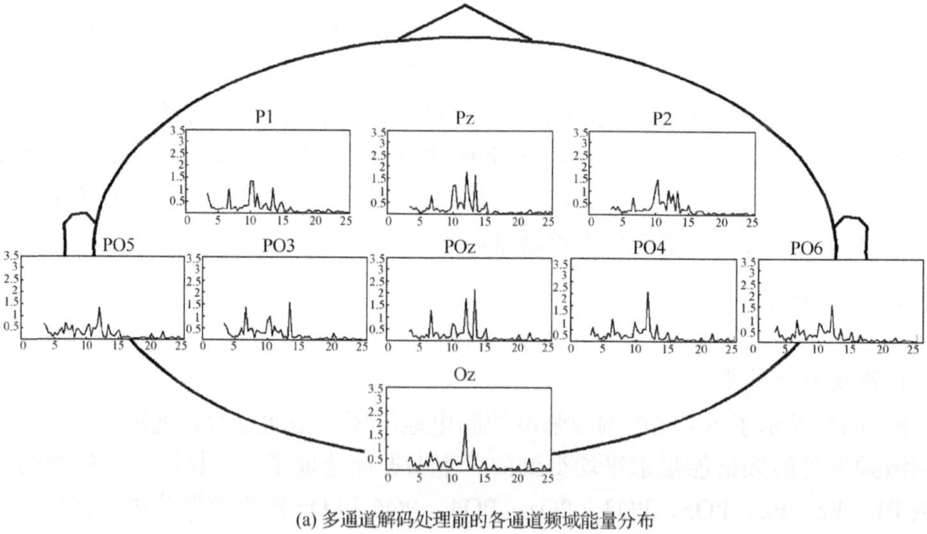

(a) 多通道解码处理前的各通道频域能量分布

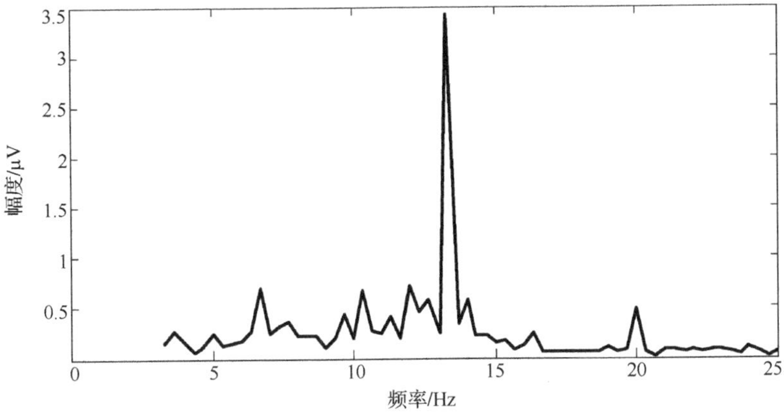

(b) 多通道解码处理后的频域能量分布

图 4.17　使用异步解码算法对多通道脑电数据处理前后的频域能量分布

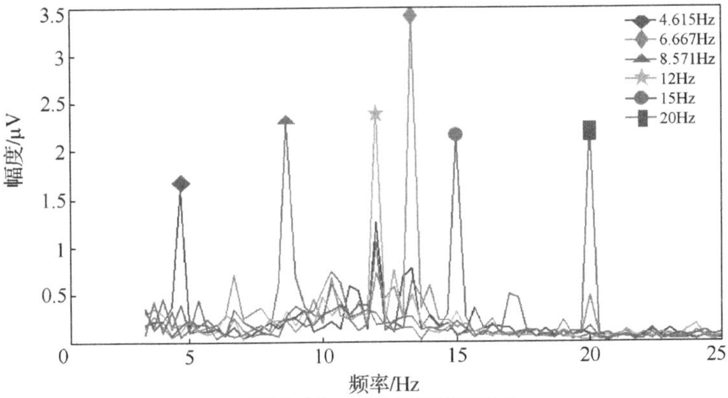

(a) 被试对象1～5的频域能量特征

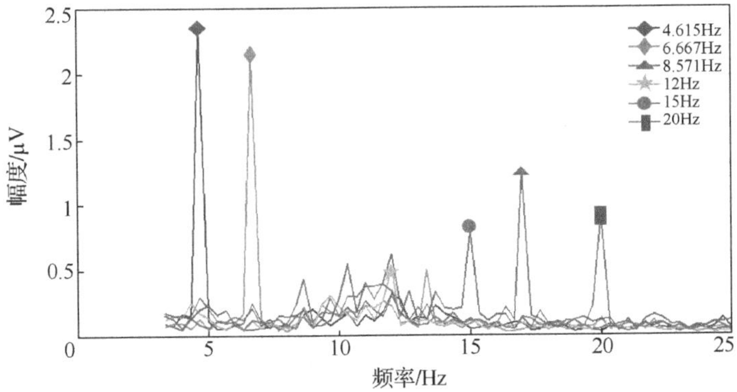

(b) 被试对象1～5的频域能量特征

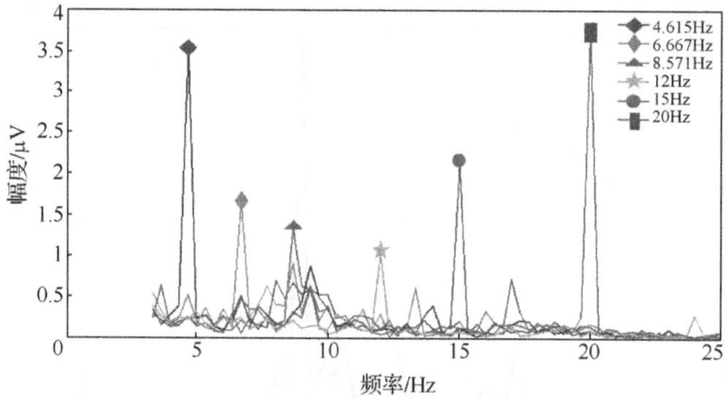

(c) 被试对象1～5的频域能量特征

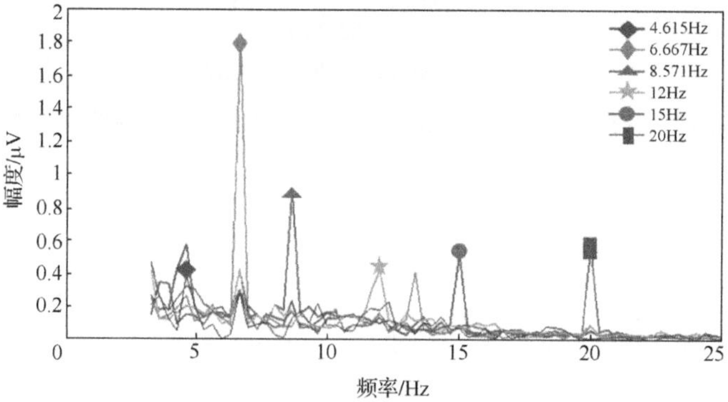

(d) 被试对象1～5的频域能量特征

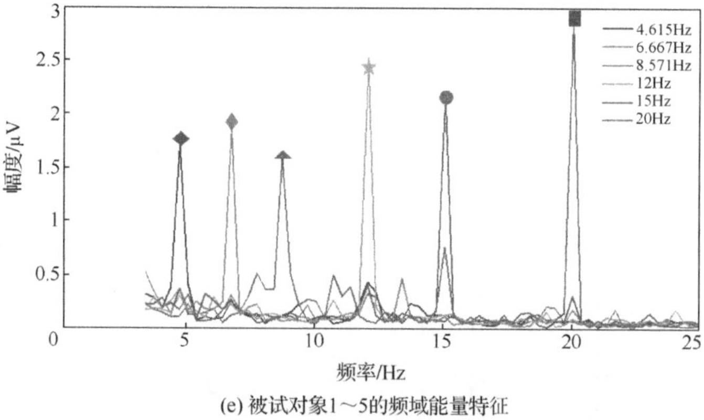

(e) 被试对象1～5的频域能量特征

图 4.18　被试对象在注视 6 个刺激源时的频域能量特征

表 4.4 列出了所有被试对象在各频率处的最大响应谐波次数 n_i 和特征值 F_i，其中 i=1,2,3,4,5,6 代表各个刺激频率，参数的定义详见式(4.8)。根据这一实验结果，为 5 个被试对象选取特征值最小的频率，分别是 4.615Hz、12Hz、12Hz、4.615Hz、8.571Hz，剩余频率作为刺激频率在后面阶段的实验中使用。

表 4.4　各被试对象在离线分析阶段得到的特征值和谐波次数

被试对象		各频率处的特征值和谐波次数					
		4.615Hz	6.667Hz	8.571Hz	12Hz	15Hz	20Hz
subj1	F_i	1.60	3.43	2.32	2.48	2.18	2.28
	n_i	1	2	1	1	1	1
subj2	F_i	2.26	2.15	1.24	0.51	0.80	0.92
	n_i	1	1	2	1	1	1
subj3	F_i	3.50	1.66	1.35	1.03	2.11	3.78
	n_i	1	1	1	1	1	1
subj4	F_i	0.40	1.83	0.92	0.44	0.54	0.56
	n_i	1	1	1	1	1	1
subj5	F_i	1.75	1.89	1.61	2.47	2.19	2.89
	n_i	1	1	1	1	1	1

2) 在线开环评价结果

表 4.5 列出了 5 个被试对象在开环评价实验中的正确率、响应时间和信息传输率。对于每个被试对象，具有最弱 SSVEP 响应的刺激频率并没有在在线实验中被使用，因此对应的正确率和响应时间在表中记为“N/A”。从开环评价的结果可以看出，对于相同的刺激频率，不同被试对象的正确率和响应时间存在显著的差异，这是由于不同个体对频率的敏感性差异会影响 SSVEP 响应的强度。被试对象 subj5 第一次参加 SSVEP 在线实验就取得了在所有被试对象中最高的正确率 96%、最短的响应时间 3.29s 和最高的信息传输率 36.5bits/min。被试对象 subj4 同样是第一次参加 SSVEP 在线实验，却得到了最低的正确率 82%和最低的信息传输率 21.9bits/min。被试对象 subj1、subj2 和 subj3 都曾参加过多次 SSVEP 在线实验，在本次开环评价实验中取得的正确率分别为 92%、84%和 86%，响应时间分别为 3.39s、3.53s 和 3.66s，信息传输率分别为 31.1bits/min、23.2bits/min 和 23.9bits/min。表 4.5 反映了不同被试对象在频率性能排序上的个体性差异，为此本书根据各被试对象不同频率的正确率和响应时间，按照本书 4.1.2 节论述的分配原则，为脑控仿人机器人系统的 5 个刺激源分配刺激频率。在表中将刺激源编号用数字上标的形式同时标注在了对应频率的正确率和响应时间上。

表 4.5　被试对象在各刺激频率下的在线开环评价结果

被试对象编号		1	2	3	4	5	均值
正确率/%	4.615Hz	N/A	100^{1}	100^{1}	N/A	90^{4}	N/A
	6.667Hz	100^{1}	100^{3}	60^{4}	100^{1}	100^{3}	
	8.571Hz	90^{5}	90^{2}	70^{5}	100^{3}	N/A	
	12Hz	90^{2}	N/A	N/A	50^{5}	90^{5}	
	15Hz	90^{3}	40^{5}	100^{3}	60^{4}	100^{2}	
	20Hz	90^{4}	90^{4}	100^{2}	100^{2}	100^{1}	
	平均值	92	84	86	82	96	88

续表

被试对象编号		1	2	3	4	5	均值
响应时间/s	4.615Hz	N/A	2.88^{1}	3.25^{1}	N/A	3.24^{4}	N/A
	6.667Hz	3.57^{1}	2.66^{3}	4.47^{4}	3.29^{1}	2.94^{3}	
	8.571Hz	4.22^{5}	3.16^{2}	5.00^{5}	2.85^{3}	N/A	
	12Hz	3.34^{2}	N/A	N/A	3.72^{5}	3.86^{5}	
	15Hz	2.41^{3}	4.75^{5}	2.66^{3}	4.46^{4}	3.25^{2}	
	20Hz	3.39^{4}	4.22^{4}	2.95^{2}	3.28^{2}	3.18^{1}	
	平均值	3.39	3.53	3.66	3.52	3.29	3.48
信息传输率/(bits/min)		31.1	23.2	23.9	21.9	36.5	27.3

3)在线闭环评价结果

表 4.6 列出了在线闭环评价阶段中 WFT-only 实验和 WGM-only 实验的对比结果，表中“Cmds”代表输出指令的个数。WFT-only 实验的结果是在被试对象完成 1 次实验的过程中统计的，而 WGM-only 实验的结果是被试对象完成 3 次实验的平均值。

表 4.6 WFT-only 和 WGM-only 实验的在线闭环评价结果

被试对象编号	WFT-only 实验(共 1 次)				WGM-only(共 3 次)			
	导航时间/s	导航指令数量/(Cmds/trial)	侧面擦碰次数/(times/trial)	正面碰撞次数/(times/trial)	导航时间/s	导航指令数量/(Cmds/trial)	侧面擦碰次数/(times/trial)	正面碰撞次数/(times/trial)
subj1	284	53	0	0	164.7	22.7	2/3	2/3
subj2	285	54	1/1	0	166.7	24.7	4/3	3/3
subj3	250	52	0	0	136	21	2/3	1/3
subj4	267	52	0	0	161.7	18	6/3	5/3
subj5	270	48	0	0	207	27	3/3	0
平均值±标准差	271.2 (±14.3)	51.8 (±2.3)	0.2 (±0.4)	0	167.2 (±25.5)	22.7 (±3.4)	1.1 (±0.6)	0.7 (±0.6)

(1)在 WFT-only 实验中，所有被试对象都能够在不产生正面碰撞的同时使用 WFT 类行为控制仿人机器人完成导航任务，平均花费的导航时间为 271.2s，平均输出的导航指令数量为 51.8Cmds/trial(即每次实验 51.8 个)，平均的侧面擦碰次数为 0.2 times/trial(即每次实验 0.2 次)。而在 WGM-only 实验中，所有被试对象都只需要更短的时间(平均 167.2s)和更少的指令(平均 22.7Cmds/trial)来完成导航任务，但是发生了更多的侧面擦碰(平均 1.1times/trial)和正面碰撞(平均 0.7times/trial)。造成 WGM-only 实验出现过多碰撞的原因，首先是机器人搭载的单目摄像头能够提供的反馈信息有限，在机器人以固定速度前进的情况下，被试对象很难在短时间内根据实时变化的动态视频对障碍物的距离做出准确判断；其次，当前 BRI 系统的控制正确率和响应速度仍然比较低，在接近障碍物时被试对象往往不能及时输出停止指令。

(2)在 WFT-only 实验中，首次参加 SSVEP 实验的 2 名被试对象(subj4 和 subj5)的平均导航时间与平均导航指令数量分别为 268.5s 与 50Cmds/trial，而具有丰富 SSVEP 经验的 3 名被试对象(subj1、subj2 和 subj3)的平均导航时间和平均导航指令数量分别为 273s 与 53Cmds/trial。没有任何 SSVEP 经验的被试对象和有经验的被试对象在实验中取得了相近的结果，这表明 WFT-only 实验对被试对象熟练度的要求较低。

而在 WGM-only 实验中不同被试对象的表现存在着很大的差异。被试对象 subj3 在参加实验之前已经使用过基于分层递阶体系结构的 BRI 系统，他在参加本次实验的所有被试对象中取得了最优的表现——花费了最少的导航时间 136s，在 3 次实验中总共只发生了 2 次侧面擦碰和 1 次正面碰撞。被试对象 subj1 和 subj2 虽然熟悉 SSVEP 在线实验但是并未使用过基于分层递阶体系结构的 BRI 系统，每次实验的平均导航时间分别为 164.7s 和 166.7s，侧面擦碰次数分别为 2/3times/trial 和 4/3times/trial，正面碰撞次数分别为 2/3times/trial 和 3/3times/trial。被试对象 subj4 和 subj5 为首次参加 SSVEP 在线实验，每次实验的平均导航时间分别为 161.7s 和 207s，侧面擦碰次数分别为 6/3times/trial 和 3/3times/trial，正面碰撞次数分别为 5/3times/trial 和 0times/trial。上述结果表明，对 BRI 系统和在线远程控制过程的经验有助于提高他们在 WGM-only 实验中的表现。

(3) 被试对象 subj4 和 subj5 虽然都是第一次参加 WGM-only 实验，但他们的表现截然不同：被试对象 subj5 虽然花费了最长的导航时间 207s，但在 3 次实验中总计只有 3 次侧面擦碰和 0 次正面碰撞；而被试对象 subj4 的导航时间虽然更短(161.7s)，但碰撞次数在所有被试对象中是最多的，3 次实验中总计产生了 6 次侧面擦碰和 5 次正面碰撞。造成这一现象的原因是被试对象 subj5 在远程控制过程中花费了更多的时间来感知环境和调整机器人位置，因此他在每次实验中输出的导航指令平均数量也是所有被试对象中最多的(27Cmds/trial)。被试 4 在在线开环评价实验中取得了所有被试对象中最低的正确率和较长的响应时间，在 WGM-only 实验中也产生了最多次数的正面碰撞(5/3times/trial)。由于正面碰撞碰撞发生后，仿人机器人会被实验人员重新摆放到最佳行走线路上离碰撞最近的位置上，所以较多的正面碰撞减少了被试对象 subj4 用来调整机器人位置和方向所需的时间，也使其取得了较短的导航时间(161.7s)。

表 4.7 列出了 hybrid WFT-WGM 实验的完成结果，在该实验中被试对象同时使用 WFT 和 WGM 两类行为控制仿人机器人完成导航任务。

表 4.7　hybrid WFT-WGM 实验的在线闭环评价结果

被试对象编号	导航时间/s			侧面擦碰次数/ (times/trial)	正面碰撞次数 /(times/trial)
	总计	WGM	WFT		
subj1	262.7	94.3	147.3	1/3	0
subj2	223	83	124.7	3/3	0
subj3	242.7	90.3	134.3	0	0
subj4	210.7	86.3	110.7	3/3	1/3
subj5	241.3	86.3	134.3	0	1/3
平均值(±标准差)	236.1 (±20.0)	88.1 (±4.4)	130.3 (±13.6)	0.5 (±0.5)	0.1 (±0.2)

在 hybrid WFT-WGM 实验中，所有被试对象相比在 WFT-only 实验中花费了更少的导航时间(236.1s vs. 271.2s)，相比在 WGM-only 实验中产生了更少的侧面擦碰(0.5 times/trial vs. 1.1 times/trial)和正面碰撞(0.1 times/trial vs. 0.7 times/trial)。对于碰撞次数，由于 hybrid WFT-WGM 实验是在 WGM-only 实验之前进行的，所以 hybrid WFT-WGM 实验中碰撞次数的减少并非是因为被试对象更加熟悉实验控制流程。

在 hybrid WFT-WGM 实验中，当仿人机器人行走到图 4.11 所示的 A 位置附近时，被试对象需要通过基于分层递阶体系结构的 BRI 系统将机器人导航行为从 WGM 类切换到 WFT 类，以减少在导航后半段狭窄空间中发生碰撞的次数。为了实现 2 类机器人行为的切换，被试对象需要依次进行如下操作：注视 BRI 子菜单上的刺激源 5，以返回负责编码各行为类别的上级菜单；注视用于编码 WFT 类行为的刺激源，以进入该类机器人行为的子菜单；注视刺激源以驱动仿人机器人执行相应的 WFT 类行为。在所有被试对象的 3 次 hybrid WFT-WGM 实验中，我们统计了这两类行为的切换时间，即从 WGM 类最后一个行为的结束到 WFT 类第一个行为的开始所花费的时间，统计结果如图 4.19 所示。其中被试对象 1 的第 1 次实验在两类行为之间总共进行了 3 次切换，花费了远超其他次实验的时间(40s)，因此在分析实验结果时并不计入此次实验的数据，而只统计剩余的 14 次实验。

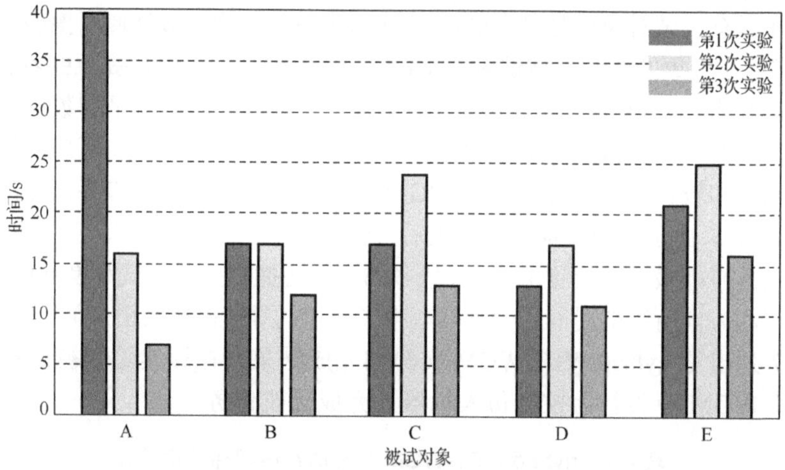

图 4.19　所有被试对象在 3 次实验中切换行为类别所花费的时间

统计结果显示，被试对象通过 BRI 系统切换 WGM 和 WFT 两类行为平均花费(16.1±4.9)s。需要较长时间的原因主要有两个：首先，用于编码“返回上级菜单”指令的刺激源 5 由于在整个任务中使用的次数最少，所以被分配了正确率最低并且响应时间最长的刺激频率，这使得被试对象可能需要较长时间切换回上级菜单；其次，在每个被试对象的所有 3 次实验中，第 3 次实验的切换时间都最短，平均值仅为(11.8±3.3)s，这说明增加系统的操作熟练度有助于帮助被试对象缩短切换时间。

4.2 高频 SSVEP 系统

4.2.1 高频的优势与问题

6～90Hz 是能够有效诱发 SSVEP 的刺激频率，但随着刺激频率的升高，SSVEP 响应的幅值会随之降低，影响信号检测与识别的成功率，因而 BRI 相关研究中，一般将 SSVEP 的刺激频率设置为 6～50Hz。根据刺激频率的高低，SSVEP 可以被分成低频、中频与高频三个频段，三个频段之间并没有十分明确的界限，但一般可以将由闪烁频率低于 12Hz 的 SSVEP 称为低频 SSVEP，将 12～25Hz 的 SSVEP 称为中频 SSVEP，将由闪烁频率高于 25Hz 的视觉刺激诱发的 SSVEP 称为高频 SSVEP。SSVEP 在不同频段具有差异化的频率特性，最大的 SSVEP 响应一般出现在 10Hz 附近，其次是 16～18Hz，而高频 SSVEP 一般则呈现出最微弱的响应特性，因而早期研究一般选用中低频 SSVEP 来完成指令编码，以期获得相对易于识别的 SSVEP 信号，保证信号识别的正确率。但是，中低频 SSVEP 与来自 alpha 频段的脑电信号有所重叠，如果在分类器中设定较低的判别阈值，则很容易导致假阳性的错误结果，反之会导致较多的假阴性结果。中低频的视觉刺激在实际的应用中容易导致被试对象的视觉疲劳，并存在一定的诱发大脑异常放电的风险，因而也难以保证系统在长时间使用中的舒适性与稳定性。高频 SSVEP 的刺激频率可达 25～50Hz 或更高，已经接近了人眼的光驱动临界频率。首先，接近人眼光驱动临界频率的高频刺激会导致显著的视觉滞留现象，也就是说，刺激频率越高，被试对象主观上感觉到的闪烁就越不明显，能减轻闪烁刺激导致的视觉疲劳与不适。Won 等[13]就分别使用低频 SSVEP 与高频 SSVEP 设计实现了标准拼写键盘，并以问卷调查的形式调研了两套系统的舒适性，得出高频 SSVEP 具有较高舒适性的结论。其次，高频 SSVEP 的刺激频段错开了光敏性癫痫(photosensitive epilepsy，PSE)的易发频段(15~25 Hz)，因而诱发大脑异常放电的风险很小，有助于提高系统的安全性。另外，高频 SSVEP 的特征频段较高，因而在遭遇眼电伪迹、肌电伪迹等低频噪声的干扰时很少出现误触发的现象。干扰少、舒适性好、安全性高等三个重要的性能优势使得高频 SSVEP 的应用成为一个值得研究的问题。

要基于高频 SSVEP 构建 BRI 系统必须要解决以下两个问题：①如何利用高频 SSVEP 编码多个控制指令；②如何有效地识别相对微弱的高频 SSVEP。首先，在高频 SSVEP 的刺激频段中，能够有效诱发 SSVEP 的“敏感频率”和液晶显示器等视觉刺激装置所能达到刺激频率都是有限的。Zhu 等[14]以 LED 灯组作为视觉刺激的载体，对 32～40Hz 的刺激频率加以测试，测试结果表明该频段中最佳的刺激频率是 39Hz 或 40Hz。但是，对于常见的刷新率为 60Hz 的液晶显示器而言，超过 30Hz 的刺激频率是无法实现的，而使用 LED 或荧光灯来提供视觉刺激的话又需要额外的硬件驱动电路，提高了系统的复杂度，也不便于对视觉刺激的参数进行优化调整。徐光华等[15]通过组合使用25Hz、33.33Hz与40Hz三个刺激频率的方法利用高频SSVEP编码了六个轮椅导航控制指令，但这一方法还是对液晶显示器这一刺激载体的刷新率提出了较高的要求。因而，如何利用普通的液晶显示器来实现高频 SSVEP 的指令编码，是影响高频 SSVEP 推广应用的主要问题之一。另外，高频 SSVEP 受噪声影响较小，但其本身也相对微弱，因而基于高频 SSVEP 的 BRI 系统对信号解码算法的稳定性与可靠性也提出了较高的要求。Volosyak 等[16]的研究表明，在使用最小能量组合来对 SSVEP 进行分类识别时，60 名被试对象中有 97.67%的人可以通过中频 SSVEP 编码指令实现对机器人的有效控制，而在利用高频 SSVEP 来编码指令时，只有 65.12%的人能控制机器人顺利完成任务。

4.2.2 高频相位编码 SSVEP 诱发界面的设计与优化

在确定刺激的实现方式时，单图形刺激以普通液晶显示器为载图，不仅能够通过修改软件程序方便地调节刺激参数，并且无需额外的硬件驱动电路，这给 SSVEP 诱发装置的设计与实现带来了很大的便利，因而成为实现 SSVEP 诱发界面的首选方法。Wong 等提出的相位编码策略为利用普通液晶显示器实现高频 SSVEP 的相位编码提供了一种可行方法。液晶显示器的画面更新首先以“帧”为单位，即按照固定的时钟在每一帧中重绘一次整个画面，但在重绘每一帧画面的过程中，显示器总是按照固定的时钟从上到下的依次完成每一行像素的状态更新，这称为液晶显示器的行-场同步特性。根据该特性，有两种策略可以实现 SSVEP 的相位编码，可以将它们分别称为“错帧策略”与“错行策略”。在两种策略中，错帧策略的应用相对常见，它首先设定多个视觉刺激在液晶显示器刷新显示的过程中以 M 帧为一个闪烁周期，在每个周期的第一帧点亮(即显示刺激图案，称这一帧为点亮帧)，在其余帧中熄灭(即不显示刺激图案)，此时视觉刺激的闪烁频率都相同，是液晶显示器刷新频率的 $1/M$。然后，将多个视觉刺激的点亮帧互相错开 p 帧($p<M$)，此时同频刺激的刺激相位会依次间隔约 $2\pi p / M$ 度。在液晶显示器的刷新频率为 60Hz 的情况下，要实现 30Hz 的高频刺激需要将 M 设置为 2，此时如果仅使用错帧策略，p 只能是 0 或 1，则只能得到两个刺激相位间隔 180° 的视觉刺激，不足以满足 BRI 系统对指令编码数量的需求，因而需要进一步使用错行策略来实现更灵活的相位调制。错行策略利用了液晶显示器的行扫描特性，理论上能够实现任意刺激相位的视觉刺激。前面已经提到，显示器无法在瞬间完成整个显示画面的重绘，位于屏幕上方的像素行总是能先于屏幕下方的像素行完成画面更新，并且两个更新时刻之间的时间延迟可以根据显示器的行频与像素行的纵坐标计算得到

$$d_t = L_v / f_L \tag{4.11}$$

其中，d_t 为时间延迟；L_v 表示两行像素的纵坐标的差；f_L 表示显示器的行频。因而通过错行策略即可获得两个闪烁时序完全但刺激相位相差 $\Delta\phi$ 的刺激目标，$\Delta\phi$ 可由式(4.12)计算：

$$\Delta\phi = f_s \times d_t \tag{4.12}$$

其中，f_s 表示视觉刺激的闪烁频率。如果综合两个策略，任意两个闪烁周期相同但闪烁时序不同，且位于屏幕的不同行的视觉刺激的刺激相位差可由式(4.13)计算：

$$\Delta\phi' = 2\pi \times (p / M + f_s \times L_v / f_L) \tag{4.13}$$

型号为 Dell-E2213 的液晶显示器(分辨率为 1680H×1050V，刷新率为 60Hz，行频为 6.53kHz)用于显示图 4.20 所示的高频相位编码 SSVEP 诱发界面。在刺激界面中，6 个单图形刺激(分别用 T1、T2、T3、T4、T5 与 T6 表示)按照编号的奇偶分成两组，左右对称的放置于界面两侧，视频反馈窗口位于界面的中央。编号为 T3、T4 的两个视觉刺激适当向外侧移动，以尽可能地扩大相邻视觉刺激之间的间距，避免出现闪烁竞争现象。界面中所有视觉刺激都以 30Hz 的频率、50%的占空比进行闪烁，刺激 T1、T3、T5 在奇数帧(或偶数帧)中点亮(或熄灭)，而 T2、T4、T6 在偶数帧(或奇数帧)中点亮(或熄灭)，如图 4.20(b)所示。因为具有相反的调制时序，水平对称的两个刺激(如 T1 与 T2)具有 180° 的刺激相位相差。刺激 T1、T3、T5(或 T2、T4、T6)虽在同一帧中点亮，但由于刺激间的竖直距离设为 362 个像素，位于画面上方的刺激总是比下方的相邻刺激早 5.55ms 点亮(或熄灭)，即同侧相邻刺激间的刺激相位差恰好为 60°。界面程序一旦运行，会以刺激开始闪烁的第一帧为起点，每隔 30 帧(0.5s)向神经信号采集设备发送一个时间戳，以便标记信号时序，保证信号处理过程能得到有效的 SSVEP 相位特征。因此，视觉刺激 T1～T6 的刺激相位分别被定义为 0°、180°、60°、240°、120° 与 300°。

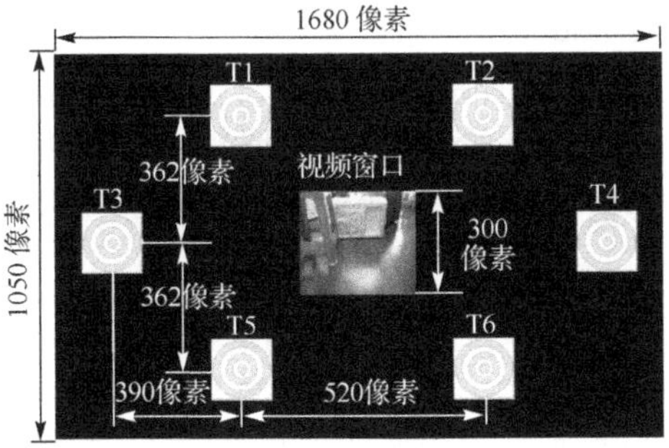

(a) 视觉刺激与视频反馈窗口在界面中的布局

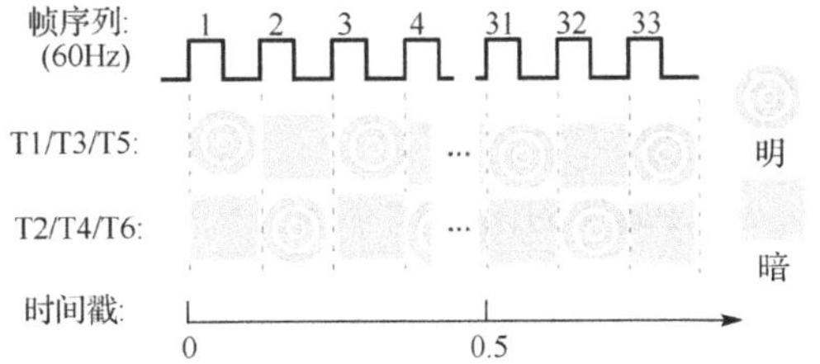

(b) 视觉刺激的闪烁序列

图 4.20　界面的布局设计与视觉刺激的闪烁序列

参数各异的 SSVEP 视觉刺激所能诱发的响应有很大的差别，高频 SSVEP 相较于中低频 SSVEP 更微弱，对视觉刺激图案提出了更高的需求。刺激图案越大，在视网膜上造成的成像面积更大，因而会刺激更多的视网膜神感受器经元，诱发出更强的 SSVEP 响应。但是，较大的视觉刺激图案也会导致界面中的多个刺激之间会相互影响，反而不利于提高 SSVEP 诱发信号信噪比。在相同面积的情况下，方形刺激会比扁矩形占据更多的像素行，意味着液晶显示器需要花费更多的时间来更新显示刺激图案，可能会影响 SSVEP 的相位信息。刺激图案的内容也对诱发 SSVEP 有着显著的影响：首先，不同颜色的发光强度不同，导致刺激的调整深度有所差异；其次，具有不同空间频率的图案也会使视网膜神经元产生不同的放电响应；研究表明以人像、人脸等图案作为刺激图案能在一定程度上增强 SSVEP 响应强度。综合以上原因，本节首先对不同大小、形状以及内容的刺激图案进行测试以寻找最佳的高频 SSVEP 刺激参数。表 4.8 列出所有测试参数，其中环靶的颜色是白底绿环，光栅也由白绿两色组成，人像则是一幅爱因斯坦的画像。

表 4.8　实验中的加以测试的参数

参数	面积/cm^2	形状	图片内容
大小	25.77，11.75，5.22	方形	环靶
形状	25.77	方形，扁矩形（宽：长 =5∶3）	环靶
内容	25.77	方形	白色方块，绿色方块，人像，竖直光栅，水平光栅，环靶

在测取了 7 名被试对象的实验数据后，首先计算获得每一名被试对象在不同视觉刺激下的 SSVEP 信号的平均能量幅值、参考相位的标准差和基于阈值分类的分类准确率。阈值分类是较为简单的分类方法，只需两次数值比较就能得到分类结果，其规则如下：

$$\text{IF}\quad a_t > t_a \text{AND} \cos(\varphi_j - \varphi_t) = \max_{i-1}^{I} \cos(\varphi_i - \varphi_t)$$

$$\text{THEN "}T_j\text{ is selected"}$$

$$\text{ELSE "no selected stimulus"}$$

其中，I 表示界面中闪烁刺激的数量(在本节 I = 6)；t_a 是一个预先设定的能量幅度阈值；φ_i 是界面中第 i 个视觉刺激所诱发的 SSVEP 的参考相位的理想值。对所有被试对象的计算结果做统计分析以评估刺激参数对 SSVEP 诱发信号的影响，得到如下结果。

(1)最佳的图案大小为 25.77cm^2，图案面积较小时，矩形刺激图案效果较好，而在图案面积达到一定大小后，方形图案优于矩形图案。当视觉刺激是方形时，能体现 SSVEP 响应强度的频率能量特征随着视觉刺激面积的增加而显著增大，而扁矩形视觉刺激诱发的 SSVEP 始终保持相近的频率能量，并不随着刺激面积的增加而显著变化，如图 4.21(a)所示。方形与扁矩形两种形状的视觉刺激在诱发 SSVEP 的相位特征方面则呈现出同样的变化趋势：随着视觉刺激面积的增大参考相位的标准差都减小，这表明面积越大，SSVEP 具有锁相特性越稳定，即具有信噪比更高的相位特征。但是矩形刺激诱发 SSVEP 的相位分布始终比方形刺激的相位分布集中，如图 4.21(b)所示。从分类准确率来看，当视觉刺激较小时，扁矩形刺激能得到较高的分类准确率；随着视觉刺激面积的增大，方形刺激的分类准确率快速上升，反超扁矩形刺激的分类准确率，如图 4.21(c)所示。当视觉刺激的面积达到 $25.77cm^2$ 时，方形刺激的平均分类准确率上升至 87.8%，而扁矩形刺激的平均分类准确率为 87.1%。有研究表明[17]在刺激频率为 10～23.3 Hz 时，能在视角中达到 2.8° 的视觉刺激可诱发出理想的 SSVEP 响应。但本节的参数优化实验结果则表明，面对 30Hz 这一较高的刺激频率，视觉刺激的大小需要超过 $25cm^2$ 才能诱发出可观的 SSVEP 响应，此时视觉刺激在视角中已达到 4°，也就是说要想得到理想的高频 SSVEP 响应则需要使用比中低频范式中更大的视觉刺激。另外，扁矩形刺激图案能在更短的时间内完成图像重绘，因而相较于方形刺激图案能获得锁相特性更稳定的 SSVEP 响应，这表明刺激光束的同步性可能对 SSVEP 信号的产生起到一定的影响，并反映在诱发信号的参考相位上。

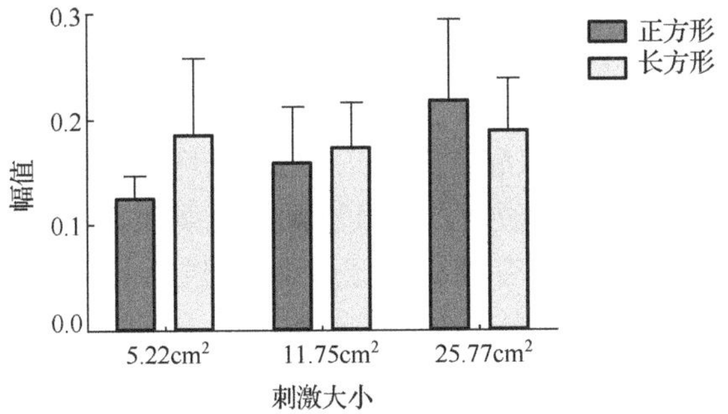

(a) 不同大小与形状的视觉刺激对应的 SSVEP能量幅值

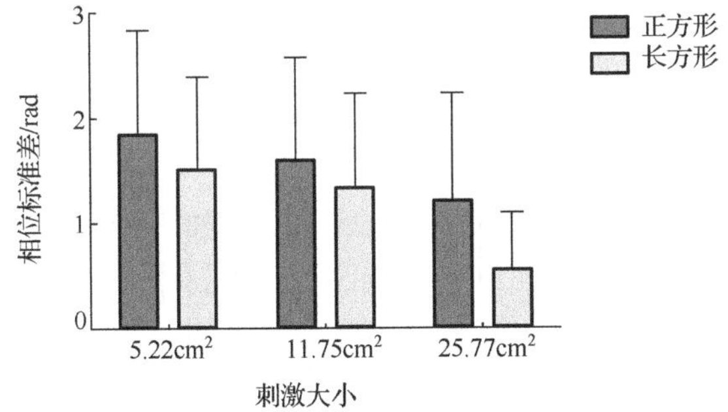

(b) 不同大小与形状的视觉刺激对应的 SSVEP的参考相位标准差

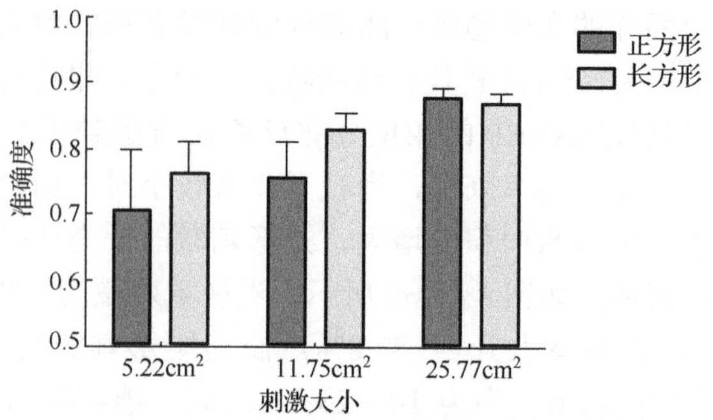

(c) 不同大小与形状的视觉刺激对应的SSVEP的分类准确率

图 4.21　刺激图案的大小与形状对 SSVEP 的影响

(2)在所有刺激图案中，能诱发 SSVEP 的最大频率能量排序从高到低依次为白色方块所诱发、环靶图案、水平光栅与绿色方块、人像图案与竖直光栅，如图 4.22(a)所示。诱发 SSVEP 参考相位的标准差从高到低依次为环靶图案、白色方块图案、绿色方块与竖直光栅，如图 4.22(b)所示。比较 6 种刺激图案的 SSVEP 分类准确率可以发现，环靶图案的分类准确率达到了最高的 83.8%，白色方块对应的平均分类准确率为 80.3%，略低于前者，而绿色方块与竖直光栅所对应的平均分类准确率都低于 60%，如图 4.22(c)所示。另外，被试对象对于六种图案的反馈评分的平均值分别为 8.3 分(人像图案)、8.2 分(绿色方块)、7.8 分(环靶图案)、7.1 分(竖直光栅)、6.5 分(水平光栅)、2.6 分(白色方块)。虽然绿色光刺激在中低频 SSVEP 范式中能诱发出理想的 SSVEP 响应也具有较高的舒适性，但较低的刺激强度使它很难用于高频 SSVEP 的诱发；反之，白色光有很强的诱发能力，但舒适性很差，也不是最佳的选择。白绿两色构成的环靶图案既可以诱发出可分性较高的 SSVEP 响应又具有较好的舒适性；两种光栅图案效果不佳，这说明刺激图案的颜色组成和图案的纹理与方向性影响刺激图案的 SSVEP 诱发能力；人像图案的结果处于中间水平，没有表现出突出的优势。

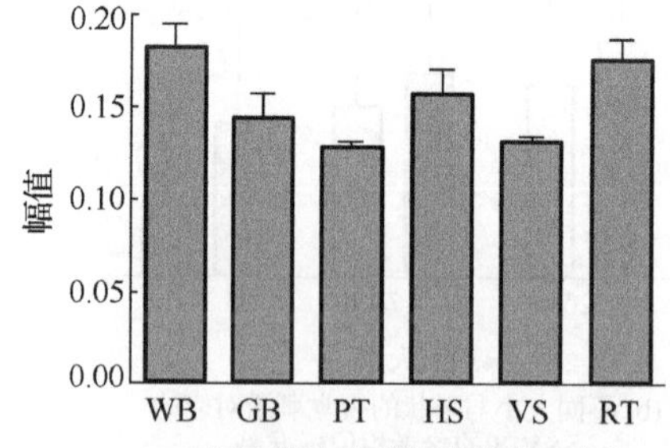

(a) 不同图案内容的视觉刺激对应的诱发SSVEP的幅值能量

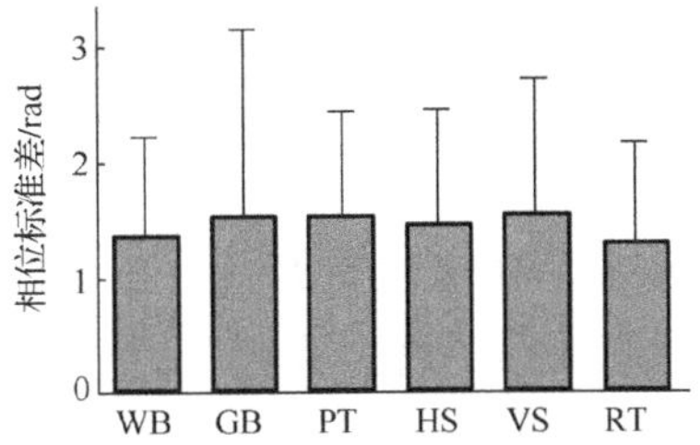

(b) 不同图案内容的视觉刺激对应的
诱发SSVEP的相位标准差

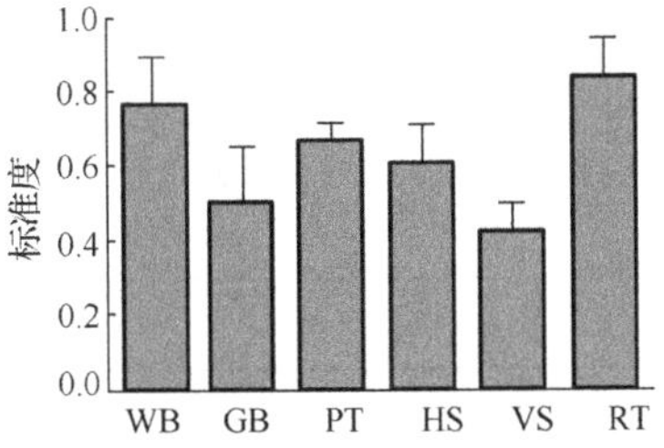

(c) 不同图案内容的视觉刺激对应的
诱发SSVEP的分类准确率

图 4.22 刺激图案的内容对 SSVEP 的影响
WB 表示白色方块；GB 表示绿色方块；PT 表示人像；
HS 表示水平光栅；VS 表示竖直光栅；RT 表示环靶图案

根据以上实验分析结果确定诱发界面中的刺激图案为25.77cm^{2}的方形白底绿环圆靶图案。经过优化的高频 SSVEP 诱发界面虽然能够诱发具有可分性的 SSVEP 响应，但简单阈值分类法所能达到的约 80%的平均分类准确率难以满足脑-机器人交互系统的需求。

4.2.3 高频相位编码 SSVEP 的异步解码

高频 SSVEP 的特征相对微弱，因而基于高频 SSVEP 的 BRI 系统尤其对信号解码算法的性能提出了较高的要求。本节介绍一种针对高频相位编码 SSVEP 设计的信号解码算法，整个信号解码过程包含信号预处理、特征提取和模式分类三个步骤。信号预处理过程主要完成原始数据的滑窗提取，而特征提取则结合使用 FFT 与 p-CCA 实现 SSVEP 幅值与相位特征的提取，构造特征向量 $F_t=[a_t,\varphi_t]$，其中 a_t 与 φ_t 分别为 SSVEP 的幅值与相位，下标 t 表示用于特征提取的数据窗的起始时刻。模式分类则针对高频 SSVEP 较为微弱的特点设计了一种递归贝叶斯分类方法(recursive Bayesian approach，RBA)来实现 SSVEP 信号的多周期分类。

RBA 的分类流程如图 4.23 所示。在每个信号处理周期中，它首先计算各个刺激目标对应的分类系数 S_i:

$$u(a_t)=\mathrm{smf}(a_t,[a_l,a_h]) \tag{4.14}$$

$$u_i(\varphi_t) = 4 \times \exp\left(\frac{2 \times \cos(\varphi_t - \varphi_i)}{2\pi I_0(2)}\right) - 1 \tag{4.15}$$

$$s_i = \min(u(a_t), u_i(\varphi_t)) \tag{4.16}$$

式(4.14)中，smf(*)表示 MATLAB 工具箱提供的 S 形隶属度函数，$[a_l, a_h]$ 是该 S 形隶属度函数的上下截止点参数。式(4.15)描述了一个修正后的冯·米塞斯分布，其中 $I_0(2)$ 表示一个 0 阶修正贝塞尔函数。RBA 利用各个视觉刺激的得分以及预先估计到的条件概率密度函数（$p(s|T)$ 描述视觉刺激被选中时对应 s_i 的概率分布情况，$p(s|\text{non}T)$ 描述刺激没有被选中时对应 s_i 概率的分布情况）计算各个视觉刺激被选中的后验概率，并做出分类决策。本节将介绍两种决策策略。

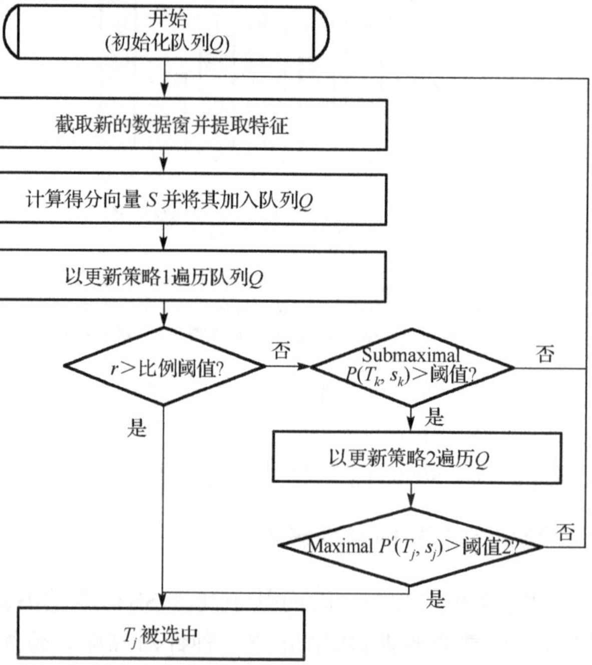

图 4.23　递归贝叶斯分类的计算流程

1. 策略一

假设每一个视觉刺激都存在两种状态：被选择(selected)与没有被选择(non-selected)，所以决策的重点在于区分每个视觉刺激的两种状态。在分类的起始阶段，分类器没有任何可用的信息来判断视觉刺激的状态，因而第 i 个视觉刺激处于选中状态的先验概率 $P(T_i)$ 与处于未选中状态的先验概率 $P(\text{non}T_i)$ 都被设置为 0.5。策略 1 遍历队列 Q 并更新每一个视觉刺激对应的状态的后验概率密度，遍历过程由以下伪代码描述：

```
Initialize P(T_i) = P(nonT_i) = 0.5, i = 1, …, I
For S = Q(head) to Q(end)
    For i = 1 to I
        P(T_i | s_i) = p(s_i | T) × P(T_i) / [p(s_i | T) × P(T_i) + p(s_i | nonT) × P(nonT_i)];
        P(nonT_i | s_i) = 1 − P(T_i | s_i);
        P(T_i) ← P(T_i | s_i);
        P(nonT_i) ← P(nonT_i | s_i);
    End
End
```

遍历结束后，所有 $P(T_i)(i=1,\cdots,I)$ 中的最大值 $P(T_j|s_j)$ 与次大值 $P(T_k|s_k)$ 被挑选出来，并计算两者之间的比值：

$$r=\frac{P(T_j|s_j)}{P(T_k|s_k)} \tag{4.17}$$

一般情况下，若视觉刺激 T_i 被选中，比值 r 会达到或超过一个预定的阈值 T_k，即输出分类结果“T_j is selected”，否则可以直接得出“没有视觉刺激被选择中”的结论，但是分类过程中有时会得到 r 接近于 1 而 $P(T_j|s_j)$ 与 $P(T_k|s_k)$ 都比较大的特殊结果，这一情况通常发生在多个分类周期的 SSVEP 特征一直分布在两类目标的特征区域的交界处，此时策略一无法进行有效的分类而需要依靠策略二来进行二次分类。

2. 策略二

该策略假设所有视觉刺激中存在一个刺激被选中，所以重点在于找到被选中的视觉刺激。此时，用 $P'(T_i)$ 来描述刺激 T_i 被选中的先验概率，在开始时将所有视觉刺激的 $P'(T_i)$ 设置为相等的值，然后遍历队列 Q 计算每一个视觉刺激的后验概率密度，遍历过程由以下伪代码描述：

```
Initialize P'(T_i) = 1 / I, i = 1, …, I
For S = Q(head) to Q(end)
    For i = 1 to I
        P'(T_i | s_i) = p(s_i | T) × P'(T_i) / Σ_{i=1}^{N} p(s_i | T) × P'(T_i);
        P'(T_i) ← P'(T_i | s_i);
    End
End
```

完成遍历后，若 $P'(T_i|s_i)$ 中的最大值 $P'(T_j|s_j)$ 达到或超过了预定的阈值则输出

分类结果“T_j is selected”并清空队列 Q，否则输出分类结果“no target is selected”并保留队列 Q 到下一个分类周期。

4.2.4 机器人导航实验

在实现了高频 SSVEP 诱发界面与信号解码算法的基础上，在 Cerebot 平台上进一步搭建了图 4.24 所示的面向仿人机器人导航控制的 BRI 系统，实现了仿人机器人六种行走动作的异步控制，并设计实施了仿人机器人在线导航实验，以验证系统的实际性能。

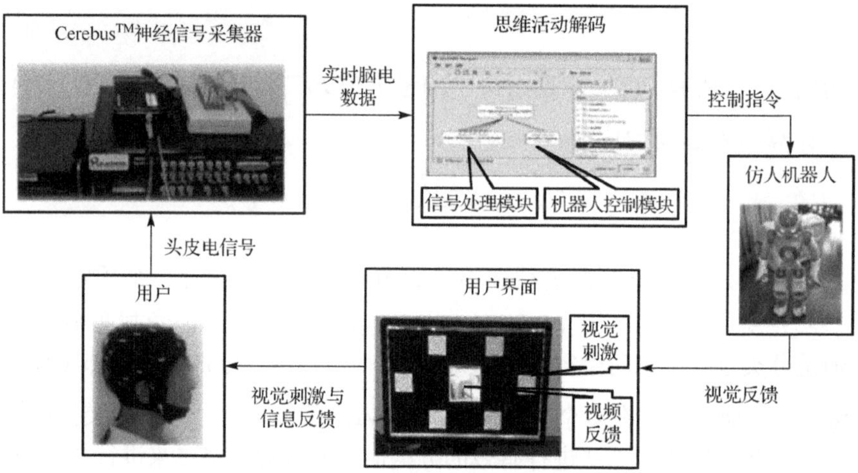

图 4.24 仿人机器人导航控制系统的系统结构

本在线实验的主要目的是验证高频 SSVEP 范式能否有效地提高系统的舒适性，降低用户的疲劳速度，保证系统能够较长时间的稳定工作。为此，本实验要求被试对象分别使用基于中频 SSVEP 与高频 SSVEP 的机器人导航系统控制机器人完成若干次的预定任务，通过对比分析两组任务的完成情况来评估刺激频率对系统的舒适性与稳定性的影响。高频 SSVEP 实验所示用的编码界面为图 4.20 所设计实现的编码界面，中频 SSVEP 实验所使用的编码界面如图 4.25 所示。该界面的实现同样使用了错行与错帧策略，但受限于屏幕的空间以及错行策略对刺激图案布置的要求，视频窗口被放置到了屏幕画面的右上角，六个视觉刺激被放置到了画面的左下角，以尽量扩大视频窗口与视觉刺激之间的距离，避免视频窗口吸引用户的视线，影响 SSVEP 信号的诱发。中频 SSVEP 编码界面中六个视觉刺激的闪烁频率都为 20Hz，T1～T6 的刺激相位分别定义为 0°、120°、240°、60°、180°与 300°。SSVEP 诱发界面上的六个闪烁刺激分别映射为六种机器人行走命令：“前进”“后退”“左移”“右移”“左转”“右转”。“前进”与“后退”指令每次使机器人向前或向后移动约 15cm，“左移”与“右移”指令每次使机器人向左或向右平行地移动约 20cm，“左转”与“右转”指令则每次使机器人向左或向右转动约 30°。机器人控制模块在接收到新的 SSVEP 分类识别结果时会首先判断机器人是否已经完成上一控制指令对应的动作，若判断条件为真(即机器人当前处于静止状态)则向机器人发出新的控制指令，否则直接移除该结果而不向机器人发送控制指令。这一策略能帮助减少系统超调(即一个用户指令输出被系统多次检测并响应)，避免用户的指令被多次执行。

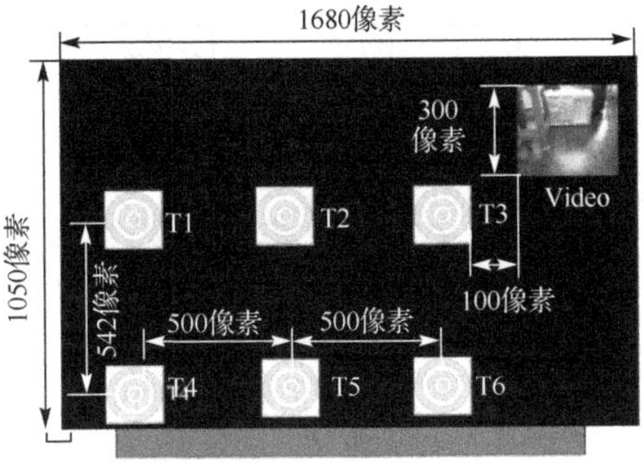

(a) 视觉刺激在界面上的布局

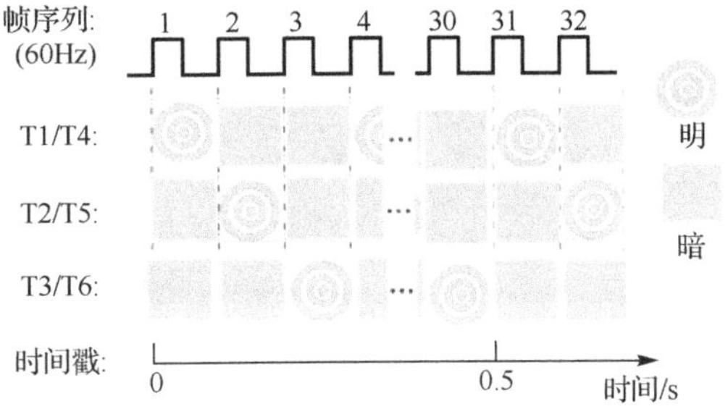

(b) 视觉刺激的闪烁时序

图 4.25　20Hz 中频 SSVEP 诱发界面

12 名健康被试对象参与该实验，包括 7 名男性与 5 名女性，年龄为 22～29 岁，视力正常或矫正后正常。在 12 名被试对象中，被试对象 subj1～subj7 曾经多次参加基于 SSVEP 范式的机器人在线导航实验，被试对象 subj8～subj12 则是首次参加相关实验。信号解码算法采用基于 CCA 与 FFT 的特征提取算法以及 RBA 分类方法。信号处理过程中，数据窗的长度被统一设定为 2s，以使得中、高频 SSVEP 的分类识别都能达到 90%以上的准确率，避免机器人在导航控制过程中发生过多的碰撞。

实验中，被试对象需要分别使用中频 SSVEP 指令编码界面与高频 SSVEP 编码界面完成 2~3 次机器人导航任务。该任务要求被试对象引导机器人从起点出发，穿过有障碍物的、不规则的环境并最终回到起点位置。如图 4.26 所示，液晶显示器放置于被试对象视野前方约 70cm 处，被试对象无法直接观察到机器人，而只能根据指令编码界面上的视频反馈来确定机器人及障碍物的位置，并按照自己的习惯做出控制决策，尽可能地减少任务过程中机器人与障碍物的碰撞次数。实验结束后，被试对象需要分别对两个刺激频率不同的指令编码界面的舒适度加以评分，分数范围为 1～10 分，分数越高表示越舒适。考虑到在线实验的目的是通过观察被试对象能否在较长时间内持续稳定的使用仿人机器人导航系统来验证系统的舒适性与稳定性，导航任务的实验地图必须具有一定的难度，以使被试对象在完成任务的过程中执行较多的操作。图 4.27 给出一个典型的任务地图，通过随机摆放四个障碍物构成一系列的不规则拐角，这使得被试对象在完成任务的过程中可能需要组合不同的指令序列来完成任务。

图 4.26　仿人机器人在线导航实验的实验环境

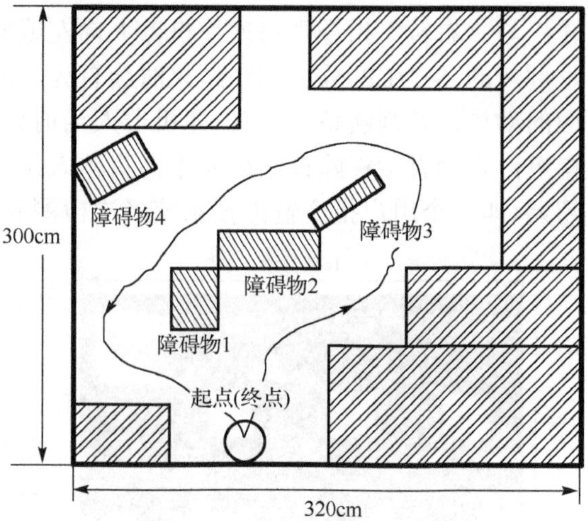

图 4.27　任务地图的轮廓示意图

4.2.5　实验结果分析

在线导航实验中，控制机器人完成一次动作大致需要以下几个过程：①等待上一个指令执行结束，观察机器人反馈的视频图像；②根据视频反馈确定机器人当前的位置与附近障碍物并做出下一步的控制决策；③注视某一个视觉刺激，等待系统响应自己的控制意图；④系统识别被试对象的控制意图，并向机器人发送控制指令；⑤机器人根据接收到的指令执行动作。被试对象决策、控制指令的无线传输以及机器人响应都会花费一定的时间，而且这些时间很难被定量计算，因而在线实验过程中很难准确地计算出离线数据分析中的响应时间(response time，RT)指标，也就无法准确地计算出系统的 ITR、PBR 等指标。本节以机器人的实际动作序列、被试对象的期望动作序列、机器人与障碍物发生碰撞的次数、用于完成任务的时间以及机器人行走路径的长度等作为实验统计量。本节首先根据机器人的实际动作序列与被试对象的期望动作序列计算在线指令的识别准确率。统计准确率，超调(一次指令被执行 n 次)被记作 1 次正确指令与 n−1 次错误指，误触发(系统在用户处于空闲状态时识别到错误结果并使机器人执行一次异常动作)被视为 1 次错误指令。被试对象完成任务过程中总的指令数与任务完成时间的商称作被试对象的操作频率，以此来表征系统的控制速度。总指令数、总碰撞次数和任务完成次数的商被定义为平均指令数和平均碰撞次数。地图中理想的机器人通行路径长度在一定程度上表征了导航任务的难度。在导航过程中，被试对象需要等待机器人完成上一步指令后，再根据视频反馈决定下一步操作并进行目标选择，因此执行一次操作所消耗的时间并不完全等于系统完成一次指令识别的所需的响应时间。另外，不同被试对象完成任务过程中输出的指令数存在一定的差异，造成这一结果的原因有三个：第一，障碍物随意摆放使得不同被试对象实验中的地图布置存在差异；第二，各个被试对象的路径设计存在差异，导致指令数量存在差异；第三，当某个指令分类准确率较低时，被试对象往往会尽量避免使用该指令而通过多个其他指令的组合来代替(例如，当“左移”指令出错概率较高时，被试对象会选择组合使用多个“左转”、“前进”和“右转”指令达到左移的目的)，因此脑电信号的差异导致指令序列的差异。图 4.28 给出了一次实验中机器人所处的位置(由蓝色箭头标识)与对应的视频反馈图像，可以看出反馈图像给出的环境信息并不完整，使得被试对象很难准确地判断障碍物与机器人之间的距离，因而有时也会做出错误的决策致使机器人与障碍物发生碰撞。

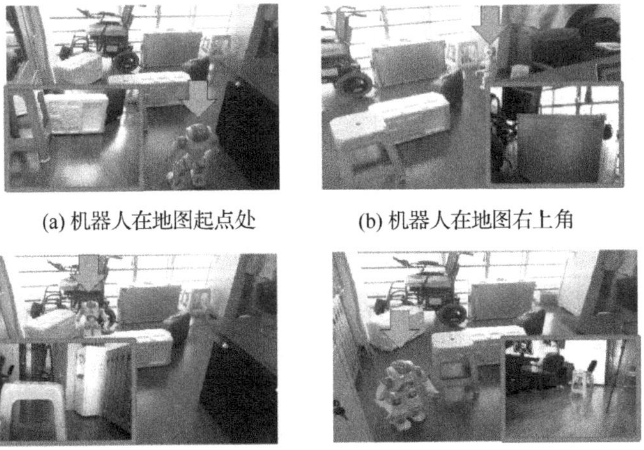

(a) 机器人在地图起点处　(b) 机器人在地图右上角

(c) 机器人在地图左上角　(d) 机器人回到地图起点

图 4.28　实验中机器人的若干个位置及此时的反馈图像

表 4.9 列出基于中频 SSVEP 的机器人导航系统的测试结果。在平均导航路径长 594cm 的情况下，被试对象平均需要输出 77 次指令来完成一次导航任务，导航过程中指令识别的平均正确率为 91.80%，平均碰撞次数为 2.29 次，平均操作频率为 11.24 次/min。另外，被试对象对该编码界面舒适度的评分平均为 3.42 分。若将所有被试对象分成有经验的被试对象与无经验的被试对象两组，可以分别得到统计结果：有经验的被试对象与无经验的被试对象(表格中用 N 号标记)的指令正确识别率、操作频率、平均碰撞次数的均值分别为 92.66%、10.07 次/min、2.31 次和 91.57%、12.87 次/min、2.27 次。前者的指令正确识别率较高，但后者的操作频率更快，碰撞次数也基本相同，因而可以认为两组被试对象在实验中表现基本相同。另外，被试对象 3、被试对象 5 与被试对象 8 在实验过程中的平均碰撞次数都达到了 3 次以上，他们的指令识别准确率也都低于所有被试对象的统计均值，这表明指令识别正确率的高低会在很大程度上影响机器人控制过程的安全性。

表 4.9 基于中频 SSVEP 的导航系统的实验结果

被试对象	完成次数	路径长度/cm	平均指令数	指令识别正确率/%	平均碰撞次数	操作频率/(次/min)	舒适度评分
subj1	3	700	74	94.57	2.00	11.80	4
subj2	3	660	96	95.47	1.67	14.83	3
subj3	3	660	111	88.92	3.33	9.79	1
subj4	3	650	70	92.89	2.00	8.95	4
subj5	2	650	90	90.50	3.50	7.16	3
subj6	2	650	102	93.10	2.00	7.54	2
subj7	3	650	86	88.95	1.67	10.44	5
subj8 (N)	3	550	77	92.24	3.00	13.79	5
subj9 (N)	3	490	57	90.59	2.33	12.90	3
subj10 (N)	3	490	54	90.80	2.33	12.71	5
subj11 (N)	3	490	41	91.94	1.67	10.83	2
subj12 (N)	3	490	63	92.63	2.00	14.10	4
平均	—	594	77	91.80	2.29	11.24	3.42

表 4.10 列出基于高频 SSVEP 的机器人导航系统的测试结果。在该测试中，指令识别的平均正确率达到了 93.24%，被试对象平均需要输出 66 次控制指令就能完成一个导航任务，导航过程中的平均碰撞次数为 1.93 次，平均操作频率为 12.07 次/min，舒适度平均评分为 6.58 分。显然，以上结果优于中频 SSVEP 指令编码界面的测试结果。同样将 12 名被试对象分成有经验的和无经验的两组进行分析，两组被试对象的指令正确识别率、操作频率、平均碰撞次数的均值分别为 94.50%、12.08 次/min、1.64 次和 91.47%、12.05 次/min、2.33 次。比较以上数据可以发现，前者的指令识别准确率与碰撞次数都要优于后者。另外，在高频 SSVEP 指令编码界面的测试中，被试对象 subj1 达到了 96.51%的指令识别正确率，甚至高于中频指令编码界面测试过程中的最高指令识别正确率(被试对象 subj2 达到 95.47%)，这表明高频 SSVEP 的正确识别率存在高于中频 SSVEP 的可能性，这与被试对象的敏感频率相关。

表 4.10 基于高频 SSVEP 的导航系统的实验结果

被试对象	完成次数	路径长度/cm	平均指令数	指令识别正确率/%	平均碰撞次数	操作频率/(次/min)	舒适度评分
subj1	3	700	76	96.51	1.67	11.86	9
subj2	3	660	63	95.70	1.33	15.76	8
subj3	3	660	62	95.13	2.00	13.94	8
subj4	3	650	74	96.76	1.67	8.84	7
subj5	2	650	61	90.83	1.50	10.21	5
subj6	2	650	65	92.75	2.00	10.72	6
subj7	3	650	82	93.83	1.33	13.22	5
subj8 (N)	3	550	80	92.08	2.00	11.37	7

续表

被试对象	完成次数	路径长度/cm	平均指令数	指令识别正确率/%	平均碰撞次数	操作频率/(次/min)	舒适度评分
subj9(N)	3	490	51	92.13	1.67	11.02	5
subj10(N)	3	490	54	90.16	3.33	9.84	5
subj11(N)	3	490	57	93.59	1.33	14.08	8
subj12(N)	3	490	65	89.40	3.33	13.93	6
平均	—	594	66	93.24	1.93	12.07	6.58

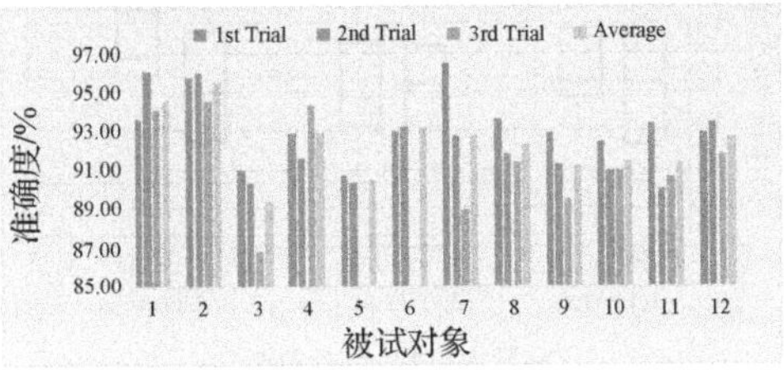

(a) 指令识别正确率的变化情况（中频）

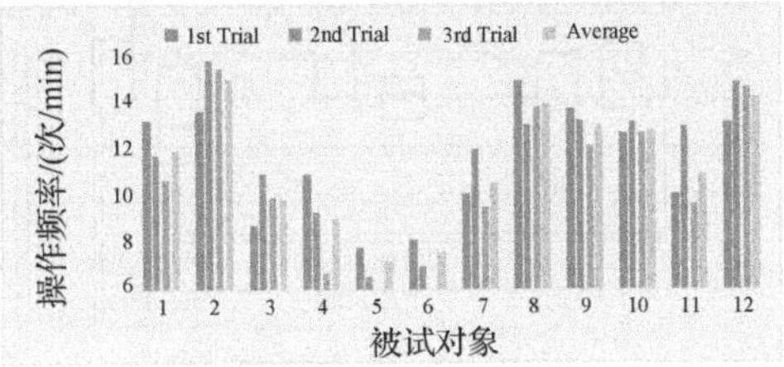

(b) 操作频率的变化情况（中频）

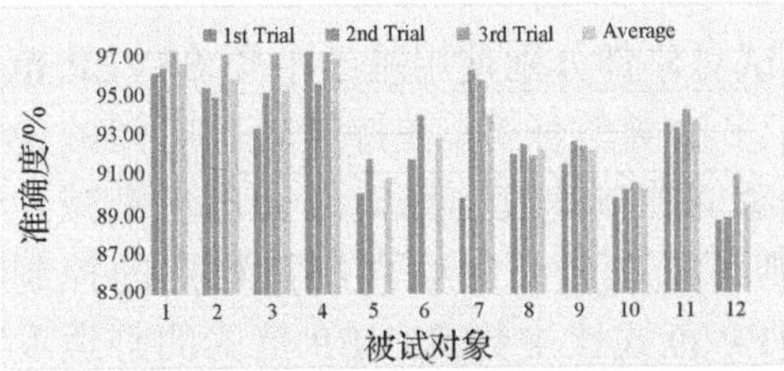

(c) 指令识别正确率的变化情况（高频）

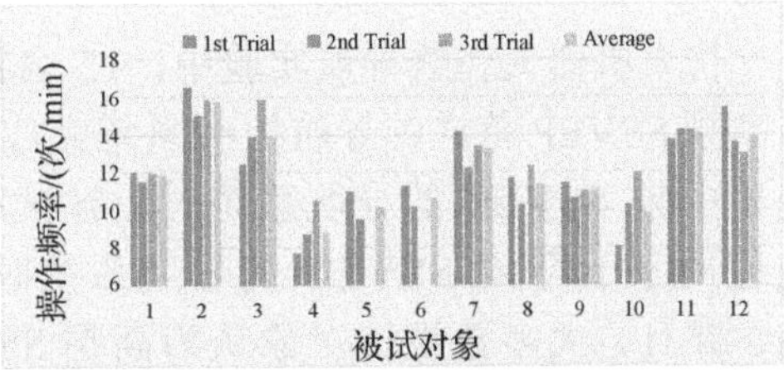

(d) 操作频率的变化情况（高频）

图 4.29　基于 SSVEP 的导航系统的性能指标随实验进程的变化(见彩图)

为了探究舒适性对系统性能的影响，图 4.29 分别给出了被试对象在使用基于中频 SSVEP 与高频 SSVEP 的机器人导航系统完成多次导航任务的过程中，指令识别准确率与操作频率的变化情况。在前者的测试过程中，随着导航任务次数的增加，10 名被试对象(除了被试对象 subj4 和 subj10)的指令识别准确率与操作频率都出现了下降的现象。subj4 虽在第三次实验中取得了最高的准确率，但其代价是操作频率的大幅下降(降低约 4 次/min)。subj10 则在 3 次任务的完成过程中保持了相对稳定的指令识别准确率与操作频率。在后者的测试中，12 名被试对象的实验结果表现出两种不同的变化趋势。在完成多次导航任务的过程中，被试对象 subj1、subj2、subj3、subj4、subj11 和 subj12 能始终维持较为稳定的操作频率，并在一定程度上提高其指令识别率；被试对象 subj5、subj6、subj7、subj8、subj9 和 subj10 则以少量降低操作频率(降低 1～2 次/min)为代价，维持了稳定的指令正确识别率。

图 4.30 以箱形图的形式给出了所有被试对象的操作结果与任务次数之间的变化关系。统计结果显示，在 20Hz 中频 SSVEP 界面的测试实验中指令识别准确率随着

任务次数的增加呈下降趋势，而在 30Hz 高频 SSVEP 界面测试过程中指令识别准确率随着任务次数的增加略有上升；两种范式的操作频率则同时呈现出比较稳定的状态。综合该结果与被试对象对于两种范式舒适度的反馈评分，可知高频 SSVEP 指令编码界面的高舒适度有助于缓解被试对象的疲劳，帮助被试对象在使用导航系统的过程中维持稳定的精神状态，避免了被试对象 SSVEP 响应的衰减，使系统的指令正确识别率始终保持稳定，其控制性能优于基于中频 SSVEP 指令编码界面的导航系统的性能。

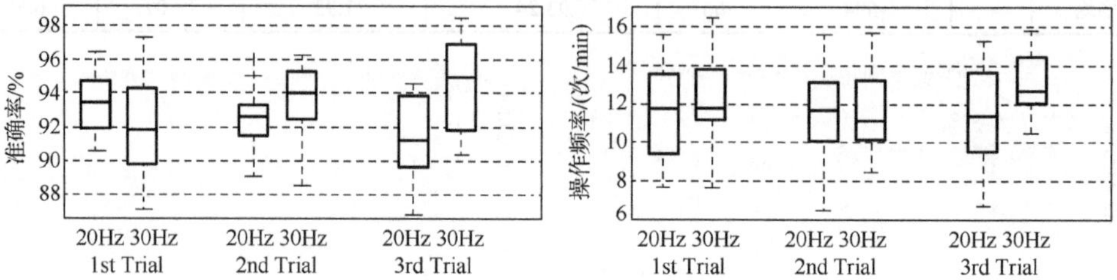

(a) 指令识别准确率的统计箱图　　　　(b) 操作频率的统计箱图

图 4.30　12 名被试对象在线实验结果的统计箱形图

仿人机器人在线导航实验中，12 名被试对象都分别使用基于中频 SSVEP 范式与高频 SSVEP 范式的导航控制系统完成了多次导航任务。在持续较长时间的使用基于中频 SSVEP 的导航系统时，被试对象的控制速度与准确率会出现衰减，但在使用基于高频 SSVEP 的导航系统时则可以在较长时间内维持稳定的控制状态。并且，大多数被试对象认为高频 SSVEP 范式比中频 SSVEP 范式的舒适度更高。机器人导航控制实验的实际结果与被试对象的反馈评分综合验证了高频 SSVEP 脑信号编码范式的高舒适性，并且这一特性能够显著地提高整个导航系统的稳定性与实用性。

4.3　基于运动起始视觉诱发电位的脑-机器人交互技术

4.3.1　基于 motion-onset VEP 的诱发实验

motion-onset VEP 是事件相关电位的一种，有关该电位的介绍可见第 1 章。本节基于该电位设计诱发界面并实时控制仿人机器人。图 4.31(a)为包含 2×3 的刺激图片矩阵的视觉诱发界面。矩阵中的 6 张机器人图片取自机器人实际执行的 6 个动作：前进、后退、左移、右移、左转、右转；附在这些照片上的红色箭头更加明确每张图片的动作含义。激活刺激的方式是一条蓝色的竖线从图片的右侧滑动至左侧，图 4.31(b)为代表“前进”的刺激被激活。

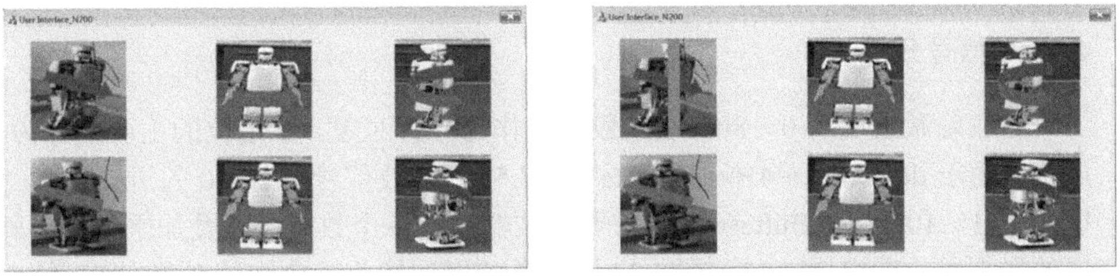

(a) 界面包含六个代表不同机器人行为的视觉刺激　　(b) 蓝色竖线从右向左滑过代表前进的刺激

图 4.31　交互界面图

实验采用 SC(single character)的方式按照 1/6 的概率随机地，逐个激活各个刺激。刺激的刺激起始异步时间(stimulus onset asynchrony，SOA)为 220ms，包括滑动竖线所需的 150ms 和两个激活之间的 70ms 的时间间隔。定义重复(repetition)是一个过程，在这个过程中每个刺激都被激活，并且具有区别于其他所有刺激的激活时刻。若干个 repetition 组成一个 trial，被试对象在一个 trial 中必须持续地注视某一个刺激作为目标刺激。因此本节的实验的 repetition 时长为 220×6=1320ms，图 4.32 显示一个 repetition 中各个刺激被激活的过程。

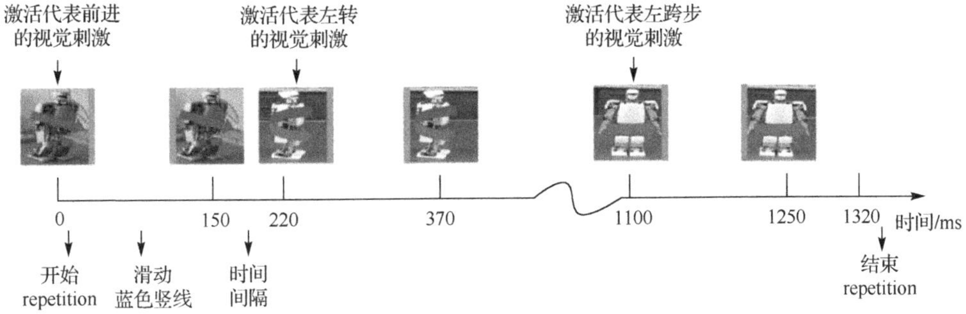

图 4.32　repetition 的流程图

5 名被试对象(1 名女性，4 名男性，平均年龄 26，右利手，视力或矫正视力正常)在实验前签署了知情同意书，其中 3 名无 BCI 实验经验。安排被试对象坐在水平距离显示屏 70cm 的舒适的座椅上。显示屏的分辨率为 1280×1024，尺寸为 22 英寸。电极帽按照“国际 10-20 标准系统”排布电极，双耳乳突为参考电极，AFz 为参考地。本实验采用 32 导电极帽以 1000 Hz 采样率采集脑电信号。在每个 trial 中，被试对象需要集中注意力注视目标刺激并尽量忽略非目标刺激，减少或避免做出任何肢体动作，如扭头、说话等。在离线采集脑电数据的实验中，每名被试对象执行 360 个 repetition，共可产生 360 个代表目标刺激的样本和 1800 个代表非目标刺激的样本。

4.3.2 信号分析

截取刺激出现后 0～800ms 的数据段作为分析对象。该电位的主要成分为 N200 电位，由于 delta(0.5～4Hz)和 theta(4～7.5Hz)脑波信号对 N200 的贡献较大[18]，所以采用 1～10Hz 的 Butterworth 带通滤波器滤波各个数据段。叠加平均目标刺激对应的数据段，获得图 4.33。图 4.33 中彩色的细曲线为各个被试对象在 P3 和 CP3 通道的平均波形；黑色粗曲线为所有被试对象的平均波形。由图可以看出，目标刺激所诱发的脑电信号在大约 258ms 呈现幅值为 5 μV 的负向波；在大约 358ms 呈现幅值为 3.5 μV 的正向波。这个负向波是大脑对蓝色竖线滑过目标刺激所反应的 N200 电位；正向波为 P300 电位。这表明用蓝色竖线滑过机器人图片的方式可诱发出具有明显特征的 N200 电位。

从图 4.33 中可以看出被试对象之间的 N200 电位存在个体差异。被试对象 subj5 的 N200 电位的幅值(绿色曲线)小于其他被试对象的幅值；被试对象 subj4 的 N200 电位的潜伏期(粉色曲线)比平均潜伏期小 20ms。不同被试对象的 N200 电位的幅值在 P3 和 CP3 通道呈现不同的幅值分布，如被试对象 subj2 在 P3 通道的幅值大于在 CP3 通道的幅值(蓝色曲线)；被试对象 subj5 在 P3 和 CP3 这两个通道的幅值相近。

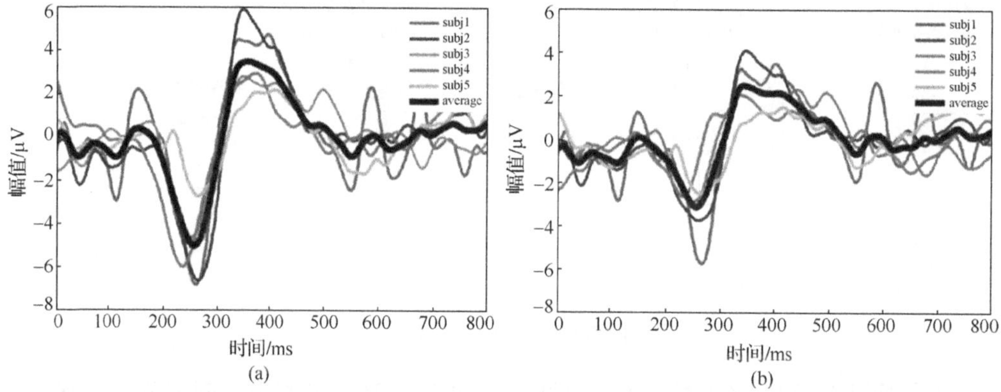

图 4.33　被试对象在 P3 和 CP3 通道的 N200 波形图(见彩图)

彩色细线为每位被试对象的波形图，黑色粗线为所有被试对象的平均波形图

图 4.34 为诱发的 N200 电位在刺激后 258ms 和 358ms 的脑地形图，颜色越深表示幅值越大。图 4.34(a)显示在 258ms 时 N200 电位主要位于通道 P3 附近的颞叶与顶叶；在 358ms 时 P300 电位主要位于顶叶。由此得出以下两个结论：①虽然各个被试对象产生的N200电位存在差异，但是他们的电位都具有较为明显的N200特征，有利于辨识被试对象的控制意图；②N200 和 P300 电位主要出现在刺激后 100～500ms 内的顶叶和颞叶区域，但是具有最明显的 N200 电位的通道具有个体差异，因此应根据被试对象的 N200 电位的特点选择合适的通道进行信号处理。

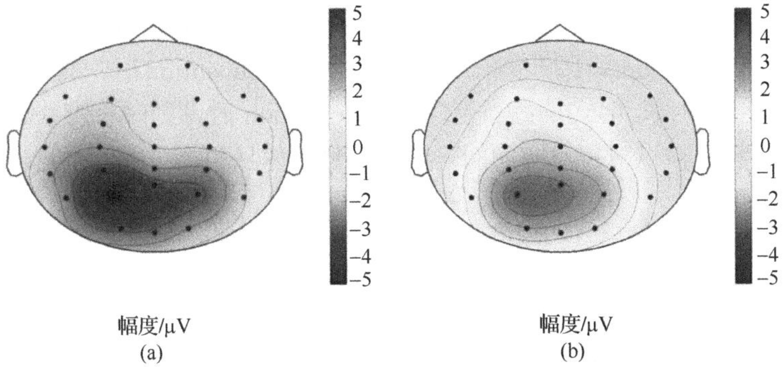

图 4.34　刺激出现后 258ms 和 358ms 的 5 名被试对象的平均脑地形图(见彩图)

眼球移动和眨眼引起的眼电伪迹通常高于 ERP 的幅值[19]并且可以扩散在整个头皮，导致采集的 ERP 发生畸变；眼电伪迹对 ERP 产生的影响随着距额叶的距离增大而逐渐减小。由于 N200 电位主要出现在距离额叶较远的颞叶和顶叶，受到眼电伪迹的影响较小，所以直接以 N200 电位的形状作为提取的特征并应用在离线分类和在线控制环节。

4.3.3　基于 motion-onset VEP 的离/在线实验设计

1．对 motion-onset VEP 的辨识

在低维空间表征脑电信号可以有效地减少辨识的计算量。特征提取主要为五步：第一步截取每个刺激后 100～500ms 的数据段；第二步采用带宽为 1～10Hz 的 Butterworth 数字滤波器滤波各个数据段；第三步采用共平均参考法(common average reference，CAR)消除参考电极变化对信号的影响；第四步校正直流漂移；第五步将数据段从 1000 Hz 降频至 20 Hz，并将选定的特征通道的数据串联，组成 $8\times C$ 维的特征向量($(500-100)/1000\times 20=8$，$C$ 为通道数量)。特征通道的组合取决于被试对象。

2．在线实验设计

为验证基于 motion-onset VEP 控制仿人机器人的可行性，设计在线控制仿人机器人行走和抓取指定物品两项实验。此实验的挑战性在于被试对象只能根据机器人反馈的视觉信息获知有关环境与机器人的状态，并根据此决策机器人的下一个动作，如图 4.35(a)所示。这一方面要求被试对象把注意力合理地分配在视觉刺激和反馈信息上，另一方面实时的动态信息也会影响大脑状态。在闭环控制实验中，视频窗口被放置在视觉刺激的上方并与视觉刺激矩阵保持一定距离，以减少两者对被试对象的注意力的相互影响。当 trial 开始时，被试对象依靠视频反馈窗口了解机器人状态和周边环境，然后注视可代表其控制意图的视觉刺激。当 trial 结束时，系统将分类结果转化为控制指令来激活机器人对应的动作，并以红色方框框住分类结果对应的

视觉刺激的方式告知被试对象辨识结果，如图 4.35(b)所示。在线实验中两个 repetition 之间的时间间隔为 600ms，因此当一个 trial 包含 3 个 repetition 时，转化被试对象控制意图为控制指令的时长为 5.76s；当包含 5 个 repetition 时，则时长为 9.60s。两个 trial 的时间间隔为 5s，被试对象可在此间隔内做短暂的休息和决策下一个目标刺激。

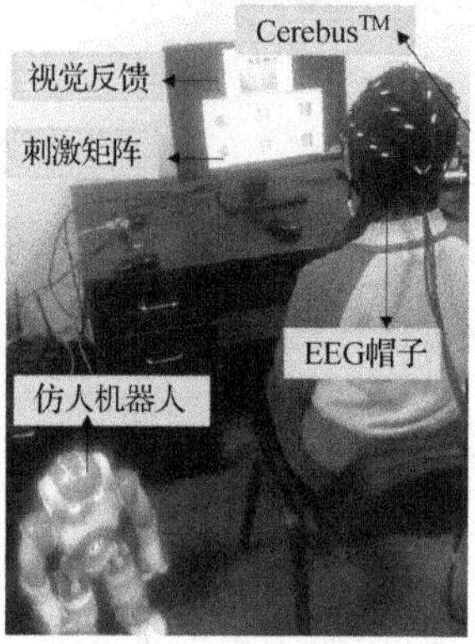

(a) 被试在屏幕上可看到视觉刺激和机器人反馈的视觉信息

(b) 代表机器人向左移动的视觉刺激被系统认定为目标刺激

图 4.35　基于视觉反馈的闭环控制实验环境

1) 行走实验

在行走实验中，被试对象控制仿人机器人从起点绕过障碍物到达终点。根据机器人反馈的实时视频，被试对象利用 motion-onset VEP 激活机器人的六种行为：前进 0.2m、后退 0.1m、左移 0.15m、右移 0.15m、左转 30°、右转 30°。图 4.36(a)显示被试对象利用 motion-onset VEP 控制机器人行走的实验过程。机器人在第一幅图中位于起点附近；由于其无法直接跨过前方的障碍物，所以在第二幅图中机器人执行多次左移的动作避开障碍物；在第三幅图中，当机器人前方无障碍物时再次前进并在适当位置右转从而到达终点。

2) 抓取实验

在抓取实验中，被试对象控制仿人机器人到达指定物体所在位置并抓起该物体。与行走实验相比，抓取实验的环境与目的不同，因此需要机器人执行的行为也发生变化，分别为抓取物体、前进 0.1m、左移 0.1m、右移 0.1m、左转 15°、右转 15°。图 4.36(b)显示被试对象利用 motion-onset VEP 控制机器人抓取气球的实验过程。气球被安放在机器人前方的圆形台子上，在第一幅图中被试对象控制机器人开始行走。当到达桌子附近的合适位置时被试对象停止机器人的前进动作并开始调节机器人的朝向，使得气球在机器人的抓取范围内，如第二幅图所示。当被试对象认为当前机器人的位置合适时会激活机器人的抓取动作，机器人则自动地完成伸出手臂、张开、夹取、抬起手臂这一系列动作，如第三幅图所示。

(a) 机器人在行走任务中避障

(b) 机器人到达指定位置抓取球体

图 4.36　机器人行走图

4.3.4　实验结果

1. 辨识 motion-onset VEP 的性能

本节利用准确率、信息传输率和实际比特率评价基于 motion-onset VEP 的 BRI 系统的离线性能。首先，根据被试对象的脑地形图和叠加平均波形图为每位被试对象选择可获得较高准确率的备选通道，设每个被试对象的备选通道数为 C_{subj}。其次，计算备选通道中每个通道单独作为特征通道时的分类准确率，计算方法为十折交叉验证法[20]。再次，按准确率降序排序备选通道，并计算前 c_{subj} (c_{subj}=1,…,C_{subj}) 个通道作为特征通道时的准确率。最后，选择组合中可取得最高准确率的通道组合作为此被试对象的最优通道组合，并用于之后的离线准确率计算和在线实验。在 ITR 公式中，N=6 代表 6 个视觉刺激。

图 4.37 画出每位被试对象的准确率与 repetition 的关系曲线：准确率随着 repetition 从 1 增加到 10 而逐渐增大。5 名被试对象中有 4 名被试对象的准确率可以达到 100%，其中 3 名在 6 个 repetition 时就可以达到 100%的准确率。与其他被试对象相比，被试对象 subj5 的准确率整体较低。5 名被试对象的平均准确率在 repetition 为 1 时可达到 60%，在 repetition 为 4 时达到 90%。通过增加 repetition 次数可以提高辨识的准确率，但是这会延长输出控制意图的周期，因此应折中考虑准确率和信息传输率来选择合适的 repetition。

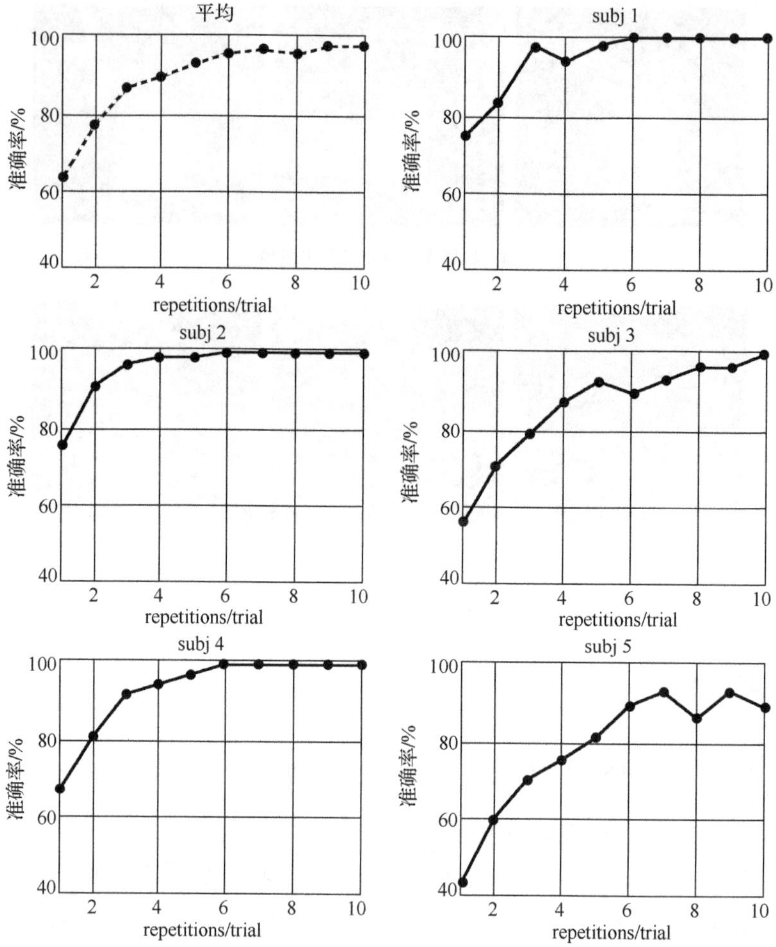

图 4.37　准确率随 repetition 次数的变化曲线，横轴为 repetition，纵轴为准确率
虚线为 5 名被试对象的平均准确率；实线为每名被试对象的准确率

表 4.11 列出 5 名被试对象在 repetition 次数为 5 时的最优通道组合、准确率、ITR 和 PBR，在式(4.5)中 T 约为 0.11 min。表中 3 个标注 N 的被试对象为无 BCI 实验经验的被试对象，两个标注 Y 的被试对象具有 BCI 实验经验。N200 电位的个体差异性导致被试对象的最优通道组合存在不同：被试对象 subj1 的最优通道分布在顶叶两侧，被试对象 subj3 的最优通道仅分布在左侧的顶叶和颞叶。虽然通道存在个体差异，但都位于顶叶、颞叶和周边区域，与 N200 电位的脑地形图分布结果相一致。5 名被试对象的平均准确率为 93.7%，平均 ITR 为 19.5 bits/min，平均 PBR 为 17.5 bits/min。被试对象 subj1 和 subj2 具有最高的的准确率—98.6%，进而产生最大的 ITR—22.2bits/min。被试对象 subj5 的 N200 电位不明显，导致对此电位的辨识准确率低于其他被试对象，造成 ITR 和 PBR 也相对较低。由于 $[1-2\times(1-P)]=(2\times P-1)\leqslant 1$，所以 PBR 的值略小

于 ITR；P 越大 PBR 越接近 1，PBR 和 ITR 的差异就越小，因此较大的准确率可以缩小 ITR 和 PBR 之间的差异。从系统输出指令角度可以理解为当系统辨识的准确率较高时，系统输出的错误指令的数量将减少，并且在辨识错误时能够通过正确探测出被试对象在这之后的意图而及时弥补这一错误，进而缩短了系统因弥补辨识错误而花费的时间，从而使得实际传输速度接近信息传输速度；较低的准确率可能造成被试对象在修正错误指令时出现更多的错误，从而使得被试对象需要花费更多的时间来完成任务，造成实际传输速度与信息传输速度有差异。

表 4.11 离线准确率

被试对象	最优通道组合	准确率/%	ITR/(bits/min)	PBR/(bits/min)
subj1(Y)	P3, P4, Pz, CP3	98.6	22.2	21.6
subj2(N)	P3, P4, Pz, CP3	98.6	22.2	21.6
subj3(N)	P3, P7, CP3	92.9	18.6	16.0
subj4(Y)	P3, P4, Pz	97.1	21.2	20.0
subj5(N)	P3, CPz	81.4	13.3	8.3
平均	…	93.7	19.5	17.5

2. 闭环控制实验的结果

在线控制实验的评价标准为完成任务的总指令数、完成任务的总时间、在线控制的成功率。在控制机器人行走的实验中，被试对象可能无法从视频窗口中准确地估计出机器人与障碍物之间的距离或者系统未能正确辨识出被试对象的控制意图，从而导致机器人与障碍物发生碰撞，因此针对此类实验的评价指标还包括在被试对象完成的三次实验中碰撞障碍物的总次数。在抓取物体的实验中，如果被试对象在没有调整好机器人与球体之间相对位置的情况下触发抓取动作，会造成抓取气球失败。每位被试对象必须成功完成三次抓取气球实验才能结束抓取实验任务，因此针对此类实验的评价指标包括成功实验次数占所有抓取实验次数的比率。

表 4.12 与表 4.13 列出 5 名被试对象分别在 3 个和 5 个 repetition 时的控制机器人结果。通过对比离线分类准确率和在线成功率，行走实验和抓取实验的实验结果，较高和较低的在线成功率下的任务完成情况，3 个和 5 个 repetition 时的系统性能、有 BCI 经验和无 BCI 经验的被试对象的操作情况这五个方面，详细阐述实验结果。

表 4.12 行走任务的完成情况

被试对象	repetition	指令时长/s	总时长/s	总指令数	在线成功率/%	碰撞次数
subj1	3	5.76	99.8	28/3	96.4	0/3
	5	9.60	144.3	30/3	100.0	0/3
subj2	3	5.76	180.8	49/3	84.5	1/3
	5	9.60	163.4	34/3	88.8	0/3

续表

被试对象	repetition	指令时长/s	总时长/s	总指令数	在线成功率/%	碰撞次数
subj3	3	5.76	265.3	75/3	77.2	0/3
	5	9.60	245.6	51/3	78.4	0/3
subj4	3	5.76	116.1	33/3	90.9	0/3
	5	9.60	154.3	32/3	100.0	0/3
subj5	3	5.76	163.4	46/3	78.2	0/3
	5	9.60	229.7	45/3	73.4	4/3

表 4.13 抓取任务的完成情况

被试对象	repetition	指令时长/s	总时长/s	总指令数	在线成功率/%	成功/总实验个数
subj1	3	5.76	65.4	19/3	100.0	3/4
	5	9.60	99.3	21/3	95.2	3/3
subj2	3	5.76	73.7	22/3	96.3	3/3
	5	9.60	105.0	23/3	96.7	3/3
subj3	3	5.76	70.4	20/3	95.8	3/4
	5	9.60	73.4	16/3	100.0	3/5
subj4	3	5.76	69.1	20/3	100.0	3/5
	5	9.60	123.6	26/3	92.3	3/3
subj5	3	5.76	94.1	27/3	66.7	3/4
	5	9.60	85.0	19/3	95.8	3/5

(1)在线成功率与离线分类准确率存在差异。当 repetition 为 5 时，被试对象 subj2、subj3、subj5 在行走任务中的在线成功率为 88.8%、78.4%、73.4%，低于他们的离线准确率 98.6%、92.9%、81.4%；然而被试对象 subj1 和 subj4 的在线成功率为 100%、100%，高于离线准确率 98.6%、97.1%。被试对象 subj1、subj2、subj4 在 repetition 为 5 时进行抓取任务的成功率为 95.2%、96.7%、92.3%，略微低于对应的离线准确率 98.6%、98.6%、97.1%；然而被试对象 subj3 和 subj5 的成功率 100.0%、95.8%高于离线准确率 92.9%、81.4%。

(2)大多数被试对象在抓取任务中的成功率高于在行走任务中的成功率。当 repetition 为 3 时，被试对象 subj1、subj2、subj3、subj4 在抓取任务中的成功率为 100.0%、96.3%、95.8%和 100.0%，而在行走任务中的成功率相对较低，分别为 96.4%、84.5%、77.2%、90.9%。当 repetition 为 5 时，被试对象 subj2、subj3、subj5 在抓取任务中的成功率为 96.7%、100.0%、95.8%，高于在行走任务中的成功率 88.8%、78.4%、73.4%。

(3)在较低的成功率下完成任务的总指令数量和总时长较大。对于行走任务，subj2 与 subj3 在 3 个 repetition 下的成功率为 84.5%和 77.2%，低于 5 个 repetition 下 88.8%和 78.4%的成功率，因而使得在前一种情况下输出的指令总数(49/3、75/3)高于在后一种情况下的指令总数(34/3、51/3)。尽管 3 个 repetition 下输出指令的时长 5.76s 比 5 个 repetition 下的时长 9.60s 少 3.84s，但是由于 3 个 repetition 下的指令数量过多，造成在 3 个 repetition 下完成任务的总时长(180.8s、265.3s)大于在 5 个

repetition 下的总时长(163.4s、245.6s)。对于抓取任务，当被试对象 subj1、subj3、subj4、subj5 在两种 repetition 中的某一种情况下取得较高的准确率(100.0%、100.0%、100.0%、95.8%)时，他们完成任务所输出的指令数也较少(19/3、16/3、20/3、19/3)。较低的成功率增加了错误地探测被试对象意图的可能性，使得被试对象需要输出额外的指令来纠正错误指令，增加了总指令的个数。在行走任务中，被试对象在成功率较低时更容易发生碰撞。被试对象 subj2 和 subj5 在他们各自相对较高的准确率 88.8%和 78.2%时，分别发出 34 和 46 个指令控制 NAO 仿人机器人到达目的地，并且未产生任何碰撞；而在他们各自相对较低的准确率 84.5%和 73.4%时，分别发生 1 次和 4 次碰撞。

(4) 当指令数接近时，repetition 影响完成任务的总时长。对于行走任务，在 subj1、subj4 和 subj5 的 repetition 次数从 3 上升到 5 时，指令总数分别从 28 上升至 30，从 33 下降至 32，从 46 下降至 45。对于抓取任务，在 subj1、subj2、subj3 的 repetition 次数从 3 上升到 5 时，指令总数分别从 19 上升至 21、从 22 上升至 23、从 20 下降至 16。上述实验案例中 repetition 的变化并未造成指令总数有太大改变，在此种情况下 trial 的时长，即 repetition 的次数决定了完成任务的总时间。当 repetition 从 3 上升至 5 时，trial 的时长从 5.76s 上升至 9.60s，从而导致指令数量相近的两次实验的完成任务总时间有较大差别。行走任务中被试对象完成时间分别从 99.8s 上升至 144.3s，从 116.1s 上升至 154.3s，从 163.4s 上升至 229.7s；抓取任务中被试对象完成时间分别从 65.4s 上升至 99.3s，从 73.7s 上升至 105.0s，从 70.4s 上升至 73.4s。

(5) 实验经验是影响在线成功率的一个重要因素。被试对象 subj1 和 subj4 具有一定的 BCI 实验经验，因此获得较高的成功率，分别为 97.9%和 95.8%；被试对象 subj2、subj3、subj5 没有相应的实验经验，因此成功率相对较低，分别为 91.6%、87.9%和 78.5%。

4.3.5　影响控制仿人机器人的因素

1. 影响在线成功率的因素

比较表 4.11～表 4.13，平均离线准确率为 93.7%，高于行走任务和抓取任务下的平均成功率为 85.4%、88.1%和 91.8%、96.0%，这可能是与系统的开环或闭环相关。不同于离线实验中开环的 BRI 系统，在线实验中的 BRI 系统由于包括基于视觉的反馈环节所以构成了闭环的控制系统，被试对象需要合理地将其注意力分配在视频反馈和视觉刺激这两方面，并根据反馈的环境信息来决策下一个动作。视频反馈分散了被试对象注视目标刺激的注意力，造成在线成功率的下降。质量较差的视觉反馈可能会极大地降低被试对象的控制效果，被试对象接收到的反馈信息是缺少深度信息的二维图形，与日常接收到的三维视觉信息有差异，这会增加了被试对象决策的心理负担进而影响被试对象的控制效果。

被试对象在实验中会受到周边环境引起的听觉信息的影响，如机器人行走的脚步声也可能是分散被试对象注意力的因素。文献[21]的实验结果表明被试对象控制机器人的时间在声音与机器人动作同步的情况下比声音延迟的情况下要短。与抓取任务相比，行走任务下机器人较多的行走动作产生更多的噪声，影响了被试对象的注意力，从而导致在这种情况下的成功率相对较低。除此之外，当机器人摔倒、碰撞或者被试对象认为难以根据现有的反馈信息做出正确决策时都会产生紧张情绪，影响被试对象的大脑状态，从而造成成功率的降低。

2. 影响控制指令总数的因素

完成控制任务的总时间取决于控制指令的总数，快速而准确地输出控制指令可以缩短控制时间。影响控制指令总数的因素主要有两个：在线的成功率和个人完成任务的指令序列安排。

在线成功率影响在线控制过程中错误指令的个数。错误指令导致机器人执行不符合预期目标的动作，从而迫使被试对象停止按照预想的指令序列输出控制意图，转而产生可弥补错误指令的控制意图并输出额外的指令来纠正机器人返回到预期状态。对于行走任务，被试对象 subj2 和 subj3 在 3 次 repetition 下的成功率低于 5 次下的成功率；对于抓取任务，被试对象 subj5 在 3 次 repetition 下的成功率低于 5 次下的成功率。他们的相对较低的成功率导致错误指令以纠正错误的指令数量上升，使得他们的总的指令数量增多，从而造成他们花费更多的时间来完成任务。

个人习惯影响被试对象对完成任务的指令序列的安排。不同的被试对象对于同一个任务所采取的方案不同，部分被试对象会通过执行更多的动作来较为稳妥地完成任务，而部分被试对象则尝试执行较少的动作来快速地完成任务。当系统辨识错误造成输出指令有误时，被试对象所采取的补救措施也存在差异，导致完成任务的指令序列存在不同。当为 5 个 repetition 时，subj5 比 subj2 激活更少的指令完成抓取任务；在 3 个 repetition 时，subj3 比 subj2 激活更少的指令完成抓取任务；在 5 个 repetition 时，subj5 比 subj3 激活更少的指令完成行走任务。由此可见，指令总数不仅受到系统辨识性能的影响，也受到个体自身行为习惯的影响。

3. repetition 对控制总时间的影响

除了控制指令总数，repetition 也是影响在线控制任务总时长的重要因素。一方面，repetition 决定了输出每个指令所花费的时长，而较长的输出指令时长延长了完成控制任务的总时长。在行走任务实验中，被试对象 subj1、subj4、subj5 在 repetition 为 5 时的控制任务总时长大于 repetition 为 3 时的总时长；在抓取任务实验中，被试对象 subj1、subj2 和 subj3 在 repetition 为 5 时完成任务的时间大于 repetition 为 3 时的时长。这是由于上述案例中的被试对象在 repetition 为 3 或者 5 时的指令数量相近，5 个 repetition 比 3 个 repetition 多 3.8s，所以 repetition 为 5 时的总时长更长。另一方面，较大的 repetition 通常使得系统获得较高的准确率。高准确率可减少错误指令和纠正错误的指令的数量，缩短总的控制时间。一般情况下，采用较大的 repetition 值使得系统具有较高的可靠性，但是这增加了指令输出的时长。如何通过选择合适的 repetition 值来平衡系统的可靠性与速度，是需要解决的问题。

4.4　基于 N200 和 P300 的脑-机器人交互

4.4.1　诱发实验

本节采用单字符(single character，SC)方式激活视觉刺激，每个刺激出现的概率为 1/6。刺激为 6 个机器人图片，分别代表前进、后退、左移、右移、左转、右转，采用机器人图片的方式在本书定义为 RobotStim。刺激以 2×3 的矩阵形式排列，位于第 i 行，第 j 列的图片以 loc(i,j)表示。当界面激活随机地某个刺激时，将用屏蔽图片屏蔽其他 5 个刺激，图 4.38(a)显示了界面激活代表左跨步的刺激。刺激开始异步间隔为 220ms，其中前 150ms 用于激活某个刺激，后 70ms 用于屏蔽全部的 6 张图片。1 个 repetition 的时长为 220×6=1320ms；若干个 repetition 组成 1 个 trial，如图 4.39 所示。目标刺激出现的概率为 1/6，非目标刺激出现的概率为 5/6。对于被试对象，刺激的激活顺序是未知的并且刺激被激活之前没有提示信息，因此对被试对象而言刺激的出现具有不确定性。

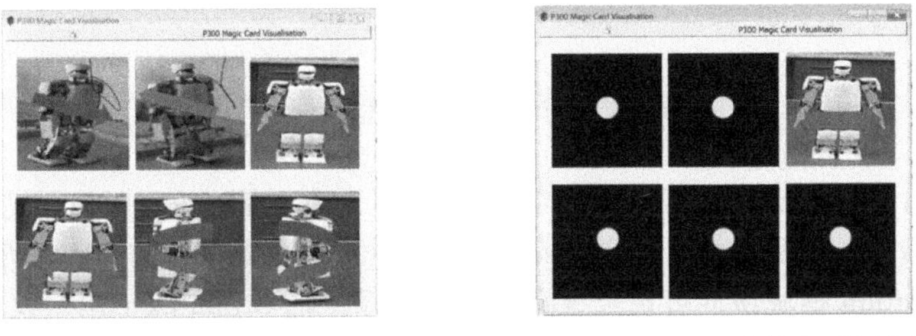

(a) 6 张不同机器人行为的图片　　(b) 界面激活位于 loc(1, 3) 的刺激，并屏蔽其他刺激

图 4.38　视觉刺激

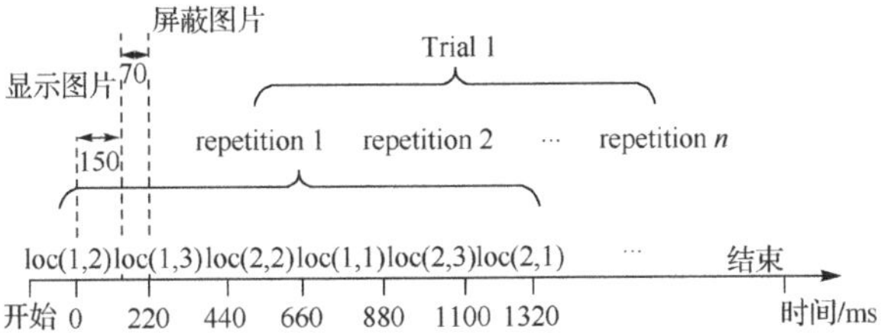

图 4.39　界面诱发刺激的时序图

7 名被试对象参加此次实验，其中男性被试对象 6 名，女性被试对象 1 名。这些被试对象的平均年龄为 24.8 岁，均为右利手，裸眼视力正常或者矫正视力正常。他们的 BCI 实验经验不同：1 个被试对象对此实验较为熟悉，两个被试对象有少量实验经历，其余 4 个被试对象无实验经验。操作人员在被试对象参加实验之前会告知其实验的内容、要求、存在风险等，并要求被试对象签署知情同意书。

实验采用一台 22 英寸、分辨率为 1280 像素×1024 像素、刷新频率为 60Hz 的 LCD 屏显示诱发界面。实验在较为安静的环境中进行，被试对象坐在舒适的椅子上，保持视线与显示屏的中央处在同一个水平线上，眼睛与显示屏的距离为 60 cm。本实验采用依据“国际 10-20 标准系统”排布的 32 导电极帽，以 1000 Hz 的采样频率对被试对象进行脑电信号采集。参考电极为双耳乳突，参考地为 AFz 通道，所采集的通道的分布见图 4.40。

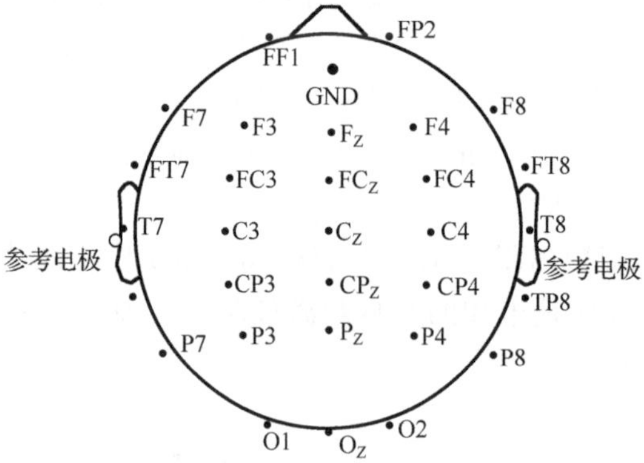

图 4.40　导电极帽的通道的分布图

图 4.41 为 OpenViBE 环境下的离线实验设计方案，其以流程图的方式控制实验进程并显示视觉诱发界面。Keyboard Start 模块接收指定按键的操作，开启实验。Start Execution 模块激活可设定视觉刺激闪烁顺序的 Stimulus Order 模块和可在 OpenViBE 与其他应用程序之间建立通信的 Run Serial Port 模块。User Interface 模块根据 Stimulus Order 模块发送的刺激编号激活不同的视觉刺激。VRPN-Stimulus Series 模块将刺激顺序通过 VRPN 发送到其他程序中，以便记录实验刺激。

实验要求被试对象在一个 trial 中把注意力集中在可表达其控制意图的目标刺激上，而尽量忽略其他非目标刺激的激活。此外被试对象应避免或减少肢体动作和眨眼。在离线实验中，每个 trial 包含 8 个 repetition，12 个 trial 组成 1 个 sub-experiment，每位被试对象进行 3 次 sub-experiment。

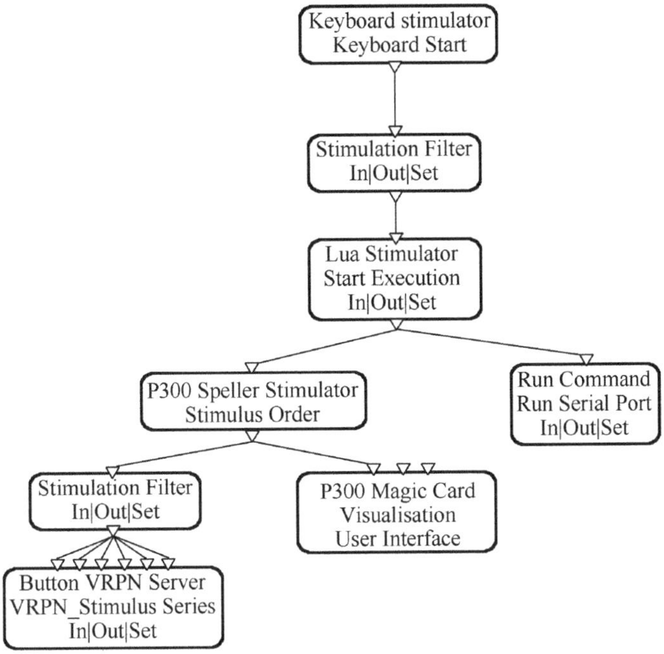

图 4.41　N200 离线实验的 OpenViBE 设计

4.4.2　波形分析

为离线提取 ERP 波形，首先截取刺激前 1000ms 至刺激后 1000ms 的时间窗内的数据段。其次，采用一个带宽频率为 1～10Hz 的三阶 Butterworth 数字滤波器对各个数据段进行滤波。再次，以刺激前 300 ms 到刺激出现 0 时刻的脑电数据作为基线进行基线校正。最后，通过叠加平均得到两种条件——RobotStim+target、RobotStim+non-target 下每位被试对象的叠加平均波形图和多个被试对象的总平均波形图。

图 4.42 依据"国际 10-20 标准系统"排布 14 个通道的总平均波形图，实现与虚线分别代表目标刺激和非目标刺激。目标刺激在额叶、中央区域、颞叶和顶叶诱发出负向波或正向波，而非目标刺激并没有诱发出较为明显的波形。负向波在顶叶的潜伏期大约为 210ms，随着从大脑后侧向前侧过渡而增长，在额叶达到 260ms。此负向波的幅值在额叶达到最大，在向其他脑区延伸时下降并在枕叶几乎消失。由于该负向波的极性为负并且潜伏期大约 200ms，所以该负向波属于 N200 家族。定义紧随负向波的正向波为 P300。P300 的潜伏期和幅值随着从大脑后侧向前侧的过渡而逐渐增大。在枕叶其潜伏期和幅值分别为 240ms 和 3.3 μV，而在额叶则分别上升至 620ms 和 5.5 μV。

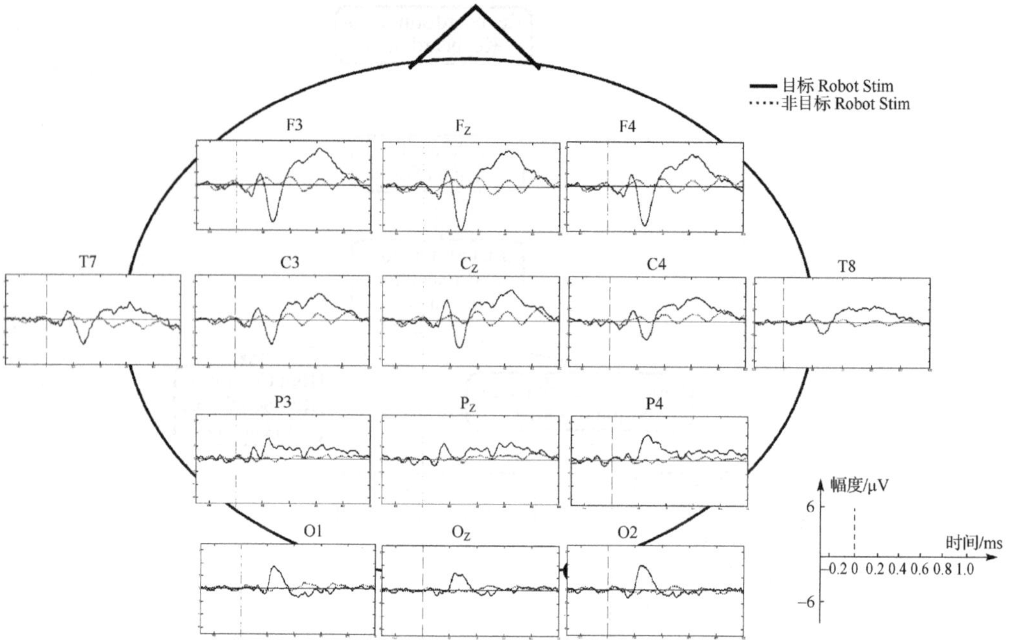

图 4.42　各通道的波形图

4.4.3　自适应模型与切换控制模型

1. 自适应模型

准确率随着每个 trial 中 repetition 次数的增多呈上升趋势，说明一部分 trial 在少量 repetition 次数下可以准确辨识被试对象的控制意图，而另一部分 trial 需要更多次的 repetition 才可以正确辨识意图。造成这种现象的原因可能是被试对象的大脑状态影响信号质量，进而影响特征的明显程度。当被试对象集中注意力在目标刺激上时，少量叠加次数足以产生具有明显特征的 ERP 电位；反之则需要更多的 repetition 才能够探测到 ERP 电位。文献[22]表明 repetition 次数与个体以及个体在做实验时的大脑状态有密切关系。脑电信号的个体内差异性导致固定的 repetition 次数不能适应大脑的状态，从而难以保证同时获得较高的准确率和信息传输率。

为解决上述问题，提出可根据被试对象的大脑状态自动调节 repetition 次数的自适应模型，如图 4.43 所示。此模型从 0 开始逐步增加 repetition 的次数，当已经执行的 repetition 次数大于或者等于 $n_{\min}$ 次时才进行分类，否则继续增加次数。当被试对象状态较好时，少量 repetition 次数下就可以辨识出 N200 和 P300 电位，此时系统输出辨识结果并结束当前的 trial。当被试对象状态较差时，少量 repetition 次数下无法探测到 N200 和 P300 电位，即分类器未辨识出目标刺激，此时系统将判断已执行的 repetition 次数是否达到上限 n_{max}。如果已经达到上限，系统将结束当前的 trial，否则激活新的 repetition 诱发 ERP。根据被试对象的大脑状态，自适应模型自动改变 repetition 次数来准确地识别被试对象的控制意图。

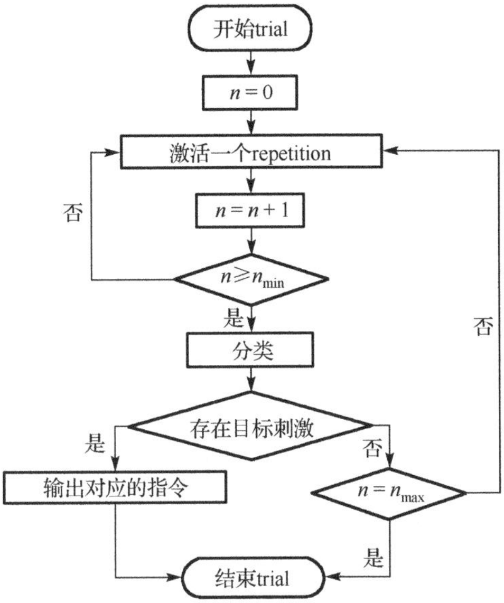

图 4.43　自适应模型的流程图

2. 切换模型

机器人在执行某个动作时应根据任务要求和环境选择合适的执行方式。单步执行方式是指机器人执行一次固定步长/幅度的动作，适合较高精度的控制任务，如在狭窄环境下控制机器人行走。连续执行方式是指机器人重复地、无停止地执行某个动作，适合对速度要求较高的控制任务，如长距离的行走。前期研究发现单一的机器人执行方式难以满足被试对象控制机器人的需要。当机器人在狭小或者不确定的环境下执行任务时，被试对象需要组合多种指令以实时地调整机器人的位姿。由于单步执行方式的步幅较小，并且两次指令之间的时间间隔给予被试对象较为充足的考虑时间，所以更为适合这种情况。如果系统在这种情况下采用连续执行方式，被试对象较少的决策时间将增加决策错误的可能性，同时被试对象较大的决策压力可能改变大脑状态，影响脑控效果，因此连续执行方式不适合这种情况。当机器人在空旷环境执行任务或者任务为重复操作时，被试对象不需要持续地关注机器人的操作状态和做出决策。由于连续执行方式重复地执行某个动作，节省了输出指令之间的时间间隔，所以适合这种情况。如果系统在这种情况下采用单步执行方式，被试对象需要重复地输出相同的指令，这不仅会造成被试对象疲劳，同时也降低控制速度，因此单步执行方式不适合这种情况。由上述可知，如何在 BRI 系统中提供两种执行方式是优化控制机器人方案的问题之一。

根据机器人现有的 6 个基本动作提出能够为被试对象提供两种机器人行走方式——单步行走方式(step walking，SW)和连续行走方式(continuous walking，CW)的切换模型。在 SW 模式下，机器人执行固定步长的动作然后自动停止；在 CW 模式下，机器人以固定速度持续地执行相应动作直至接收到停止的指令才会停止执行。两个模式下机器人执行各个指令的具体时长和步幅见表 4.14。

表 4.14　机器人指令的参数

动作	步幅/cm	时间/s	连续执行速度/(cm/s)
前进	11.7	2.6	5.1
后退	4.5	2.6	1.9
左移或右移	9.7	3.2	1.7
左转或右转	0.3rad	2.0	0.1rad/s

图 4.44 为在切换模型下基于 RobotStim 的诱发界面。界面包含两部分：左侧为 6 个 RobotStim 构成的刺激矩阵，代表 6 个机器人行为；右上角为切换刺激 SwitchStim，用于从 SW 切换到 CW 模式和发出停止指令。SwitchStim 可以呈现三种图片：屏蔽图片、连续行走机器人图片和 STOP 图片。在 SW 模式下系统可被切换为 CW 模式，SwitchStim 的激活方式为屏蔽图片与连续行走机器人图片的连续切换，这一过程被定义为 S-C；在 CW 模式下系统可接收停止指令，SwitchStim 的激活方式为屏蔽图片与 STOP 图片的连续切换，这一过程被定义为 C-S。SwitchStim 的 SOA 为 220ms，包括 150ms 的显示和 70ms 的屏蔽。

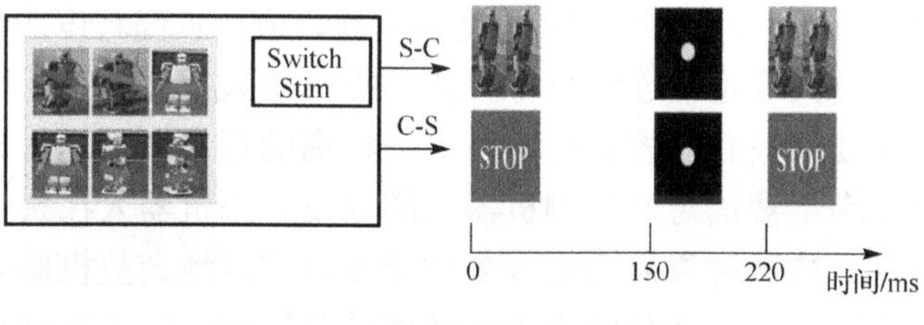

图 4.44　切换模型下的交互界面

当系统探测出目标刺激时，SwitchStim 开始以 S-C 的激活方式闪烁 5s，在这期间被试对象可以通过注视 SwitchStim 切换至 CW 模式。系统一旦探测到 N200 和 P300 电位则认定被试对象选中了 SwitchStim，它将以 CW 模式激活机器人目标刺激对应的行为，同时使 SwitchStim 以 C-S 的激活方式持续闪烁。如果系统在 SwitchStim 以 S-C 方式闪烁的 5s 内未探测到 N200 和 P300 电位，则在此时间后以 SW 模式激活对应目标刺激的机器人行为，并在行为结束执行后开始下一个 trial。在 CW 模式下，被试对象可通过注视 SwitchStim 的 STOP 图片停止机器人重复执行动作的状态，并开始新的 trial。图 4.45 为切换模型的流程图；图 4.46 为被试对象在此模型下分别以 SW 和 CW 模式输出控制指令的时间关系图。

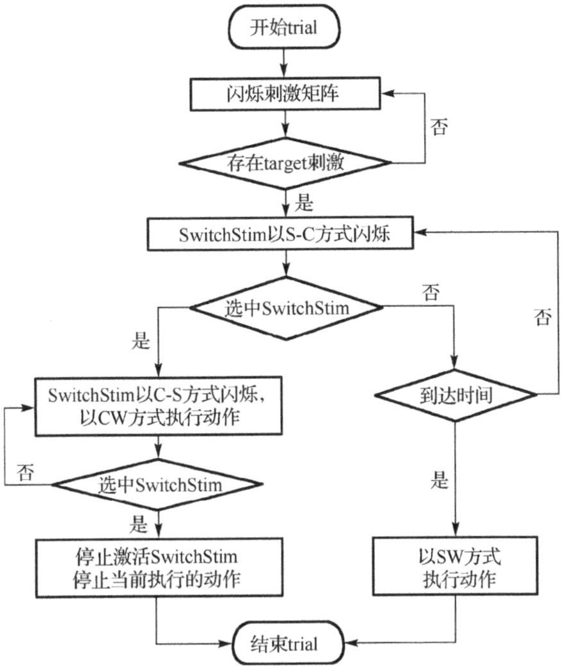

图 4.45　切换模型的流程图

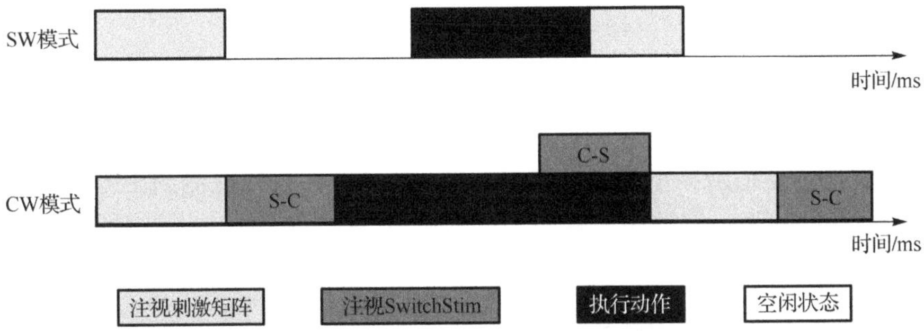

图 4.46　切换模型以 SW 和 CW 模式输出控制指令的时间关系图

4.4.4　在线实验设计

1. 开环非自适应实验

开环实验是指系统实时地处理和分类脑电信号，在每个 trial 结束时将分类结果呈现给被试对象(红色方框框住分类结果对应的图片，见图 4.47)并转化结果为控制指令传递给机器人。由于系统缺少机器人反馈视觉信息给被试对象这一环节，所以这种控制实验称为开环实验。实验准备阶段配置脑电采集设备的测量通道、采样率和被试对象的分类器参数。启动实验程序后，用户界面开始闪烁视觉刺激，被试对象按照指示注视刺激源以驱动机器人完成相应动作，此时 Cerebus 神经信号采集设备实时采样脑电信号并传递给在线处理模块进行特征提取和模式分类。

在开环非自适应实验中，系统的 repetition 参数为固定值。每名被试对象在固定时长的 trial 结束后，都可以获知系统的分类结果。

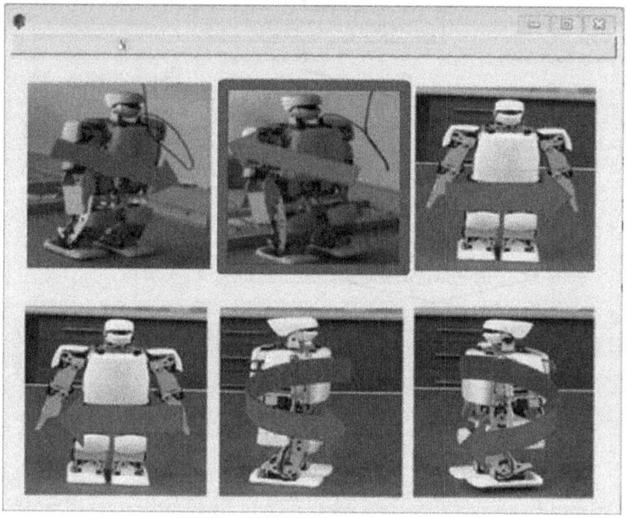

图 4.47　选中目标刺激的界面

2. 开环自适应实验

此实验设定自适应模型的 $n_{\min}$ 为 2，$n_{\max}$ 为 8。如果未探测到 ERP 则开始新的 trial。被试对象按照一定顺序注视不同的刺激作为目标刺激，当被系统告知分类结果或者对目标的计数达到 8 次时，开始注视下一个目标刺激。

3. 闭环非自适应控制实验

闭环控制实验是在开环控制实验基础上增加机器人反馈的视觉信息给被试对象的实验。被试对象根据视频窗口实时获取机器人执行情况和机器人周边环境信息，决策机器人的下一个动作，构成闭环控制。在闭环非自适应控制实验中，系统设定 repetition 为定值。该实验重复进行 3 次，被试对象需要根据机器人摄像头的视频反馈控制仿人机器人沿白线从起点走到终点，实验任务如图 4.5 所示。

4．闭环控制自适应实验

为验证自适应模型和切换模型的可行性，本节设计远程控制仿人机器人 NAO 完成避障任务的闭环控制实验。在此实验中被试对象通过视频窗口决定下一个 trial 的目标动作以及此动作的执行方式；当机器人以 CW 的模式执行动作时，被试对象还需根据反馈的环境信息及时地做出停止机器人的决策。被试对象在控制机器人的过程中可能受到分类结果、视觉反馈信息的影响而导致大脑状态不稳定，从而影响每个 repetition 中目标刺激诱发的 ERP 的质量，因此在闭环控制实验中采用自适应模型，参数 n_{min} 为 2，n_{max} 为 8。图 4.48 为闭环控制实验中的人-机交互界面：界面左侧是刺激矩阵，矩阵的中央是反馈视觉信息的视频窗口，界面的右上角是 SwtichStim。在图 4.48 中，被试对象根据视频窗口得知机器人前方无障碍物，因此注视刺激矩阵中左上角的视觉刺激以输出前进的控制指令，并在 SwitchStim 以 S-C 方式闪烁时注视 SwitchStim 刺激，以使得机器人进入 CW 模式来连续地前进。

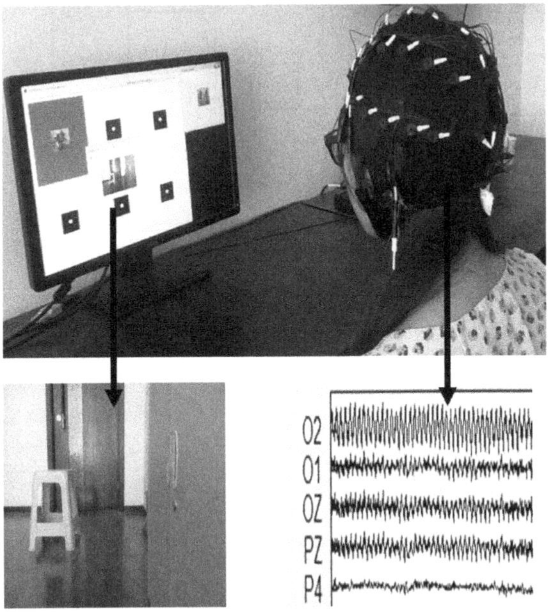

图 4.48　闭环控制实验的交互界面

图 4.49 为闭环控制实验的实验环境，数字的单位为毫米(mm)。虚线是指定的机器人的行走路线：机器人从 A 点出发，通过右侧的路径到达 B 点；之后机器人从左侧路径返回 A 点。在机器人往返于 A 和 B 两点之间的路程中，被试对象需控制机器人绕过两个障碍物；此外，B 点周边的环境狭小，被试对象需要采用不同的动作和执行方式调整机器人的状态以减少碰撞。机器人在 B 点处需要进

行转弯-直行-转弯这一系列动作，对指令的实时性与准确性要求较高；转弯处的宽度大约为 400mm，机器人宽度为 290mm 并且在行走的过程中带有左右摇摆的小幅动作，这使得机器人很有可能与周边物体发生碰撞，因此被试对象完成此项任务具有一定难度。

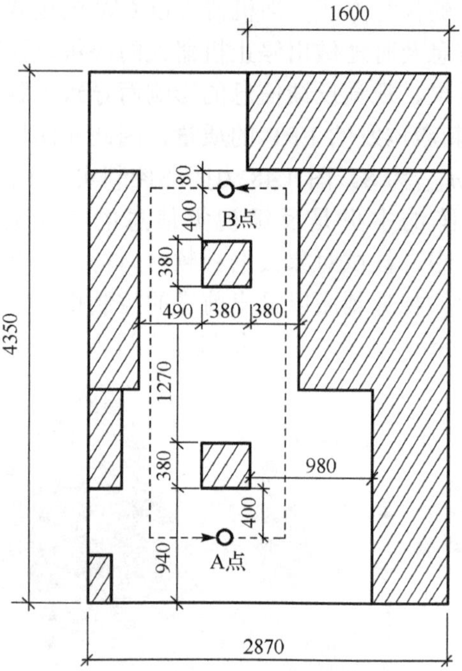

图 4.49　闭环控制实验的环境布局

4.4.5　实验结果

1. 对传统模型的离线分析

具有固定 repetition 次数的传统模型在意念控制仿人机器人系统中有较为广泛的应用[23-25]。采用 10 折交叉验证法计算所有被试对象在不同 repetition 次数下的平均准确率，并做出曲线图，如图 4.50(a)所示。当 repetition 从 1 上升至 8 时，平均准确率从大约 70.0%提高到 95.0%。图 4.50(b)为在不同叠加次数下的平均信息传输率。平均信息传输率随着 repetition 从 1 上升至 8 而逐渐降低，这是由于较多的 repetition 增大输出指令的时间，从而减小了每分钟可传递的指令量。由图 4.50 可见，repetition 次数对准确率和信息传输率都有影响，如何设定其值对平衡 BRI 系统的辨识精度与控制速度十分重要。

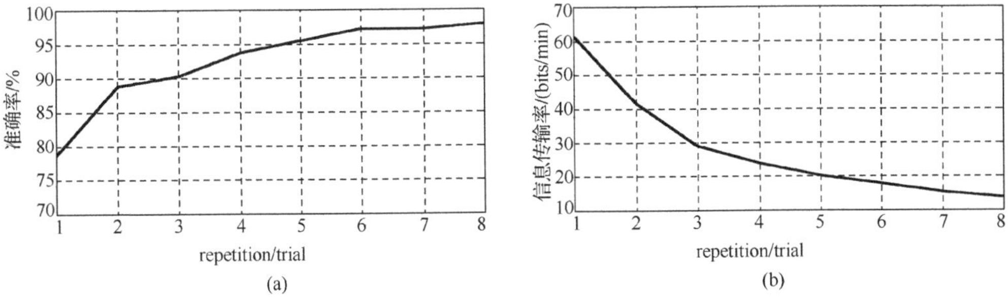

图 4.50　三个分类器的信息传输率和准确率

2. 对自适应模型的离线分析

利用离线数据验证自适应模型：在 $n \in [n_{\min}, n_{\max}]$次数下分类，如果探测出目标刺激或者达到 $n_{\max}$，则记录分类结果并开始对下一个 trial 的数据做分类；否则，再增加第 n+1 个 repetition 进行特征提取和分类，进行最终的辨识。

表 4.15 列出在自适应模型下的离线分析结果。自适应模型在大多数情况下只需要 2～3 个 repetition 即可识别出 N200 和 P300 电位。所有被试对象的平均 repetition 次数为 2.1。8 名被试对象中，6 名被试对象的准确率在 90.0%以上，其中 2 名被试对象的准确率为 100.0%。所有被试对象的信息传输率均高于 25.0bits/min，平均信息传输率为 46.3bits/min。首次做此类实验的被试对象 subj4 达到 100.0%的准确率和 55.9bits/min 的信息传输率。相比于固定 repetition 次数为 2 的传统模型，自适应模型将平均准确率从 88.8%提高至 92.9%，将信息传输率从 41.3bits/min 提高至 46.3bits/min。比较图 4.50 和表 4.15 可看出，自适应模型在大约 2 次 repetition 的情况下达到的准确率接近传统模型中 4 次 repetition 下达到的准确率，降低一半的输出指令的时间间隔。表 4.15 表明自适应模型在达到较高的准确率的前提下提高了系统的控制速度，缩短了被试对象完成控制机器人任务所花费的总时间。所有的被试对象都提高了平均准确率和信息传输率，这表明自适应模型对提高速度和精度是有效的。

表 4.15　自适应模型的离线准确率和信息传输率

被试对象	repetition 次数/ $\bar{n}$	准确率/%	信息传输率/(bits/min)
subj1	2.1	96.7	49.7
subj 2	2.0	100.0	58.7
subj 3	2.1	96.7	49.7
subj 4	2.1	100.0	55.9
subj 5	2.1	90.0	40.8
subj 6	2.1	76.7	27.3
subj 7	2.1	96.7	49.7
subj 8	2.0	86.7	38.8
平均	2.1	92.9	46.3

3. 传统模型的在线开环控制结果

表 4.16 中列出了 7 名被试对象的在线开环实验的结果。被试对象的最优通道存在个体性差异，对所有被试对象选用同一通道进行处理会影响在线控制的平均正确率。因此，在该实验的离线标定阶段需要依据数据分析结果为每名被试对象选取一个最优通道，选取的结果如表 4.16 所示。

表 4.16 在线开环实验结果

被试对象编号	实验次数	最优通道	8 次叠加平均		5 次叠加平均	
			正确率/%	ITR/(bits/min)	正确率/%	ITR/(bits/min)
subj1(N)	36	Cz	100	14.7	97.2	21.2
subj2	36	FCz	97.2	13.3	91.7	18.0
subj3(N)	36	FCz	97.2	13.3	63.8	7.3
subj4(N)	36	Oz	100	14.7	100	23.5
subj5(N)	36	Oz	97.2	13.3	88.9	16.6
subj6(N)	36	Oz	97.2	14.7	97.2	21.2
subj7	36	FCz	100	14.7	100	23.5
平均值±标准差			98.4±1.5	14.1±0.7	91.3±12.8	18.8±5.7

实验中分别对比了 8 次叠加平均和 5 次叠加平均所取得的控制效果，实验结果表明，当进行 8 次平均时，所有被试对象(包括首次参加实验的被试对象)使用最优通道都取得了超过 95%的正确率；当进行 5 次平均时，所有被试对象的平均正确率也超过了 90%。图 4.51 显示了对 7 名被试对象的在线数据进行不同次数的叠加平均所得到的正确率变化曲线。

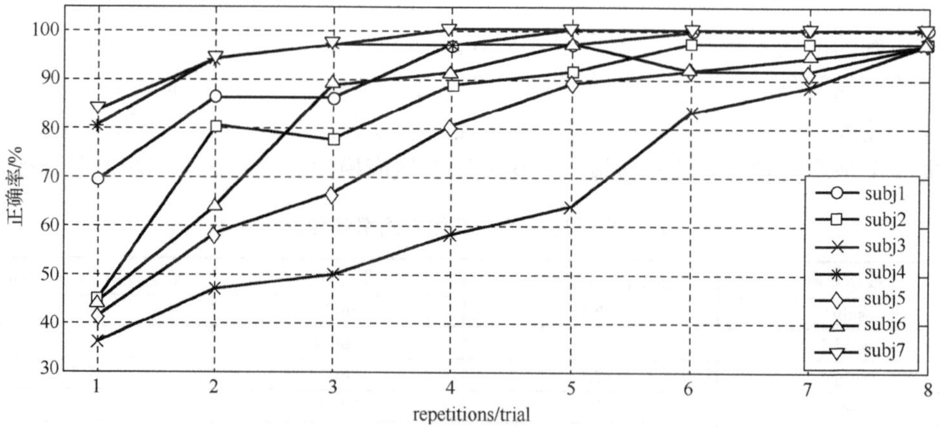

图 4.51 不同叠加平均次数下的分类正确率

虽然增大 repetition 可以提高分类正确率，但同时会延长系统的响应时间。在该系统中，响应时间的计算公式为

$$t = t_{\mathrm{ISI}} \times N \times N_r$$

其中，$t_{\mathrm{ISI}} = 0.22\mathrm{s}$ 是两个刺激出现之间的时间间隔；$N = 6$ 是刺激源的数量；N_r 是每轮实验中叠加平均的次数。当 $N_r = 8$ 时，被试对象取得了 98.4%的平均正确率，但此时系统需要长达 10.56s 的响应时间来输出一个控制指令，信息传输率也只有 14.1bits/min；而当 $N_r = 5$ 时，被试对象可以取得 91.3%的平均正确率，响应时间减少为 6.6s，信息传输率也提高到了 18.8bits/min。

4. 自适应模型的在线开环控制结果

表 4.17 列出 8 名被试对象开环控制仿人机器人的准确率和信息传输率。被试对象 subj2 在所有被试对象中表现最佳：在平均 2.1 个 repetition 的情况下达到 100.0%的准确率和 55.9bits/min 的信息传输率。subj7 和 subj8 需要至少 3 次 repetition 才能给出控制指令。所有被试对象的平均 repetition 次数为 2.7，平均准确率为 91.6%，平均信息传输率为 35.5bits/min。与传统模型在 3 次 repetition 的情况下相比，自适应模型将准确率与信息传输率分别提高了 1.2%和 6.6bits/min。由此可见，自适应模型在在线情况下依然可以提高准确率和信息传输率。

表 4.17　自适应模型的在线准确率和信息传输率

被试对象	repetition 次数/ $\overline{n}$	准确率/%	信息传输率/(bits/min)
subj1	2.4	96.7	43.5
subj 2	2.1	100.0	555.9
subj 3	2.7	80.6	24.0
subj 4	2.4	100.0	48.9
subj 5	2.9	81.8	22.4
subj 6	2.1	89.6	40.3
subj 7	3.3	88.1	24.6
subj 8	4.1	95.6	24.7
平均	2.7	91.6	35.5

与自适应模型的离线分析数据相比发现，8 名被试对象中有 7 名被试对象在在线控制实验中需要更多的 repetition 次数才能输出控制指令。这可能是由于被试对象在在线实验中因担心错误指令会造成机器人的碰撞或摔倒而产生相对较大的压力，从而影响大脑状态；也可能是机器人行走产生的噪声分散了被试对象的注意力，导致 N200 和 P300 电位的幅值降低，因而需要更多次 repetition 才能辨识出目标刺激。在在线情况下，repetition 次数的增多和准确率的轻微下降导致在线开环实验中自适应模型的信息传输率小于离线实验中的信息传输率。

为分析 ERP 的幅值与 repetition 次数的关系，本节统计每位被试对象的自适应模型能够辨识出目标刺激时的 ERP 的幅值绝对值和当前 trial 中的 repetition 次数，并以 ERP 幅值为横坐标，repetition 次数为纵坐标作图 4.52。图中三条曲线分别代表 Fz、Cz 和 Oz 三个通道。在 Fz 和 Cz 通道，ERP 的幅值与 repetition 次数呈负相关：当 N200 的幅值较小时自适应模型需要多个 repetition 才能够探测到该电位；当幅值较大时模型所需要的 repetition 次数较少。此关系图与自适应模型所基于的观点一致，即 repetition 次数的设定取决于当前 ERP 的幅值。

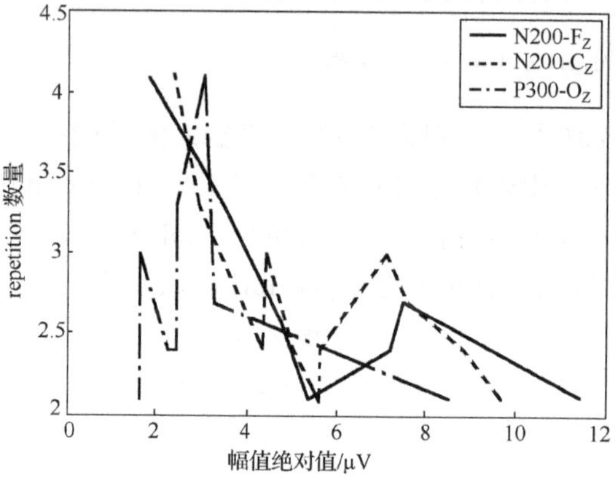

图 4.52　幅值与 repetition 关系图

5. 传统模型在线闭环控制实验分析

在传统模型的在线开环实验中，被试对象 1 都取得了最优或接近最优的信息传输率，因此选择该被试对象参加图 4.5 所示的在线闭环实验，统计他在 3 次重复任务中的平均完成时间和平均指令数量，实验结果见表 4.18。表中的指令缩写 WF、WB、TL、TR、SL、SR 分别代表仿人机器人的前进、后退、左转、右转、左移、右移 6 种动作。实验结果显示，被试对象 1 完成实验的平均时间为 118s，使用的平均指令数量总计为 13.7 个。

表 4.18　控制仿人机器人沿线行走实验中的性能

脑电模式	平均完成时间/s	平均指令数量/个						
		WF	WB	TL	TR	SL	SR	总计
ERP	118	8.3	0	0.7	1	0	3.7	13.7

6. 自适应模型与切换机制在线闭环控制实验分析

图 4.53 给出机器人完成避障任务的部分截图。图 4.53(a)和(b)显示被试对象控制仿人机器人右移来避开第一个障碍物；图 4.53(c)显示机器人的前方不存在任何障碍物，因此被试对象再次输出向前走的指令以接近 B 点；图 4.53(d)中机器人完成左转指令到达目的地 B 点；图 4.53(e)和(f)中机器人再次左转并沿着无障碍的路径返回起始点 A。

在闭环控制实验中通过统计每名被试对象完成避障任务的总时间、总指令数、以 SW 或者 CW 模式完成的指令数量、平均 repetition 次数和成功率来分析被试对象的完成情况。控制机器人的指令分为 4 种：以 SW 模式执行的动作指令、以 CW 模式执行的动作指令、启动 CW 模式的指令和结束 CW 模式的指令。前两种指令用于控制机器人的动作，后两种指令用于进入或者跳出 CW 模式。由于后三种指令的数量相同，所以在表 4.19 中只列出以 CW 模式执行的指令数量。从表中看出被试对象 subj2 具有 96.9%的最高的成功率和 393.3s 的最短的总时间，这期间包括 10.0 个采用 SW 模式完成的动作和 11.3 个以 CW 模式完成的动作，平均需要 3 个 repetition 输出一个控制指令。8 名被试对象平均每 2.7 个 repetition 输出一个控制指令；总共输出 62.7 个指令，其中以 SW 模式完成 24.4 个动作，以 CW 模式完成 12.8 个动作；以平均 89.4%的准确率用时 584.2 s 完成避障任务。

表 4.19　闭环控制实验的统计结果

被试对象	总时间/s	总指令数	SW 指令数	CW 指令数	平均 repetition/ $\bar{n}$	成功率/%
subj1	504.3	76.7	14.7	20.7	2.9	90.9
subj 2	393.3	44.0	10.0	11.3	3.0	96.9
subj 3	943.0	74.0	38.0	12.0	2.5	82.0
subj 4	722.5	77.0	41.0	12.0	2.5	93.5
subj 5	805.0	61.5	55.5	2.0	2.1	88.0
subj 6	407.3	52.7	8.7	14.7	3.2	90.8
subj 7	487.5	67.5	13.5	18.0	2.9	84.6
subj 8	410.7	48.0	14.0	11.3	2.7	88.6
平均	584.2	62.7	24.4	12.8	2.7	89.4

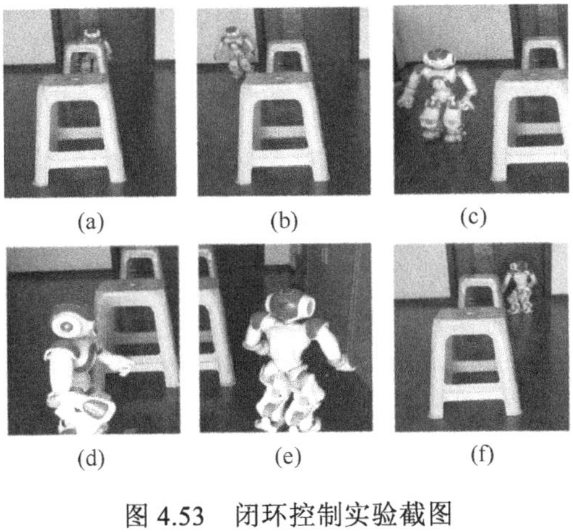
(a)　(b)　(c)　(d)　(e)　(f)

图 4.53　闭环控制实验截图

切换模型的引入使得被试对象可以更加灵活地控制机器人完成避障任务，从而提高整体的速度和精度。

(1)CW 模式可以保持机器人持续地行走，减少了被试对象重复输出指令的时间，提高了完成任务的速度。在表 4.19 中虽然 subj1 和 subj4 使用相近数量的指令完成任务，但是 subj1 会更多地采用 CW 模式来控制机器人执行指令，使得他的总时间比 subj4 减少了 208.2s。

(2)机器人在狭小空间内采用 SW 模式执行特定动作可能会更快。如果在这种环境下采用 CW 模式执行，被试对象可能因为未能及时停止机器人而导致动作失误，使得被试对象花费更多的时间来纠正此失误。例如，被试对象 subj3 虽然比 subj4 输出的控制指令少，但是却花费更长的时间完成任务。这是由于被试对象 subj3 在 CW 模式下给出了错误的指令并且在某些时刻未能及时停止机器人，从而导致其需要更长的时间来完成任务。

(3)闭环控制实验的成功率比离线和在线开环的自适应模型结果略低，这可能是因为闭环的机器人控制实验加入的视觉反馈和模式切换这两个部分对被试对象的注意力与大脑的状态产生负面影响。

(4)CW 模式可以减少被试对象输出指令的数量，降低了注视刺激的疲劳感；但是两种模式的切换也增加了完成任务的难度，因为他们需要在实验中快速地思考应使用哪个模式执行动作，如果决定采用 CW 模式，那么还需要在系统辨识出目标刺激后尽快地转移注意力到 SwitchStim 上切换模式。

4.5　基于 MI 的脑-机器人交互技术

4.5.1　三维环境下的四旋翼飞行器的脑电控制

本节主要介绍文献[26]设计的脑控四旋翼飞行器系统的实验方法。

1. 训练

被试对象在了解实验细则后进行一维空间的光标任务训练，直到他们在 4 个连续的、时长为 3min 的实验(或者在 10 个以上的连续实验)中的得分中的平均得分达到 80%以上。在一维光标任务中，目标以发出黄色光的方式出现在屏幕的左侧或者右侧，被试对象需要想象左手或者右手的运动来控制光标移至发光的目标，而避免靠近另一个在发光目标对侧的不发光的目标。在第一个阶段，每个被试对象进行三组实验(session)，每组包括至少 9 个时长为 3min 的子实验(trial)。第二个阶段与第一个阶段的实验互相独立。在第二个阶段，目标出现在屏幕的上方或者底部。被试对象通过想象握紧双手来控制光标上移；通过空想休息控制光标下降。放松状态常包括集中注意力在身体的非肌肉部分或者放松。第三个阶段是合并前两个阶段：控制光标在前、后、左、右四个方向移动。被试对象必须在 4 个连续的二维光标子实验中达到 70%以上的准确率，或者在连续的 10 个二维子实验中达到 70%以上的准确率，才能进行后续的实验。

被试对象在达到上述要求后开始进行控制虚拟直升机的训练，该直升机的动力学与被试对象的 EEG 幅值呈线性关系。被试对象在 3 组实验中逐渐熟悉虚拟直升机的控制方式，然后开始控制虚拟的 AR 无人四旋翼飞行器，该仿真飞行器与被试对象最终在真实三维环境下控制的飞行器具有相似的外观，并可在此飞行器上设计控制算法。新的算法将被试对象的脑电控制信号与飞行器的加速器相关，而不是速度。通过力学原理驱动飞行器，这使得本平台去除了部分不符合实际的动作(这些动作在直接由速度驱动的情况下会出现)。虽然这种力学驱动方式增加了被试对象控制的挑战性，但是在实际环境下 AR 无人四旋翼飞行器是由力学原理驱动的，因此上述环节是使得被试对象适应实际环境必须面临的关键步骤。

被试对象在虚拟环境下经历一至三个阶段(每个阶段包括至少 9 个 3min 的子实验)之后，开始进行真实的 AR 无人机训练。4 名从未进行过 BCI 实验的被试对象在 3 个月内的虚拟平台训练过程中，平均共训练了 5 小时 20 分钟才开始进行实际训练。这期间的训练包括一维左-右训练、一维上-下训练、二维光标任务训练以及虚拟直升机模拟训练，训练流程可见图 4.54。

在结束虚拟任务后，被试对象可以通过试驾训练任务来调整自己的脑电信号并熟悉机器人系统。在任务中，被试对象需要驾驶 AR 无人机平稳地穿过悬挂的泡沫塑料环。在训练时，多个环分布在空中的不同位置，被试对象需要按指示向前和向后飞行以保证同一行的圆环被穿过的次数不多于一次。该试驾训练鼓励被试对象探索控制空间，同时给予他们调整对每个 BCI 信号的灵敏度的机会。实验团队在 3 周内的 84min 里完成该项训练。当被试对象感觉所校正的信号较为舒服时开始进行正式的实验，并且速度、准确率和连续性都被作为评判指标。

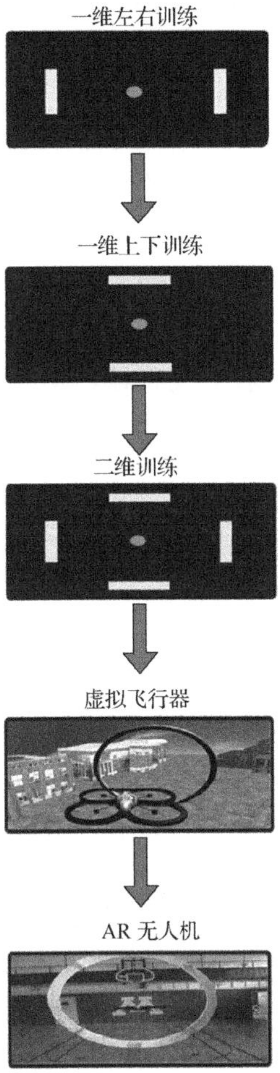

图 4.54　被试对象的训练流程

2. 数据采集和处理

被试对象坐在学校的体育场馆内的舒服的椅子上并且面朝显示屏。被试对象面前的一个固定的墙体阻挡了被试对象看无人机的视线。选取并佩戴适合被试对象头颅形状的 64 位 EEG 帽子，通道排布按照“国际 10-20 系统标准”。实验采用 Neuroscan

Synamps 2 放大器，以 1000Hz 采集脑电信号并滤除直流 200Hz 信号，并将该信号传送给 BCI2000 进行后续处理。

利用 4min 的实验来配置 BCI 实验的参数。每个子实验之间没有间隔或者反馈。在每个子实验中，光标在二维环境下运行 6s 后返回中心位置，以开始下一个子实验。由于没有间隔，所以被试对象难以感知出子实验的时长为 6s。操作者观察被试对象是否有不合适的眨眼或者肌肉动作，并提醒被试对象减少动作。在在线实验之前先为每位被试对象确定信号的频段和特征通道，在实验过程中将特定通道和频段内的时变信号传送给 BCI2000 以产生控制信号，并通过 UDP 以 30ms 的间隔传递给通过无线来通信 AR 无人机的 Java 程序。

3．实验条件和被试对象

无人机的飞行环境建立在标准的大学体育场内。图 4.55 标明实验环境、起飞位置和两个环形的目标点的位置。目标的材质是轻质量的塑料泡沫，悬挂在空中，底部的内侧边缘距离地面为 1m。每个环的外直径为 2.7m，内直径为 2.29m。被试对象坐在墙的后面以确保安全性，但是也阻碍了被试对象的视线。虽然被试对象不能直接看见飞行器，但是通过显示屏和安装在飞行器上的相机，可以以第一视角的方式来观看飞行器及周边环境。

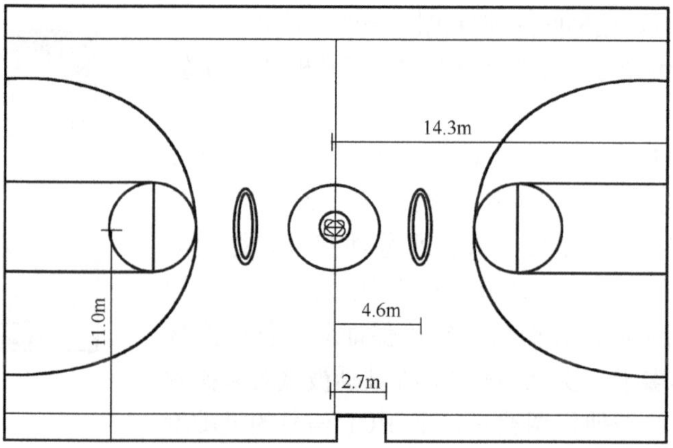

图 4.55　实验环境

本实验采用 AR 无人飞机 1.0 四旋翼飞行器。主要原因如下：它可以提供较强的稳定性；速度和动作是可控的；AR 无人机提供了两个可放置在机体上的相机；能实时地获取加速器、纬度和电池的相关数据。

五名年龄在 21～28 的被试对象(三名男性)参与实验。每个被试对象都签署了由明尼苏达大学评论协会组织签署的知情同意书。这五名被试对象中，四名被试对象在此实验之前未参加过 BCI 实验，另一名被试对象则参加过脑控虚拟直升机的训练和控制测试。

4. 实验设计

实验包括三组实验，每组实验包括 6～15 个子实验，每次的最长飞行时间是 4min。在每个子实验开始时，AR 无人机距离地面 0.8m。想象左手、想象右手、想象双手、无想象分别对应飞行器的左转、右转、上升和下降。当连续的前进信号被发送给飞行器时，在没有转弯行为的情况下直线速度增加(0.69±0.02) m/s。图 4.56 显示飞行器执行对应脑电信号的各个行为。

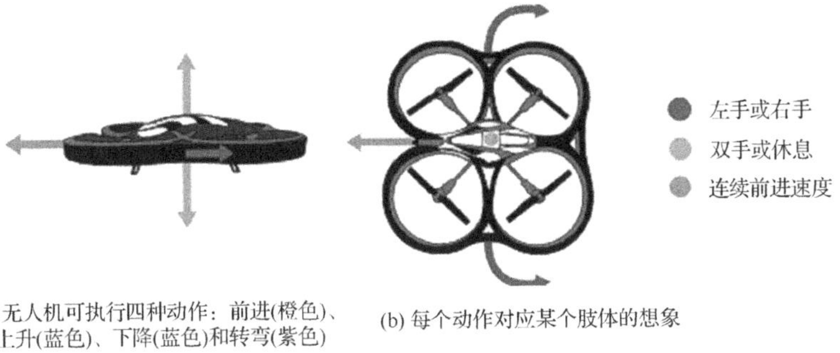

图 4.56　无人机的执行方式(见彩图)

被试对象所使用的系统是常用于远程控制的系统，通过非线性转换脑电信号形成控制信号，传递给飞行器，如图 4.57 所示。阈值可消除少数不是由意图控制所产生的脑电信号，当大于阈值时信号才被转化，被试对象才可以通过改变想象的程度来达到控制效果。

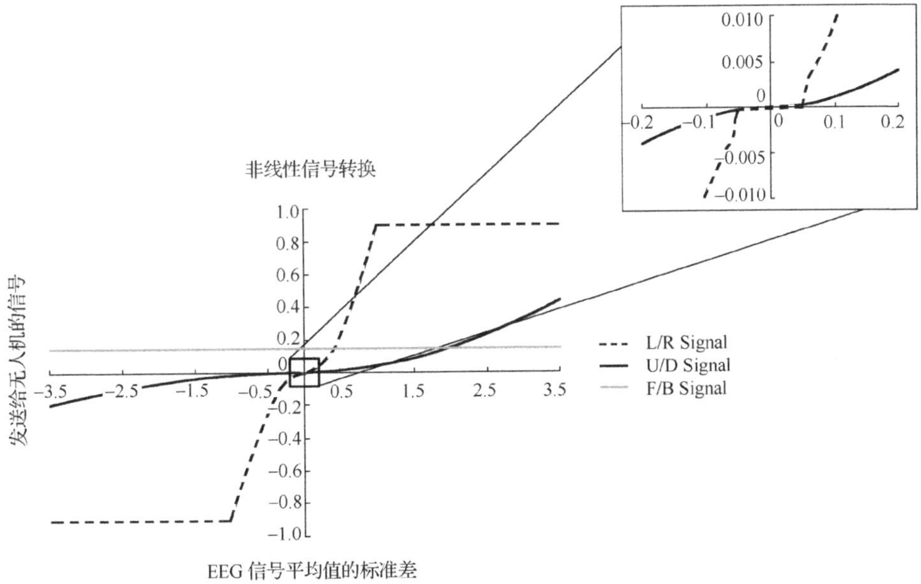

图 4.57　非线性转化函数

如果被试对象成功地控制飞行器穿过一个目标环，则记为“击中目标”；如果发生碰撞，则记为“碰撞”；如果在碰撞后的5s内穿过该换，则记为“击中目标”；如果飞行器飞离控制区域，则子实验结束并且被记为“撞墙”。被试对象会进行两种实验作为比对：脑控实验和利用键盘控制的手控实验，两种实验下的参量设置一致。

5．性能分析

本节在原有的 ITR 计算公式的基础上增加系统初始和最终位置的变量来改进ITR，以使得ITR适用于异步BCI系统。困难指数(index of difficulty，ID)以香农公式的形式按照费兹定律给出，单位为bits：

$$\mathrm{ID}=\log_2\left(\frac{D}{W}+1\right) \tag{4.18}$$

其中，D表示初始位置到达目标位置中心的距离；W表示目标的宽度。对此进行时间微分得到bits/min。因此ITR以bits/min的计算如下：

$$\mathrm{ITR}=\frac{\mathrm{ID}}{T} \tag{4.19}$$

其中，T表示到达目的花费的时间。在本实验中D为4.6m，W为2.29m。

本实验采用两个指标评价速度：最多飞行次数下的平均环数(average rings per maximum flight，ARMF)和每次穿过目标的平均飞行时间(average ring acquisition time，ARAT)。最多飞行次数下的平均碰撞次数(average crashes per maximum flight，ACMF)可表征控制的连续性，即在4min内的平均碰撞次数。

$$\mathrm{ARMF}=\frac{\mathrm{NTA}}{\mathrm{TFT}\div\mathrm{FM}} \tag{4.20}$$

$$\mathrm{ARAT}=\frac{\mathrm{TFT}}{\mathrm{NTA}} \tag{4.21}$$

$$\mathrm{ACMF}=\frac{\mathrm{NWC}}{\mathrm{TFT}\div\mathrm{FM}} \tag{4.22}$$

其中，NTA表示穿过目标的次数；TFT表示总共飞行时间，FM表示4min；NWC表示撞墙次数。

BCI系统的成功率采用成功率百分比(percent total correct，PTC)、有效正确百分比(percent valid correct，PVC)和实际正确百分比(percent partial correct，PPC)，公式如下所示。

$$\mathrm{PTC}=\frac{\mathrm{NTA}}{\mathrm{NTA}+\mathrm{NRC}+\mathrm{NWC}} \tag{4.23}$$

$$PVC = \frac{NTA}{NTA + NWC} \tag{4.24}$$

$$PPC = \frac{NTA + NRC}{NTA + NRC + NWC} \tag{4.25}$$

其中，NTA 表示穿过目标的次数；NRC 表示碰撞环的次数；NWC 表示碰撞墙壁的次数。如果成功地穿过环，则 NTA 计数一次；如果碰撞环而未穿过，则 NRC 计数一次，如果碰撞后穿过环，则 NTA 计数一次，NRC 不计数。

4.5.2　实验结果

表 4.20 给出每位被试对象的控制效果。平均 PTC 为 66.3%，平均 PPC 为 82.6%。被试对象展现出快速地连续穿过多个环的能力，一些被试对象通过暂时地最小化他们向左或者向右的脑电信号来最小化转弯的动作，从而使得无人机获得更短的路径。所有的被试对象在利用运动想象方式穿过环的任务中都达到较高的成功率。

表 4.20　被试对象的执行成果列表

范式	PVC/%	PTC/%	PPC/%	ARAT/s	ARMF/最多钻环数(飞行)	ACMF/最多碰撞数(飞行)
subj1	90.5	85.1	91.0	57.8	4.2	0.4
subj2	79.4	62.8	83.7	81.4	2.9	0.8
subj3	75.0	62.3	79.2	72.1	3.3	1.1
subj4	81.4	70.0	84.0	86.2	2.8	0.6
subj5	69.1	54.3	75.7	98.8	2.4	1.1
被试对象的加权平均	79.2	66.3	82.6	77.3	3.1	0.8
键盘控制	100.0	100.0	100.0	19.9	12.0	0.0
基准实验	8.3	8.3	8.3	451.0	0.5	5.9

五名被试对象在二维光标训练中的平均 ITR 为 6.17bits/min，他们每次有 6s 的时间去控制光标到达目的地。在 AR 无人机实验中，五名被试对象的平均 ITR 为 1.16bits/min，具体如表 4.21 所示。虽然比二维实验下的值更低，但是这些结果却在提出描述异步系统的指标方面具有重大价值。被试对象的平均 ACMF 为 0.8 个碰撞。图 4.58 显示了每位被试对象的准确率、速度、连续性。被试对象具有保持平稳地控制而防止碰撞的能力。

表 4.21　信息传输率

范式	平均 ITR
subj1	1.92
subj2	1.42
subj3	1.34

续表

范式	平均 ITR
subj4	0.78
subj5	1.53
平均	1.16
键盘控制	5.60
基准任务	0.14

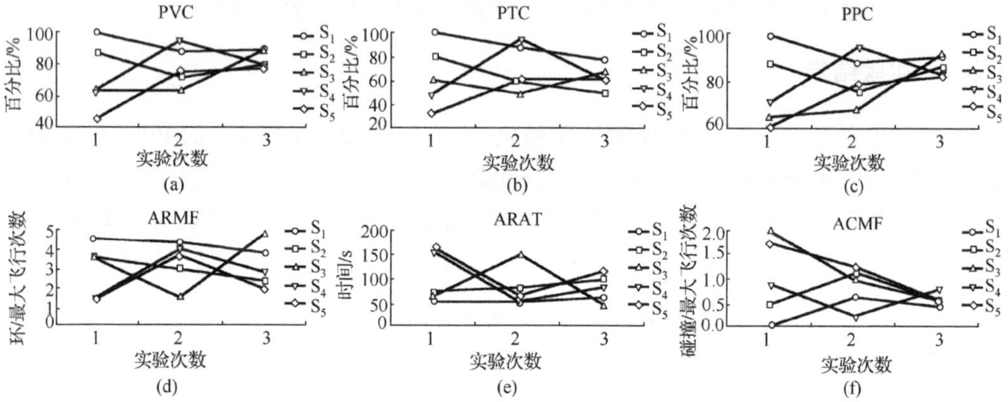

图 4.58　5 名被试对象在三组实验中的结果

在利用键盘控制的实验中，未经过手控实验训练的被试对象在 4min 内平均可穿过 12.0 个环；然而在脑控实验中，经过脑控实验训练的被试对象在 4min 内平均可以穿过 3.1 个环。因而可以认为该 BCI 系统穿过环的能力只有手控系统的 25.8%。某个的被试对象在大约 7.5min 内仅仅穿过一个环并且没有碰撞，这是因为被试对象多次在子实验中当无人机刚起飞时就坠毁，因此具有非常高的 ACMF(5.9)，也说明他有多次快速的坠毁。此外，训练的被试对象平均可以穿越 3.1 个环，而未训练的被试对象只能完成 0.5 个环。手控实验与脑控实验的比率，以及脑控实验与基准实验(反馈给未训练的被试对象以错误的结果)性能比率如图 4.59 所示。

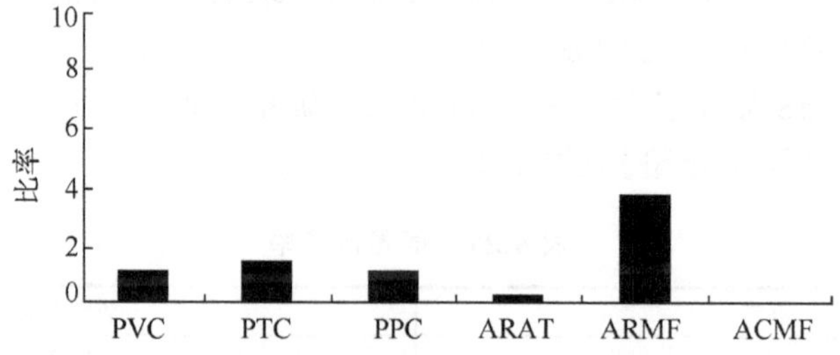

(a) 手控与脑控实验的比率

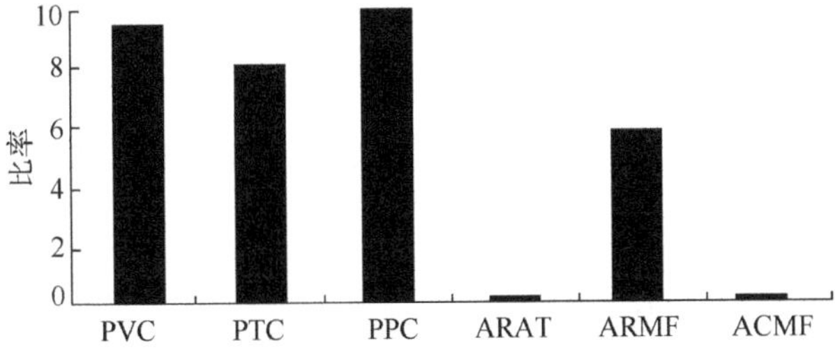

(b) 脑控与基准实验的比率

图 4.59　实验对比

4.6　仿人机器人三种控制技术的性能评价和比较

4.6.1　ERP 与 SSVEP 的比较

由于在 SSVEP 和 ERP 两种模式下的在线开环实验中的被试对象 subj1 都取得了最优或接近最优的信息传输率(表 4.1 和表 4.16)，因此选择该被试对象参加图 4.5 所示的在线闭环实验，统计他在 3 次重复任务中的平均完成时间和平均指令数量，实验结果见表 4.22。①SSVEP 模式需要使用比 ERP 模式更多的指令来完成实验，这是由于 SSVEP 模式不能控制机器人左移和右移，所以在直角拐弯处只能使用多个右转、前进和左转动作的组合来将仿人机器人向右平移，而在 ERP 模式中被试对象只需平均使用 3.7 个右移动作就可完成相同的任务。②SSVEP 模式虽然输出的指令数量更多，但完成实验所花费的平均时间却更短，这是由于 SSVEP 模式输出每个指令所需的响应时间更短。③在线闭环实验中，SSVEP 和 ERP 模式的平均响应时间(5.13s 和 8.6s)都要长于在线开环实验的结果(3.65s 和 6.6s)，这是由于闭环实验中被试对象在输出每个指令后，都需要额外的时间来观察机器人动作的执行效果并对下一个动作做出决策，这一过程大约需要 2s 的时间。

表 4.22　控制仿人机器人沿线行走实验中的性能对比

脑电模式	平均完成时间/s	平均指令数量/个						
		WF	WB	TL	TR	SL	SR	总计
SSVEP	96	10.7	0	3	4.7	N/A	N/A	18.7
ERP	118	8.3	0	0.7	1	0	3.7	13.7

表 4.23 总结了当前研究中主要的脑控仿人机器人系统，由于各研究所选取的控制任务及其实验设置并不相同，所以本书只通过正确率、响应时间和信息传输率 3 个参数对各系统的性能进行评价和比较。其中文献[27]～[34]报道了基于 ERD/ERS

的 BRI 系统，大都具有较低的控制正确率；文献[34]～[37]中使用的是虚拟仿人机器人，而真实机器人的控制往往更具挑战性。

表 4.23　当前研究中主要脑控仿人机器人系统的性能对比

著作	脑电模式	控制任务	评价指标		
			正确率/%	响应时间/s	ITR/(bits/min)
Bell 等[23]	4 指令 P300	目标选取	95	5	24
Li 等[27]	3 指令 ERD	行走	N/A	N/A	N/A
Chung 等[35,36]	3 指令 SSVEP	导航	77.5	N/A	N/A
Bryan 等[37,38]	5 指令 SSVEP	抓取物体	N/A	N/A	N/A
Thobbi 等[32]	2 指令 ERD	导航	78.35	N/A	N/A
Finke 等[33]	P300 2 指令 ERD	远程控制和辅助	P300: 80 ERD: 78	N/A N/A	N/A N/A
Gergondet 等[39-41]	4 指令 SSVEP	导航和目标选取	N/A	N/A	N/A
Chae 等[31]	3 指令 ERD	导航	80.9	1.84	14.02
Choi 等[28]	2 指令 SSVEP 2 指令 ERD 4 指令 P300	导航和目标选取	SSVEP: 84.4 ERD: 84.6 P300: 91	N/A N/A 5.35	11.6 11.8 15.2
Tidoni 等[42]	6 指令 SSVEP	导航和移动物体	N/A	7.52	N/A
Bouyarmane 等[34]	2 指令 ERD	爬台阶	N/A	N/A	N/A
Kishore 等[43]	4 指令 SSVEP	手势交互	87	N/A	N/A
Jiang 等[29]	6 指令 ERD	抓取物体	89.4	5.2	23.5
Duan 等[30]	3 指令 SSVEP 2 指令 ERD	导航和移动物体	SSVEP: 89.0 ERD: 93.3	N/A	N/A
本书的系统	4 指令 SSVEP 6 指令 P300	导航行走	SSVEP: 90.3 P300: 91.3	3.65 6.6	24.7 18.8

4.6.2　从 motion-onset VEP 的实验讨论评价指标

准确率和信息传输率是常用于评价 BCI 系统的两个指标，但是与实验的完成时长在评价 BRI 系统时存在矛盾。在表 4.12 中被试对象 subj1 和 subj4 在 3 次 repetition 下的准确率分别为 96.4%与 84.5%，在 5 次 repetition 的准确率为 100.0%和 88.8%，可见这两名被试对象在 5 次 repetition 时的准确率更高。但是他们在 5 次 repetition 时的完成任务的时长分别为 144.3s 和 154.3s，远大于 3 次 repetition 时完成任务的时长 99.8s 和 116.1s，说明被试对象在 3 次 repetition 时的实验成绩更好，与从准确率方面的结论构成矛盾。5 次 repetition 虽然比 3 次 repetition 获得更高的准确率，但是更多次的诱发降低输出指令的速度，从而延长了任务的完成时长。准确率是正确指令占所有指令的百分比，未考虑输出指令的速度，因此仅从准确率角度评价 BRI 系统出现了片面性。

信息传输率考虑了准确率和每分钟的输出指令数量这两方面，更为客观地评价了被试对象正确完成任务的速度，但是仅用 ITR 评价被试对象完成任务的成绩依然存在不足。在表 4.12 中根据被试对象 subj2 与 subj3 的成功率可得他们在 3 次 repetition 的 ITR 为 24.3bits/min 和 19.7bits/min，高于他们在 5 次 repetition 的 16.5bits/min 和 12.1bits/min，这两名被试对象在这两种 repetition 下的准确率接近，因此不同的输出指令时长导致信息传输率有较大差异。从 ITR 角度评价该系统，被试对象在 3 次 repetition 下的成绩更高。但是从完成任务的时长的角度出发，他们在 5 次 repetition 下的用时更少。在 5 次 repetition 下较长的输出指令时间间隔有助于被试对象更加充分地规划指令序列；5 次 repetition 时相对较高的准确率可减少被试对象额外的用于纠正错误指令而输出的指令数量，上述都导致被试对象在 5 次 repetition 时用更少的指令来完成任务，从而使得被试对象完成任务的用时更少。文献[44]指出可输出两种指令的 BCI 系统在准确率为 90%时的 ITR 相当于可输出四种指令的 BCI 系统在准确率为 65%时的 ITR，但这并不意味这两种系统在完成任务时能达到相近的速度，仍应根据具体任务和外控设备的特征来选择系统。前者适合对操作精细程度要求较高、指令结构单一的任务，而后者适合对操作精细程度要求较低、指令形式丰富的任务。由此看来，信息传输率无法考虑被试对象的输出指令方式和完成任务的总指令个数，在评价实际的 BRI 系统时也存在的局限性。

本章提出采用完成任务的总时长、完成任务的总指令数、碰撞次数、成功实验的比率等来评价 BRI 系统完成闭环控制实验的性能。被试对象完成任务的时长是较为重要的一项指标，它不仅直观地说明系统完成被试对象控制意图的速度，还表明了系统输出被试对象控制意图的准确率；它受到在线成功率、个人习惯、输出指令速度等多方面的影响，因此是一个综合性的指标。碰撞次数与成功实验的比率表明了 BRI 系统完成任务的质量，表明在实验过程中系统是否按照被试对象的意愿执行任务，同时也反映了操作 BRI 系统的难度。在执行任务的过程中，被试对象状态与环境的动态性和多样性导致单一的指标难以全面评价系统，因此应综合多个指标进行具体分析。结合指令任务的总时长、总指令数、和在线成功率可以推测被试对象的任务执行状况，如错误指令数量和个人指令习惯等，为进一步提高被试对象和系统的工作效率提供依据。在今后的研究中仍然要寻找更为实际的评价标准来指导 BRI 系统向着更为实际的应用方面发展，如被试对象的训练成本、系统鲁棒性等。

参 考 文 献

[1] Volosyak I, Cecotti H, Valbuena D, et al. Evaluation of the bremen ssvep based BCI in real world conditions. Proceedings of IEEE International Conference on Rehabilitation Robotics, Kyoto, 2009: 322-331.

[2] Allison B, Wolpaw E, Wolpaw J. Brain-computer interface systems, progress and prospects. Expert Review of Medical Devices, 2007, 4(4): 463-474.

[3] 张杨松. 基于稳态视觉诱发电位的脑机制及脑-机接口研究. 成都: 电子科技大学, 2013.

[4] Mason S G, Birch G E. A brain-controlled switch for asynchronous control applications. IEEE Transactions on Biomedical Engineering, 2000, 47(10): 1297-1307.

[5] 潘家辉. 基于 P300 和 SSVEP 的高性能脑机接口及其应用研究. 广州: 华南理工大学, 2014.

[6] Zhang Z, Deng Z. A kernel canonical correlation analysis based idle-state detection method for SSVEP-based brain-computer interfaces. Advanced Materials Research, 2011, 341: 634-640.

[7] Pan J, Li Y, Zhang R, et al. Discrimination between control and idle states in asynchronous SSVEP-based brain switches: A pseudo-key-based approach. IEEE Transactions on Neural Systems & Rehabilitation Engineering, 2013, 21(3): 435-443.

[8] 高上凯. 浅谈脑-机接口的发展现状与挑战. 中国生物医学工程学报, 2007, 26(6): 801-803.

[9] Bin G, Gao X, Yan Z, et al. An online multi-channel SSVEP-based brain-computer interface using a canonical correlation analysis method. Journal of Neural Engineering, 2009, 6(4): 1771-1779.

[10] Yin E, Zeyl T, Saab R, et al. A hybrid brain-computer interface based on the fusion of P300 and SSVEP scores. IEEE Transactions on Neural Systems & Rehabilitation Engineering, 2015, 23(4): 693-701.

[11] Zhu D, Bieger J, Molina G G, et al. A survey of stimulation methods used in SSVEP-based BCIs. Computational Intelligence & Neuroscience, 2010, 2010: 1.

[12] Muller-Putz G R, Scherer R, Brauneis C, et al. Steady-state visual evoked potential (SSVEP)-based communication: Impact of harmonic frequency components. Journal of Neural Engineering, 2005, 2(4): 123-130.

[13] Won D O, Zhang H H, Guan C, et al. A BCI speller based on SSVEP using high frequency stimuli design. Proceedings of International Conference on Systems, Man and Cybernetics, Piscataway, 2014: 1068-1071.

[14] Zhu D, Molina G G, Mihajlovic V, et al. Phase synchrony analysis for SSVEP-based BCIs. Procedings of International Conference on Computer Engineering and Technology, Chendu, 2010: 329-333.

[15] 徐光华, 张锋, 王晶, 等. 面向智能轮椅脑机导航的高频组合编码稳态视觉诱发电位技术研究. 机械工程学报, 2013, 49(6): 21-29.

[16] Volosyak I, Valbuena D, Luth T, et al. BCI demographics II: How many (and what kinds of) people can use a high-frequency SSVEP BCI. IEEE Transactions on Neural Systems & Rehabilitation Engineering, 2011, 19(3): 232-239.

[17] Ng K B, Bradley A P, Cunnington R. Stimulus specificity of a steady-state visual evoked

potential-based brain-computer interface. Journal of Neural Engineering, 2012, 9(3): 36008-36020.

[18] Karakas S, Erzengin O U, Basar E. The genesis of human event-related responses explained through the theory of oscillatory neural assemblies. Neuroscience Letters, 2000, 285(1): 45-48.

[19] Joyce C A, Gorodnitsky I F, Kutas M. Automatic removal of eye movement and blink artifacts from EEG data using blind component separation. Psychophysiology, 2004, 41(2): 313-325.

[20] Liu T, Goldberg L, Gao S, et al. An online brain-computer interface using non-flashing visual evoked potentials. Journal of Neural Engineering, 2010, 7(3): 036003.

[21] Tidoni E, Gergondet P, Kheddar A, et al. Audio-visual feedback improves the BCI performance in the navigational control of a humanoid robot. Frontiers in Neurorobotics, 2014, 8: 1-8.

[22] Li M, Li W, Zhao J, et al. An adaptive P300 model for controlling a humanoid robot with mind. Proceedings of the IEEE International Conference on Robotics and Biomimetics, Shenzhen, 2013: 1390-1395.

[23] Bell C J, Shenoy P, Chalodhorn R, et al. Control of a humanoid robot by a noninvasive brain-computer interface in humans. Journal of Neural Engineering, 2008, 5(2): 214-220.

[24] Palankar M, de Laurentis K J, Alqasemi R, et al. Control of a 9-DoF wheelchair-mounted robotic arm system using a P300 brain computer interface: Initial experiments. Proceedings of IEEE International Conference on Robotics and Biomimetics, Washington, 2009: 348-353.

[25] Iturrate I, Antelis J M, Kubler A, et al. A noninvasive brain-actuated wheelchair based on a P300 neurophysiological protocol and automated navigation. IEEE Transactions on Robotics, 2009, 25(3): 614-627.

[26] Lafleur K, Cassady K, Doud A, et al. Quadcopter control in three-dimensional space using a noninvasive motor imagery-based brain-computer interface. Journal of Neural Engineering, 2013, 10(4): 1-15.

[27] Li W, Jaramillo C, Li Y. A brain computer interface based humanoid robot control system. Proceedings of the IASTED International Conference on Robotics, New York, 2011: 390-396.

[28] Choi B, Jo S. A low-cost EEG system-based hybrid brain-computer interface for humanoid robot navigation and recognition. Plos One, 2013, 8(9): e74583.

[29] Jiang J, Zhou Z, Yin E, et al. A novel morse code-inspired method for multiclass motor imagery brain-computer interface (BCI) design. Computers in Biology & Medicine, 2015, 66: 11-19.

[30] Duan F, Lin D, Li W, et al. Design of a multimodal EEG-based hybrid BCI system with visual servo module. IEEE Transactions on Autonomous Mental Development, 2015, 7: 1-10.

[31] Chae Y, Jeong J, Jo S. Noninvasive brain-computer interface-based control of humanoid navigation. Proceedings of IEEE/RSJ International Conference on Intelligent Robots & Systems, San Francisco, 2011: 685-691.

[32] Thobbi A, Kadam R, Sheng W. Achieving remote presence using a humanoid robot controlled by a non-invasive BCI device. International Journal on Artificial Intelligence and Machine Learning, 2010, 10: 41-45.

[33] Finke A, Knoblauch A, Koesling H, et al. A hybrid brain interface for a humanoid robot assistant. Proceedings of International Conference of the IEEE Engineering in Medicine & Biology Society, Boston, 2011: 7421-7424.

[34] Bouyarmane K, Vaillant J, Sugimoto N, et al. Brain-machine interfacing control of whole-body humanoid motion. Frontiers in Systems Neuroscience, 2014, 8: 138.

[35] Chung M, Cheung W, Scherer R, et al. A hierarchical architecture for adaptive brain-computer interfacing. Proceedings of the 22nd International Joint Conference on Artificial Intelligence, Barcelona, 2011: 1647-1652.

[36] Chung M, Cheung W, Scherer R, et al. Towards hierarchical BCIs for robotic control. Proceedings of International IEEE/EMBS Conference on Neural Engineering, Cancun, 2011: 330-333.

[37] Bryan M, Nicoll G, Thomas V, et al. Automatic extraction of command hierarchies for adaptive brain-robot interfacing. Health Services Research, 2012, 42: 2194-2223.

[38] Bryan M, Green J, Chung M, et al. An adaptive brain-computer interface for humanoid robot control. Proceedings of IEEE-RAS International Conference on Humanoid Robots, Bled, 2011: 199-204.

[39] Gergondet P, Druon S, Kheddar A, et al. Using brain-computer interface to steer a humanoid robot. Proceedings of IEEE International Conference on Robotics and Biomimetics, Karon Beach, 2011: 192-197.

[40] Gergondet P, Petit D, Kheddar A. Steering a robot with a brain-computer interface: Impact of video feedback on BCI performance. Proceedings of the 21st IEEE International Symposium on Robot and Human Interactive Communication, Paris, 2012: 271-276.

[41] Gergondet P, Kheddar A, Hintermüller C, et al. Multitask humanoid control with a brain-computer interface: User experiment with HRP-2. Springer Tracts in Advanced Robotics, 2013, 88: 215-229.

[42] Tidoni E, Gergondet P, Kheddar A, et al. Audio-visual feedback improves the BCI performance in the navigational control of a humanoid robot. Frontiers in Neurorobotics, 2014, 8: 1-8.

[43] Kishore S, González-Franco M, Hintemüller C, et al. Comparison of SSVEP BCI and eye tracking for controlling a humanoid robot in a social environment. Presence Teleoperators & Virtual Environments, 2014, 23: 242-252.

[44] Wolpaw J R, Birbaumer N, Mcfarland D J, et al. Brain computer interfaces for communication and control. Clinical Neurophysiology, 2002, 113: 767-791.

第 5 章　便携式脑-机器人交互技术

脑-机器人交互系统是在脑-机接口基础上发展起来的一种人-机融合控制系统[1-3]。该系统最初服务于医疗康复领域，对于一些患有帕氏综合征、失语症、脊髓损伤、先天或因事故导致残疾的患者，可以借助该交互系统，提取脑电信号来控制轮椅的行进或者操控机器人完成某项任务，从而辅助自己的日常生活和康复训练[4-6]。2014 年世界杯开幕式上，一名巴西的残疾青年朱利亚诺•平托利用脑电控制“外骨骼”，为世界杯开出第一球，成为世界杯历史上最具科技含量的一脚，也向全世界证明了脑科学的魅力。在教育领域，注意力不集中的人群，尤其是多动症患者也可以通过交互系统进行神经反馈训练，来提高专注程度和学习水平。Hardt 和 Kamiya 等在 1978 年提出神经反馈治疗法，可以通过训练 alpha 脑电波起到缓解高度焦虑用户精神压力的效果[7]；Lubar 在 1976 年对患有注意力欠缺症和多动症的数百名儿童进行神经反馈治疗，显著提高了患者的精神状态和才智表现[8]；BrainTech 公司在 2001 年研发了世界首部携带式神经反馈系统——NEUROHARMONY，开创了大脑教育普及的新篇章。同时，脑-机器人交互系统在娱乐领域也得到了巨大发展。PuzzleBox 公司在 2012 年研制出一种全新的玩具直升机——Orbit，使用户在通过脑电波对其进行控制的过程中调整和控制了自己的情绪。脑-机器人交互系统不仅可以用于辅助日常生活、丰富生活乐趣，同时可以极大地提高注意力，对改善教育效果和自闭症的康复都具有重要意义。

然而，脑-机器人交互系统在向康复中心、教育机构和家庭的普及使用过程中，受到一定的局限。首先，对脑电信号采集设备而言，科研级产品价格高昂，重量较大，难以得到广泛应用；商品级便携采集产品易用、小巧、价格适中，有效地解决了科研级高精度的脑电信号采集设备所存在的问题。谢宏等通过 ADS1299 设计了一款可穿戴的脑电信号采集系统前端，该系统前端具有高采集精度、小体积和低功耗等特点[9]。Shyu 等基于 FPGA (field-programmable gate array) 设计了集采集与信号处理为一体的中心控制模块，并将其应用于病床监护系统，15 位被试对象取得了平均 92.5%的分类准确率[10]。神念科技公司推出了 14 通道的 Emotiv Epoc 意念控制器，实现对脑电信号的实时采集和处理。然而，大部分低成本的商品级采集产品存在测量精度较低，提供的可识别脑电模态较少等问题，容易使用户因无法准确地与机器人进行交互而失去兴趣。其次，对于交互设备而言，现有产品大都集成度较高且结构固定，用户无法对其形态和功能进行自由开发。因此，为了实现脑-机器人交互系统在康复中心、教育机构和家庭的普及，需设计出价格低廉、便携的脑电信号采集设备；在保证测量精度的同时，增加更多的系统自主开发设计能力、机器人交互能力，以实现系统的普适性。

脑-机接口包括脑电信号编码、信号采集、信号处理和信号输出四个部分，其中信号采集部分作为获取信号的第一步，对整个脑控系统性能产生的影响是极为关键的。脑电信号是非常微弱的，一般幅值只有 50μV 左右；大脑头皮与颅骨之间存在几千欧姆的电阻，所以对采集设备前置部分输入阻抗的要求更高。目前科研上较为常用的非植入式脑电信号采集方式是湿电极帽，是指需要在头皮和帽子的电极之间注射适量的导电膏或者其他液体来提高导电性，研发该产品的相关公司包括 Neuroscan、BrainProducts、BlackRock MicroSystem、 NeurOne 等。通过电极帽上的转接线将初步采集的脑电模拟信号转接到具有放大、滤波、模数转换功能的外部采集设备进行后续处理。佩戴湿电极帽的过程需要在其他人的辅助下进行，时间耗费较长，而且随着采集时间的延长，导电膏的导电性能会逐渐下降或消失，采集的信号也会出现失真现象，影响信号质量。在脑电采集完毕后，一般还需清洗头部和电极帽，过程较为烦琐。湿电极帽的价格都较为昂贵。综合现有的外部采集设备，绝大多数使用的专用机器不但造价昂贵而且体积较大造成不易移动；此外，抗干扰能力差，必须在特定环境(甚至屏蔽室)下进行检测。为了实现 BCI 系统更普及的应用，使其便携地走入人们的日常生活中，体积小、低功耗、低成本、使用方便灵活的脑控设备更具有重要的实际意义和应用价值。

便携采集技术就是对脑电采集设备进行小型化、方便化处理。针对生活的普及应用，在保证一定采样精度和维度的同时，减小设计体积和成本，设计出便携的采集设备。本章主要介绍三种比较典型的便携采集设计——便携帽、便携采集器和便携处理器。

5.1 便携帽

相比传统脑电采集技术，干电极脑电采集技术使脑电采集摆脱了对导电介质的依赖性，并且这种新型脑电采集技术采用无线通信技术，具有使用简便、不易受环境制约的特点。一般的干电极脑电采集系统主要由 4 部分组成：干电极、信号采集模块、信号传输模块与电源[11]。系统整体的工作流程为贴附在头皮的干电极采集电信号并传递给采集模块；采集模块对数据进行放大、滤波和模数转换，再将信号传送给信号传输模块；信号传输模块负责将接收到的数字信号进行数据压缩等处理，并通过无线通信方式将信号传送给信号处理系统，进行存储及其他后续处理；电源系统负责整个脑电采集系统的供电。下面介绍两种比较典型的便携帽。

5.1.1 OpenBCI 生物传感套件

纽约布鲁克林的 OpenBCI 公司推出一套低成本、高性能的生物传感套件，如图 5.1 所示。这个套件由两个关键部件组成：可 3D 打印的 Ultracortex Mark 头戴装置和 OpenBCI Ganglion 生物传感设备。

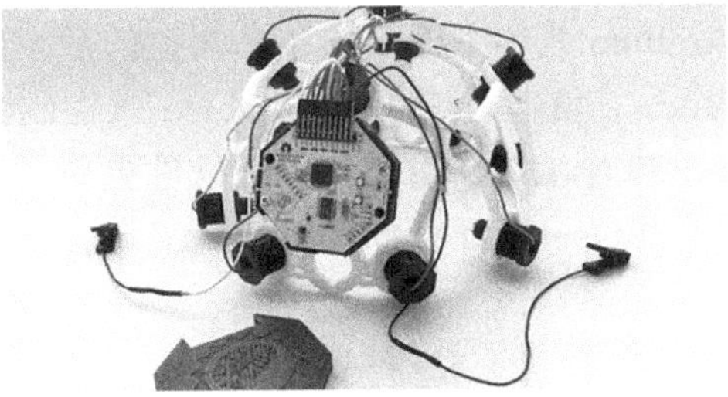

图 5.1　OpenBCI 生物传感套件

可 3D 打印的 Ultracortex Mark 头戴装置使用的是干电极脑电采集技术，不需要进行皮肤准备及涂覆导电膏。干电极可测量生物电势信号，如心电、脑电及肌电信号，很适合未来健康监护、康复、疾病诊疗、脑机接口检测及人-机交互系统的需求。Ultracortex 经历了多次更新，第 3 代的 Mark Ⅲ[12]已经开始量产，并且用户可自行下载设计文件并 3D 打印。

Mark Ⅲ头盔的设计简单方便，首先通过 3D 打印技术，制作出适合用户头型的头盔。在打造个性化头盔的时候，可以根据使用的 EEG 数据通道需要，设计干电极的留空，打印出的模型包括前后两个部分，如图 5.2 所示，使用胶水将前后部分粘连在一起，就形成了一个可戴式头盔的雏形。

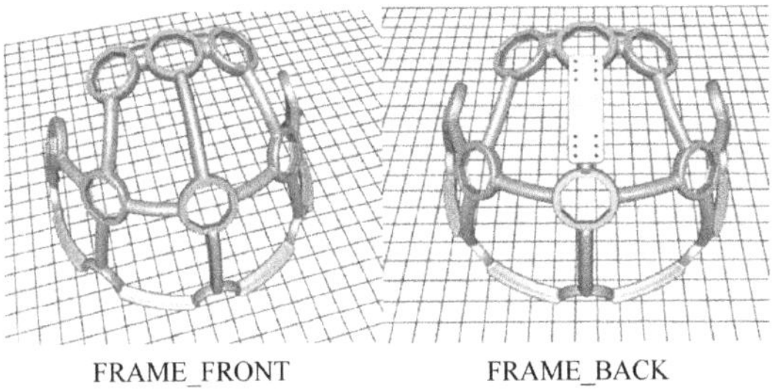

(a)　(b)

图 5.2　3D 打印头盔

干电极部分主要由多触点的干电极、弹簧、结构件、螺丝、螺母以及连接主板的导线组成。图 5.3 为干电极帽的组装过程。将连接好的电极安装在头盔的留空处，就组合成了 Ultracortex Mark 头戴装置。

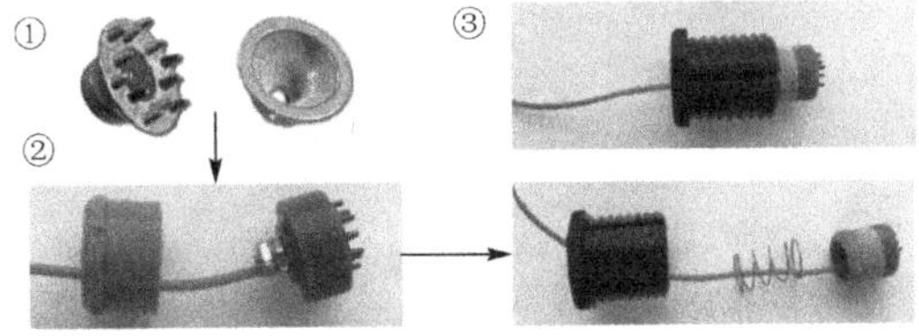

(a)　(b)

图 5.3　干电极组装过程

Ganglion 是一个 Arduino 兼容主板，安装在头盔的后半部分，包括了四个高阻抗差动输入、正电源(Vdd)、负电源(Vss)、Simblee 微控制器等，其中 Simblee 微控制器自带可编程闪存、29 个 GPIO 引脚和无线软件更新，只需对其固件进行预编程即可投入使用。图 5.4 为 OpenBCI 8 通道开发板。

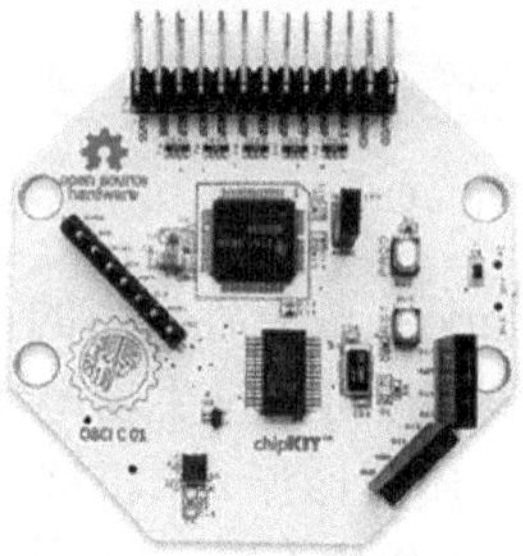

图 5.4　OpenBCI 8 通道开发板

OpenBCI 套件无论是安装和使用都很轻松方便，只需戴上装置，用户即可在 30s 内获取多通道的 EEG 数据。OpenBCI 公司也在向经济实用型上进一步深入开发，该设备有望进入教室，引起学生对于神经工程的兴趣，启发其对新的脑科学和生物传感的研究。

5.1.2　Emotiv Epoc

坐落于旧金山的 Emotiv 系统公司将神经工程学、技术和风险资金融入开发，研发了一个全新的人机界面控制系统——Emotiv Epoc 头戴设备[13]，如图 5.5 所示。Emotiv Epoc 可以同时装载 16 个传感器，其中 14 个为采集通道，2 个为参考；采样频率可设置为 128Hz 或 256Hz。通过持续对头皮施加压力，传感器捕捉到脑电图信号。这款设备利用一部能够测量脑电活动的、类似于脑电图的装置，来实时探测和处理脑电波模式。通过使用非侵入式传感器，Emotiv Epoc 可以测量很多不同的思想和情感。相较以前仅能探测基本的精神状态，如精力集中，Emotiv Epoc 还能同时区分被试对象具体的想法，如“推”和“举”，以及情感，如“兴奋”和“平静”。

图 5.5　Emotiv Epoc

Emotiv Epoc 的佩戴与连接是非常方便的。首先用生理盐水浸湿传感器，并将每一个传感器插入到 Emotiv Epoc 的耳机臂上进行顺时针旋转直至听到响声。然后将 Emotiv Epoc 佩戴在头上，使传感器位置如图 5.6 所示。

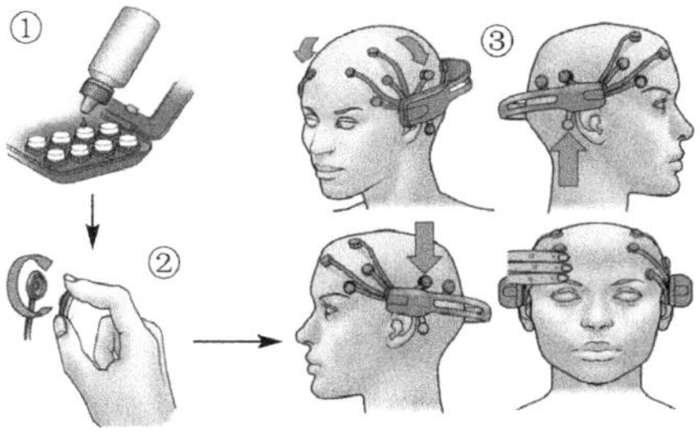

图 5.6　Emotiv Epoc 佩戴过程与方法

将电极帽按图示方式佩戴好后，进行与计算机的连接。Emotiv Epoc 与计算机通过 USB 进行连接，并使用 Emotiv SDK 软件测试脑电信号质量。当软件中的虚拟传感器变为绿色时则表明信号良好，当为红色和橙色时表示信号质量较差，当变为黑色时则表示没有信号。Emotiv Epoc 与计算机连接如图 5.7 所示。Emotiv 的编程可以通过 Emotiv API 进行 C 语言的编程。

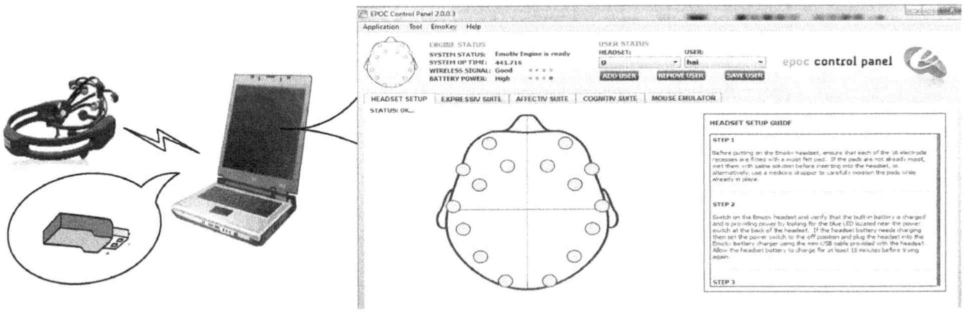

图 5.7　Emotiv Epoc 的连接

张毅等在文献[14]中利用 Emotiv Epoc 传感器设计了一种基于运动想象的控制系统。该系统通过想象左右手、迈腿动作与平静状态来实现对智能轮椅的实时控制，并通过独立成分分析法和反向传播神经网络进行特征的提取与分类。Maskeliunas 等通过完成专注、放松、眨眼等任务来评价 Emotiv Epoc 等低成本的消费级 EEG 设备，经过对比发现 Emotiv Epoc 具有更优的效果[15]。Ignas 等利用 Emotiv Epoc 开发了一种面向残疾人和健康人群的，基于三分类的 SSVEP 的射击游戏[16]。

5.2　便携式脑电信号采集系统

对于脑-机交互的广泛应用，本节采用一款商品级的便携式脑电信号采集器搭建了脑-机接口，并提出了针对此类商品级便携采集设备性能的对照评价方法，对采集器的性能进行验证。

小型化采集模块是针对外部连接的采集设备小型化设计的，通过与电极帽连接将接收到的脑电模拟信号进行滤波、模数转换等处理，之后通过无线射频、WiFi 等技术传输给计算机或其他处理设备进行后续的信号处理。小型化采集模块一般设计通道有 8 通道、16 通道、32 通道等，设计通道越多，模块体积越大，设计难度也进一步增大，其采样频率可以是固定的或是多个备选频率。

梁卫鸽等针对国内外脑电采集系统存在笨重和性价比低等缺陷，提出了一种基于 Android 便携设备的脑电便携式采集系统设计，主要分为两个部分：前端脑电信号采集部分和脑电信号显示存储部分，如图 5.8 所示。

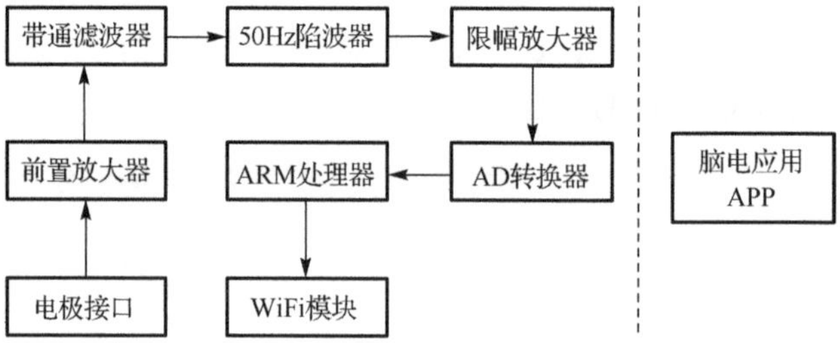

图 5.8　系统结构框图

采集器选用 2 节 3.7V 锂电池串联供电，避免市电交流供电所引来的工频干扰。电源管理模块使用 MICRODC 电源将电源变压为+9V 和−9V，线性稳压器件 LM7905 与 LM7805 将电压降为+5V 和−5V，采用开关型稳压芯片 LM2576s-3.3 产生+3.3V 电压，进而为整个系统进行供电。通过电极接口将大脑皮层的电信号传送至前置放大器，前置放大器分两级放大，需满足指标：输入阻抗大于 10MΩ；频带宽度 0～35Hz；共模抑制比大于 80dB(即共模抑制比大于 10000∶1)；前置放大级的电源纹波电压小于 0.5mV；系统噪声小于 3μV[17]。选用 AD822 作为一级放大器将脑电极和参考电极放大 4 倍，再通过 LT1167CN8 作为二级放大器将信号差分放大 250 倍。依次选用截止频率为 35Hz 的巴特沃斯低通滤波器进行带通滤波，和 50Hz 陷波器滤除工频干扰。最后将脑电信号进行限幅放大，以供 AD 转换器进行转换。AD 转换器采用 STM32 内嵌 ADC 模块，并且在处理器内部嵌入数字滤波器，将处理后的数据经由 WiFi 传至 Android 端进行实时显示、存储和其他操作。

5.2.1 便携采集器

本节介绍一款由南通博恩医疗科技有限公司自主开发的生物电信号采集器[18](简称便携采集器)，该采集器由采集端和接收端两部分构成，如图 5.9 所示。采集端体积为 65mm×40mm×21mm，重约 60g，能以 500Hz 的采样频率同时对 8 个通道的脑电数据进行测量。

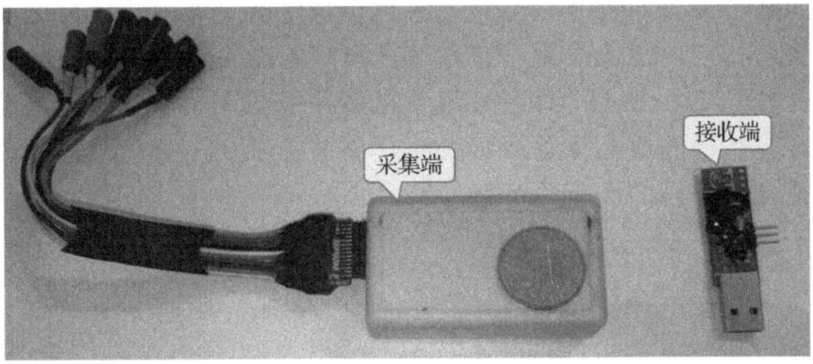

图 5.9 便携采集器

采集器的采集端通过转接线与电极帽接口相连，可以完成对脑电模拟信号的采集、模数转换和无线射频发送；接收端通过 USB 口接入计算机，用于将采样后的数字信号传输给计算机，以完成后续的信号解码和输出。

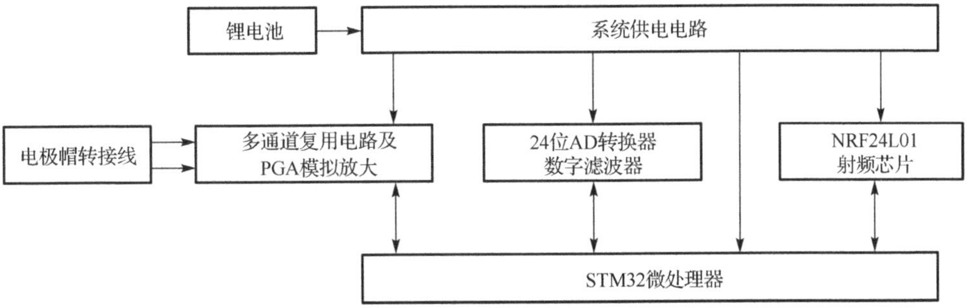

图 5.10 采集端硬件结构框图

图 5.10 描述了采集器的采集端硬件结构框图，包括系统供电模块、高共模抑制比的多通道复用和 PGA 模拟放大电路、基于 Σ-Δ 结构的 24 位 AD 转换器和数字滤波器、基于 Cortex-M3 架构的 STM32 微处理器和无线射频模块。采集端设计结构简单，且保证了较高的采样精度。

采集器由独立的可充电锂电池供电，避免了由交流电供电带来的电力线工频干扰的影响。为确保电源的可靠性、稳定性等性能指标，该设计选用 Linear Technology 公司的低噪声线性稳压器件 LT1763 和负输出开关稳压芯片 LT1614。这两款芯片都允许使用小型电感器和电容器，极大地节省了电路空间，为本书中便携式系统的设计提供了小型化和低成本的电源管理解决方案。

模拟前端模块的设计要求具有较高的输入阻抗和共模抑制比，并且通道间信号的一致性不高于 0.1%。本设计所采用的原理框图见图 5.11，主要包括多通道复用电路和可编程增益放大电路(programmable gain amplifier, PGA)。灵活的多路复用电路为模拟前端提供了良好的自校验和定标功能，电路中可以选择单通道或多个通道作为实测对象的参考偏置。应用低噪声 7 档 PGA，可以实现由信号大小来确定不同的信号放大倍数，相较传统放大器，该设计在系统的输入范围和灵活性上有了较大的提高，且最高增益仅为 24 倍，即使在较大的噪声背景下信号也不容易发生饱和。在报告厅和体育馆进行的成功现场演示表明，该系统可以在家庭、学校等具有恶劣电磁干扰和复杂环境噪声的场所中可靠运行。

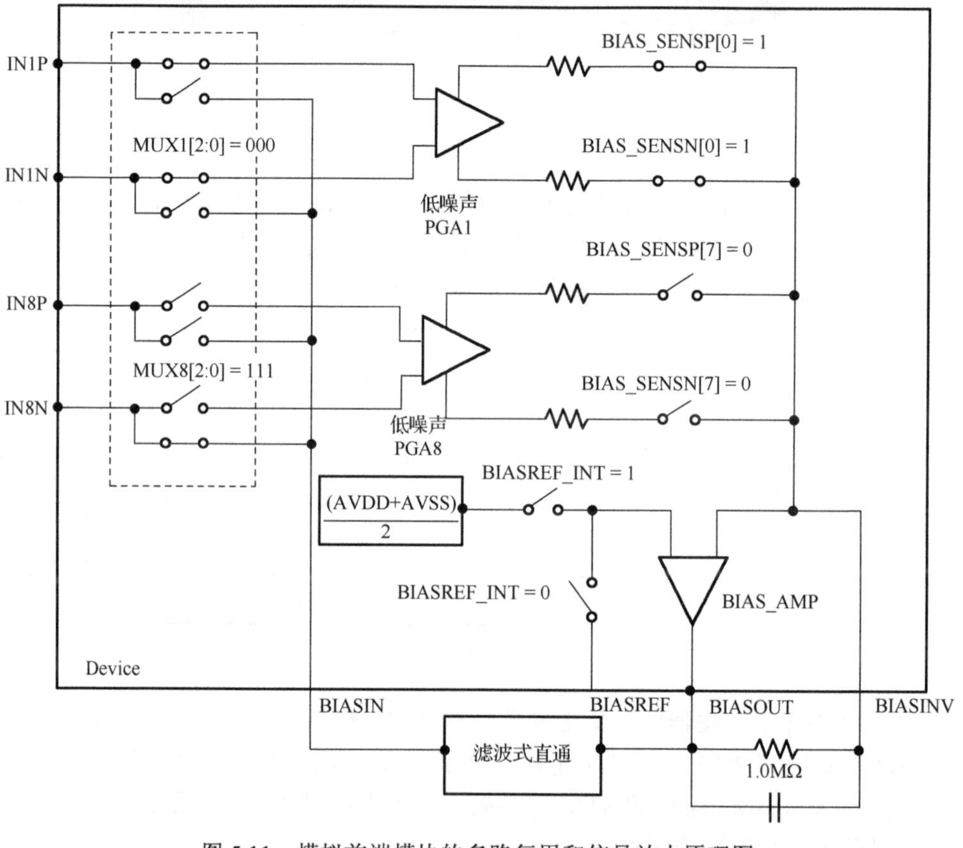

图 5.11　模拟前端模块的多路复用和信号放大原理图

模数转换模块选用 ADS1298 芯片，该芯片为 24 位 Σ-Δ ADC，最低分辨电压可以达到 0.14μV。Σ-Δ 调制器基于过采样技术，可把更多的量化噪声压缩到基本频带以外的高频区，数字抽取滤波器由采样速率可变的三阶 sin 滤波器组成，可有效地降低高频区噪声。

微处理器单元采用以 Cortex-M3 为内核的 STM32F103VET6 ARM 处理器，具有高性能、低成本等优点，同时因其低功耗的 32 位精简指令，快速运算能力和实时性，已在各类医疗和手持设备中获得了广泛的应用。通过 STM32 的 SPI 接口可以灵活方便地对 NRF24L01 无线射频芯片进行配置，该射频芯片工作于 2.4GHz 的 ISM 频段，具有高达 2Mbit/s 的传输速度和较低的收发电流。

5.2.2　信号采集和解码模块

信号采集和解码模块依托 LabVIEW 编程环境，对脑电信号进行采集、存储和解码。图 5.12 为整个程序的 VI 层次结构(VI 指虚拟仪器，是 LabVIEW 的程序模块)，包括一个主 VI 和多个子 VI。

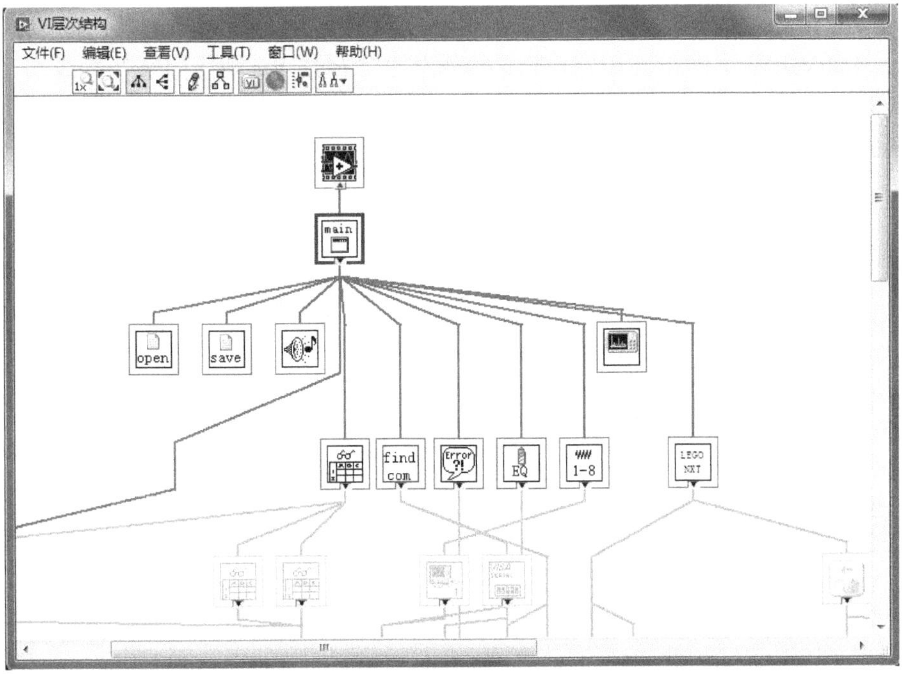

图 5.12　VI 层次结构

1. LabVIEW 软件介绍

LabVIEW 是通用的图形化程序编译平台，程序以框图形式展现，是开发测量或系统控制的理想选择。图形化程序与传统编程语言的不同之处在于程序流程采用“数据流”的概念，在功能面板选取需要的图标，拖拽到编程窗口，确定数据流方向后连线，即可完成编程，打破了传统编程的思维模式，有效地提高了工作效率，大大缩短了开发原型的速度，同时方便了日后的软件维护[19]。LabVIEW 具有可完成任何编程任务的庞大函数库，包括数据采集、通用接口总线(general purpose interface bus，GPIB)、串口控制、数据分析、数据显示及数据存储等函数；也有传统的程序调试工具，如设置断点、以动画方式显示数据及其子程序(子 VI)的结果、单步执行等，便于程序的调试；集成 MATLAB 脚本函数，利于跨平台的编程操作。

2. 信号采集和存储

1)通信设置

在 LabVIEW 编程环境下，程序首先通过子函数 find com.vi 查找便携采集器连接到主机上的串口，并对串口进行参数配置，如图 5.13 所示。通过向搜索到的计算机上所有串口发送“5A”，并读取返回值是否是“A5A5”来判断是否是连接的串口。程序中 for 循环函数循环次数设置为 2，防止 STM32 的串口第一次发出的数据丢失而导致 LabVIEW 不能正确识别串口的情况发生。启用 for 循环的条件接线端，可以在正确识别串口后，退出 for 循环。找到连接串口后，设置串口参数，包括波特率 256000，8 位数据位，1 位停止位，以及不启用终止符，确认通信。

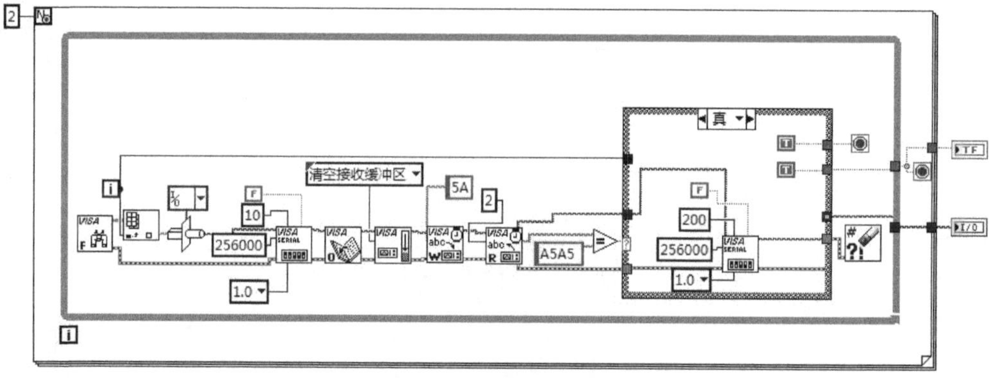

图 5.13　接口程序

2)信号采集和存储

串口连接配置成功后，通过 VISA 函数向连接串口写入 0x0F，通知设备开始数据采集。启动数据接收功能，每次接收 25 个字节，包括 8 个通道数据(每通道 3 个字节，高字节在前)及 1 字节的电量数据。通过 channel_1-8.vi 与 EQ.vi 将通道数据和电量数据分解为对应的十进制数，将接收到的各通道的脑电数据波形显示在程序前面板上，如图 5.14 所示，前四个通道为连通通道。

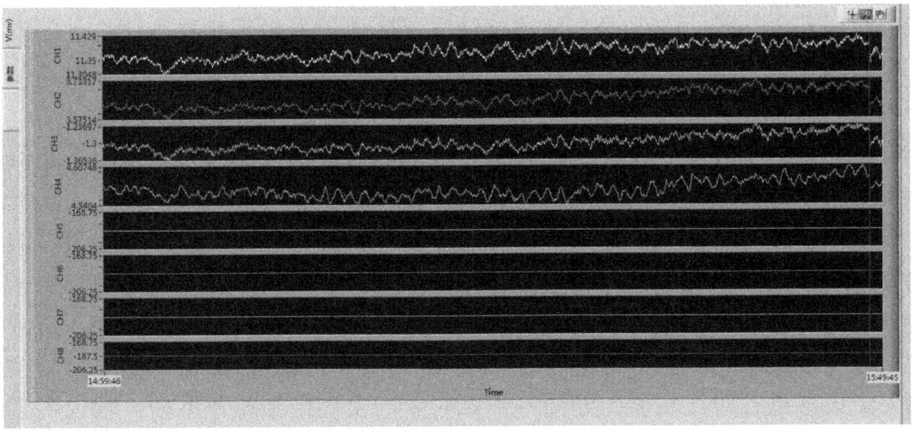

图 5.14　前面板信号波形图

通过 save 按钮调用程序的子函数 open_txt.vi，打开需要保存数据的 txt 文件。调用子函数 save_txt.vi，将脑电信号数据保存在打开的文本文档中，文档中可以记录各通道的脑电数据以及标记，如图 5.15 所示。

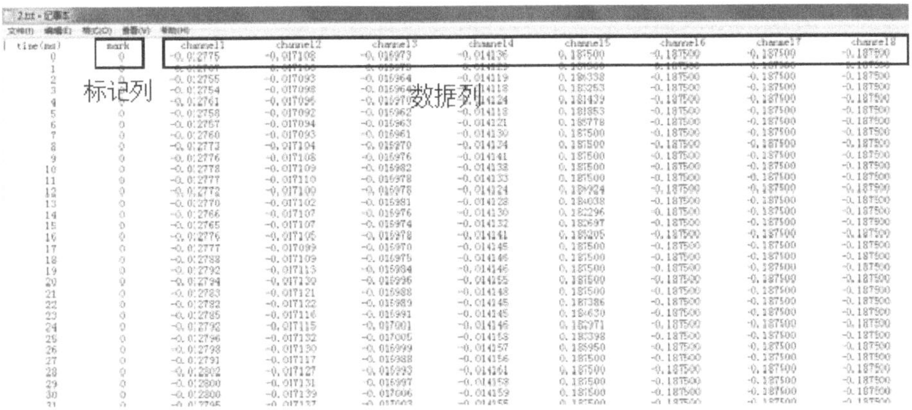

time(ms)	mark	channel1	channel2	channel3	channel4	channel5	channel6	channel7	channel8
0	0	-0.012775	-0.017108	-0.016973	-0.014136	0.187500	-0.187500	-0.187500	-0.187500
1	0	[illegible]	[illegible]	[illegible]	[illegible]	[illegible]	[illegible]	[illegible]	[illegible]
2	0	-0.012755	-0.017093	-0.016964	-0.014119	0.186338	-0.187500	-0.187500	-0.187500
3	0	-0.012754	-0.017098	-0.016964	-0.014118	0.183253	-0.187500	-0.187500	-0.187500
4	0	-0.012761	-0.017096	-0.016970	-0.014124	0.181439	-0.187500	-0.187500	-0.187500
5	0	-0.012758	-0.017092	-0.016962	-0.014118	0.181853	-0.187500	-0.187500	-0.187500
6	0	-0.012757	-0.017094	-0.016963	-0.014121	0.185778	-0.187500	-0.187500	-0.187500
7	0	-0.012760	-0.017093	-0.016961	-0.014130	0.187500	-0.187500	-0.187500	-0.187500
8	0	-0.012773	-0.017104	-0.016970	-0.014124	0.187500	-0.187500	-0.187500	-0.187500
9	0	-0.012776	-0.017108	-0.016976	-0.014141	0.187500	-0.187500	-0.187500	-0.187500
10	0	-0.012778	-0.017109	-0.016982	-0.014138	0.187500	-0.187500	-0.187500	-0.187500
11	0	-0.012777	-0.017110	-0.016978	-0.014133	0.187500	-0.187500	-0.187500	-0.187500
12	0	-0.012772	-0.017109	-0.016978	-0.014124	0.184924	-0.187500	-0.187500	-0.187500
13	0	-0.012770	-0.017102	-0.016981	-0.014128	0.184038	-0.187500	-0.187500	-0.187500
14	0	-0.012766	-0.017107	-0.016976	-0.014130	0.182296	-0.187500	-0.187500	-0.187500
15	0	-0.012765	-0.017107	-0.016974	-0.014132	0.182697	-0.187500	-0.187500	-0.187500
16	0	-0.012776	-0.017105	-0.016978	-0.014141	0.185205	-0.187500	-0.187500	-0.187500
17	0	-0.012777	-0.017099	-0.016970	-0.014145	0.187500	-0.187500	-0.187500	-0.187500
18	0	-0.012788	-0.017109	-0.016975	-0.014146	0.187500	-0.187500	-0.187500	-0.187500
19	0	-0.012792	-0.017113	-0.016984	-0.014146	0.187500	-0.187500	-0.187500	-0.187500
20	0	-0.012794	-0.017130	-0.016996	-0.014155	0.187500	-0.187500	-0.187500	-0.187500
21	0	-0.012783	-0.017121	-0.016988	-0.014148	0.187500	-0.187500	-0.187500	-0.187500
22	0	-0.012782	-0.017122	-0.016989	-0.014145	0.187386	-0.187500	-0.187500	-0.187500
23	0	-0.012785	-0.017116	-0.016991	-0.014145	0.184630	-0.187500	-0.187500	-0.187500
24	0	-0.012792	-0.017115	-0.017001	-0.014146	0.182971	-0.187500	-0.187500	-0.187500
25	0	-0.012796	-0.017132	-0.017005	-0.014153	0.183398	-0.187500	-0.187500	-0.187500
26	0	-0.012798	-0.017130	-0.016999	-0.014157	0.185950	-0.187500	-0.187500	-0.187500
27	0	-0.012791	-0.017117	-0.016988	-0.014156	0.187500	-0.187500	-0.187500	-0.187500
28	0	-0.012802	-0.017127	-0.016993	-0.014161	0.187500	-0.187500	-0.187500	-0.187500
29	0	-0.012800	-0.017131	-0.016997	-0.014158	0.187500	-0.187500	-0.187500	-0.187500
30	0	-0.012800	-0.017139	-0.017006	-0.014159	0.187500	-0.187500	-0.187500	-0.187500
31	0	-0.012795	-0.017137	-0.017003	-0.014155	0.187500	-0.187500	-0.187500	-0.187500

图 5.15　数据存储

3. 信号解码

LabVIEW 软件集成了强大的数据处理函数，同时通过 MATLAB 脚本函数可以方便地实现 MATLAB 数据处理程序的接入。

5.2.3　采集器性能验证

随着便携采集设备种类的增多，其性能评价问题越来越突显，然而目前对于便携式脑电信号采集设备在脑-机接口中的应用却没有明确的性能评价指标。脑电信号是极其微弱和复杂的，有些研究往往单纯注重脑电信号对采集器电路设计的硬件要求，未对脑电信号进行实际的采集分析[9]。而部分研究虽然邀请了被试对象参加了信号采集实验，但也只是简单的从脑-机交互系统的在线控制性能来说明[10]。脑电特征存在明显的个体差异性，单纯根据几位被试对象的控制效果无法对采集器的性能做出推断，如被试对象采用该采集器取得 90%的分类准确率，但是采用其他采集器，该被试对象可以获取 100%的分类准确率，所以单纯从采集器自身 90%的分类准确率分析，是无法得出采集器具有较高性能的。本节提出以高精度的专业采集设备为参照，对便携采集器性能对比验证的方法，分别从设备的基本参数、信号特征和特征分类准确率几个方面对两个设备进行对比，得出分析结论。通过与高精度专业的采集设备进行对比实验，若同一被试对象的实验结果相差不多，就说明了两设备的性能较为接近，则可以得出便携采集器具有较高的性能的结论。Cerebus 神经信号采集设备是一个用于记录、处理和显示神经信号的专业高精度的多通道系统，虽然此类高精度科研级的信号采集设备一般体积庞大，价格昂贵，但在性能评价上，众多高校实验室的应用研究已经可以充分证明该设备的高性能及稳定性[20-22]。所以本节提出了对于商品级采集设备的性能对照评价方法，以 Cerebus 神经信号采集设备为参照，对便携采集器的基本参数、信号特征和特征分类准确率等方面进行性能分析，通过对比两者的数据，对便携采集器的性能进行评价。

1. 实验设置

性能验证实验共邀请了 8 位被试对象，简称为 subj1～subj8，被试对象年龄为 23～27 岁，裸眼视力或矫正视力良好。被试对象 subj1、subj3、subj4 和 subj8 为女性，其余为男性。subj2 和 subj7 已参加过多次 SSVEP 实验，其余被试对象在此实验之前，未参加过任何 SSVEP 频率相关实验。被试对象坐于显示器前的椅子上，与显示器距离大约 60cm。实验中，采用 SSVEP 脑电模态诱发脑电信号，设置三个刺激频率，分别为 4.61Hz、20Hz 和 15Hz，显示器上以三张图片相应固定频率的闪烁来呈现视觉诱发界面，如图 5.16 所示。

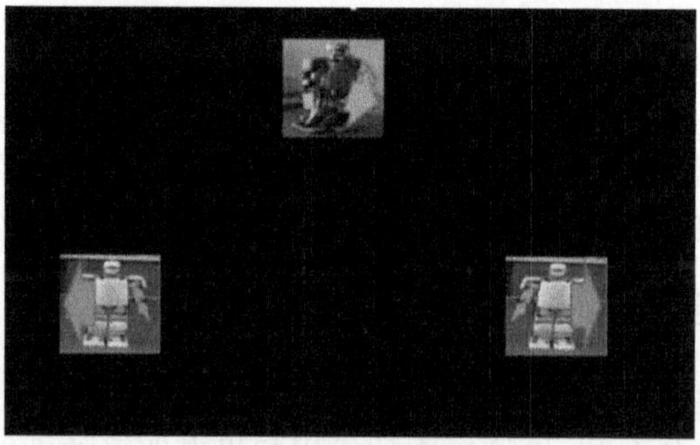

图 5.16 刺激界面

我们采用 Cerebus 神经信号采集设备和便携采集器分别进行离线数据采集。便携采集器采样率是固定的 500Hz，为了统一参数，Cerebus 采集设备的采样频率也设置为 500Hz。因为 SSVEP 信号特征在大脑枕区信号最为明显，所以只对 O1、O2、Oz 和 POz 四个通道的脑电数据进行采集与记录。每次 trial 持续 6s 时间，首先由实验操作员随机在 3 个频率刺激中选定一个作为注视目标，并给出注视指令，被试对象需要在 1s 内，移动视线到目标图片上，然后注视该目标 3s，注视结束后，会有 2s 时间用于休息和眼部放松，此为一次 trial。每隔 10 次 trial，会有 60s 间隔用于较长时间休整。实验中，需要分别应用每个采集设备各采集和记录 90 次离线 trial 的脑电数据，便携采集器先进行实验。离线实验完成后，两设备分别记录了 90 个数据样本。

2. 分析讨论

表 5.1 对比了 Cerebus 信号采集设备和便携采集器的多个设备参数。可以看出，在价格、体积和重量上，相较实验室研究所用的 Cerebus 高精度信号采集设备，便携采集器占有极大优势。便携采集器内置充电锂电池，充电大约 1.5 小时，可以持续使用 4 个小时，相较 Cerebus 采集设备的 220V 交流供电，极大地避免了交流电供电引起的电力线工频干扰。Cerebus 采集设备具有较宽的采样率范围和多达 128 的采样通道，而且可以根据不同信号设定不同的采样率，使其在科学研究方面具有更高的使用价值。而对于贴近生活的普适性来说，便携采集器 500Hz 的采样率已足以对脑电信号进行测量，而且为了使采集设备佩戴更为方便，脑-机交互得到推广，众多的实验室已在通过尽量少的通道得到较高分类效果方向进行了不断研究，对于 SSVEP 模式，用 1～4 个通道，就可以得到平均 90%的准确率。

表 5.1　两采集设备参数

采集设备	价格/千元	体积/m^3	重量/kg	供电/V	采样率/Hz	通道数
Cerebus	800	0.15	9.5	220～	500～30k	128
便携采集器	1.5	0.0045	0.07	5	500	8

使用基于 CCA 和 FFT 的解码算法计算两系统的目标频率特征，对两种采集设备性能进行对比分析。图 5.17 分别是 Cerebus 采集设备和便携采集器测得的被试对象 subj4 的脑电信号频谱图，从图中可以看出，当被试对象注视三幅不同的目标图片时，两个设备采集的脑电信号都有明显的 SSVEP 特征，且从频谱图上看差异较小。

表 5.2 为各被试对象的平均目标特征。从表中可以得出，对于不同刺激频率，同一被试对象具有不同强度的脑电响应，如对于目标频率 4.61Hz 和 20Hz，被试对象 subj7 的便携采集器的特征数据分别是 33 和 7，两者特征相差较大，Cerebus 的特征数据也存在类似现象；而同一刺激频率下，不同被试对象的能量特征也有一定的差异，如被试对象 subj7 和 subj8。从整体的目标能量分布分析得出，两设备体现出了较为相似的信号特征。

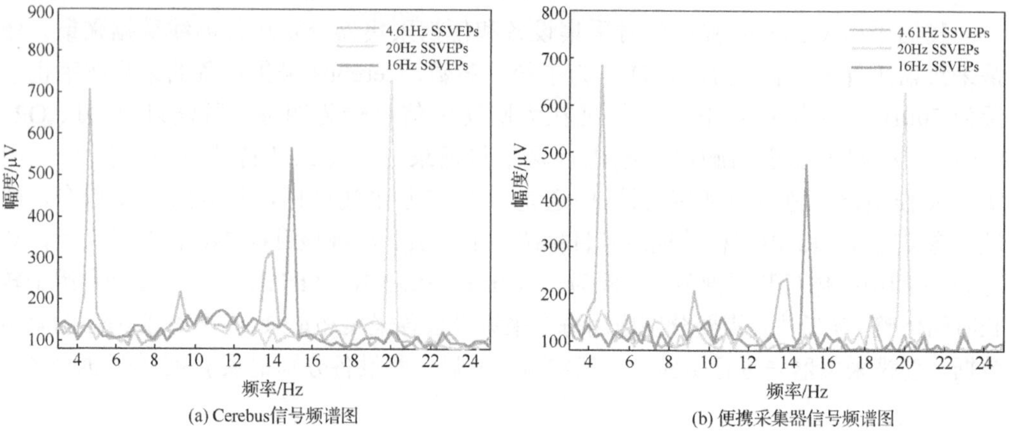

图 5.17　两采集设备的信号频谱图(见彩图)

表 5.2　两采集设备测量到的目标频率特征对比

采集设备	目标频率/Hz	subj1	subj2	subj3	subj4	subj5	subj6	subj7	subj8	均值
便携采集器	4.61	27	31	31	19	18	19	33	9	23
	20	25	14	16	17	5	12	7	9	13
	15	16	7	11	17	5	7	2	9	9
Cerebus	4.61	24	25	29	17	20	12	19	7	19
	20	30	17	25	9	7	17	4	6	14
	15	19	10	16	9	7	12	4	6	10

图 5.18 展示了 Cerebus 采集设备和便携采集器采集的所有被试对象信号分类的准确率。实验结果表明便携采集器达到了与科研级 Cerebus 采集设备十分接近的准确率效果。

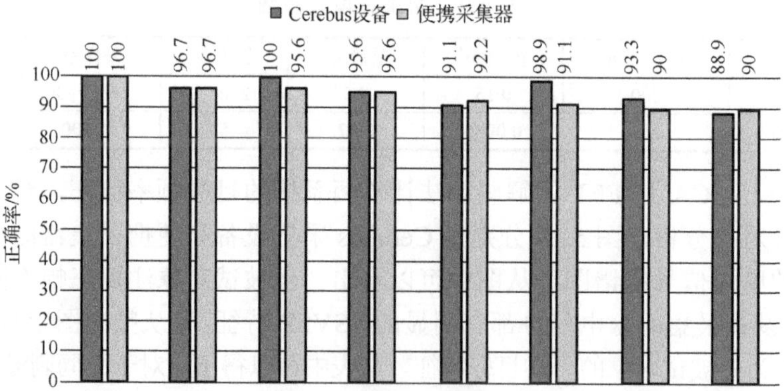

图 5.18　两设备分类准确率

综合对设备基本参数、信号特征和特征分类准确率的分析，本节认为便携采集器达到了与高精度的 Cerebus 相近的信号采集性能。

5.3　乐高机器人

对于脑-机器人交互中的控制设备而言，现有产品大都集成度较高且结构固定，用户无法开发其形态和功能，而乐高机器人恰是针对此类问题的一个突破点。乐高机器人的优势在于使用者可以自由发挥，拼凑各种机器模型，通过简单编程让它真正动起来。相较于传统学习操作机器人的方法，不需要花费大量的时间去学习计算机基本知识、电子电路和微处理器，一些编程语言以及机械结构。乐高机器人套件里各种规格的轮胎、履带、齿轮和滑轮，还有各种积木，简单地解决了电子电路和机械结构的问题，图形化的编程方式，各式各样功能强大的传感器，加之适中的价格，使其已在普通家庭中得到广泛普及，成为了各年龄段用户最为喜爱的机器人玩具之一[23]。

5.3.1　LEGO 8547

本节选用的 LEGO 8547 型号的乐高机器人，是乐高公司在 2009 年推出的新一代的 NXT 机器人，LEGO MINDSTORMS NXT 2.0 版本。这款乐高机器人具有较强的自主编程能力，共包括 619 块部件，其中最主要的一个砖形的智能微计算机 NXT Intelligent Brick，简称为 NXT，如图 5.19 所示。NXT 采用了 32 位微处理器，内置 USB 和蓝牙 2.0，具有较高的程序传输速度和稳定性。NXT 上配置有 100 像素×60 像素的 LCD 屏和四个用来操控用户界面分级菜单的按钮，橘色按钮用于开机和进入；两个亮灰色按钮分别对应菜单的左移和右移；深灰色按钮用于清除和返回。NXT 可由 6 节 5 号电池或锂充电电池供电。在计算机上通过 LabVIEW 软件编写乐高的控制程序，并通过 USB 2.0 连接线或蓝牙下载到 NXT 上，或者通过计算机直接对 NXT 进行在线控制[17,24]。

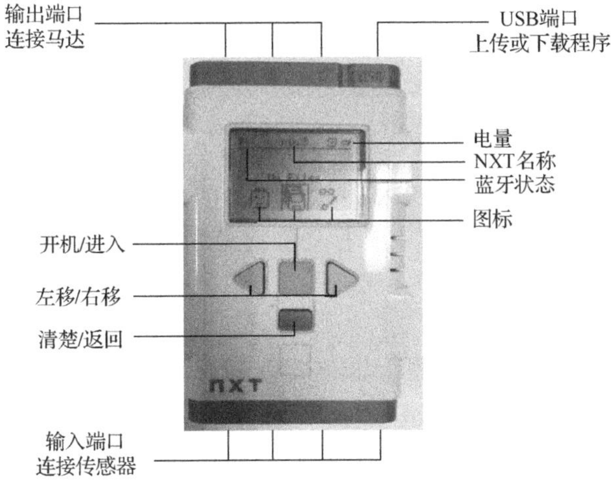

图 5.19　NXT 模块

NXT 可以通过端口 1～4 外接 4 个传感器，通过端口 A、B、C 控制 3 个电机，如图 5.20 所示。每个端口通过 6 针的模块式连接器(电缆线)与传感器或电机连接，电机采用伺服控制，综合了角度传感器，并维持在 1° 的控制精度。传感器多种多样，功能强大，包括用于感应障碍物距离的超声波测距传感器，能辩识颜色和亮度的光电传感器等。

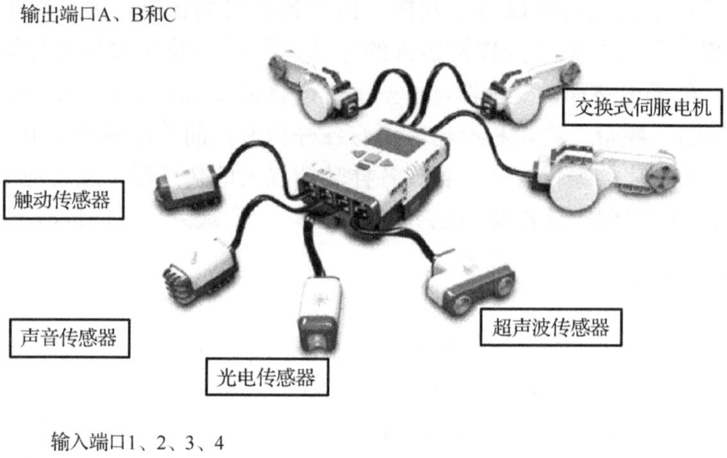

图 5.20　NXT 连接示意图

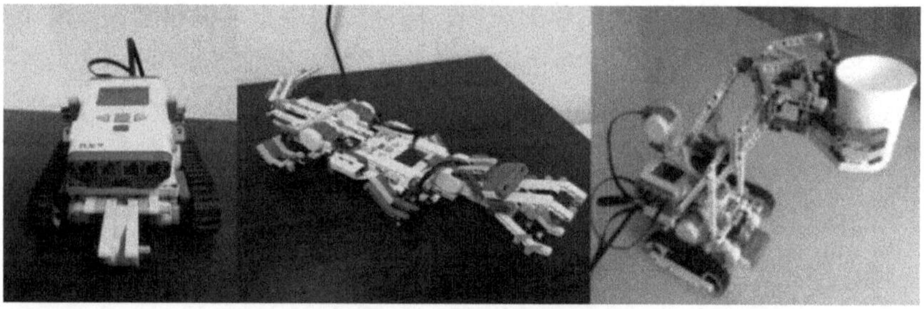

图 5.21　乐高模型

乐高机器人的组装类型多种多样，根据不同的应用任务或场景可组装成不同样式，如图 5.21 所示的机器人小车、爬行动物鳄鱼和带机械臂的机器人小车。

5.3.2　乐高机器人控制模块

LabVIEW 软件平台提供了用于乐高机器人控制的 LabVIEW 模块：LabVIEW Module for LEGO MINDSTORMS，简称为 LabVIEW-NXT 模块。我们可以在 LabVIEW 平台上应用 LabVIEW-NXT 模块对乐高机器人进行编程控制，并通过脑机接口实现交互控制。首先，需要单独下载 LabVIEW-NXT 模块进行安装。安装完成后，可以在 LabVIEW 软件的程序框图函数选版中找到“MINDSTORMS Robotics”选版，里面包含所有可以用于 LEGO 控制的函数，如电机运行与停止控制、各传感器探测、时间函数和结构函数等。图 5.22 中显示的是“MINDSTORMS Robotics”选版中的 I/O 选版。

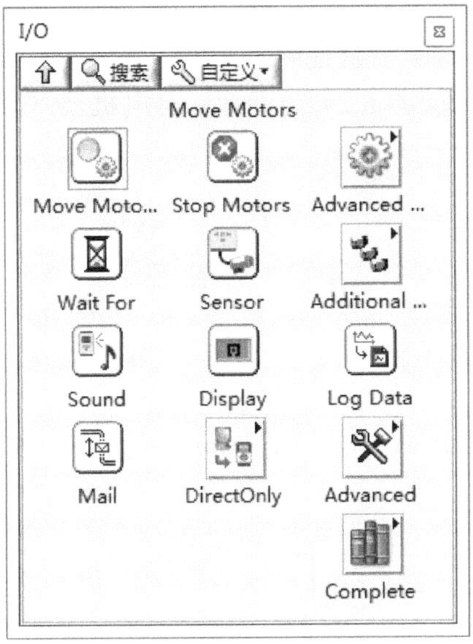

图 5.22 “MINDSTORMS Robotics”选版中的 I/O 选版

乐高机器人套件中内附的超声测距传感器通过测量发送的超声波和接收的前方物体反弹回的超声波的时间差，计算与前方物体的距离，最远可以探测 233cm 的距离，精度为 3cm。超声传感器通过电缆线连接在乐高主机 NXT 的传感器输入口 4 中，通过 LabVIEW-NXT 模块中的 Read Ultrasound (cm) 函数，如图 5.23 所示，实时读取传感器返回的数值。

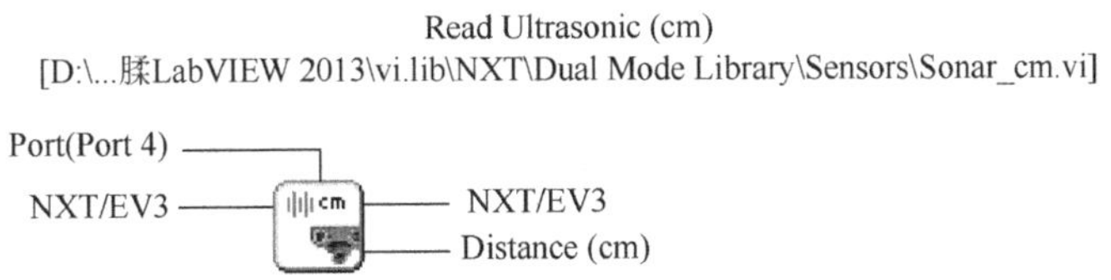

图 5.23 Read Ultrasound (cm) 函数

不同的输入命令可以通过条件结构建立不同的子程序框图，图 5.24(a) 显示的是条件结构及对应输入命令的不同分支。机器人的左右两轮电机分别通过电缆线连接在乐高主机 NXT 的电机输出 B 口和电机输出 C 口。乐高机器人的电机为伺服电机，通过 LabVIEW 编程可以实现电机的恒功率控制和恒转速控制，在此我们选择恒功率控制，在函数选版中，可以找到电机控制函数 Move Motors，如图 5.24(b)所示。NXT/EV3 线为 NXT 建立的程序数据流，用于连接之前或之后 VI 中的 NXT，Motors 线通过建立常量或输入变量，可以选择需要控制的电机，Power/Speed1 与 Power/Speed2 线同样可以通过建立常量或输入变量对电机的输入功率或速度进行设置，函数下面的选择器可以对恒功率控制和恒转速控制进行选择。在此设计乐高的控制为单步运行，所以在程序中设置固定时间，在乐高机器人动作执行一定时间后，通过 Motor Reverse 函数，如图 5.24(c)所示，对电机输入设置为反向的功率 0 即可。

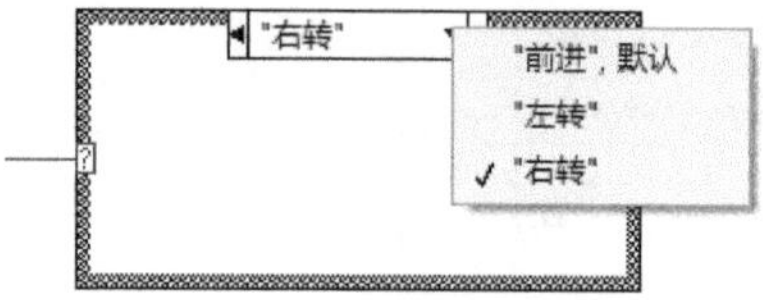

(a) 条件结构

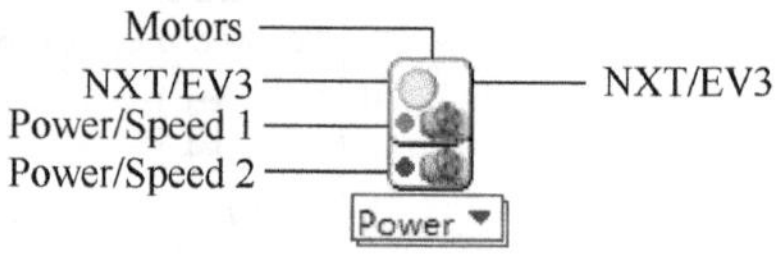

(b) Move Motors函数

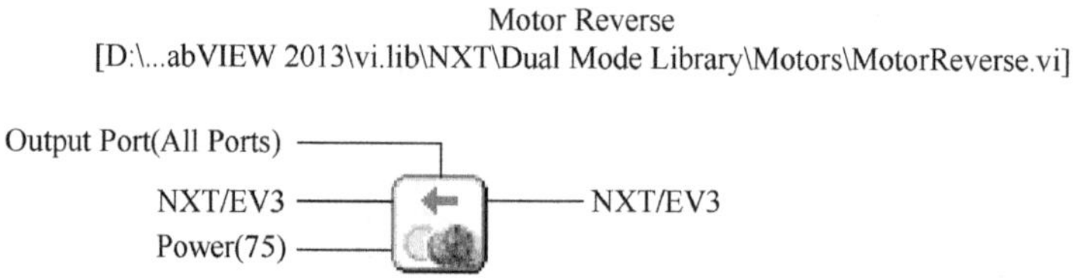

(c) Motor Reverse函数

图 5.24　程序函数

5.4 控制实例

5.4.1 脑-乐高交互系统

为了使脑-机交互系统更适用于大众生活，针对其在青少年教育的自闭症、多动症改善方面具有的极大潜力以及交互对象形式多样化的需求，本节结合基于便携式采集器搭建的脑机接口和乐高机器人，设计了脑-乐高交互系统。脑-乐高交互系统的结构框图如图 5.25 所示，用户界面上呈现基于 SSVEP 接口范式的闪烁刺激界面以及乐高机器人的视频反馈窗口，因为乐高机器人未安装摄像头，所以设计采用室内的全景摄像头来呈现乐高机器人周围环境的视频反馈信息。基于“国际 10-20 标准导联”制造的电极帽可以初步采集到佩戴者大脑头皮的脑电波，通过与便携采集器的连接，可将脑电波传送到采集器的采集端进行模数转换和初步的硬件滤波，并基于无线射频技术，将数字信号经采集器接收端，传送到计算机的脑电分析程序。基于 LabVIEW 软件平台的脑电分析程序可以分为信号采集和解码模块以及乐高机器人控制模块。经信号解码模块的分析，携带有被试对象控制意图的脑电波就被转换为了对应不同乐高机器人动作的控制指令，传入机器人控制模块。机器人控制模块根据传入的不同控制指令，将对应的控制程序经蓝牙传入乐高机器人，以实现对乐高的实时控制。结合多种传感器数据并融合机器人的人工智能，乐高机器人对当前环境和控制指令做出判断。

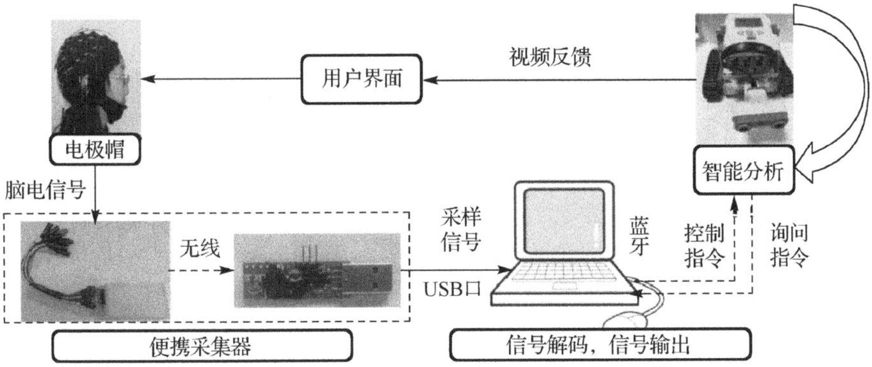

图 5.25　脑-乐高交互系统结构框图

脑-乐高交互系统工作在同步方式下，即被试对象需要在系统的同步提示下，进行注视任务，并且持续时间固定，所以每次传入信号解码模块的 EEG 数据长度固定。脑-乐高交互系统以其智能玩具的特性可以应用到青少年教育和自闭症、多动症患者的注意力训练中。通过不同形态的组装，也可使用脑-乐高交互系统控制完成抓取、传递物品和环境巡视等简单的生活辅助任务，同时还可以实现避障、迷宫等脑控机器人的娱乐游戏。脑-乐高交互系统具有较高的灵活性与可扩展性，适中的价格和多样的功能形态，这都有利于该设计的普及应用。

5.4.2　应用实例

本节设置了典型的避障任务，如图 5.26 所示，被试对象需根据视频反馈做出决策，并利用 SSVEP 控制乐高小车避开障碍物到达终点。操作过程中，被试对象需要集中注意力到相应的闪烁刺激上来诱发明显的 SSVEP 信号，专注力的提升能够提高实验的完成效果。此外被试对象还需要根据系统的实时分类结果来不断调整自己的大脑和心理状态，同时根据机器人对每个指令的执行结果实时规划和调整机器人的行走路线，以更好地完成任务。通过这类神经反馈训练任务，可以激发用户对脑-机器人交互的兴趣，在一定程度上锻炼了专注力，改善大脑和心理调节能力，以及提高大脑快速思维和空间规划能力。

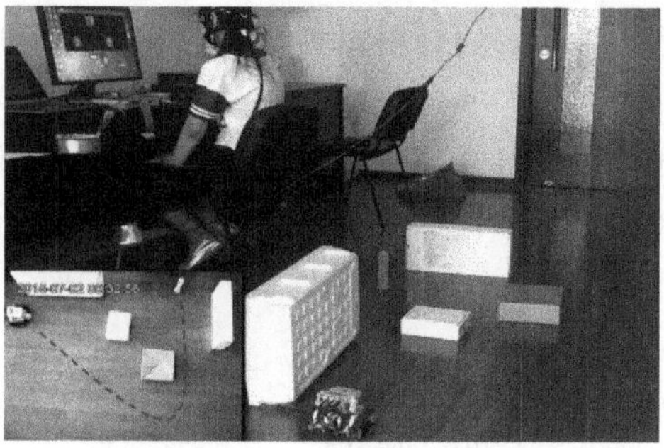

图 5.26　避障任务中的视频反馈画面及实验场景

机器人的在线控制中，一共进行两种实验，每种实验需要各进行 3 次测试，并记录每次测试的用时和碰撞次数。实验一：将由 Cerebus 神经信号采集设备搭建的脑机接口与乐高机器人相连，根据视频反馈控制乐高机器人从起点绕过障碍物走到终点；实验二：采用脑-乐高机器人交互系统，根据视频反馈控制乐高机器人从起点绕过障碍物走到终点。

表 5.3 中列出了各被试对象在 3 次避障任务中的平均用时和平均碰撞次数。因为 Cerebus 信号采集设备性能较便携采集器稍高一些，所以从实验一与实验二的所有被试对象 3 次测试的平均用时和平均碰撞次数来看，实验一的结果略微优于实验二，但从整体来看，两交互系统的平均用时和平均碰撞次数结果是比较接近的。通过这两组在线实验，也证明了本书搭建的交互系统具有较高的在线控制性能。

表 5.3　各被试对象的实验平均结果

实验	参数	subj1	subj2	subj3	subj4	subj5	subj6	subj7	subj8	平均
一	平均用时/s	110	140	134	132	130	112	132	118	126
	碰撞次数	1	1	1	0	3	0	1	1	1
二	平均用时/s	128	106	164	146	144	136	134	136	137
	碰撞次数	1	1	2	0	1	2	1	2	1.25

图 5.27 描述了实验一和实验二中，所有被试对象的平均用时和平均碰撞次数。基于便携采集器搭建的脑-机交互系统与基于高精度 Cerebus 采集设备搭建的脑-机交互系统具有接近的在线控制效果。Kamiya 等提出的神经反馈疗法、Lubar 等对数百名儿童进行的神经反馈治疗和众多实验研究表明，对于一些注意力不集中，尤其是多动症患者或自闭症患者可以采用脑-机交互系统进行神经反馈训练，通过多次的反馈训练可以有效地提高专注程度和学习水平，对使用者的症状有一定改善作用。图 5.27 中实验一和实验二的整体数据也显示了随着测试次数的增加，每次测试的平均用时和碰撞次数都逐渐下降，这一变化趋势表明了被试对象对整个实验流程逐渐熟悉，注意力得到了锻炼，控制效果也越来越好。

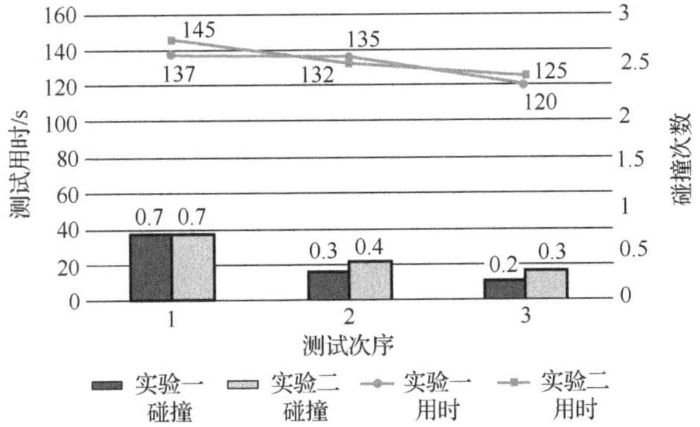

图 5.27　各次测试的平均结果

5.5　便携采集器

5.5.1　系统设计

基于 myRIO 为主控的便携式脑电信号采集设备，PC 端使用 LabVIEW 对 myRIO 进行编程设计，并通过 myRIO 内置的 WiFi 通信模块进行无线通信，如图 5.28 所示。myRIO 作为主控通过 SPI 通信方式与 ADS1299 进行通信，并使用 ADuM5401 专用 SPI 通信隔离芯片进行通信隔离。电源模块包括锂电池充电模块、电量检测模块和稳压模块，myRIO 通过与电量检测模块进行 IIC 通信获知锂电池剩余电量，稳压模块为 ADS1299 提供+2.5V、–2.5V 和+3.3V 工作电压。为避免肌电以及周围环境对电极线的信号干扰，ADS1299 模拟输入端采取 8 通道差分输入，参考电压为耳后电极，且经过模拟低通滤波器进行处理，滤除高频信号的干扰。PC 端 LabVIEW 内嵌数字高通滤波器、低通滤波器、50Hz 陷波器，对 AD 采集的波形进行处理，保证脑电信号频率范围内信号的完整性，并可视化界面显示脑电信号波形。最后可将波形数据存储为 txt 文档供 MATLAB 软件进行脑电信号数据分析。

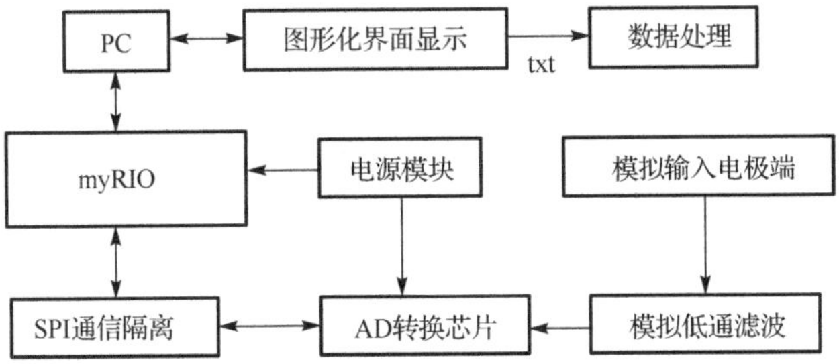

图 5.28　脑电信号采集系统框图

5.5.2 myRIO 介绍

myRIO 是 NI 针对教学和学生创新应用而最新推出的嵌入式系统开发平台。如图 5.29 所示，NI myRIO-1900 的核心芯片是 Xilinx Zynq-7010，该芯片集成了 667MHz 双核 ARM Cortex-A9 处理器以及包含 28K 逻辑单元、80 个 DSP slices、16 个 DMA 通道的 FPGA。此外，NI myRIO-1900 提供了丰富的外围 I/O 接口，包括 10 路模拟量输入(analog input，AI)、6 路模拟量输出(analog output，AO)、40 路数字输入与输出(digital input and output，DIO)、1 路立体声音频输入与 1 路立体声音频输出等。为方便调试和连接，NI myRIO-1900 还带有 4 个可编程控制的 LED，1 个可编程控制的按钮和 1 个板载三轴加速度传感器，并且可提供+/–15V 和+5V 电源输出。NI myRIO-1900 内置 512MB DDR3 内存和 256MB 非易失存储器，此外，可通过 NI myRIO-1900 集成的 USB Host 连接外部 USB 设备。

图 5.29　NI myRIO-1900

NI myRIO-1900 可通过 USB 或 WiFi 方式与上位机相连接。此采集系统将 myRIO 与 PC 之间的连接设置为 WiFi 连接。

5.5.3 AD 转换模块介绍

ADS1299 的控制方式为 SPI 通信控制，NI myRIO 通过 SPI 引脚与 ADS1299 相连接，如图 5.30 所示，AD 转换模块包含以下几部分。

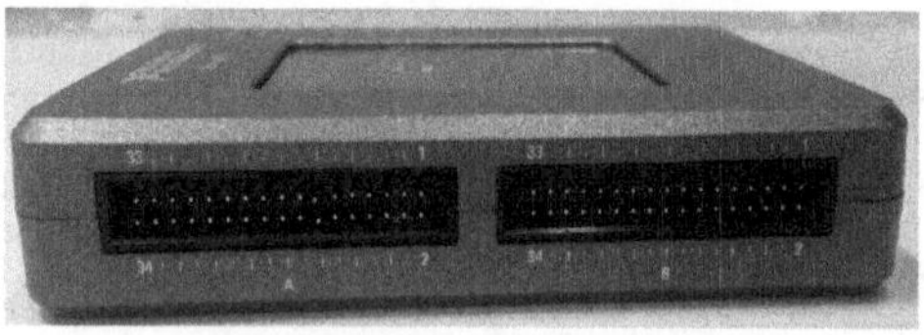

图 5.30　NI myRIO 引脚

(1) 10 个指令

系统指令：WAKEUP(待机唤醒)、STANDBY(进入待机)、RESET(复位)、START(启动或重启转换)、STOP(停止转换)。

数据读取指令：RDATAC（连续读取模式）、SDATAC（停止连续读取模式）、RDATA（读数据、支持多个读取）。

寄存器读指令：RREG（读寄存器）、WREG（写寄存器）。

(2) AD 值读取预设值

设置 ADS1299 工作模式为外部时钟、500SPS、24 倍增益、多个回读模式、连续读取模式。

(3) 8 通道数据格式

当接收到 ADS1299 的数据已经准备好的信号时，myRIO 将向 ADS1299 发送数据读指令，其数据格式如图 5.31 所示。

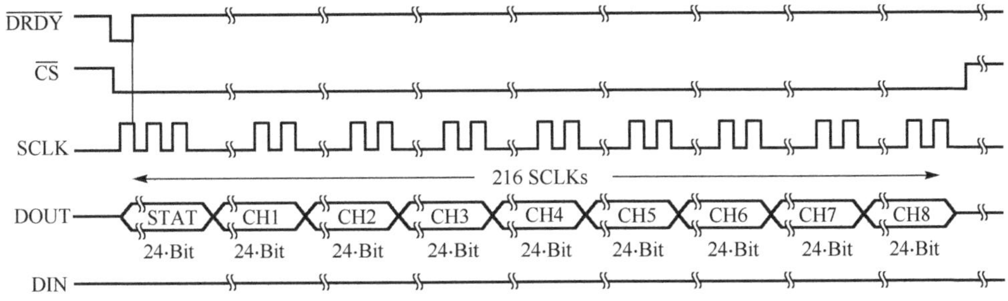

图 5.31　SPI 数据输出总线

5.5.4　编程算法流程图

系统上电后，由于 ADS1299 具有上电后以默认设置工作的特性，因此要根据实际情况需要对 ADS1299 进行初始化配置，如配置数据转换率为 500SPS、GPA 放大倍数为 24 倍，以及数据读取模式设置为连续读取模式等。初始化配置中由 NI myRIO 通过 SPI 对 ADS1299 依次发送各控制指令，包括：STOP 指令、SDATAC 指令、RESET 指令、REEG 指令对相应功能配置寄存器、RESET 指令、SDATAC 指令。如图 5.32 所示，对 ADS1299 芯片进行初始化配置后，500SPS 的数据转换率使脑电信号采样率为 500Hz。NI myRIO 通过 START 指令开始 ADS1299 的转换过程，每次转换结束后，ADS1299 芯片都会在 DRDY 引脚上触发一个下降沿，当 NI myRIO 检测到该引脚下降沿后便通过 SPI 读取包括所有通道的 AD 数据在内的共 216 位数据，然后通过自带 WiFi 模块将数据发送至计算机端进行后续的解析处理。直至接收到计算机发送的停止指令之前，数据转换、读取、发送的过程将以 500Hz 的频率循环进行。如图 5.33 所示，计算机端接收到 WiFi 上传的数据后，对 216 位的数据进行 8 通道数据对应电压值计算，并在坐标系中将数值进行波形显示，同时将脑电数据存入 txt 文档之中供后续使用处理。

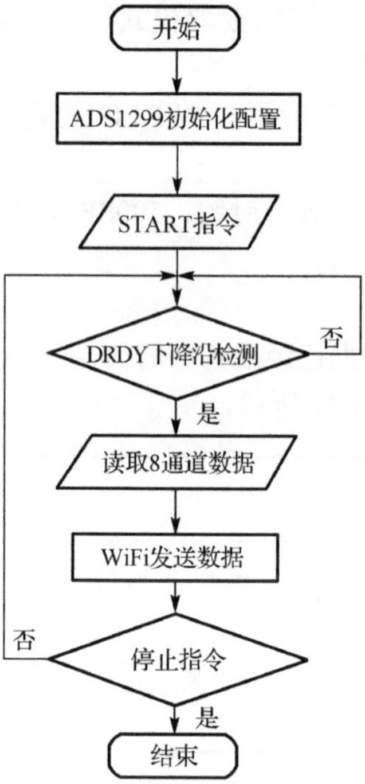

图 5.32　脑电信号采集设备算法流程图

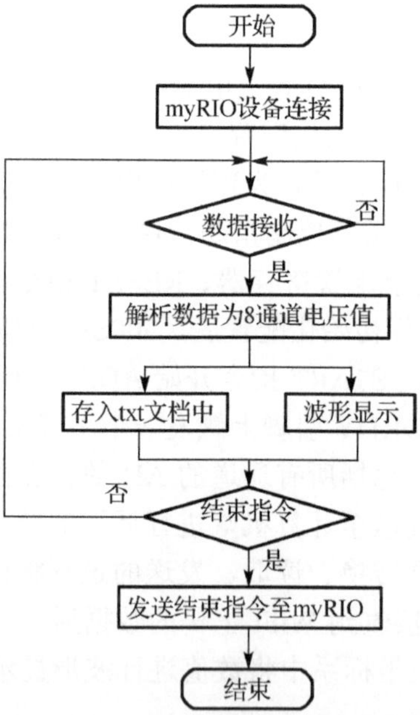

图 5.33　计算机端数据接收处理算法流程图

参 考 文 献

[1] Wolpaw J R, Birbaumer N, Heetderks W J, et al. Brain-computer interface technology: A review of the first international meeting. IEEE Transactions on Rehabilitation Engineering, 2000, 8(2): 164-173.

[2] Ortiz-Rosario A, Adeli H. Brain-computer interface technologies: From signal to action. Reviews in the Neurosciences, 2013, 24(5):537-552.

[3] 赵丽, 董燕丽, 郭旭宏. α 波和运动想象的混合范式脑-机接口系统. 电子测量与仪器学报, 2014, 28(6): 625-629.

[4] 王行愚, 金晶, 张宇, 等. 脑控：基于脑-机接口的人机融合控制. 自动化学报, 2013, 39(3): 208-221.

[5] Pfurtscheller G, Guger C, Müller G, et al. Brain oscillations control hand orthosis in a tetraplegic. Neuroscience Letters, 2000, 292(3): 211-214.

[6] Hardt J V, Kamiya J. Anxiety change through electroencephalographic alpha feedback seen only in high anxiety subjects. Science, 1978, 201(4350): 79-81.

[7] Lubar J F, Shouse M N. EEG and behavioral changes in a hyperkinetic child concurrent with training of the sensorimotor rhythm (SMR). Applied Psychophysiology and Biofeedback Journal, 1976, 1(3): 293-306.

[8] Paskewitz D A, Orne M T. Visual effects on alpha feedback training. Science, 1973, 181(4097): 360-363.

[9] 谢宏, 李亚男, 夏斌, 等. 基于 ADS1299 的可穿戴式脑电信号采集系统前端设计. 电子技术应用, 2014, 40(3): 86-89.

[10] Shyu K K, Chiu Y J, Lee P L, et al. Total design of an FPGA-based brain-computer interface control hospital bed nursing system. IEEE Transactions on Industrial Electronics, 2013, 60(60): 2731-2739.

[11] 王晓韡, 石立臣, 吕宝粮. 干电极脑电采集技术综述. Chinese Journal of Biomedical Engineering, 2010, 29(5): 777-784.

[12] Ultracortex Mark 3. https://github.com/OpenBCI/Ultracortex/tree/mask/Mark_3[2016-12-27].

[13] Emotiv. https://emotiv.com/epoc.php[2016-12-27].

[14] 张毅, 祝翔, 罗元. 基于 SVM 多分类技术的肌电辅助脑电智能轮椅控制系统. 中国智能自动化会议, 2013, 5: 76-79.

[15] Maskeliunas R, Damasevicius R, Martisius I, et al. Consumer-grade EEG devices: Are they usable for control tasks? Peerj, 2016, 4: e1746.

[16] Ignas M, Robertas D. A prototype SSVEP based real time BCI gaming system. Computational Intelligence & Neuroscience, 2016, 2016(3): 3861425.

[17] 李军. 多功能乐高移动机器人的设计. 南京: 南京理工大学, 2011.

[18] Zhi D, Wu Z, Li W, et al. Education-oriented portable brain-controlled robot system. IEEE International Conference on Robotics and Biomimetics, 2015, 10: 1018-1023.

[19] 阮奇桢. 我和 LabVIEW. 北京: 航空航天大学出版社, 2009.

[20] Li M, Li W, Zhou H. Increasing N200 potentials via visual stimulus depicting humanoid robot behavior. International Journal of Neural Systems, 2015, 25(8): 155039.

[21] Zhao J, Li W, Li M. Comparative study of SSVEP-and P300-based models for the telepresence control of humanoid robots. PLoS One, 2015, 10(11): e0142168.

[22] Zhao J, Li W, Mao X, et al. SSVEP-based experimental procedure for brain-robot interaction with humanoid robots. Journal of Visualized Experiments, 2015, 2015(105): e53558.

[23] 光子. 乐高零界限的玩具世界. 报林, 2007, (11): 50-51.

[24] 周晶. 基于人机交互理论对乐高机器人玩具的研究. 南京: 南京师范大学, 2013.

第 6 章　水下遥操作机械手的脑控技术

21 世纪是人类开发海洋的新世纪，海洋面积占据地球总面积的 2/3，海洋中蕴含了无比巨大的资源与能源，是人类可持续发展的基础[1,2]。当今世界越来越重视海洋开发，迅速发展的海洋产业对水下作业技术与水下作业工具提出了越来越高的要求。水下机械手是水下作业不可或缺的一部分，其作业性能很大程度上决定了水下机器人系统整体的作业能力。在进行复杂度高的水下作业过程中，操作人员在对机械手进行操作的同时还要对水下机器人系统中其他设备进行操作，以达到相互配合、协同作业的目的，工作量大。若仅仅依靠机械手操作人员的双手来执行这些任务，操作压力大，尤其在操作主从伺服式机械手时，操作人员很难使用双手操作其他设备(双手会被主手和夹钳开关束缚)。若采用多人协作的方式来执行这些任务，操作起来费时费力，且容易出现误操作，尤其对于内部操作空间有限、可承载操作人员数量较少的载人潜水器来说可能还无法提供足够的协作配合。因此，对于任务复杂的水下作业来说，如何提高操作人员的操控效率，充分调动其操作潜能，以及控制系统操作的简便化、一体化是水下作业发展的方向。

水下机械手被广泛配置于 HOV(human occupied vehicle)、ROV(remotely operated vehicle)等水下机器人上，用于完成生物样本采集、资源开采、布放与清除水雷、接插件插拔等水下作业[3-6]。水下机械手按控制方式可分为开关手和主从伺服手。开关手是机械手的每个关节对应控制端的一个操纵杆或者按钮开关，通过对操纵杆或按钮的操作来控制机械手的各个关节运动。如果机械手的自由度较多，开关控制方式便不再适用。由于主从伺服机械手操作起来更方便、直观、高效，所以在水下作业中被更多地使用，“蛟龙号”搭载的机械手也采用这种控制方式。操作人员通过操作主手控制器上的主手来控制从手作业。在深海环境，遥控操作水下机械手是复杂的，通常会使操作人员承受巨大的操作压力。此外，对于操作质量和精度要求较高的水下任务，遥控操作通常不能满足作业要求。自主作业是水下机械手近年的研究热点和未来的一个发展方向[7,8]，可以减少操作人员的操作压力，但也存在一些问题，如对环境要求较高，对目标的识别和定位还不够精确，因此成功应用的例子不多。因此，只有对末端位姿或者机械手姿态可以预先确定的控制过程，才可以使用自主规划方式，如使末端靠近目标的过程(目标位置可以粗略确定的情况下靠近目标时的末端位姿可以提前确定)、放置目标到采样篮的过程(机械手姿态可以预先确定)或者使机械手恢复到初始姿态的过程(机械手姿态可以预先确定)。但是对于末端位姿或者机械手姿态可以预先确定的控制过程，只能使用遥控操作方式来控制机械手末端的位置和方向。因此，有效地将两种操作方式相结合来控制水下机械手作业，既可以确保操作能力，也可以减轻操作压力。

水下机械手的操作方式为远程操作，视觉信息必不可少。在脑控技术领域，基于视觉诱发的 P300 和 SSVEP 模式成熟，具有较高的准确率，并且操作人员不需要过长的训练时间，因此被广泛应用于机器人控制中。操作人员在水下作业时必然会有肢体动作，这些产生相关脑电信号的区域[9,10]与上述两种模式所需要的脑电信号所在的脑区不同[11,12]，保证了所需要的信息不会与无关的运动信息重叠，确保了准确性。此外，文献[13]指出基于 P300 脑电信号的机械手控制系统与常规的拼写输入系统相比，并不会因为加入反馈而降低系统的正确率。已有 P300、SSVEP 模式下的控制地面机械手到达目标的方式包括逐步调整机械手末端到达目标处[14-16]和直接选择目标使机械手末端自动到达目标处[17]这两种方式。由于水下环境复杂，传感器的使用会受到影响，且要求尽快完成作业任务，上述方式无法满足水下作业的要求。融合脑控技术与水下机器人作业的研究方面本课题组尚为首例，因此本章主要介绍该课题的研究成果，即基于 P300 和 SSVEP 脑电信号操作水下机械手的相关技术。

6.1 水下机械手的脑控平台

将脑-机接口技术引入水下机器人作业中，为水下机械手的操作提供了新的思路与方法。当操作人员在执行水下任务时，将其脑电信号直接转为具体指令来控制机械手，为操作人员提供了一种独立于手动操作之外的控制方式，减轻了操作人员双手的操控负担，避免了由于操作人员协作不当而造成的失误。脑控方式与手控方式的相互结合可以使操作人员同时对多个目标进行操作，该研究设计了系统的框架，如图 6.1 所示。该系统采用手动控制载体等其他设备，脑控水下机械手的并行操作方式，并利用视觉诱发产生的脑信号作为系统和控制的信号源，通过信号采集、去除噪声与伪迹和特征提取与分类来获取操作人员的控制意图，实现水下机械手的脑电控制。置于云台底端的摄像头将机械手的状态信息和环境信息反馈给操作人员，操作人员根据反馈信息来实时地调整机械手姿态和载体位置。单纯从机械手控制方面考虑，脑控方式的优势为相对于主从控制方式，脑控方式的作业精度更高，可以加入减少操作压力的自主规划操作方式，且可以采用系统自动补偿扰动的方式补偿水下湍流给机械手末端带来的扰动，而主从方式只能依靠人的经验来手动补偿扰动，调整能力差，作业压力大；相对于自主作业，脑控方式对作业环境要求更低，作业能力更强。因此，融合脑控技术于水下机器人作业具有非常重要的应用意义和广阔的应用前景。

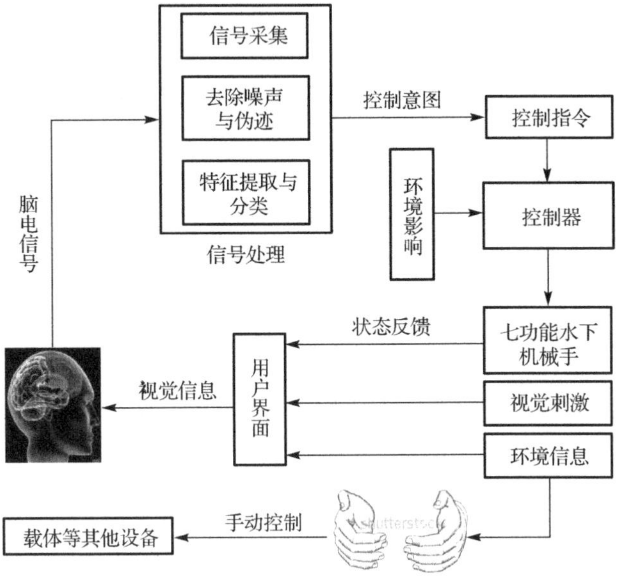

图 6.1　脑控方式与手控方式相结合控制水下机器人作业系统框图

6.1.1　系统结构

水下机械手脑电控制开发平台主要包括四个模块：脑电信号采集模块、基于视觉的脑电刺激界面模块、信号处理模块和输出控制指令模块。被试对象受到基于视觉的脑电诱发界面模块的视觉刺激，产生相应的脑电模态。脑电信号采集模块收集被试对象的脑电信号，并将此数据发送给信号处理模块。通过特征提取、分类识别等环节，信号处理模块探测出被试对象的特定脑电模态。输出控制指令模块根据当前环境，将探测结果转化并传递给机械手。

6.1.2　虚拟平台

1. 虚拟平台的系统框架

虚拟平台是对真实水下环境的虚拟构建，旨在验证部分实验初期的成果；虚拟平台具有灵活配置的优点，可以降低实验测试的成本，提高对实际平台测试脑控效果的安全性。由于控制真实水下机械手存在一定的风险且耗费时间，为了验证所提基于 P300 脑电信号控制水下机械手作业的可行性和有效性，我们在 Webots 环境下搭建了一个虚拟平台，如图 6.2 所示。该平台中机械手为一款七功能主从伺服液压手，包括六个自由度和一个平行夹钳，文献[18]和[19]给出了它的运动学、动力学和虚拟模型。

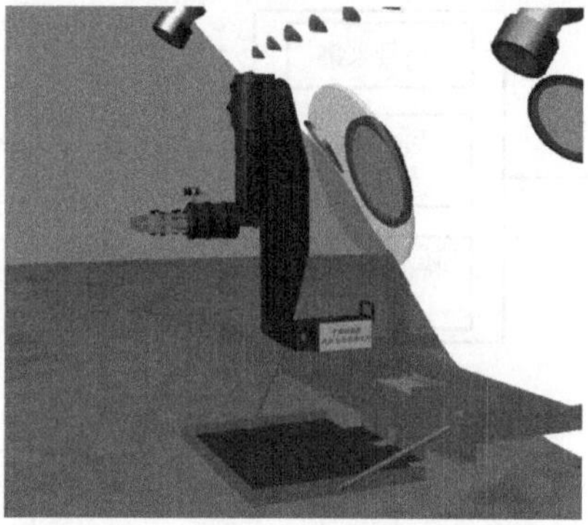

图 6.2　虚拟水下机械手及其载体

虚拟平台由两台主机协作运行，分别设为主机 1 号和主机 2 号，如图 6.3 所示，主机 1 号负责记录、实时处理脑电信号和转化为控制指令；主机 2 号负责人-机交互部分，如视觉诱发、机械手控制和反馈。

主机 1 号在 OpenViBE 软件环境下调用 MATLAB 探测特定的脑电模态；利用 VRPN 控件将特定的脑电模态转化为控制指令发送给主机 2 号。主机 2 号运行虚拟仿真平台，将收到的指令转化为虚拟机械手的动作；同时实时地将虚拟云台捕获的环境信息和视觉刺激界面展现给被试对象。主机 1 号与 2 号之间采用串口来传输信息。

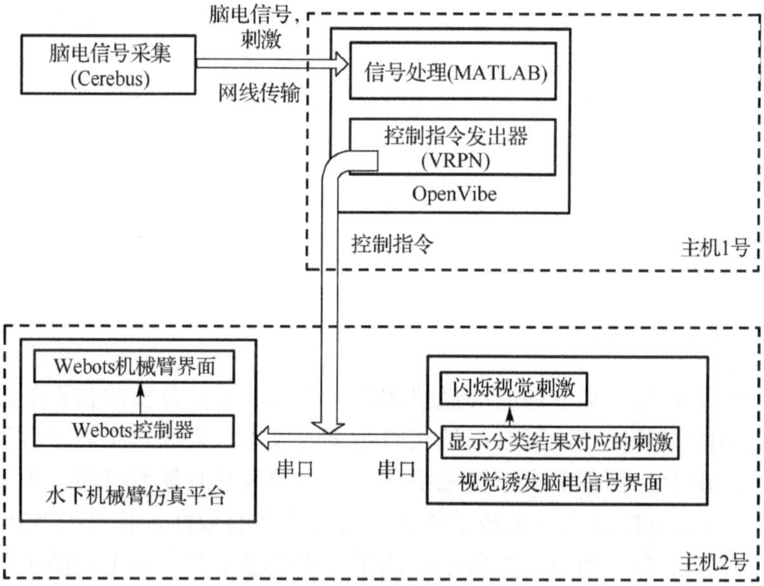

图 6.3　虚拟平台示意图

2. Webots

Webots 是一款专业的机器人仿真软件，实现建模、编程、仿真移动机器人。该软件采用 ODE(open dynamics engine)来探测碰撞和模仿肢体动作，由于 ODE 库克准确地模仿事物的物理属性，如速度、惯性、摩擦力，所以 Webots 可提供较为真实的虚拟场景。

该软件提供了多种可任意修改的机器人模型，并且可以在此平台上搭建新的机器人模型。事物的属性，如形状、颜色、质量、摩擦力等都可根据用户需求而设定。除此之外，软件为用户提供了多种模拟的传感器和执行器。

鉴于 Webots 的仿真效果，虚拟平台采用该软件进行搭建。

6.1.3　实际平台

实际平台由三台主机协作运行，分别设为主机 1 号、主机 2 号和主机 3 号，如图 6.4 所示。主机 1 号负责记录、实时处理脑电信号和转化为控制指令；主机 2 号负责人-机交互部分，如视觉刺激和反馈；主机 3 号单独负责控制机械手的各个动作。

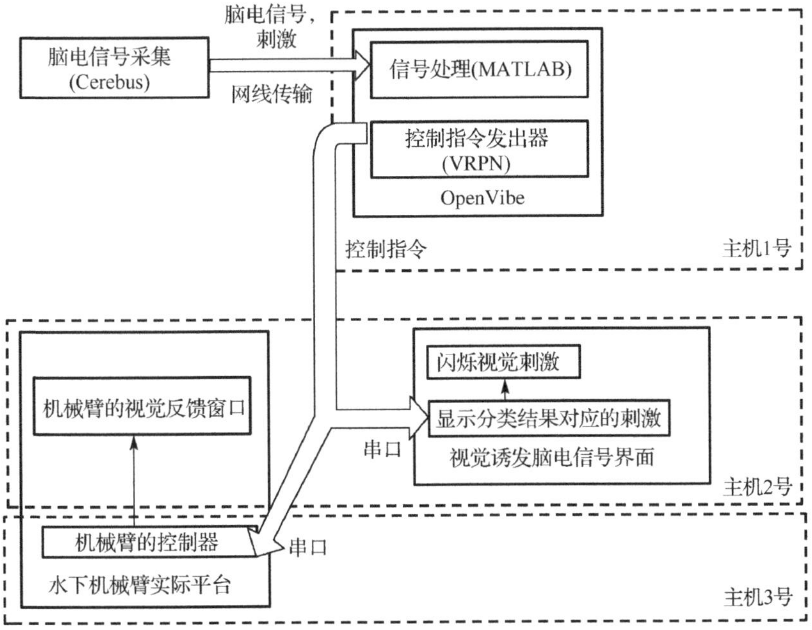

图 6.4　实际平台示意图

主机 1 号在 OpenViBE 软件环境下调用 MATLAB 软件探测特定的脑电模态；继而利用 VRPN 控件将特定的脑电模态转化为控制指令发送给主机 2 号和主机 3 号。

主机 2 号显示视觉刺激诱发界面和机械手周边环境。主机 3 号设定为机械手。主机 1 号通过串口分别向主机 2 号和 3 号传递控制指令；主机 1 号通过网线接收脑电数据。

6.2 基于 SSVEP 信号的水下机械手操作系统

6.2.1 交互系统设计

1. 界面设计

相对于 SSVEP 模式下可分辨的视觉刺激数，机械手和云台的控制指令数量较多，难以将有限的视觉刺激和所有指令进行一一对应；并且屏幕上过多的视觉刺激可能会分散被试对象的注意力，因此提出多级菜单的视觉诱发界面来满足指令的需要。每级菜单下的界面的基本元素相同，都由五个视觉刺激组成，如图 6.5 所示。五个视觉刺激排布三行：一个刺激分布在第一行的中间，其余四个刺激在第二和第三行呈现 2×2 排布。这五个刺激的闪烁频率分别为 12Hz、4.67Hz、15Hz、20Hz 和 6.67Hz，并将这五个刺激编号为 1～5。

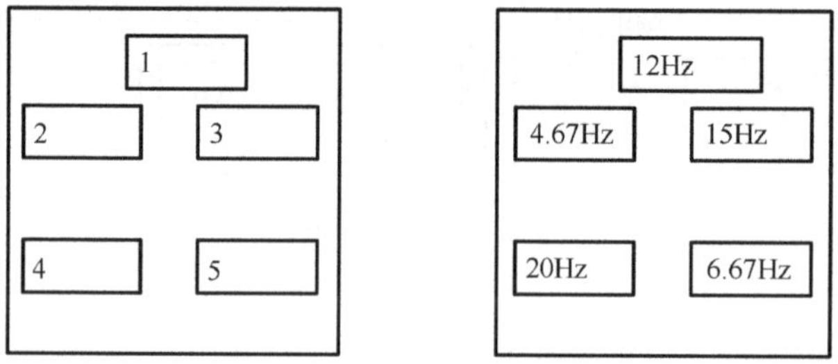

图 6.5 SSVEP 刺激分布图

界面一共包含六个菜单，分别是一个一级菜单(Menu 0)和五个二级菜单，各菜单的差别是视觉刺激所代表的控制意图不同。第一级菜单显示五个子菜单的链接，分别为云台(Menu 1)、机械手水平面移动(Menu 2)、机械手末端移动(Menu 3)、机械手竖直面移动(Menu 4)、机械手末端夹取(Menu 5)；每个链接指向一个第二级菜单。在每个第二级菜单中，编号为 1 的刺激都被设定为停止动作，其他编号为 2～5 的刺激设定为不同的动作。每个刺激对应机械手/机械手末端/云台的动作分布如图 6.6 所示，一共可对应 21 个不同的指令动作，现有 18 个动作，3 个闲置。

每个视觉刺激为虚拟操作界面与箭头的结合，可使得被试对象较为清楚地得知此刺激对应的子菜单或者动作。图 6.7 给出第一级菜单和五个第二级菜单的用户界面。

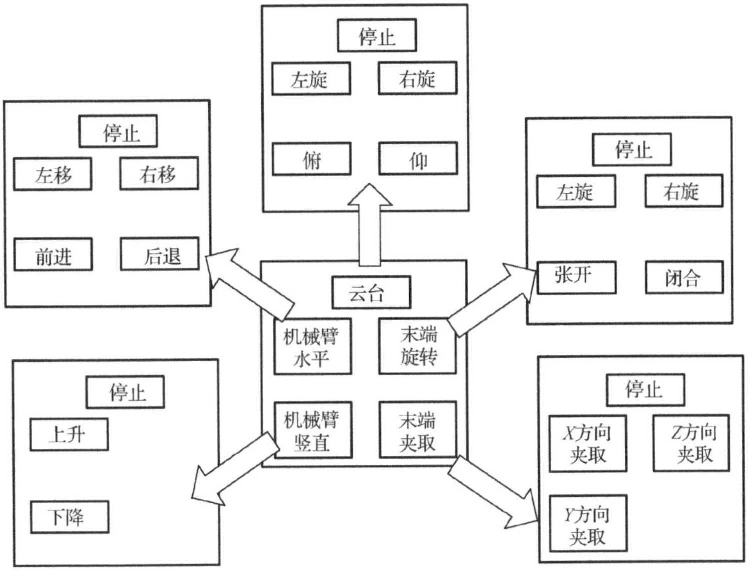

图 6.6　菜单示意图

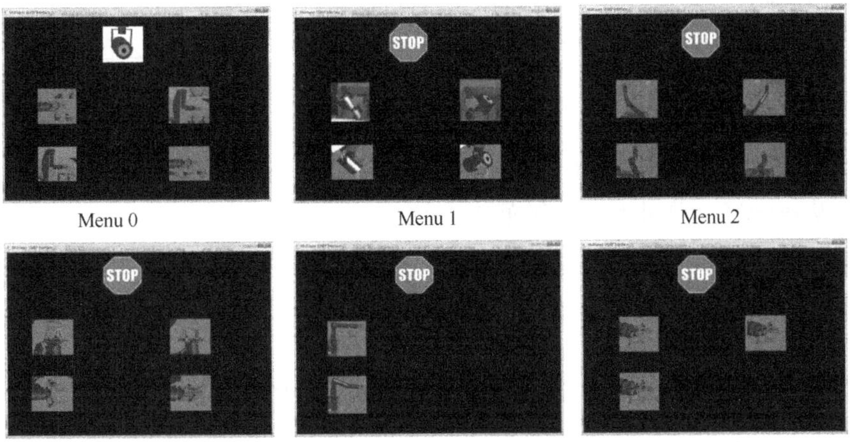

图 6.7　SSVEP 界面

2. 界面的响应方式

界面有两种响应方式：在视觉刺激的上方出现黄色箭头来选中视觉刺激，以告知被试对象系统选中的目标刺激；从某级菜单跳转到另一级的菜单，如从第一级(或第二级)菜单跳转至第二级(第一级)菜单。如图 6.8 所示，黄色箭头出现在第一级菜单中编号为 1 的、代表云台子菜单的视觉刺激的上方，表明该刺激被系统选中。

交互界面接收响应信号的方式有两种：按键选择和串口输入。

(1) 按键选择。该选中方式主要用于对被试对象的训练阶段，操作人员通过按键选中目标刺激以告知被试对象需要盯住的刺激。在任意一级菜单下，字母键盘上方的数字键 1～5 对应当前界面中的视觉刺激 1～5 号。在按键后黄色箭头会出现在对应的刺激上方，并持续显示若干毫秒。

图 6.8　选中刺激

(2) 串口输入。该选中方式主要用于测试被试对象的实验效果和控制实验。当界面通过串行口接收字符“0”至“5”时，跳转到相对应的 Menu 0～Menu 5，不显示黄色箭头并直接切换菜单；当接收大写字母“F”“L”“R”“Z”“Y”时，在对应的 1～5 号视觉刺激上方显示黄色箭头，持续显示若干毫秒。

3. *菜单跳转方式*

输出控制指令模块在接收到信号处理模块发送的分类结果后，会根据当前视觉诱发界面的状态把分类结果转化为界面与机械手可接收的串口指令。由于机械手的动作与被交互界面选中的视觉刺激一一对应，所以本节只详细地描述了输出控制指令模块在接收到分类结果后，向交互界面发送的指令和交互界面的响应。强调：输出控制指令模块默认初始化之后视觉诱发界面处于第一级菜单，机械手和云台处于停止状态。

(1) 可接收的分类结果

输出控制指令模块只接收信号处理模块的编号为 1～5 的分类结果；当接收到的分类结果为其他数字时，不予响应。

(2) 从第一级菜单进入第二级菜单

在第一级菜单 (Menu 0) 状态下，当输出控制指令模块接收到的分类结果为 1～5 时，则该模块进入对应的第二级菜单状态，并向串口发送此分类结果来使得界面跳转到对应的第二级菜单。

(3) 进入第二级菜单后的 SUB_DELAY 毫秒延时设计

在刚刚进入第二级菜单后的 SUB_DELAY 毫秒内，与当前第二级菜单在第一级菜单下的菜单链接同频率的视觉刺激无法被选中，即输出控制指令模块不会响应信号处理模块发来的对应此视觉刺激的分类结果，但是可以响应对应视觉诱发界面的其他四个刺激的分类结果。经过 SUB_DELAY 毫秒之后，输出控制指令模块可以响应五个刺激中的任意一个。举例：在第一级菜单下，交互系统选中编号为 2 的 4.67Hz 的视觉刺激使得界面进入对应的第二级菜单 Menu 2。在这之后的 SUB_DELAY 毫秒内，第二级菜单中的编号为 2 的 4.67Hz 的视觉刺激不能被选中和响应，而其他编号为 1、3、4、5 的视觉刺激可以被响应。经过 SUB_DELAY 后，五个刺激都可以被选中和响应。该设置主要目的是防止被试对象在菜单跳转之后，与触发该菜单的视觉刺激的同频的脑电信号的能量不能及时降低，造成在第二级菜单下误触发该菜单下的同频的视觉刺激。

(4) 在第二级菜单下的 ACT_DELAY 毫秒延时设计

在视觉诱发界面为第二级菜单的情况下，如果输出控制指令模块判定当前界面可以响应视觉刺激，那么在接收到分类结果后将向视觉诱发界面发送“F”“L”“R”“Z”“Y”（对应视觉诱发界面编号为 1～5 的刺激）中的某一个字符来选中视觉刺激。在发出字符后的 ACT_DELAY 毫秒内，输出控制指令模块不会再响应任何分类结果。

(5) 从第二级菜单返回第一级菜单

在第二级菜单的状态下，输出控制指令模块如果连续两次得到被试对象选中编号为 1 的视觉刺激（STOP 刺激），则通过串口向视觉诱发界面发送数字 0，以使得界面从第二级菜单返回到第一级菜单。

(6) 进入第一级菜单后的 MENU1_DELAY 毫秒延时设计。

当刚刚进入第一级菜单后的 MENU1_DELAY 毫秒内，输出控制指令模块只响应信号处理模块发送的分类结果 2～5，即仅有四个第二级菜单（Menu 2～Menu 5）可以被选中，云台菜单（Menu 1）无法被选中。在 MENU1_DELAY 毫秒之后，5 个第二级菜单都可以被选中和响应。该设置主要目的是防止被试对象在菜单跳转之后，与 STOP 刺激同频的脑电信号的能量不能及时降低，造成在第一级菜单下误触发与 STOP 刺激同频的代表云台菜单（Menu 1）的视觉刺激。

第一级和第二级菜单之间的跳转方式的流程图见图 6.9。

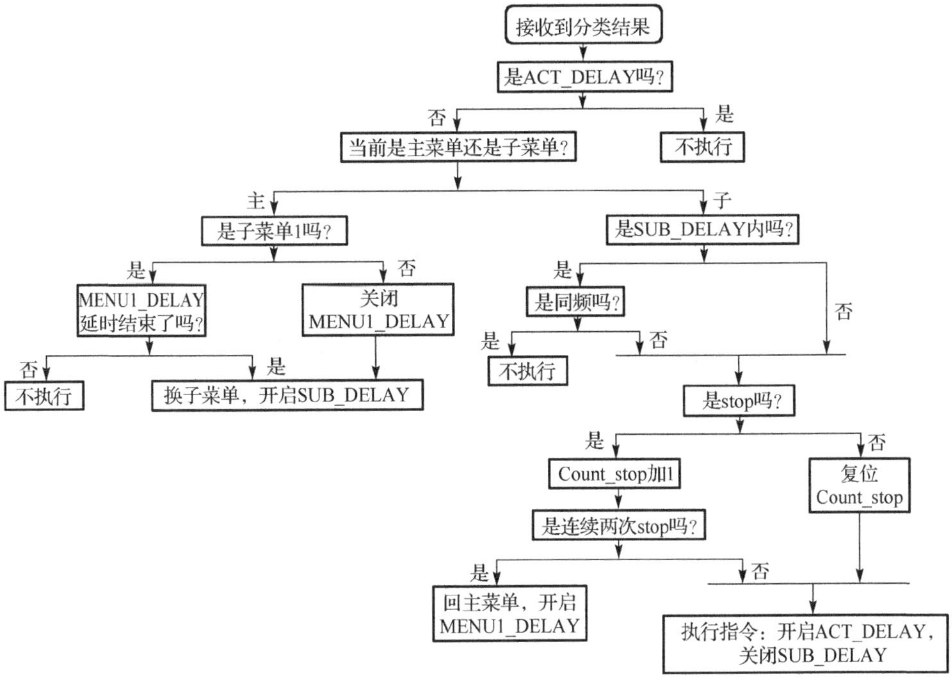

图 6.9　第一和第二级菜单跳转关系图

6.2.2 实验流程

实验共分为三部分：离线训练、在线调试和闭环控制。离线训练环节主要收集各个频段的脑电信号来训练系统参数；在线调试环节是在线地调整每个频段下的能量阈值；在完成前两个环节后，被试对象在闭环控制环节完成利用水下机械手插拔水草的实例。本小节将详细地逐个介绍这三个环节。

离线训练环节，操作人员首先向被试对象呈现包含 5 个视觉刺激的视觉诱发界面。其次，操作人员通过按键的方式选中界面上的任意一个刺激，并要求被试对象在出现黄色箭头后集中注意力盯住选中的刺激；当箭头消失时，被试对象可进行短暂的休息。脑电信号采集系统在离线训练环节实时地记录脑电信号和按键信息。

在线调试环节，操作人员仍然利用按键来指示被试对象注视的视觉刺激。在被试对象持续地注视指定的视觉刺激时，操作人员观察被试对象在该频率的脑电信号的能量值，并根据该值设定能量的阈值。在确定阈值之后，操作人员需要反复地让被试对象观察视觉刺激，以确定阈值是否合适。

在完成阈值调试之后，被试对象进行机械手控制实验。在视觉诱发界面的中央摆放由虚拟平台或者实际平台返回的视觉窗口，如图 6.10 所示。被试对象可以通过在云台菜单下摆动云台的视角来搜索水草所在位置；通过在其他菜单下的机械手的动作完成伸缩、转向和抓取动作。

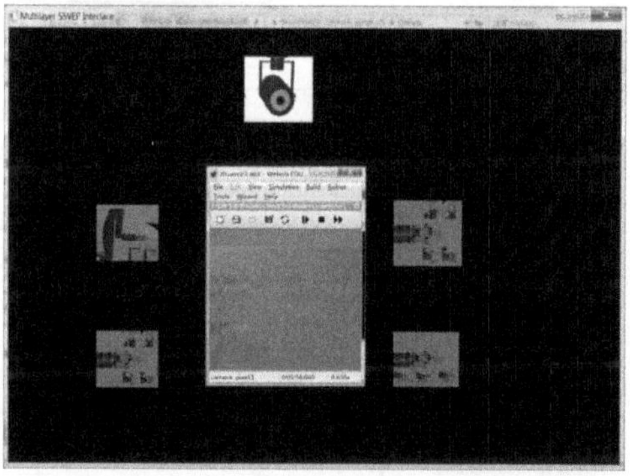

图 6.10　包含反馈的人-机交互界面

6.2.3 SSVEP 实验结果

本节分析 SSVEP 所诱发的脑电信号特征。图 6.11 是某名被试对象在五种刺激下频谱图，每个颜色代表一个视觉刺激下的脑电信号的能量分布。图中有五个较为明显的尖峰，分别出现在 12Hz、13.2Hz、15Hz、20Hz 和 24Hz，其中 12Hz 和 24Hz 是 12Hz 视觉刺激下基频与倍频的脑电信号，13.2Hz 是 6.6Hz 视觉刺激下的倍频信号，15Hz 是 15Hz 视觉刺激下基频信号，20Hz 是 20Hz 视觉刺激下基频信号，而绿色曲线对应的 4.6Hz 的尖峰虽然出现在 4.6Hz，但是低频信号的能量普遍偏大形成较大的干扰，造成该尖峰不明显。图 6.11 表明被试对象可以较好地被诱发出在频域具有能量特征的信号，因此可以进行后续的实验。

在离线分析的基础上被试对象进行基于视觉反馈的闭环控制实验：被试对象根据云台反馈的视觉信息来预估水草和机械手之间的空间关系，然后利用 SSVEP 刺激控制机械手运动，最终完成抓取水草的任务。

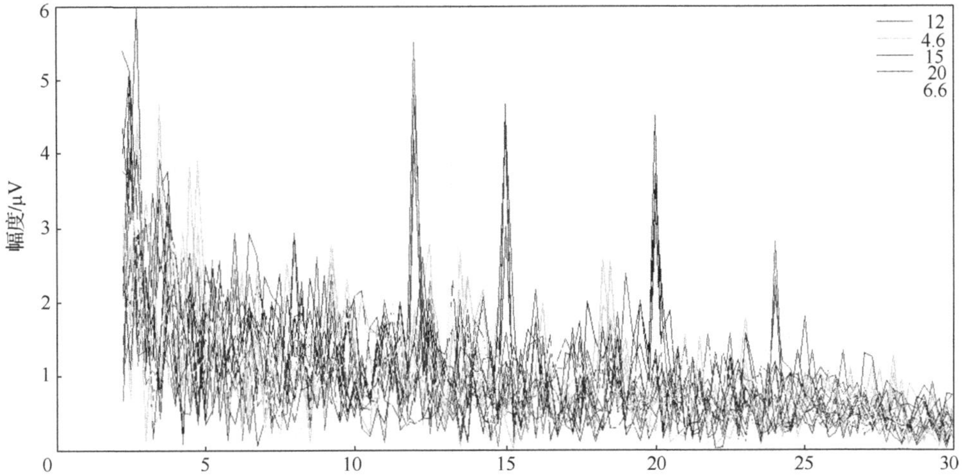

图 6.11　SSVEP 在五种刺激频率下的特征(见彩图)

6.3　基于 P300 信号的水下机械手操作系统

为了使机械手操作人员能够解放双手来操作其他设备，文献[20]搭建了基于 P300 的脑-机器人系统，使用由视觉刺激产生的 P300 脑电波作为信号源来控制水下机械手。

6.3.1　P300 界面设计

控制水下机械手时，大量的机械手操作指令可以包含到 P300 界面中，因此该模式可以满足提供多个操作指令的需求。在设计 P300 界面时，我们考虑了水下机械手的操作特点，精炼了指令数量，并结合了遥操作与自主规划两种操作方式。一般的水下任务可以通过调整载体位置和以下 9 个机械手指令来完成，包括夹钳向前、夹钳左移、夹钳右移、夹钳上升、夹钳下降、夹钳张开/闭合等 6 个遥操作指令与使夹钳靠近目标、将目标放入采样篮中和恢复机械手到其初始姿态等 3 个自主规划指令。为了提升操作效率，我们将部分指令进行了组合。为了诱发出更好的 P300 电位效果，我们使用机器人行为图片作为刺激。图 6.12(a)为设计的 P300 界面，该界面为一个 3×3 的图片矩阵，每一张图片对应机械手的一个行为，左侧两列为遥操作指令，右侧一列为自主规划指令，图 6.12(b)为图 6.12(a)的对应文字说明。在界面中，夹钳张开/闭合指令由一张图片显示，当该指令是当前目标指令时，系统将检测机械手夹钳的当前状态，然后将其转换为相反的状态。如果需要，更多的图片/行为可以添加到刺激界面中。

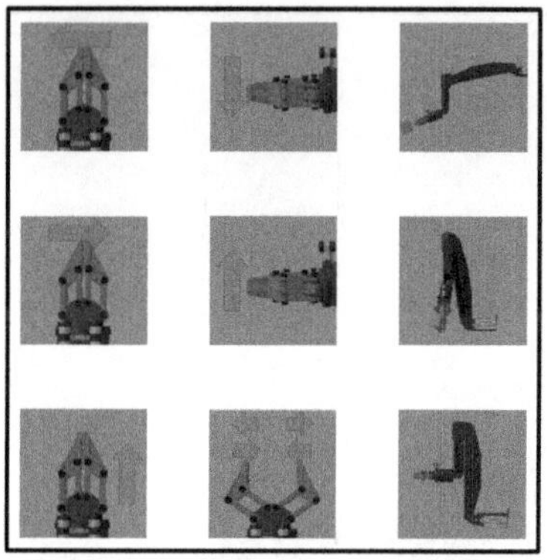

(a)

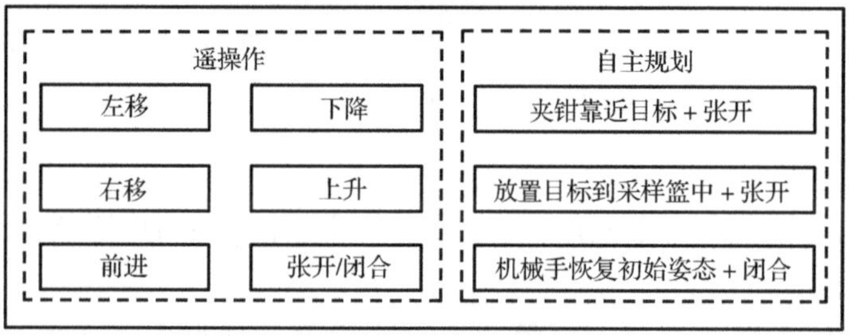

(b)

图 6.12　控制水下机械手的 P300 界面

6.3.2　实验设计

实验的设计基于经典的 Oddball 范式[21]，设计的 P300 界面显示在屏幕右侧。实验开始后，图片以随机的序列在矩阵内逐行逐列闪烁，称一个闪烁周期为一次循环，每行或列的闪烁是 Oddball 序列中的一个事件，包含选择目标的行或列闪烁则为稀少事件，在一个序列中稀少事件会诱发出 P300 信号。当某行或者某列闪烁时，其他图片被覆盖，覆盖图片为中心为白色圆形实心点的黑色方块，如图 6.13 所示，图 6.13(a)为一次行闪烁，图 6.13(b)为一次列闪烁。

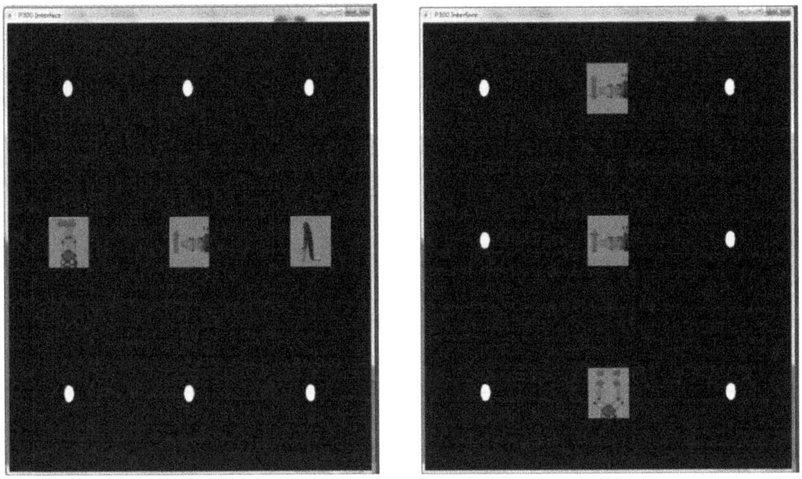

(a)　　(b)

图 6.13　图片以随机的序列在矩阵内逐行逐列闪烁

图片矩阵每行或列的闪烁时间为 300ms(图片显示时间 200ms，被覆盖的时间为 100ms)，因此，一个循环闪烁所需要的时间为 300ms×6=1.8s。在实验过程中被试对象被要求将注意力集中在目标图片，通过识别哪行或列诱发出了 P300 信号，系统可以辨别出被试对象选择了哪个目标。8 位(3 位男性，5 位女性)视力正常的被试对象自愿参与到了我们的实验中。实验分为两个部分：离线测试与在线控制。

6.3.3　实验结果

1. 离线测试

我们使用 Fisher 线性判别分析方法(FLDA)对实验数据进行分类[22]，并将收集的脑电信号分为两个部分：一部分用来训练分类器；另一部分用来测试分类器。为了客观评估系统的有效性，我们随机将获取数据的 5/6 作为分类器的训练数据，余下的 1/6 获取数据作为分类器的测试数据，并多次重复训练和测试过程，最终通过迭代可以得到系统测试的平均正确率。我们将 6 次循环定义为一个 trial，离线测试中，每个被试对象进行 18 个 trial，分两轮从第一个图片注视到最后一个图片。任意选取其中的 15 个 trial 来训练分类器，余下的 3 个 trial 用来评估系统指令选择的正确率，这样循环进行下去，训练与测试过程重复 6 次。我们采集了 30 个通道的脑电信号(包括 Pz 和 Cz 等)，并将其作为分类器的输入特征向量。表 6.1 为每位被试对象在 6 次测试过程中的指令选择平均正确率和最高正确率，其中，每位被试对象的 6 次测试中正确率最高的分类器将被用在在线控制过程中。

表 6.1　8 位被试对象在 6 次测试中指令选择的平均正确率和最高正确率

被试对象	平均正确率/%	最高正确率/%
subj1	100	100
subj2	97.2	100
subj3	79.1	91.7
subj4	94.4	100
subj5	69.4	91.7
subj6	97.2	100
subj7	97.2	100
subj8	90.3	100
平均值	90.6	97.9

2. 在线控制

在线控制部分，我们进行了控制水下机械手抓取海洋生物样本的实验，上述 8 位被试对象参与了实验。图 6.14 为其中一位被试对象实验过程中的截图。

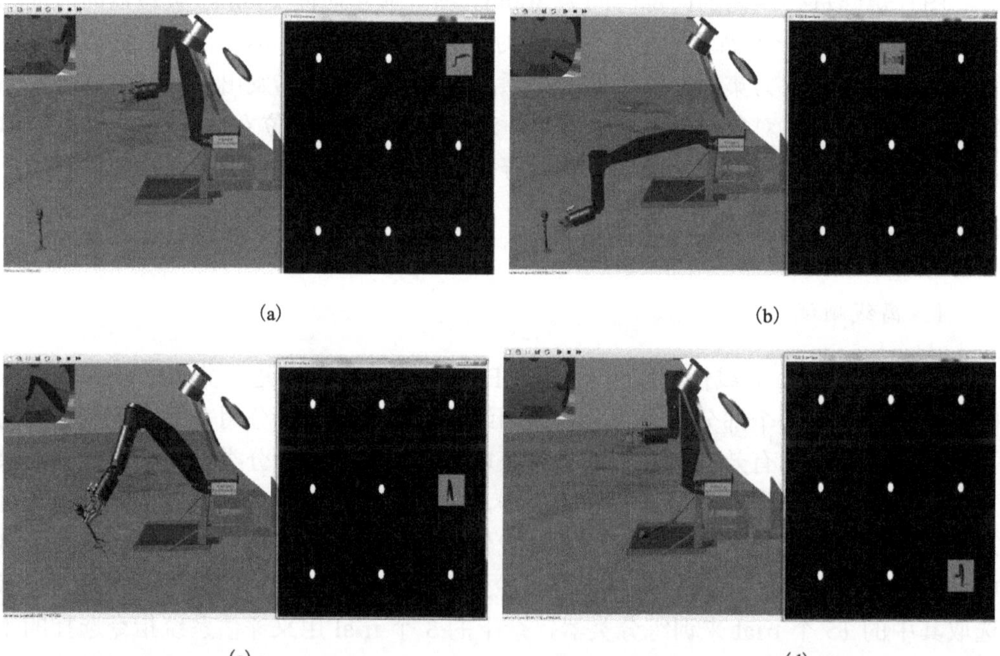

(a)　(b)　(c)　(d)

图 6.14　基于 P300 脑电信号控制水下机械手抓取海洋生物样本实验截图

每位被试对象要求成功完成任务 3 次，在实验过程中会有一位有操作经验的人给予指导，实验结果如表 6.2 所示。

表 6.2　8 位被试对象抓取海洋生物样本实验结果

被试对象	指令选择平均准确率/%	平均操作时间/s	平均使用指令数量
subj1	95.5	76.3	7.3
subj2	96.6	101.0	9.7
subj3	83.3	108.7	10.0
subj4	96.0	87.7	8.3
subj5	88.0	88.0	8.3
subj6	91.3	79.7	7.6
subj7	83.8	106.0	10.3
subj8	89.7	100.3	9.7
平均	90.1	93.5	8.9

从实验结果我们可以看到，每位被试对象 3 次完成任务的指令选择平均准确率都超过了 80%，8 位被试对象的总体平均准确率为 90.1%，因此，使用该系统可以保证成功完成任务。他们的平均操作时间为 93.5s，平均使用指令数量为 8.9 个，是执行水下操作任务可以接受的范围。实验结果证明了提出的基于 P300 脑电信号控制水下机械手的脑-机器人接口系统是可行和有效的。

参 考 文 献

[1] 金翔龙. 二十一世纪海洋开发利用与海洋经济发展的展望. 科学中国人, 2006,(1): 13-17.

[2] 蒋新松, 封锡盛, 王棣棠. 水下机器人. 沈阳: 辽宁科技出版社, 2000.

[3] Zhang J, Li W, Yu J, et al. Virtual platform of a manned submersible vehicle carrying an underwater manipulator. 2015 IEEE International Conference on Cyber Technology in Automation, Control, and Intelligent Systems (CYBER), Shenyang, 2015: 1126-1131.

[4] Salgado-Jimenez T, Gonzalez-Lopez J L, Martinez-Soto L F, et al. Deep water ROV design for the Mexican oil industry. Proceedings of 2010 IEEE Oceans, Sydney, 2010: 1-6.

[5] Posseme G, Labiau C, Kervern G, et al. Method and system for destroying submerged objects. Particular Submerged Mines: US, US5844159, 1998.

[6] Zhang Q, Zhang Y, Huo L, et al. Design and pressue experiments of a deep-sea hydraulic manipulator system. MTS/IEEE Oceans'13 Conference, San Diego, 2013.

[7] Marani G, Choi S K, Yuh J. Underwater autonomous manipulation for intervention missions AUVs. Ocean Engineering, 2009, 36(1): 15-23.

[8] Palomeras N, Peñalver A, Massot-Campos M, et al. I-AUV docking and panel intervention at sea. Sensors, 2016, 16(10):1673.

[9] Stippich C, Ochmann H, Sartor K. Somatotopic mapping of the human primary sensorimotor cortex during motor imagery and motor execution by functional magnetic resonance imaging. Neuroscience Letters , 2002, 331 (1) : 50-54.

[10] Pfurtscheller G, Neuper C. Motor imagery activates primary sensorimotor area in humans. Neuroscience Letters, 1997, 239: 65-68.

[11] Picton T W. The P300 wave of the human event-related potential. Journal of Clinical Neurophysiology ,1992, 9: 456-479.

[12] Vialatte F B, Maurice M, Dauwels J, et al. Steady-state visually evoked potentials: Focus on essential paradigms and future perspectives. Progress in Neurobiology, 2010, 90 (4) : 418-438.

[13] Johnson G D, Waytowich N R, Cox D J, et al. Extending the discrete selection capabilities of the P300 speller to goal-oriented robotic arm control. Proceedings of 3rd IEEE RAS and EMBS International Conference on Biomedical Robotics and Biomechatronics (BioRob), Tokyo, 2010: 572-575.

[14] Palankar M, De L, Kathryn J, et al. Control of a 9-DoF wheelchair-mounted robotic arm system using a P300 brain computer interface: Initial experiments. Proceedings of Annu International Conference on Robotics and Biomimetics, Bangkok, 2008: 348-353.

[15] Shen H, Zhao L, Bian Y, et al. Research on SSVEP-based controlling system of multi-DoF manipulator. Advances in Neural Networks-ISNN 2009. Berlin, 2009: 171-177.

[16] Grigorescu S M, Lüth T, Fragkopoulos C, et al. A BCI-controlled robotic assistant for quadriplegic people in domestic and professional life. Robotica, 2012, 30 (3) : 419-431.

[17] Waytowich N, Henderson A, Krusienski D, et al. Robot application of a brain computer interface to staubli TX40 robots-early stages. World Automation Congress (WAC), New York, 2010: 1-6.

[18] Zhang J, Li W, Yu J, et al. Virtual platform of a remotely operated vehicle. Proceedings of OCEANS 2015-MTS/IEEE, Washington, 2015: 1-5.

[19] Zhang J, Li W, Yu J, et al. Development of a virtual platform for telepresence control of an underwater manipulator mounted on a submersible vehicle. IEEE Transactions on Industrial Electronics, 2016, 64 (2) : 1716-1727.

[20] Zhang J, Li W, Yu J, et al. Operating an underwater manipulator via P300 brainwaves. International Conference on Mechatronic Design and Machine Vision in Practice (M2VIP), Nanjing, 2016: 1-5.

[21] Sutton S, Braren M, Zubin J, et al. Evoked potential correlates of stimulus uncertainty. Science, 1965, 150 (3700) : 1187-1188.

[22] Li M, Li W, Zha J, et al. An adaptive P300 model for controlling a humanoid robot with mind. Proceedings of IEEE International Conference on Robotics and Biomimetics, Guangzhou, 2013: 1169-1174.

第 7 章　基于脑电信号的人机融合技术

随着穿戴式设备、感知计算等技术的日益发展，人类和机器之间不断相互作用、发展演进，机器对人类的价值也日益凸显[1]。人脑(生物智能)和机器智能各有所长，具有很强的互补性：人脑具备在复杂环境中整合多重信息并快速做出决策的能力，在抽象思维、推理、学习等高级智能活动中更具优势；机器智能则擅长于精确数值计算、快速检索、海量存储等。脑机融合系统充分发挥了人脑与机器各自的优势，与传统的计算系统相比，脑机融合系统具有 3 个显著特征：①对生物体的感知更加全面，包含表观行为理解与神经信号解码；②生物体也作为系统的感知体、计算体和执行体，且与系统其他部分的信息交互通道为双向；③多层次、多粒度的综合利用生物体和机器的能力，达到系统智能的极大增强[2]。

SSVEP 或者 ERP 的脑电模式依赖外界刺激源，而 MI 脑电模式准确率较低并且指令数量有限。由于当前大部分研究采用控制机器人各种行为的方式完成任务，而解码大脑意图的速度与精度不能满足控制机器人的实时性和正确性，因此需要加入人工智能予以弥补。另外，当前研究主要是单向的脑-机控制方式，即使有反馈方向（机-人）的多种传感器信息实时地反馈给被试对象，最终仍然需要被试通过人-机通道下达决策命令，被试对象的感觉通道疲劳及精神压力较大，这可能会影响脑电信号的质量和控制效果，因而应该加入机器自主决策，分担人的部分任务。

然而，在脑-机接口的研究中，智能设备的自动化程度往往被忽略，而是过多地利用脑电信号解析出的被试对象意图去单向地控制机器人最底层的各种动作及行为方式。但是相比机器人的智能程度而言，这种作用效率往往是相对较低的。因此，如何在利用最少的控制指令的情况下，最大限度地利用机器智能完成辅助被试对象的任务是人机融合技术中要解决的关键问题所在。将解析出的脑电信号作为高级指令下达给机器人，使其不只是完成某个单一的动作，而是完成一个相对复杂的任务，将是人机融合中未来研究的方向。而如何确定这一任务的复杂程度，使脑电信号指令与机器智能决策达到最佳的平衡点，使人机融合在脑机接口中达到最高效的应用，是当前研究的难点所在。

随着智能设备的发展，越来越多的传感器集成到智能设备上。尤其对于仿人机器人，其仿人程度更是越来越精细，传感器的数量及种类越来越多地在其身上得到体现。因此，如何利用智能机器人的多种传感器信息，使其自主地完成一些基础的任务，真正实现智能设备的自动化，是解放人脑资源的一个重要途径。

另外，在人机融合的过程中，不可避免地会出现人与机器相互矛盾的时刻，而此时往往需要加入一个合理的处理机制对其进行裁决。使其在保障不危及人与机器人安全的情况下，顺利地完成系统下达的任务。这时，便需要建立一套完善的矛盾处理系统，使人机融合的过程更加安全、可靠、高效。

7.1 脑电信号为主导的监控系统

在人机融合的过程中，虽然以减少人的工作负荷为目标，但是在重要的决策时刻，要始终保证人的主导地位，这便是本节要讨论的以脑电信号为主导的监控系统。该系统主要针对多目标的选择及在遇到障碍物时避障策略的选择，以及其所对应的脑电模式的选择与设计。

7.1.1 以 P300 脑电模型为主导的多目标选择系统

对于实际的工作生活环境，其背景往往会包含较多的实物目标、参照物等。因此，这些实物及参照物等均可以作为一个节点目标，使机器人根据这些节点进行目标的选择并利用机器智能进行自动追踪，以实现到达目标节点的目的。这样，由之前完全依靠人脑，并结合视频反馈，来完成机器人到达某一目标的方式，转化为由人脑选择节点，结合机器人的智能，借助节点的变换来到达某一目标的新方法。通过机器智能的加入，人脑只需要在最高的决策层进行节点的选择，剩余的路径规划及自动追踪均由机器人的自主智能来完成。因此，人脑的工作负荷被大大降低，而其在下达决策层命令的主导地位必须保留，这样便可以实现以脑电为主导的人机融合技术[37]。

考虑节点数量多，不确定的特性，本书采用的是基于 P300 的脑电模型进行多目标节点的选择。由于 P300 的脑电模型理论上可以无限扩充目标的个数，而且准确率高，所以采用 P300 的脑电模型进行目标的选择可以精确地保证节点目标的选择，使人的意图更加准确地传达给机器人。

这里以 3×3 行列式的 P300 脑电模型为例，进行多目标选择系统的介绍。本实验在普通的办公室环境中进行，以简单的物体为目标节点，每个 P300 刺激代表一个目标节点。当某个 P300 刺激被选中时，则代表该刺激的节点目标便为机器人的当前目标，之后机器人便可以利用人工智能自动地识别该物体并进行自动追踪，直到目标的到达。这样，理论上一个目标的到达只需用到一次脑电指令，大大地减少了人脑的工作负荷，较先前完全依靠人脑轮流下达每一步指令的方法也提高了工作效率。P300 的刺激界面如图 7.1 所示，9 个节点中有 7 个为实物节点，另外 2 个为备用节点，随时可以增加新的节点。

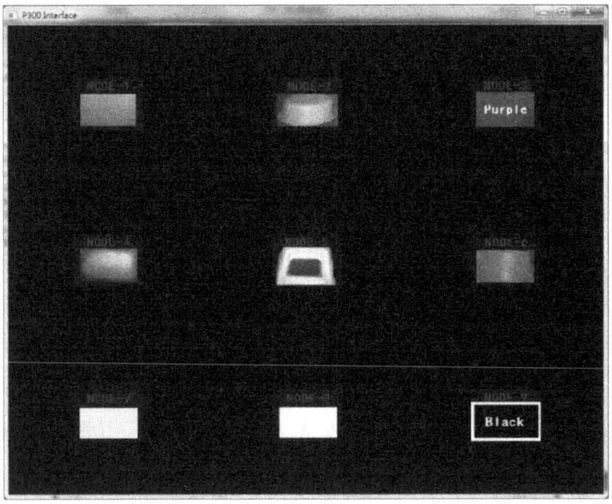

图 7.1　P300 脑电模型下的多目标刺激界面

该系统实现的主要功能包括 P300 刺激信号的产生，目标节点数据库的建立、选择及传递、节点目标的选定反馈等。其中，P300 刺激信号采用的是行列式的闪烁方式，通过离线训练得到的模型进行在线的分类，最终可以得到脑电信号的辨识结果并选定节点目标。该节点目标代表了该实物目标的属性，包含代表其颜色的 R、G、B 值以及用于后续机器智能中的算法参数值，这些参数的具体含义及使用方法将在机器智能系统中做具体介绍，这里不做详细阐述。一旦节点目标被选中，人脑便可以处于空闲状态，这一目标节点的到达将交由机器智能系统来完成，人脑的状态便由工作状态转变为监控状态，只有在遇到突发情况或进行下一目标节点的选择时，才会再次进入工作状态。因此，该系统可以大大减轻人脑的工作负荷，为人机融合的第一步。

7.1.2　以 SSVEP 脑电模型为主导的避障策略选择系统

当然，由于工作生活环境的复杂，在机器人向目标行进的过程中，难免遇到一些突发情况，如中间的障碍物、脚下的障碍物，以及如何判断是否到达既定的目标节点等。此时，便需要在遇到突发情况时，机器人做出迅速的反应，及时地寻求人脑的帮助，而这些也需要机器智能的协助。这便是本节将要介绍的以 SSVEP 脑电模型为主导的避障策略选择系统。

该系统的设计主要依赖于机器人的超声波传感器模块以及脚上的减振压力传感器模块。超声波传感器模块用于进行距离信息的检测，将其前方的物体与机器人的距离做实时的反馈，并显示在人机融合界面的主面板，便于操作者进行实时的监测；减振压力传感器模块用于进行脚下物体的检测，当前方的物体无法由超声波传感器检测到的情况下，如一些散落在地上的小物体，此时在机器人碰到这些物体时，压力传感器便会将检测到压力信息反馈给操作者，而这些压力信息可以随时中断机器人的行进过程，并交由人脑进行判断，保证了机器人行进过程中的安全性。

针对上述几个模块需要实现的功能，在选择脑电模型的过程中，考虑机器人安全性的问题，因此，应倾向于反应速度快的脑电模型作为最佳的监控系统。本书选择 SSVEP 脑电模型为主导的避障系统。经过分析可知，在避障时，只需要根据障碍物的位置以及超声波传感器的距离信息或压力传感器的压力信息，进行障碍物的精准位置判断，进而做出左或右的避障选择即可。另外，由于机器人在行进过程中，不可避免地会出现一些突发情况，而这些情况很可能不能被机器人的传感器检测到，因此，本书加入了紧急停车状态。当这些情况发生时，为了尽可能地保证人、机的安全性，加入一个紧急停止功能，使机器人在这种情况下能够快速做出停止的动作。SSVEP 的刺激界面如图 7.2 所示，如图片一致，包括左、右、停止共 3 个刺激目标，对应 3 种操作指令。

图 7.2　SSVEP 脑电模型下的刺激界面

该系统共分 3 个刺激频率，分别为 10Hz、20Hz 和 30Hz，每幅图片代表了一个指令，分别为左避障、停止和右避障。操作者在进行简单的分类训练后，便可以在机器人遇到障碍物并请求人脑的指令时，聚集该界面，进行在线的分类，分类结果以指令的形式下达给机器人，使机器人做出相应的避障动作或停止指令。同时，该界面也可以进行节点目标到达与否的判定指令下达，若到达节点目标，机器人必然会触发停止并请求人脑的避障决策，此时如果选择不进行避障，而是停止指令，则可判定为节点目标到达。之后，便可以聚集到 7.1.1 节的 P300 刺激界面，进行下一节点目标的选择及下一目标的识别及追踪，直至本次行程结束。

这样，结合以 P300 脑电模型为主导的多目标选择系统和以 SSVEP 脑电模型为主导的避障策略选择系统，便可以完成对某一目标的自动识别与追踪，以及全过程的避障及突发情况的停止。该系统在充分保证了人、机的安全的同时，改变了传统脑-机接口中一对一的指令下达模式，降低人脑工作负荷的情况下，更加准确、快速地完成任务，实现了人机融合的目的。

7.2　机器智能决策系统

机器智能决策系统包括两部分：一部分是目标的识别与自动追踪策略；另一部分是障碍物的检测及目标到达的判别策略。目标识别采用基于模糊颜色提取器的识别方法，自动追踪则采用目标中心化的策略来实现。障碍物的检测及目标到达的判别则是利用机器人自带的智能传感器所反馈回来的数据进行融合后的综合的评价，最终给出人脑的主导决策。

7.2.1　基于模糊颜色提取器的目标识别与自动追踪策略

由于不同的目标物体通常具有不同的颜色，所以本书将颜色作为一种提取目标物体的属性，以此来提取杂乱环境中的特定目标物体，便于后续的自动追踪[4]。本书将介绍一种基于模糊颜色提取器(fuzzy color extractor，FCE)的目标识别方法，以及其改进的模糊颜色提取器(improved fuzzy color extractor，IFCE)。

在许多基于颜色的计算机视觉应用中，一幅图像中的颜色分类会因为环境的不确定性而变得模棱两可。本书提出的 FCE 能够应对这种环境的不确定性。通常，一幅图片中的颜色被定义在 RGB 颜色空间中。RGB 颜色空间是正交笛卡儿空间，其中的三个坐标分别代表红色、绿色和蓝色三种元色，三种颜色均为零时(即坐标原点)为黑色，三种颜色均为最大值 255 时为白色，如图 7.3 所示。

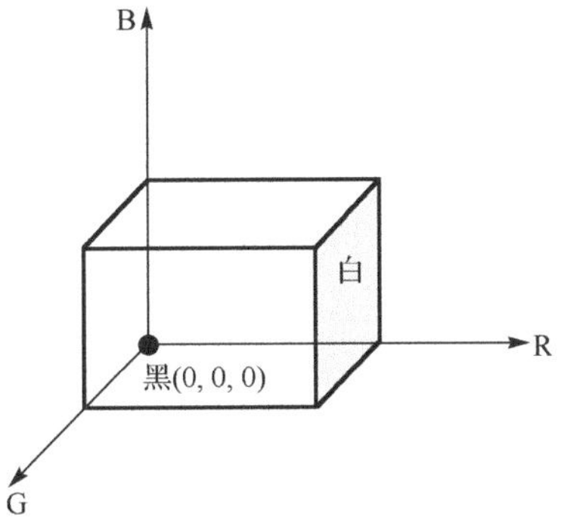

图 7.3　RGB 空间

这里定义一幅图片的左上角为图片的原点，从左至右为 X 轴正方向，从上至下为 Y 轴正方向。每个像素 $p(m, n)$ 的颜色由 $p(m, n)_{\mathrm{RGB}}$ 代表，并被分解为红色、绿色和蓝色三个分量($p(m, n)_{\mathrm{R}}$, $p(m, n)_{\mathrm{G}}$, $p(m, n)_{\mathrm{B}}$)。模糊颜色提取器基于一个给定的种子点 $\mathrm{seed}_{\mathrm{RGB}}$ 从图像中提取一个像素簇。$\mathrm{seed}_{\mathrm{RGB}}$ 可以是直接给出的 RGB 空间中的某一颜色 $\mathrm{seed}_{\mathrm{R}}$，$\mathrm{seed}_{\mathrm{G}}$，$\mathrm{seed}_{\mathrm{B}}$，也可以是图像中的一个像素点。FCE 以 $\mathrm{seed}_{\mathrm{RGB}}$ 为

基准建立模糊集，通过计算其他像素对此模糊集的隶属度，将与 $seed_{RGB}$ 相似的像素提取到像素簇之中。

为了得到像素 $p(m, n)$ 对于种子点 $seed_{RGB}$ 的隶属度，FCE 首先要计算它们之间颜色分量的差值[5]：

$$\begin{cases} \text{dif}(m,n)_R = p(m,n)_R - \text{seed}_R \\ \text{dif}(m,n)_G = p(m,n)_G - \text{seed}_G , \qquad 0 \leqslant m < M,\ 0 \leqslant n < N \\ \text{dif}(m,n)_B = p(m,n)_B - \text{seed}_B \end{cases} \tag{7.1}$$

其中，M 和 N 代表图像的尺寸。然后对分量差值 $\text{dif}(m, n)_R$、$\text{dif}(m, n)_G$、$\text{dif}(m, n)_B$ 应用以下模糊规则：

If $\text{dif}(m, n)_R$、$\text{dif}(m, n)_G$、$\text{dif}(m, n)_B$ 都属于模糊集 zero

Then $p(m, n)$ 属于模糊集 matched

If $\text{dif}(m, n)_R$、$\text{dif}(m, n)_G$、$\text{dif}(m, n)_B$ 属于模糊集 negative 或 positive

Then $p(m, n)$ 不属于模糊集 unmatched

基于这两条模糊规则，如果像素的颜色 $p(m, n)_{RGB}$ 和种子点在 RGB 空间中的欧氏距离足够小，则这个像素被提取到代表目标物体的像素簇中，否则被分类进不代表物体的像素簇中。

图 7.4 展示了模糊集 negative、zero 和 positive 的隶属度函数 $\mu_N(x)$、$\mu_Z(x)$ 和 $\mu_P(x)$，其定义如下：

$$\mu_N(x) = \begin{cases} 1, & -255 \leqslant x < -\alpha_2 \\ \dfrac{x+\alpha_1}{\alpha_1-\alpha_2}, & -\alpha_2 \leqslant x < -\alpha_1 \\ 0, & -\alpha_1 \leqslant x \leqslant 255 \end{cases} \tag{7.2}$$

$$\mu_Z(x) = \begin{cases} 0, & -255 \leqslant x < -\alpha_2 \\ \dfrac{x+\alpha_2}{\alpha_2-\alpha_1}, & -\alpha_2 \leqslant x < -\alpha_1 \\ 1, & -\alpha_1 \leqslant x \leqslant \alpha_1 \\ \dfrac{x-\alpha_1}{\alpha_2-\alpha_1}, & \alpha_1 \leqslant x < \alpha_2 \\ 0, & \alpha_2 \leqslant x \leqslant 255 \end{cases} \tag{7.3}$$

$$\mu_{\mathrm{P}}(x)=\begin{cases}0, & -255\leqslant x<-\alpha_1\\ \dfrac{x+\alpha_2}{\alpha_2-\alpha_1}, & \alpha_1\leqslant x<\alpha_2\\ 1, & \alpha_2\leqslant x\leqslant 255\end{cases} \tag{7.4}$$

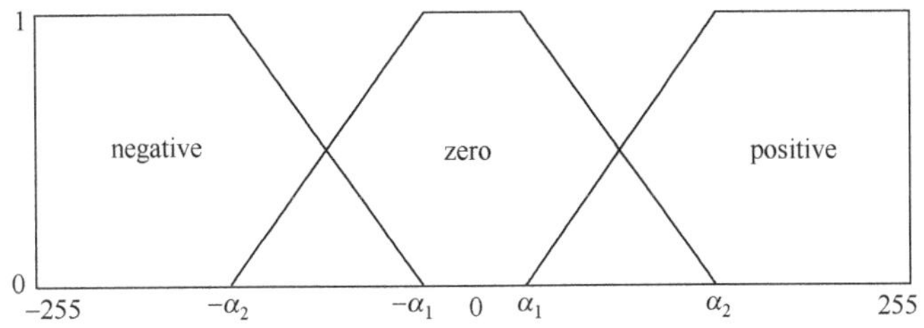

图 7.4　颜色差的隶属度函数

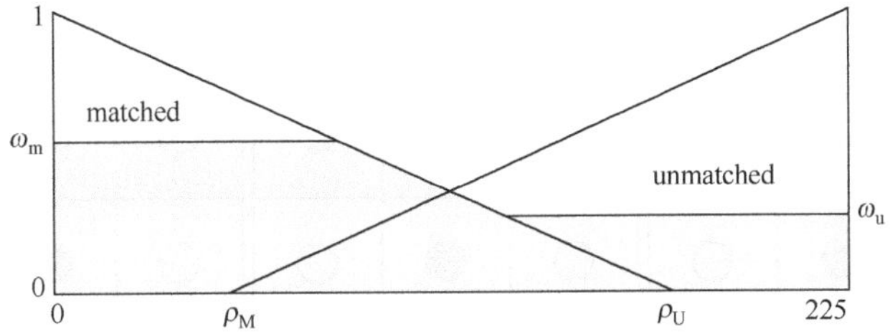

图 7.5　去模糊函数

图 7.5 展示了模糊集 matched 与 unmatched 的隶属度函数 $\mu_{\mathrm{M}}(x)$ 和 $\mu_{\mathrm{U}}(x)$，其定义如下：

$$\mu_{\mathrm{M}}(x)=\begin{cases}\rho_{\mathrm{U}}-x, & 0\leqslant x<\rho_{\mathrm{U}}\\ 0, & \rho_{\mathrm{U}}\leqslant x\leqslant 255\end{cases} \tag{7.5}$$

$$\mu_{\mathrm{U}}(x)=\begin{cases}0, & 0\leqslant x<\rho_{\mathrm{M}}\\ \dfrac{x-\rho_{\mathrm{M}}}{255-\rho_{\mathrm{M}}}, & \rho_{\mathrm{M}}\leqslant x\leqslant 255\end{cases} \tag{7.6}$$

其中，$\rho_{\mathrm{M}}+\rho_{\mathrm{U}}=255$。模糊规则根据分量差值 $\mathrm{dif}(m,n)_{\mathrm{R}}$、$\mathrm{dif}(m,n)_{\mathrm{G}}$、$\mathrm{dif}(m,n)_{\mathrm{B}}$ 计算出像素 $p(m,n)$ 对于模糊集 matched 与 unmatched 的隶属度 ω_{m} 和 ω_{u}：

$$\omega_{\mathrm{m}}=\min\{\mu_{\mathrm{Z}}(\mathrm{R}),\mu_{\mathrm{Z}}(\mathrm{G}),\mu_{\mathrm{Z}}(\mathrm{B})\} \tag{7.7}$$

$$\omega_{\mathrm{u}}=\max\{\mu_{\mathrm{N}}(\mathrm{R}),\mu_{\mathrm{N}}(\mathrm{G}),\mu_{\mathrm{N}}(\mathrm{B}),\mu_{\mathrm{P}}(\mathrm{R}),\mu_{\mathrm{P}}(\mathrm{G}),\mu_{\mathrm{P}}(\mathrm{B})\} \tag{7.8}$$

图 7.5 展示了输出域中 ω_{m} 与 ω_{u} 切割 $\mu_{\mathrm{M}}(x)$ 和 $\mu_{\mathrm{U}}(x)$ 得到的区域。通过以下去模糊化公式，能够得到一个确定的输出值：

$$\Delta\rho_F = \frac{\int \mu_{out}(x)x\mathrm{d}x}{\int \mu_{out}(x)\mathrm{d}x} \tag{7.9}$$

其中，μ_{out}代表了在模糊输出域中被 ω_m 和 ω_u 切割产生的信封形函数。如果$\Delta\rho_F < \sigma$，则像素 $p(m, n)$ 被提取进像素簇；否则像素 $p(m, n)$ 不被提取，其中 σ 是阈值。FCE 可以被理解为从 RGB 空间的欧氏距离 $\mathrm{dif}(m, n)_R$、$\mathrm{dif}(m, n)_G$、$\mathrm{dif}(m, n)_B$ 映射到模糊度量空间的强度值$\Delta\rho_F$ 的一个算子。

这样，给定任意一个像素点，在一幅图片中与该相互点匹配(即“matched”)的点均会被提取出来。然而这些提取出来的点为离散的点，包括一些属于该物体的点，同时也会包含一些噪声点。那么，如何从这些看似无意义的离散点中提取与目标物体有关的像素点，并将其组合到一起融合成一幅完整的子图，即将目标物体完整地提取出来呢？本书采用的是一种类似但区别于区域生长的方法。子图的生成过程原理如图 7.6 所示，该过程的发生伴随着提取的过程同时进行。

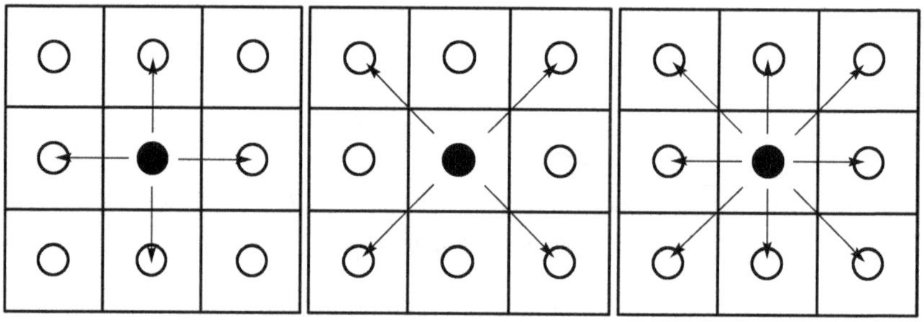

(a) 向4个邻近点　　(b) 向4个对角邻近点　　(c) 向8个邻近点

图 7.6　子图生成方式

本书采用如图 7.6(c)所示的生长方式进行子图的融合过程。首先，从图像的原始点开始进行扫描，找到第一个“matched”的点；然后，从该点开始进行所有“matched”点的扫描，把与该点相邻近的点都提取出来；最后，这些邻近且“matched”的点便形成了一幅子图。依此类推，已经提取出来的像素点在下一幅子图的融合过程中不再被提取。这样，一些离散的子图便从一幅完整的图像中提取出来了。该过程的结束以所有的“matched”的点被提取出来并融合成对应的子图为标志。那么，如何判断哪一幅子图是要提取的目标物体呢？本书认为能够代表一个物体的种子点必然会与属于该物体的像素点达到最多的匹配数量，因此，这里将包含最多数目像素点的子图作为目标物体。此外，由于光线的问题，一些本该属于该目标的像素点必然会因为反光导致不被提取，所以本书将这些点进行了填充。具体做法是设定一个阈值，当物体内部两个不相邻的点之间的距离小于该阈值时，这些点将被填充为该物体的点。这样，便尽可能地保证了物体的完整性。

为了验证该算法的有效性，本书在办公环境中随机地摆放了一些日常的物体，如图 7.7 所示，然后利用 FCE 对这些目标分别进行了提取，其效果如图 7.8 所示。

图 7.7　日常办公环境

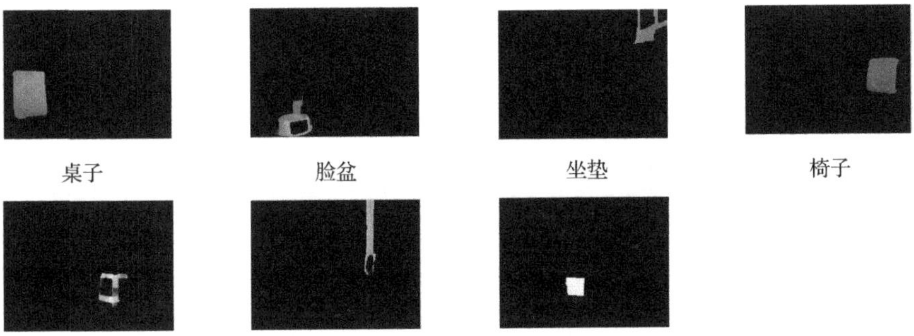

桌子　脸盆　坐垫　椅子

凳子　垃圾筒　盒子

图 7.8　FCE 算法对目标物体的提取结果

由提取效果可以看出，该算法对不同颜色的提取是有效的，尤其是颜色比较明亮的物体，其提取效果及边缘特征都能够良好地提取出来。但是对于一些相对暗淡的颜色以及所占面积较小的目标物体，其提取出效果可能不是很好，甚至可能会是一些噪声信号，完全提取不到所需要的物体。另外反光对物体提取的效果也有着较大的影响。针对以上的问题，本书在这里介绍一种改进的模糊颜色提取器。此算法不仅对暗淡颜色物体的提取有着较好的效果，而且对不同光照强度下的同一物体的提取具有较强的鲁棒性，为准确可靠地提取目标节点物体提供了有力的保障。

如前面所述，RGB 空间为正交笛卡儿空间，每一种颜色都可以看作 RGB 空间中的一点。因此，本书将 RGB 空间中的任意一点看作从原点指向这一点的三维向量，如图 7.9 所示。RGB 空间中的颜色向量 p 和 q，向量的长度代表颜色的亮度信息，而方向则代表了颜色的色彩信息。通过这种方法，便可以将颜色的色彩信息和亮度信息进行分离，从而实现算法对不同环境光照条件下的适应。

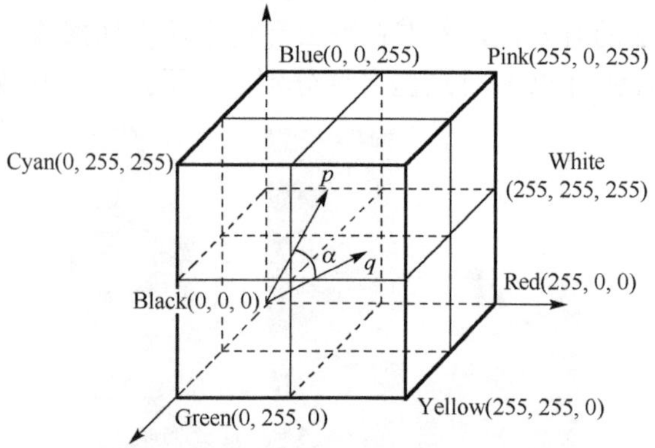

图 7.9　RGB 空间中的颜色向量

为了实现 IFCE 算法，首先定义了一种新的颜色模式。该颜色模式将式(7.1)中的三个变量压缩为一个变量，即用两个向量 $p(m, n)$ 与 $q(s, t)$ 之间的夹角来表示这一新的颜色模式，如式(7.10)所示。在这一新的颜色模式下，两个颜色向量之间夹角代替了 RGB 值的三个距离，降低了由光照强度的改变对提取效果产生的影响。同时，两个颜色向量间的夹角也代表了这两个像素点真实颜色的区别。

$$d(p,q)=\arccos\frac{p(m,n)_{\mathrm{R}}\cdot q(s,t)_{\mathrm{R}}+p(m,n)_{\mathrm{G}}\cdot q(s,t)_{\mathrm{G}}+p(m,n)_{\mathrm{B}}\cdot q(s,t)_{\mathrm{B}}}{\sqrt{p(m,n)_{\mathrm{R}}^2+p(m,n)_{\mathrm{G}}^2+p(m,n)_{\mathrm{B}}^2}\cdot\sqrt{q(s,t)_{\mathrm{R}}^2+q(s,t)_{\mathrm{G}}^2+q(s,t)_{\mathrm{B}}^2}} \tag{7.10}$$

其中，$m\geqslant0, s\leqslant M, n\geqslant0, t\leqslant N$，$M$ 和 N 代表了图像的尺寸。

这样，根据定义的新的颜色模式，其模糊规则便需要重新改写为如下：

If $d(p, q)$ 属于模糊集 zero

Then $p(m, n)$ 和 $q(s, t)$ 属于模糊集 matched

If $d(p, q)$ 属于模糊集 negative 或 positive

Then $p(m, n)$ 和 $q(s, t)$ 不属于模糊集 unmatched

实际上，$q(s, t)$ 通常代表的是能够表示物体的种子点，这样，“matched”意味着 $p(m, n)$ 与种子点是匹配的。这两条规则说明，如果 $p(m, n)$ 与种子点之间的夹角足够小，则该点被提取，反之该点不属于该物体不被提取。

由于输入变量的改变，所以相应的隶属度函数和解模糊算法均需要重新改写。图 7.10 表示的是输入变量角度的隶属度函数，图 7.11 表示的为解模糊的隶属度函数。可以看出其与 FCE 算法的隶属度函数类似，但是定义域的范围发生了变化，其中，式(7.11)～式(7.13)表示的为图 7.10 对应的输入变量的隶属度函数，式(7.14)与式(7.15)表示了图 7.11 解模糊过程对应的函数。

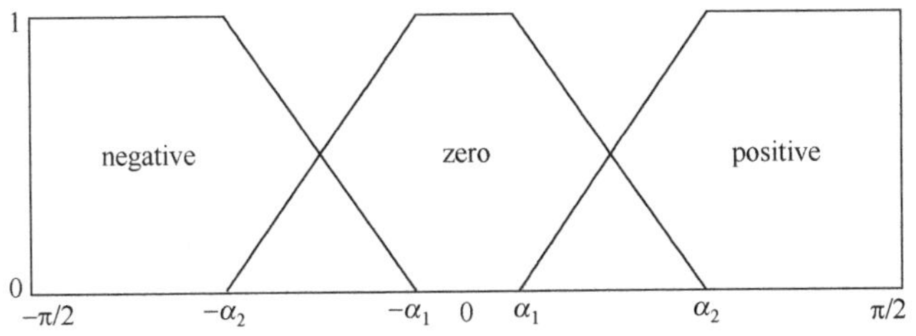

图 7.10　输入变量角度的隶属度函数

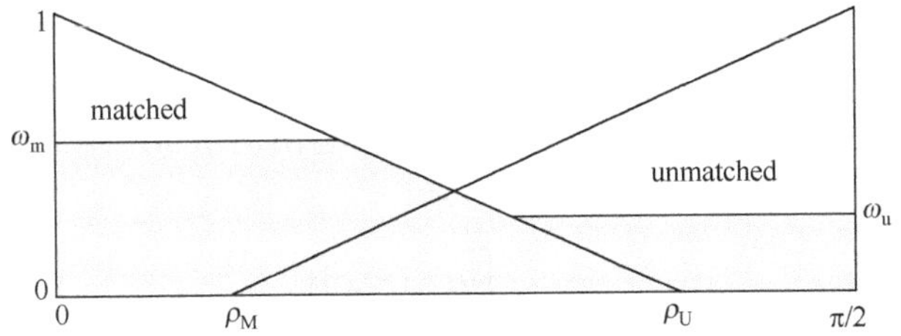

图 7.11　解模糊函数

$$\mu_{\mathrm{N}}(x)=\begin{cases}1, & -\pi/2\leqslant x<-\alpha_2\\ \dfrac{x+\alpha_1}{\alpha_1-\alpha_2}, & -\alpha_2\leqslant x<-\alpha_1\\ 0, & -\alpha_1\leqslant x\leqslant \pi/2\end{cases}\tag{7.11}$$

$$\mu_{\mathrm{Z}}(x)=\begin{cases}0, & -\pi/2\leqslant x<-\alpha_2\\ \dfrac{x+\alpha_2}{\alpha_2-\alpha_1}, & -\alpha_2\leqslant x<-\alpha_1\\ 1, & -\alpha_1\leqslant x<\alpha_1\\ \dfrac{\alpha_2-x}{\alpha_2-\alpha_1}, & \alpha_1\leqslant x<\alpha_2\\ 0, & \alpha_2\leqslant x<\pi/2\end{cases}\tag{7.12}$$

$$\mu_{\mathrm{P}}(x)=\begin{cases}0, & -\pi/2\leqslant x<-\alpha_1\\ \dfrac{x-\alpha_1}{\alpha_2-\alpha_1}, & \alpha_1\leqslant x<\alpha_2\\ 1, & \alpha_2\leqslant x<\pi/2\end{cases}\tag{7.13}$$

$$\mu_{\mathrm{M}}(x)=\begin{cases}\dfrac{\rho_{\mathrm{U}}-x}{\rho_{\mathrm{U}}}, & 0\leqslant x<\rho_{\mathrm{U}}\\ 0, & \rho_{\mathrm{U}}\leqslant x\leqslant \pi/2\end{cases}\tag{7.14}$$

$$\mu_{\mathrm{U}}(x)=\begin{cases}0, & 0\leqslant x<\rho_{\mathrm{M}}\\ \dfrac{x-\rho_{\mathrm{M}}}{1.57-\rho_{\mathrm{M}}}, & \rho_{\mathrm{M}}\leqslant x\leqslant \pi/2\end{cases} \tag{7.15}$$

具体的公式参数在这里不再赘述，其中 $\rho_{\mathrm{M}}+\rho_{\mathrm{U}}=\pi/2$。由输入变量角度的隶属度函数产生的“matched”与“unmatched”的权重 ω_{m} 和 ω_{u} 由式(7.16)与式(7.17)给出。

$$\omega_{\mathrm{m}}=\mu_{\mathrm{Z}}(d(p,q)) \tag{7.16}$$

$$\omega_{u}=\max\{\mu_{\mathrm{N}}(d(p,q)),\mu_{\mathrm{P}}(d(p,q))\} \tag{7.17}$$

这样，由 ω_{m} 和 ω_{u} 切割形成的信封函数为输出值 μ_{out}，最终的解模糊输出 $\Delta\rho_{\mathrm{F}}$ 由重心法解模糊方法计算，如式(7.18)所示。

$$\Delta\rho_{\mathrm{F}}=\frac{\int\mu_{\mathrm{out}}(x)x\mathrm{d}x}{\int\mu_{\mathrm{out}}(x)\mathrm{d}x} \tag{7.18}$$

如果 $\Delta\rho_{\mathrm{F}}<\sigma$，则 $p(m, n)$ 与 $q(s, t)$ 匹配，该像素点被提取，否则不被提取，σ 为设定的阈值。IFCE 算法可以看作模糊矩阵下的 RGB 空间里角度值 $d(p, q)$ 和密度空间下差值 $\Delta\rho_{\mathrm{F}}$ 之间的一个映射。

同样，为了验证该算法的有效性，本书将 FCE 算法下的同一张图像进行物体的提取，效果如图 7.12 所示。

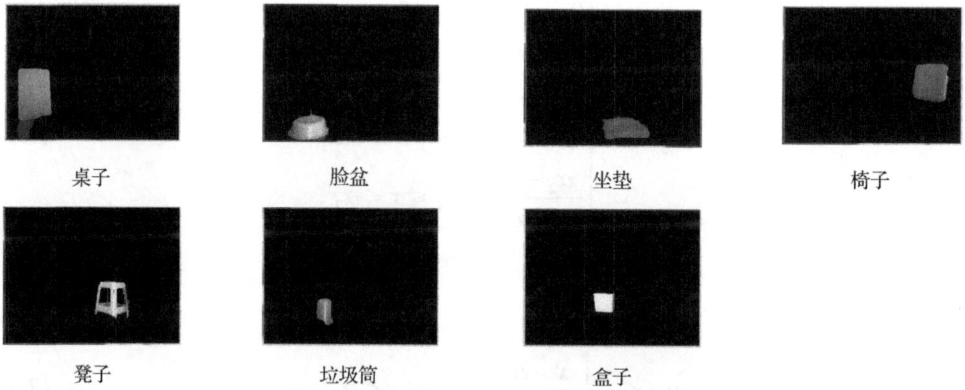

图 7.12　IFCE 算法对目标物体的提取结果

由实验结果可以看出，该算法将图像中所有的目标物体均提取了出来，且其边缘及整体性保留地很好。由此证明，该算法较 FCE 算法可以更加有效地提取目标物体。

另外，为了显示该算法的鲁棒性，本书还试图改变同一个场景下的光照强度，将场景由清晨改变到晚上开灯的情况，拍摄了同一幅图片，其原图如图 7.13 所示，其提取图是在其所有参数均不改变的情况下进行的，只有垃圾筒提取时的参数做了稍微的调整，结果如图 7.14 所示。结果表明，所有的物体均可以被很好地提取出来。由此也验证了该算法的鲁棒性，能够在不改变参数的情况下，适应于不同光照强度下目标物体的提取。

图 7.13　光线改为开灯情况下的原始图

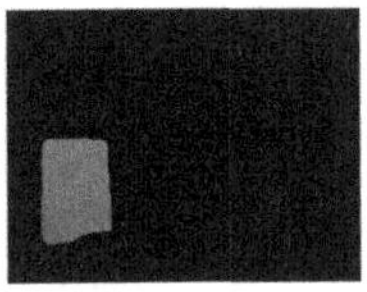

桌子

脸盆

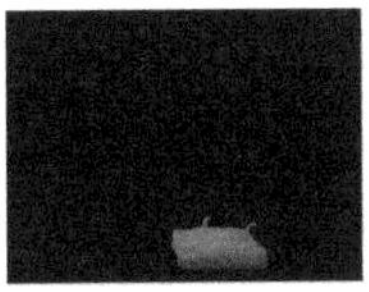

坐垫

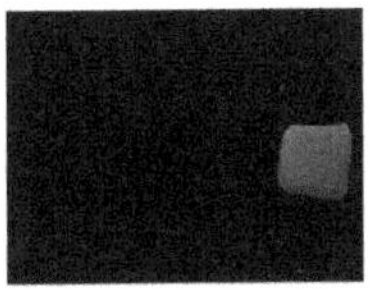

椅子

凳子

垃圾筒

盒子

图 7.14　IFCE 算法对改变光线后的目标物体的提取结果

这样，利用该 IFCE 算法便可以实现机器人对目标物体的自动识别功能，且具有较强的鲁棒性。

完成物体的自动识别功能后，如何使机器人聚焦该目标，并持续跟踪，直到到达该目标。本书引入了一种视野中心法的追踪策略[6]，即使机器人在追踪目标的过程中，始终使得目标在其视野中心，具体的算法实现过程如下。

本书以 NAO 机器人为例，进行算法的说明。首先，根据 NAO 摄像头的参数可知，机器人水平视野范围夹角是 60.97°（设为 θ），垂直视野范围的夹角是 47.64°（设为 γ）。然后，在上一过程中，我们已经通过自动识别算法得到了要提取的物体，同时也就相当于获得了物体中心点的坐标 (x, y)。假设采集 NAO 机器人摄像头所拍摄的图片的分辨率为 $L*W$，则视野中心的坐标就可以表示为 $(L/2, W/2)$。最后，只要求得目标和图片中心点之间的水平角度 α，便可以实时调整机器人的行进角度，使其实现目标的自动追踪。

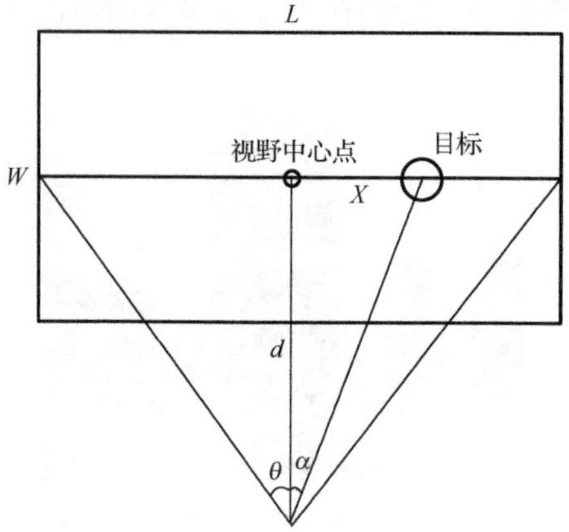

图 7.15　视野中心法追踪策略

如图 7.15 所示，假设 NAO 机器人摄像头到视野中心点的距离为 d，那么其水平偏角 α 便可以通过如下公式推导出：

$$\tan\theta = \frac{L/2}{d} \tag{7.19}$$

$$\tan\alpha = \frac{x}{d} \tag{7.20}$$

由式(7.19)及式(7.20)可以推导出水平偏角 α 为

$$\alpha = \arctan\frac{x\cdot\tan\theta}{L/2} \tag{7.21}$$

同理，也可以通过目标的纵坐标及图像的宽度值推导出垂直方向的偏角 β 为

$$\beta = \arctan\frac{y\cdot\tan\gamma}{W/2} \tag{7.22}$$

在得到水平偏角 α 和垂直偏角 β 后，此时便可以通过设置 NAO 机器人的行走函数来控制 NAO 始终保持该目标在水平视野的中央，同时根据垂直偏角来设置 NAO 机器人头部关节，使目标始终保持在视野垂直的中央。这样，机器人便可以使目标一直处于机器人视野的正中央，在保证看到目标的前提下，朝向目标靠近。

由此，通过改进的模糊颜色提取器来实现目标物体的自动识别，通过视野中心法的追踪策略实现目标物体的自动追踪，使机器人能够在暂时不依赖脑电信号支配的情况下，自主地完成目标的靠近任务。在这一过程中，极大地解放了人的脑力资源，减轻了大脑的工作负荷，为机器人辅助脑电提供了有力的保障。

7.2.2　基于多传感器数据融合的障碍物检测及目标到达判别策略

随着机器人智能的发展，越来越多的传感器集成到机器人身上，使机器人变得更加像“人类”。因此，机器人可能通过这些传感器感知周围的多种信息，这些信息为传感器的数据，一方面机器可以根据这些数据进行自我保护及智能动作；另一方面，人可以根据这些数据进行机器人当前状态的判断，并通过人脑的决策帮助机器人更好地完成任务。这一节主要讲述机器自主智能的利用，多传感器数据融合下的障碍物检测及目标到达判别策略。

最常用的障碍物检测方法一般是通过声纳测距，只要机器人自身带有超声波传感器，便可以通过其与障碍物的距离信息来判断是否需要躲避及停止。本书以 NAO 机器人为例，介绍具体的应用过程。NAO 机器人自身携带了多种传感器，其中就包括位于胸前的两台超声波传感器，可以实时检测位于机器人正前方障碍物的距离信息，并可以通过无线传输到上位机。由于自带两台超声波传感器，所以可以根据两台超声波传感器的距离信息初步给出障碍物的信息。例如，当左侧传感器的数值大于右侧传感器的数值时，可以认为该物体与机器人成一定角度，且左侧远，右侧近。这样，便可以选择避障的策略，即使机器人继续往左前方行使，这样便可能自主地躲避障碍物，反之亦然。

一方面，如何自动地判别某物体是障碍物还是目标呢？本书认为，障碍物会在机器人接近的过程中部分或全部地遮挡目标物体，因此会造成识别物体像素点的减少，而接近目标物体则会使识别出的像素点数量增加。所以，当识别出的物体像素点减少时，则认为该阻挡为障碍物，机器人优先选择自动避障；而当识别出的物体像素点增加时，则认为该阻挡为目标物体，机器人优先选择靠近该目标。

另一方面，如何在躲避障碍物时保证机器人的安全，确保机器人的自主避障正确，判断目标是否到达呢？这些必须要通过加入一定的安全机制来进行约束，在确保机器人安全的前提下，准确无误地到达目标。在这里，本书通过设置阈值的方法来进行策略的制定，即设定一个安全阈值，当超声波传感器的任一一台达到该阈值时，则进行报警指示，并使该指示能够传达给操作者。另外，对于一些超声波传感器无法探测到的障碍物，如处于地面上且高度较低的路面障碍物，此时本书则通过 NAO 机器人双脚的减振压力传感器来探测。当任一压力传感器被阻挡时，NAO 都会产生一个反馈，该反馈可以报警，并可以进一步反馈给操作者。

无论是超声波传感器报警，还是压力传感器报警，都将使机器人立即停止当前动作。该种情况的出现分几种，一是在自动避障过程中遇到了无法避过；二是碰到了地面上的障碍物；三是真正到达了目标物体。这时只需要调用上述避障策略选择系统，根据视频反馈或多传感器的数据信息，通过人脑做出最高级别的指令，便可以使机器人做出正确的选择，即进行避障还是到达目标的停止，并转到下一节点目标。

这样，通过机器人的自主智能完成底层的任务，遇到问题时通过多传感器数据信息的反馈及报警传递给操作者，并由操作者的脑电信号做出最终决策，使机器人辅助系统与脑电信号主导系统构成一个完整的闭环系统，真正实现人机交互融合，从而减轻人脑负荷的目标。

7.3 矛盾处理系统

人机融合的宗旨是让机器人更智能，更深层次的目的是让机器人能够像人一样思考与工作。然而，目前人始终是高于机器人的，机器智能的发展还没有发展到能够独立完成不依赖于人而进行自主的思考与独立的工作。因此，机器在完成半自主工作的同时，人需要在适当的时候进行干预。这是由于在机器自主智能进行的过程中，会严格按照人制定的规则进行工作，在遇到特殊情况的时候，无法像人一样进行逻辑分析并准确地做出判断，从而导致机器自身甚至人的安全受到威胁。而此时机器的决策如果是错误的，那么人制定的规则便与正确的决策产生了一定的矛盾。这时就需要人的强制再干预，纠正错误信息，进而保证人机融合过程的安全性。这便是本节要介绍的矛盾处理系统，在此主要通过举例的方式进行该系统的设计。

首先，在进行机器自主智能设计时，需要加入一些紧急的情况处理中断。这些中断能够使机器在决策时遇到无法判断或是威胁到自身安全时，及时停止当前的动作，并中断请求人的协助。这些中断请求主要依赖机器智能中的各种传感器信息回传的图像、数据等进行制定。这些传感器包括图像传感器、超声传感器、压力传感器等。

对于图像传感器，即机器视觉系统，通过摄像头实时回传机器人面前的图像信息，这些图像信息可以实时地被被试对象所监视，如果在使用者断定为紧急情况时，便可以中断当前的操作。对于超声传感器，即机器的测距系统，通过机器本身携带的超声波传感器，其前方的障碍物信息可以实时地回传到上位机系统中，此时，其距离信息可以作为被试对象判断障碍物的参考依据。当障碍物的距离小于某一设定阈值时，机器人便可以自动停止当前的动作，并中断请求使用者的参与。对于压力传感器，其可以感知机器人接触到的物体，当一些障碍物贴近地面时，超声波传感器无法探测到其距离信息，此时便需要压力传感器来进行辅助的避障操作。当机器人脚部的压力传感器探测到其脚前的障碍物时，其可以自行进行终止当前行进的动作，并将中断请求发送到上位机，请求使用者的指导。

其次，根据机器人回传的多种数据信息，使用者需要进行相应的指导操作。而在此过程中，由于脑电信号并不能被100%地解析为使用者的实际意图，所以最智能的人脑也有可以给机器人下达错误的操作指令。这时便需要对操作者的指令与机器人的自主智能进行相应的结合，制定相应的融合策略，使其最大程度地规避两者之间的矛盾，使机器人能够进行最优最正确的动作。这一矛盾规避机制主要包括两个方面，一个是机器人自主矛盾决策，另一个是请求人判断并下达指令，机器人判断是否可靠，并反馈给人，由此变成一个闭环系统。下面分别进行介绍。

首先是机器人自主矛盾决策机制。为了使机器人像人一样智能地思考，人需要对机器人进行智能程序的设计，使其能够对一些简单的情况做出自己的判断。这时，在不需要人为参与的情况下，机器人便可以在遇到矛盾时自主地进行思考与动作。在机器人利用超声传感器获取到距离信息后，两组数据信息可能会不同，例如，一组数据表明机器人可以安全通行，而另一组数据则提示障碍物就在前方，此时的矛盾便可以由机器人自主来决定。这两组信息必须以“与”的方式进行结合，即有一方出现警示便要停止当前动作，所以机器自主智能便会停止当前的前进动作，并紧急停车。同理，机器人的压力传感器与需要进行“与”操作，即一方报警即作为停止指令的标志。当然，由机器人自主进行的矛盾决策机制现阶段主要还是进行一些简单的决策规则制定，后续随着机器人传感器更多的融入，可以加入更多的矛盾决策机器，使系统更智能。

其次，机器人在停止动作后，需要请求使用者下达下一步操作指令，机器人则根据指令的可靠性反馈给操作者。例如，当超声波传感器或压力传感器做出紧急停车指令后，这时便需要由操作者做出判断，下达指令给机器人，使其正确地做出避障操作。而在这一过程中，操作者依靠的脑电识别技术不可避免地会出现偏差，导致其错误地传达了操作者本身想要表达的操作，此时，便需要机器人端加入一个纠错功能。当操作者通过脑电信号发出一个操作指令后，机器人端需要结合当前各传感器的值进行判断。如当机器人遇到障碍物请求操作者干预时，操作者下达的却是继续前行的指令，此时错误的脑电指令与机器人的传感器数据发生矛盾，这时如果按照操作者的指令继续前行，必然会危及到机器人甚至操作者自身的安全。因此，这时机器人端必须将该错误指令反馈给操作者，请求操作者重新下达脑电指令。这样便规避了脑电指令与机器传感器信息出现矛盾时发生的潜在危险。

最后，由于机器人所处的环境不会一直处于变化之中，在一些常用的固定场景中，机器人可以通过多次的任务过程不断地自主学习该环境，并建立该环境的节点数据库。当其再次遇到相同的节点时，便可以在学习得到的数据库中自动搜索相应的处理策略，最大限度地利用机器智能完成任务，而减轻人脑的工作负荷。这也是未来人机交互融合的最终目的。

参 考 文 献

[1] 陈骞. 人机融合: 新兴技术发展的新趋势对 Gartner《2013 年新兴技术成熟度曲线》报告的解读. 华东科技, 2014, (5): 68-70.

[2] 吴朝晖, 俞一鹏, 潘纲, 等. 脑机融合系统综述. 生命科学, 2014, (6): 645-649.

[3] Mao X, Li W, He H, et al. Object extraction in cluttered environments via a P300-based IFCE. Computational Intelligence and Neuroscience, 2017, 2017(1): 5468208.

[4] Mao X, He H, Li W, et al. An IFCE-based effective color tracking system for a humanoid robot in cluttered environments. International Instrumentation and Measurement Technology Conference, Turin, 2017: 1-16.

[5] Mao X, He H, Li W. Path finding for a NAO humanoid robot by fusing visual and proximity sensors. World Congress on Intelligent Control and Automation, Guilin, 2016: 2574-2579.

[6] 孟宪龙. RoboCup 中 NAO 红球识别追踪及自定位研究. 合肥: 安徽大学, 2014.

第 8 章　基于脑-机器人交互实验的认知过程分析

本章的目的之一是向读者展示如何根据当前的认知模型诱发与分析 ERP，并根据实验结果验证或者探索大脑的认知过程。8.1 节详细阐述常见的认知过程模型。8.2 节主要采用“控制变量”原则在部分实验条件不同的情况下开展诱发实验，以分析视觉刺激的内容的丰富度对 N200 的特征影响。8.3 节则重点地根据当前的 N200 研究现状和认知模型，从认知机理角度对实验结果进行探索性地解释。本章的另一个目的是利用实验数据向读者展现脑电信号处理中的常见问题；并针对脑电信号的个体差异性问题，提出可针对个体特点的特征通道优选办法，以推动脑-机器人交互系统的普及，具体内容见 8.4 节和 8.5 节。

8.1　常见的认知过程模型

8.1.1　双重加工理论

1971 年，Paivio 提出双重编码理论(dual-coding theory，DCT)，指出在人类理解与记忆信息的认知信息处理系统中存在两个独立却又联系的认知系统[1]：言语(verbal)系统和意象(imagery)系统，后者又被称为非言语(nonverbal)系统[2,3]，如图 8.1 所示。言语编码的表征单元为词元，主要包括视觉、听觉、发音等以语言为形式所感知的编码表征单元，例如，“书”“学校”“数学”“烦恼”等词汇，表征了具体的事物、事件以及抽象的观点。意象编码的表征单元为象元，是以非语言形式所感知的编码表征单元，包括形态化的图像、周边环境的声音、动作、脏器的感受、非语言的物体或事件等，如化学模型、上课铃、按键、心跳加速。这些编码方式与它们所指代的事件具有类似的感知，而不是任意的一个符号。

DCT 理论认为信息处理过程可采用三种处理方式[4]。第一种为表征式(representational processing)，指外界信息激发言语或者意象系统中表征单元的活动。第二种为联合式(associative processing)，指在独立的系统内部连接多个表征单元共同处理的方式，如对于厌学的学生，“学校”一词可能会诱发相关的负面情绪词汇，如“恐惧”“无聊”。联合性记忆(associative learning)强调两个信息之间记忆键的具体化程度，而不是单个信息本身的特点。第三种为参照式(referential processing)，指言语和意象系统之间的连接，从而构成复杂的联合的网络，如图 8.1 所示。

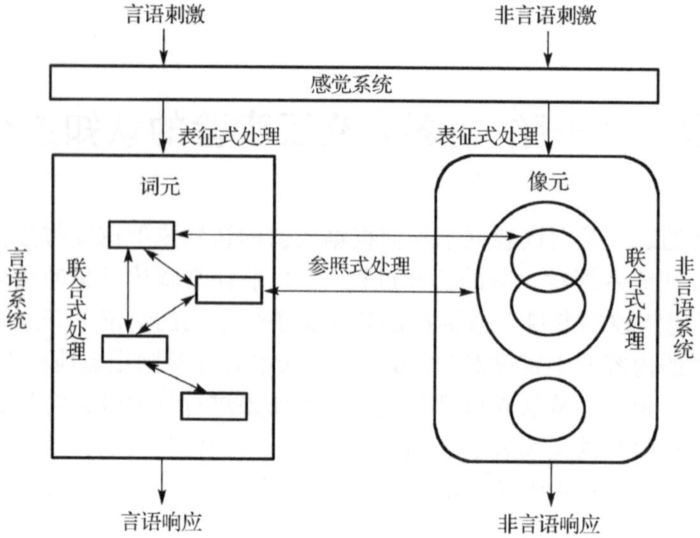

图 8.1　双重编码理论

DCT 认为言语和意象系统的信息处理方式存在差异。Paivio[5]分别给出图片和单词刺激序列并要求被试对象回忆所见到的刺激。实验结果显示被试对象对前者的回忆成绩高于后者，支持了上述观点。两个系统处理信息的差异主要表现在两方面。首先，词元是以顺序性的方式运作，而像元之间的运作方式是整体性的、从簇性的和并行的。例如，一幅映射在大脑中的图包含很多细节，这些细节在空间上同时传递给大脑，它们“丢失”了各自的个体属性，通过空间整合构成一个完整的形象的结构。其次，与词元相比较像元更容易受外在信息或其系统内的其他表征单元的激发。一旦某个像元被激活，整体场景就会以群簇化的方式呈现。

意象系统具有理论和经验的双重属性，对大脑理解人类行为这一过程十分重要。由于意象系统不仅可以将多个物体整合为一个整体图像，还能够促进对事物的记忆，所以很多工作者在教育领域中引入多媒体进行教学：引导学生把需要记忆、学习的事物与图像进行联系，从而使得他们在回忆时激活意象系统，引发更多事物的回忆。

8.1.2　认知负荷理论

从 20 世纪 80 年代开始，认知负荷理论(cognitive load theory，CLT)从人的认知结构出发形成指导性的设计原则，逐渐成为应用在教育与学习领域十分广泛的理论[6]。CLT 认为人类的认知系统包含容量有限的工作记忆和容量无限的长时记忆；图式是具有一定结构的、表征知识的基本单位，知识以图式的方式存储在长时记忆中并且只有被提取到工作记忆中才可以被加工。认知负荷是大脑在处理复杂事物和学习时工作记忆所占用的容量与资源[7]。认知负荷主要包括三种：内在认知负荷、外在认知负荷与关联认知负荷[8]。内在认知负荷是被学习信息的内在复杂度，取决于元素之间的相互作用；外在认知负荷是由教学材料的不当展示方式或者与学习无关的教学活动所引起的；关联认知负荷是为提高学习效果而构建图式所占用的资源。三种认知负荷可以进行累加，在学习过程中应减少外在认知负荷和提高关联认知负荷，提高学习过程的效率。

认知负荷的来源主要有三个方面：学习材料的性质、学习材料的呈现方式和学习者的已有经验。学习材料所包含的元素之间的关联程度影响大脑的认知负荷。以不同方式呈现的学习材料对认知负荷带来不同的影响。学生在学习空间关系时，学习材料以图形的方式呈现将比以文字的方式呈现所引起的负荷小。学习者的有关学习内容的经验较为丰富时，其头脑中与内容相关的图式就会具有较高的自动化，从而更迅速地把当前信息整合到已有的图式中，降低工作记忆中的单元数量，从而降低认知负荷。

8.1.3　注意力模型

视觉系统是人类感知系统的主要组成部分，是人类认识世界的主要方式，据统计，80%～90%的外界信息是由视觉系统传入大脑。视觉信息处理机制是脑认知科学的重要研究课题。感知外界视觉信息时，眼睛采集视觉刺激并将其投射至视网膜，视网膜内的感受器细胞接受视觉刺激，并将此信号转化为神经电信号。电信号经由视网膜、外侧膝状体和初级视皮层构成的第一视觉通路(主要的视通路)或者经由视束纤维并由上丘投射至丘脑枕后然后投射到视皮层的第二视觉通路传输至初级视皮层(纹状皮层，striate cortex，也称为 V1 或 17 区)[9]，两条信息通路如图 8.2 所示。经由两条视觉通路，视觉信息进入到大脑更高级的联合区进行更高层次的信息处理[10]。

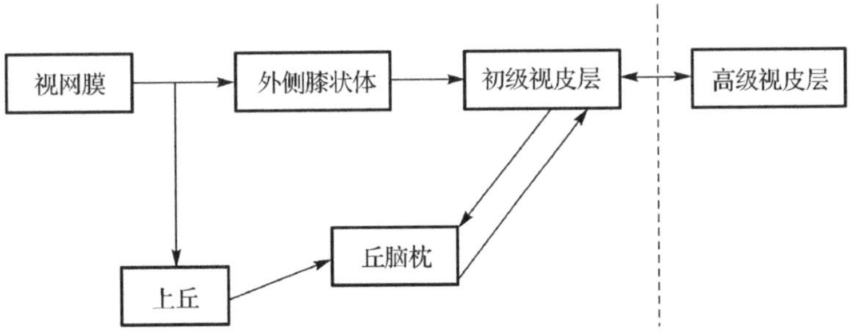

图 8.2　视觉通路示意图

基本视觉元素进入视野后，大脑根据被试对象的需求选择感兴趣的细节进行处理，滤除不必要的信息，从而在大脑中重构一个复杂图像，进行更高层次的认知处理[11]，此过程需要选择性注意力机制的协助。在多种外界刺激同时作用于感官的条件下，个体往往只能在同一时间段内加工有限数目的刺激。为了提高生存能力，个体需选择更重要的刺激信息进行加工并且忽略其他次重要的刺激信息，此认知过程被称为选择性注意力。选择性注意力机制是一种早期视觉的信息处理机制，它是人类在长期进化中获得的认知能力。注意力选择机制主要包括数据驱动的自下而上注意力机制和任务驱动的自上而下注意力机制：自下而上的注意力机制是无意识下的信息处理过程，能够自动捕捉和背景不同的较为明显的视觉刺激；在被试对象的任务驱动下，自上而下的注意力机制主动辨认任务相关图片的细节信息，分配给此图片更多的视觉信息处理资源。在这两种注意力机制的共同合作下，大脑合理分配有限的视觉信息处理资源，使视觉系统优先处理感兴趣的目标[12]。

8.2 含义丰富度对 N200 的影响分析

8.2.1 实验设计

1. RobotStim 与 SquareStim 的实验设计

实验参数类同 4.4.1 中的设置，只是增加一种刺激做对比实验。选取两种图片作为诱发 N200 的视觉刺激。第一种为含义丰富的仿人机器人图片，简称 RobotStim，如图 8.3(c)所示。6 张机器人图片是在机器人执行 6 个动作(第一行从左向右：前进、后退、左移；第二行从左向右：右移、左转、右转)时拍摄的，并在图片上附加红色箭头来更明确地表示这 6 张图片所指示的动作。第二种为含义不丰富的红色图片，简称 SquareStim，如图 8.3(a)所示。这种单色的图片难以明确地告知被试对象其所表达的机器人行为，因此被试对象必须通过回忆机器人行为与刺激位置的对应关系来得知刺激所代表的行为含义；而在 RobotStim 情况下，被试对象可以通过视觉刺激所呈现的内容直观地得知每个刺激所代表的机器人行为。在 SquareStim 和 RobotStim 两种情况下各做 3 个 sub-experiment，因此在每种情况下一共进行 $8\times12\times3=288$ 个 repetition，即获得 288 个目标刺激对应的样本，$288\times5=1440$ 个非目标刺激对应的样本。为减小个体内差异对实验数据的影响，同一被试对象交替在 SquareStim 和 RobotStim 情况进行 sub-experiment，即在 6 个 sub-experiment 中，第 1、3、5 个 sub-experiment 为在 SquareStim 下进行，第 2、4、6 个为在 RobotStim 下进行。在 SquareStim 和 RobotStim 下的界面如图 8.3 所示。

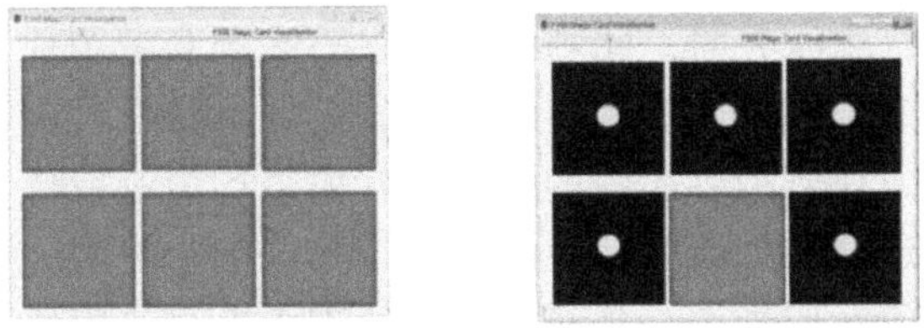

(a) SquareStim下的视觉刺激为6张红色图片　(b) 界面激活某个刺激

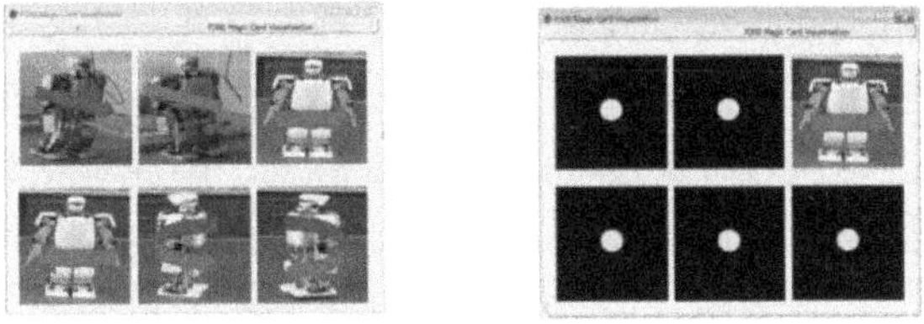

(c) RobotStim下的视觉刺激为6张不同机器人行为的图片　(d) 界面激活某个刺激

图 8.3　SquareStim 和 RobotStim 下的视觉刺激

2. 多种刺激的实验设计

为了研究视觉刺激图片含义丰富度对 N200 的影响，共设计了 5 个刺激图片内容不同的视觉刺激界面，分别使用此 5 个视觉刺激界面诱发各个被试对象的脑电信号，并比较各个刺激界面诱发的 N200。图 8.4 展示了视觉刺激界面。

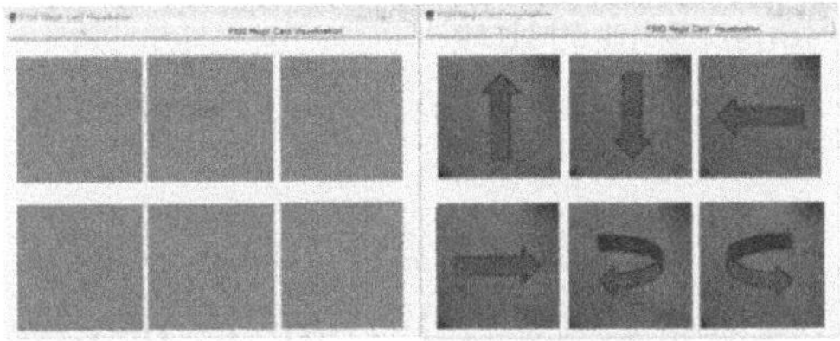

(a) 方块刺激界面　(b) 箭头刺激界面

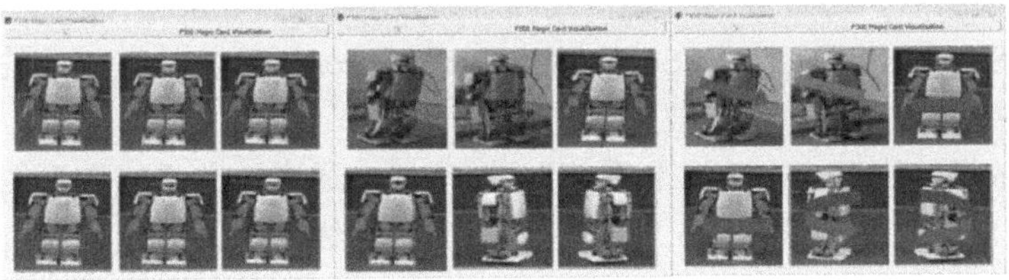

(c) 单机器人刺激界面　(d) 多机器人刺激界面　(e) 机器人+箭头刺激界面

图 8.4　视觉刺激界面

为了便于查看，本书缩小了刺激界面中各个图片的间距

图 8.4(a)为方块刺激界面，此刺激界面中的 6 张刺激图片为同一红色方块。此界面中每个矩阵元素位置处的图片对应一个固定的机器人行走指令，同 8.2.1 节中的行为排布。由于方块刺激界面中的刺激图片内容均为没有特别含义的红色方块，所以被试对象只能通过将刺激图片对应的指令与此图片对应的矩阵元素位置相关联来记忆此刺激图片的对应指令，从而在实验过程中选择正确的注视目标来触发合适的指令用于对外控制。图 8.4(b)为箭头刺激界面，此刺激界面中显示六张包含不同方向箭头的刺激图片。对于每张刺激图片，箭头的方向与此图片对应的机器人行走指令的含义有一定相关性，被试对象可以通过判断箭头的方向来确认此刺激图片的对应指令。图 8.4(c)所示刺激界面为单机器人刺激界面，此界面中的六张刺激图片均为同一个机器人，不包含任何的机器人动作信息。因此被试对象也需通过记忆各个矩阵元素位置与指令的对应关系来确定各刺激图片代表的指令。图 8.4(d)所示为多机器人刺激界面，其刺激图片内容为不同行走姿态的机器人，行走姿态与对应的机器人行走指令一致。其中，左移和右移两个指令对应的刺激图片相同，均为一个面向被试对象的机器人，此时，左移和右移这两个指令与刺激图片的对应关系需由刺激图片的矩阵元素位置确认。图 8.4(e)为机器人+箭头刺激界面，其刺激图片内容为不同行走姿态的机器人，并且使用箭头标明了各个机器人的行走方向，使得六张刺激图片均有所差异且含义丰富明确。因此，被试对象能够迅速通过刺激图片的内容确认此图片对应的指令。

8.2.2 信号分析

1. RobotStim 与 SquareStim 的比较

1) 波形比较

为离线提取 ERP 波形，首先截取刺激前 1000ms 至刺激后 1000ms 的时间窗内的数据段。其次，采用三阶带宽频率为 1～10Hz 的 Butterworth 数字滤波器对各个数据段进行滤波。再次，以刺激前 300ms 到刺激出现 0 时刻的脑电数据作为基线进行基线校正。最后，通过叠加平均得到四种条件——RobotStim+target、RobotStim+non-target、SquareStim+target、SquareStim+non-target 下每位被试对象的叠加平均波形图和多个被试对象的总平均波形图。

图 8.5 依据“国际 10-20 标准系统”排布 14 个通道的总平均波形图。红色与蓝色分别代表 SquareStim 和 RobotStim 两种情况；实线与虚线分别代表目标刺激和非目标刺激。由图可见，在 SquareStim 和 RobotStim 两种情况下，目标刺激均在额叶、中央区域、颞叶和顶叶诱发出负向波或正向波。定义负向波为 N200，正向波为 P300。通过比较两种情况下目标刺激诱发的 ERP，得到以下结果。

(1) RobotStim 诱发的 N200 的幅值可达到 6.7μV，远高于 SquareStim 诱发的 1.2μV。单因素方差分析(ANOVA)显示两种条件下诱发的 N200 的幅值具有显著差异($p<1.0\times10^{-3}$)。

(2) 在额叶，如通道 Fz，RobotStim 诱发的 P300 比 SquareStim 诱发的 P300 具有更长的潜伏期($p<0.05$)和更大的幅值($p<0.1$)。

(3) 这两种情况下的 N200 和 P300 的差异主要集中在额叶与中央区域，如通道 F3、Fz、F4、C3、Cz 和 C4，而差异在大脑的后侧区域不明显。

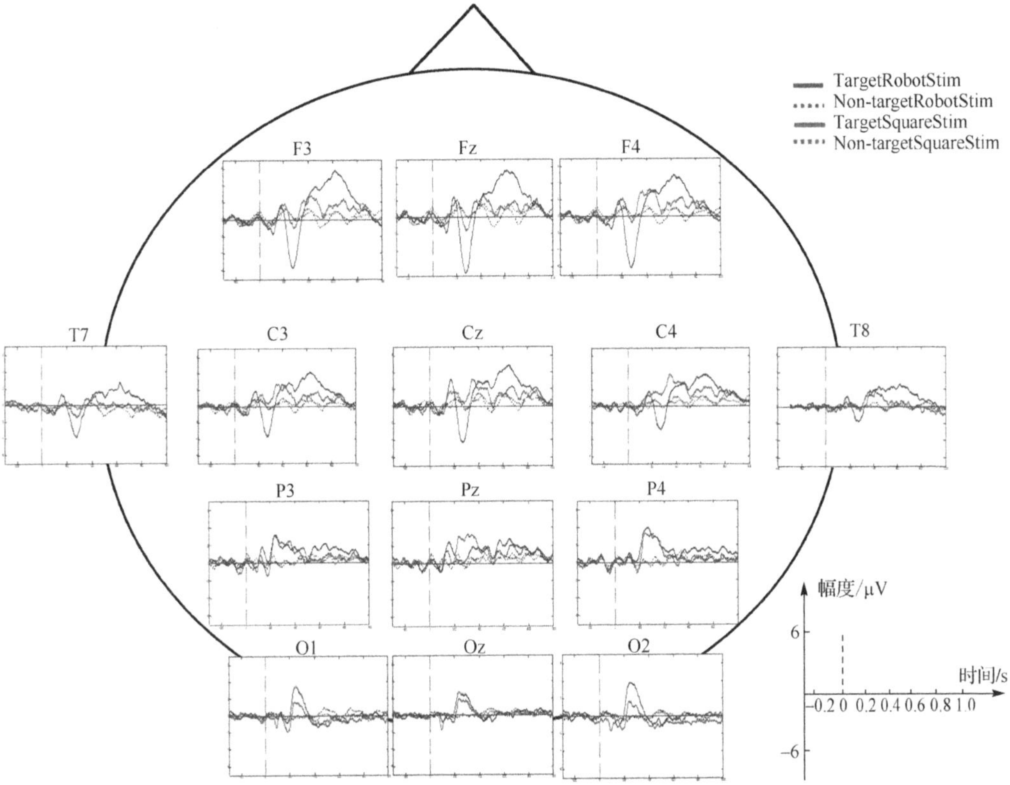

图 8.5　7 名被试对象的总平均图(见彩图)

表 8.1 列出每位被试对象在 RobotStim 和 SquareStim 两种情况下 Fz、Cz、T7、CPz、Pz 和 Oz 通道的 N200 信号的峰值与潜伏期。每个被试对象对应两行数据，第一行为 RobotStim 情况，第二行为 SquareStim 情况。粗体是位于额叶和中央区域的通道；斜体表明 ERP 的波形不明显；表的最后一行为平均值。这七个被试对象均在额叶和中央区域被 RobotStim 刺激诱发出更为明显的 N200 电位($p<1.0\times10^{-3}$ 在通道 Fz，$p<5.0\times10^{-3}$ 在通道 Cz)。由平均值推测 N200 电位可能是

在额叶和中央区域被诱发出。由于不同的 ERP 的峰值时间段存在重叠，所以 N200 的幅值有可能被其他正向波抵消，从而导致在一些通道未能观察到 N200 波形，如用斜体标注的数值以及通道。

表 8.1　7 名被试对象的 N200 的峰值与潜伏期

被试对象	峰值/μV (RobotStim/SquareStim)						潜伏期/ms (RobotStim/SquareStim)						训练次数
	Fz	Cz	T7	CPz	Pz	Oz	Fz	Cz	T7	CPz	Pz	Oz	
subj1	−2.65	−1.84	1.44	0.11	2.03	0.9	278	274	276	230	194	190	≤5
	−0.12	0.04	−0.09	0.10	−0.62	−1.05	308	317	232	230	205	199	
subj2	−8.97	−9.29	−3.01	−8.84	−8.80	−0.83	243	227	211	215	213	189	>5
	0.64	−0.15	0.16	−4.76	−4.96	−2.62	268	193	182	193	194	192	
subj3	−8.40	−9.07	−3.95	−7.46	−5.05	1.22	271	269	266	268	267	183	≤5
	−1.21	−0.92	−1.16	0.07	2.34	−1.79	279	276	218	274	241	197	
subj4	−9.66	−7.54	−7.12	−6.63	−4.36	0.17	275	271	273	270	267	183	0
	−3.23	−2.41	−2.86	−1.95	−1.29	0.90	286	284	287	282	282	196	
subj5	−7.95	−4.31	−6.46	−2.03	−0.91	−1.46	275	273	272	307	306	154	0
	−1.98	0.47	−1.40	4.45	5.04	0.07	301	290	288	251	241	196	
subj6	−7.4	−4.56	−4.01	−4.11	−2.95	0.25	264	272	255	281	307	183	0
	−1.74	−0.75	−1.82	0.06	0.55	0.91	271	293	246	291	292	196	
subj7	−2.45	−2.32	−2.17	−1.37	−0.57	−1.57	257	255	255	252	252	199	0
	−0.46	−0.37	−2.08	−0.20	−0.10	−1.37	271	260	262	236	234	195	
平均	−6.78	−5.56	−3.61	−4.33	−2.94	−0.19	266	263	258	260	258	183	
	−1.16	−0.58	−1.32	−0.32	0.14	−0.71	283	273	245	251	241	196	

为进一步说明含义丰富的 RobotStim 刺激可提高信号幅值从而降低信噪比，本章在图 8.6 中画出被试对象 subj4 的 ERP 在每个 repetition 中的变化。横轴为时间，对应从目标刺激出现前的 300ms 至刺激后的 1000ms；纵轴为目标刺激的编号；黑色竖线表示目标刺激出现的时刻。颜色代表 EEG 信号的幅值：暖色调代表正值，冷色调代表负值，颜色越深则相应的值越大。横向可以比较单次诱发过程中 EEG 的变化趋势，纵向可比较某 EEG 的变化是否受 repetition 次数的影响。在图 8.6(a)中，Fz、Cz、Pz 的图像都包含贯穿绝大多数 repetition 的蓝色竖带，这说明在 RobotStim 情况下目标刺激几乎在每个 repetition 中都能够诱发出明显的 N200；图 8.6(b)并没有出现明显的蓝色竖带，说明在 SquareStim 情况下目标刺激不能在所有 repetition 中都诱发出明显的 N200 电位。此外，在图 8.6(a)中，蓝色竖带的颜色从 Fz 到 Pz 逐渐变浅，表明 N200 的幅值在空间上逐渐减小。

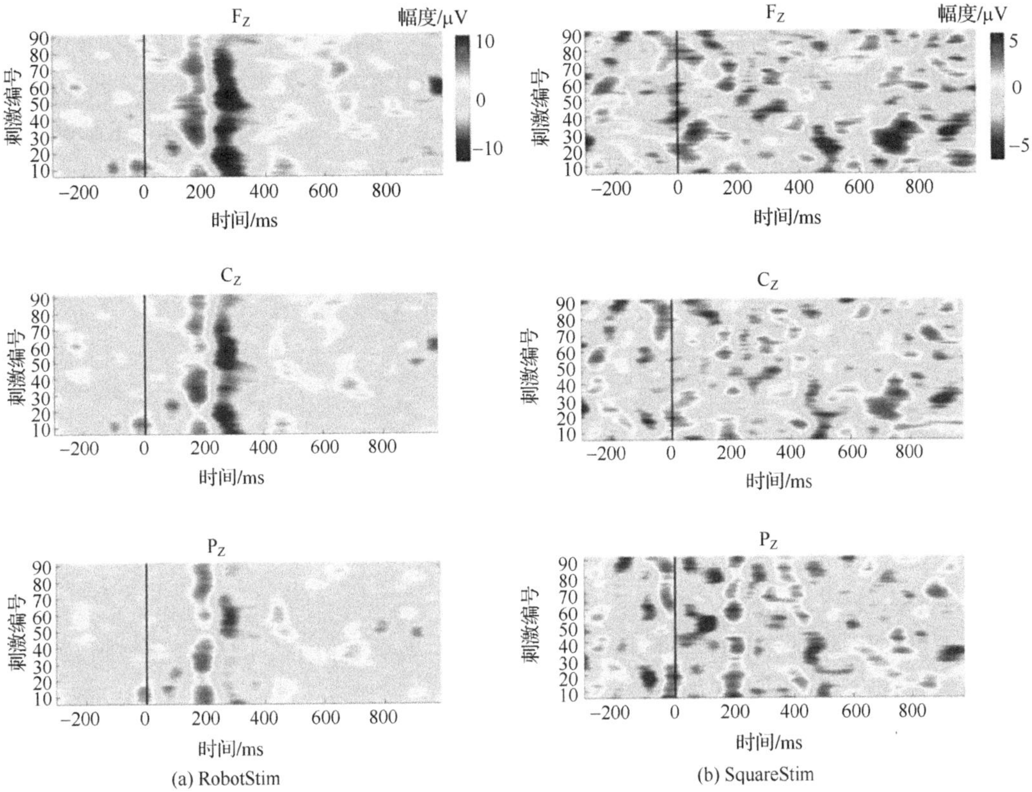

图 8.6　每个 repetition 中脑电幅值变化图(见彩图)

2) 脑地形图比较

脑地形图呈现了所有通道在同一情况下的数值，能够直观地显示 ERP 的空间分布情况。本节在图 8.7 中绘制两种情况下 ERP 的总平均值在目标刺激后的 170ms、200ms、230ms、260ms、290ms 和 320ms 这几个时刻的脑地形图，以分析 ERP 的空间分布变化。时间箭头上方与下方分别为 RobotStim 和 SquareStim 两种情况。颜色代表 ERP 的总平均值。

在 170～200ms 的时间段，两种情况下的脑地形图相近：枕叶和颞叶的 ERP 为负向波，其他脑区的 ERP 为正向波，说明大脑可能处理这两种视觉刺激的早期过程相近。从 230ms 开始，两种脑地形图的差异变得明显。在 RobotStim 情况下，额叶与中央区域的信号变为负值，枕叶与顶叶的信号变为正值，与前期的脑电信号分布有较大差异；但是在 SquareStim 情况下，额叶与中央区域的脑电信号仍然为正值，与前期的脑电信号差异不明显。在 260～290ms 的时间区间，大脑的前侧和后侧的信号存在不同：前侧脑区的 ERP 的极性为负，而后侧脑区的 ERP 的极性为正。在

RobotStim 情况下信号的幅值远大于在 SquareStim 情况下的幅值，导致在 RobotStim 情况下 ERP 在大脑的前后侧的差异更为明显。在 320ms 之后，大脑前侧的 ERP 的极性转变为正，且 ERP 在中央和顶叶的幅值大于其他区域的幅值，此时，两种刺激诱发的ERP的分布差异开始减小。通过上述分析可见，在230～290ms 期间 RobotStim 比 SquareStim 在额叶和中央区域引起更强的脑电活动。

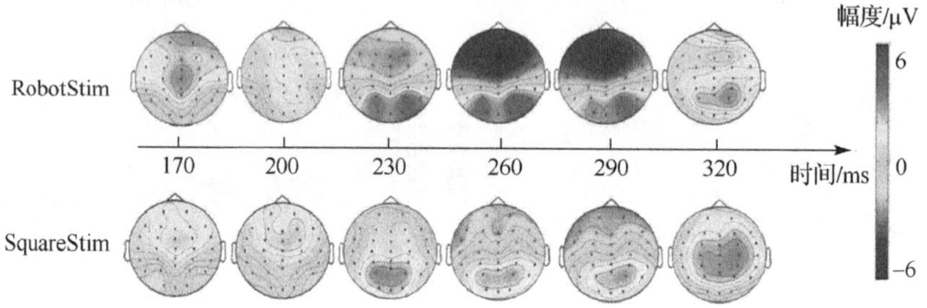

图 8.7　RobotStim 和 SquareStim 下多个时刻的脑地形图(见彩图)

3) r^2 比较

本书利用 r^2 评价 ERP 与目标刺激的相关性[13]。$r^2 \in [0,1]$是度量信号与刺激条件关系的统计量，其表达式如下[14]：

$$r^2 = \frac{\mathrm{cov}(x, y)^2}{\mathrm{var}(x) \cdot \mathrm{var}(y)} \tag{8.1}$$

其中，$x = [x_1, x_2, \cdots, x_q]$ $(q \in \mathbf{N})$ 代表 ERP 在 q 个数据段中的某个固定时间点的幅值，$y = [y_1, y_2, \cdots y_q]$ $(q \in \mathbf{N})$ 表示 x 中每个元素所对应的刺激类型，y_i=1 表示对应的 x_i 是由目标刺激诱发，y_i=−1 表示对应的 x_i 是由非目标刺激诱发的。$\mathrm{cov}(x, y)$和 $\mathrm{var}(x)$分别表示协方差与标准差。r^2 越大说明 ERP 与目标刺激的关系越密切。本节计算从刺激出现至刺激后 500ms 这段时间内每个时刻的 r^2 值，并画出 7 名被试对象平均 r^2，如图 8.8 所示，颜色代表 r^2 值：暖色调表示较大的值，冷色调表示较小的值。

图 8.8 显示在 RobotStim 情况下，额叶和枕叶的 r^2 在刺激后的 200～300ms 较大，如通道 O2、O1、Pz、P4、Cz、Fz、F3 和 F4；最大的 r^2 出现在可记录到最大的 N200 与 P300 的 Fz 和 O2 通道。在 SquareStim 情况下 r^2 普遍较低；SquareStim 诱发的主要是 P300 信号而不是 N200 信号，因为最大的 r^2 值在刺激后 300ms 左右的顶叶。与 SquareStim 相比，RobotStim 情况下 r^2 值的分布范围更加广泛；不同内容引起的 r^2 差异主要集中在可产生 N200 的额叶，说明 N200 信号与刺激的内容有较大关系。

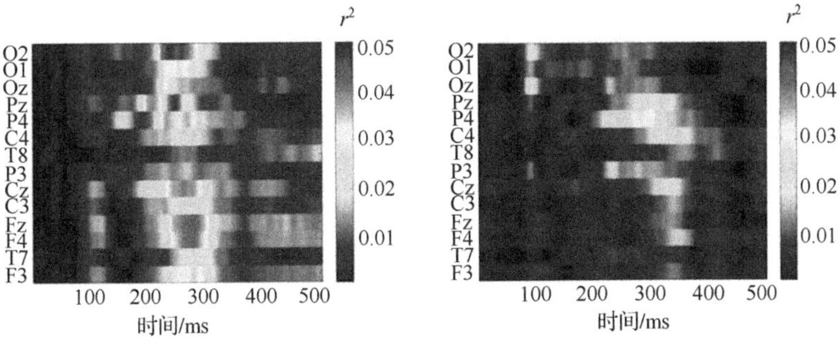

(a) RobotStim (b) SquareStim

图 8.8 平均 r^2(见彩图)

4) 准确率比较

本书在 RobotStim 和 SquareStim 两种情况下分别形成特征向量，训练和测试 FLDA 分类器；计算每位被试对象分别在这两种情况下，从每个 trial 中只有 1 个 repetition 至 8 个 repetition 时的分类准确率和信息传输率，如表 8.2 和表 8.3 所示。从表 8.2 中可看出大多数被试对象在RobotStim情况下的准确率高于在SquareStim情况下的准确率。被试对象 subj1、subj2 和 subj3 在两种情况下的单次准确率差异可达到 30%；当 repetition为8时，被试对象 subj1 在RobotStim 下可达到100%的准确率，但是在SquareStim 的准确率不到 90%。大多数被试对象的差异随着 repetition 的增多而逐渐减小。在表 8.3 中，被试对象在 RobotStim 情况下的信息传输率远高于在 SquareStim，尤其是在少量 repetition 下此现象更为明显。

表 8.2 7 名被试对象的准确率 (单位：%)

被试对象	1	2	3	4	5	6	7	8
subj1	80.0 50.0*	90.0 63.3	86.7 63.3	96.7 70.0	96.7 70.0	96.7 83.3	96.7 83.3	100.0 86.7
subj2	93.3 66.7	96.7 93.3	96.7 93.3	96.7 93.3	96.7 100.0	96.7 100.0	96.7 100.0	100.0 100.0
subj3	73.3 43.3	90.0 50.0	96.7 60.0	100.0 73.3	96.7 83.3	96.7 83.3	96.7 86.7	96.7 93.3
subj4	90.0 76.7	93.3 83.3	93.3 96.7	100.0 96.7	100.0 90.0	100.0 96.7	100.0 96.7	100.0 100.0
subj5	86.7 70.0	76.7 73.3	73.3 73.3	76.7 70.0	73.3 83.3	86.7 86.7	86.7 100.0	96.7 96.7
subj6	60.0 26.7	73.3 46.7	76.7 60.0	83.3 56.7	90.0 60.0	93.3 70.0	93.3 63.3	96.7 70.0
subj7	66.7 76.7	93.3 86.7	93.3 93.3	100.0 100.0	100.0 100.0	100.0 96.7	100.0 100.0	100.0 100.0
平均	78.8 58.8	87.6 69.5	88.1 77.1	93.3 79.1	93.3 83.8	95.7 88.1	97.7 90.0	98.6 92.4

* 第一行为 RobotStim 的准确率；第二行为 SquareStim 的准确率

表 8.3　7 名被试对象的信息传输率　(单位：bits/min)

被试对象	1	2	3	4	5	6	7	8
subj1	63.6 19.3*	42.8 11.46	25.9 11.9	26.1 8.9	20.9 9.2	17.4 11.7	14.9 10.1	14.6 9.7
subj2	94.4 40.6	52.2 47.2	34.8 31.5	26.1 23.6	20.9 23.4	17.4 19.5	14.9 16.7	14.6 14.6
subj3	51.3 12.8	42.8 9.6	34.8 10.4	29.2 12.8	20.9 14.1	17.4 11.7	14.9 11.1	13.1 11.8
subj4	85.6 57.2	47.2 35.1	31.5 34.8	29.2 26.1	23.4 17.1	19.5 17.4	16.7 14.9	14.6 14.6
subj5	77.7 45.7	28.6 25.7	17.1 17.1	14.3 11.4	10.3 14.1	12.9 12.9	11.1 16.7	13.1 13.1
subj6	31.1 2.1	25.6 7.9	19.1 10.4	17.6 6.7	17.1 6.2	15.7 7.6	13.5 5.1	13.1 5.7
subj7	40.6 57.3	47.2 38.8	31.5 31.5	29.2 29.2	23.4 23.4	19.5 17.4	16.7 16.7	14.6 14.6
平均	63.5 33.6	40.9 25.1	27.8 21.1	24.5 17.0	19.5 15.3	17.1 14.0	14.7 13.0	13.9 12.0

* 第一行为 RobotStim 的信息传输率；第二行为 SquareStim 的信息传输率

图 8.9 为平均准确率和信息传输率的变化曲线。从图中可看出准确率随着 repetition 的升高而增大，并且 RobotStim 的准确率一直比 SquareStim 的准确率高。信息传输率随着 repetition 的升高而逐渐降低，这是由于 repetition 的增大减少了每分钟的可输出指令个数，从而导致信息传输率减小；RobotStim 下的信息传输率明显高于 SquareStim 下的信息传输率。上述数据分析表明 RobotStim 能诱发出幅值更大的 N200，使得分类器能获得更高的准确率以及对应的信息传输率，这为机器人控制过程中更准确和快速地辨识被试对象的控制意图提供理论基础。

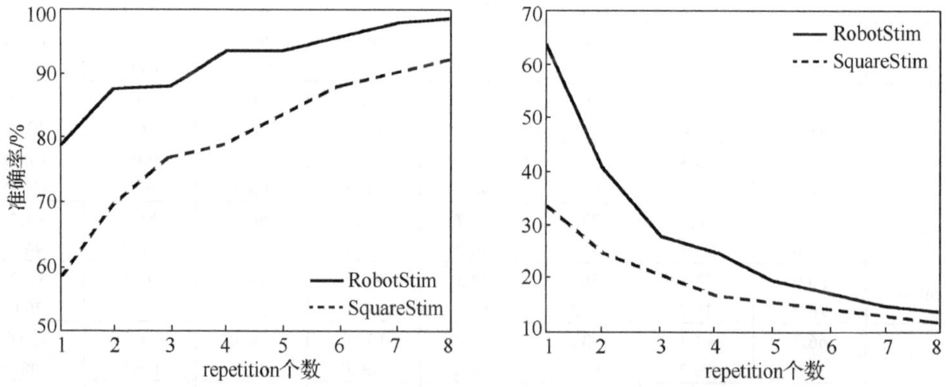

图 8.9　在两种情况下的平均的准确率和信息传输率

2. 多种刺激的分析

1) 平均 ERP 分析

实验共采集 15 个被试对象的脑电信号数据。对于各个刺激界面，每个被试对象记录 3 组实验数据，即共选取 45 组实验数据用于绘制 5 个界面的目标刺激诱发的 ERP。

数据处理方法是首先截取对应刺激前 200ms 到刺激后 1000ms 之间的数据作为 epoch；其次使用 1～10Hz 的带通滤波器进行去噪处理；再次对 epoch 各时间点的数据减去此 epoch 的平均值来去掉数据的直流分量；最后平均 45 个实验中提取的由目标刺激诱发的 ERP 数据，得到此通道的平均 ERP 波形图。5 个刺激界面诱发的各个通道的平均 ERP 波形图如图 8.10 所示。

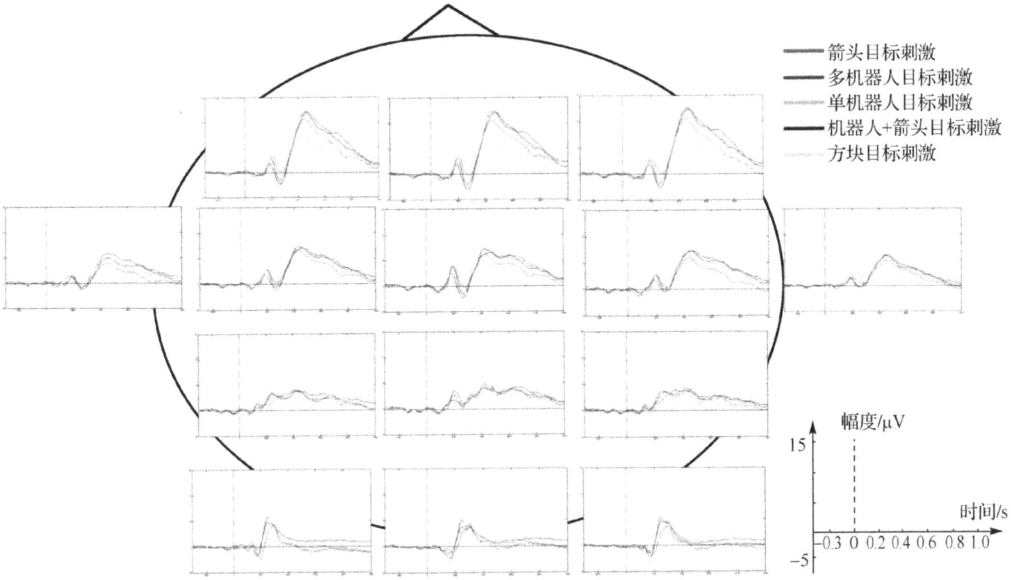

图 8.10　各通道的平均 ERP 波形(见彩图)

图 8.10 中红色、深蓝、黑色、绿色和浅蓝色的实线分别表示各条由箭头刺激、单机器人刺激、多机器人刺激、机器人+箭头刺激和方块刺激诱发的平均目标 ERP 波形。各子图片中的纵坐标的范围是−5～15μV，横坐标的范围是−200～1000ms，其零点是目标刺激出现的时刻。由图 8.10 可以看出，在额叶通道，方块刺激在刺激后约 284ms 处诱发了正电位，即方块刺激没能诱发 N200；箭头刺激仅在通道 Fz 处诱发了幅值为 0.3μV 的 N200；单机器人刺激、多机器人刺激和机器人+箭头刺激在额叶 3 个通道处诱发幅值较大的 N200，其中，三者均在通道 Fz 处诱发最大的 N200，幅值分别为 2.5μV、2.1μV 和 3.2μV，显示出与箭头刺激在通道 Fz 处诱发的 N200

的明显差别(平均值的成对二样本 t-检验方法[15]；$p < 0.05$，$p < 0.1$，$p < 0.01$)。在中叶区域，方块刺激依然仅在刺激后 274ms 时诱发了正电位；箭头刺激仅在通道 Cz 处诱发了幅值为 0.3μV 的 N200；单机器人刺激、多机器人刺激和机器人+箭头刺激在中叶 3 个通道处均诱发了 N200，并且都在通道 Cz 处诱发了最大的 N200，幅值分别为 2.2μV、1.5μV 和 2.3μV，与箭头刺激在通道 Cz 处诱发的 N200 有明显的区别($p < 0.005$，$p < 0.1$，$p < 0.005$)。在颞叶通道，方块刺激在刺激后 272ms 时诱发了正电位；箭头刺激仅在通道 T7 处诱发了微弱的 N200，幅值为 0.5μV；单机器人刺激、多机器人刺激和机器人+箭头刺激在颞叶的 2 个通道处均能诱发 N200，并且在通道 T7 处诱发最大的 N200，幅值分别为 1.5μV、1.2μV 和 0.9μV，与箭头刺激在通道 T7 处诱发的 N200 无明显区别($p < 0.5$，$p < 0.5$，$p < 0.5$)。五个刺激界面均在枕叶 3 个通道处诱发 N200，方块刺激诱发的 N200 的幅值为 0.8～1.1μV；箭头刺激诱发的 N200 的平均幅值由 1.1μV 变化到 2.2μV；单机器人刺激、多机器人刺激和机器人+箭头刺激诱发的 N200 的平均幅值由 0.3μV 变化至 2.9μV。

表 8.4 列出各刺激界面对应各通道的平均 N200 电位。①方块刺激界面仅仅在枕叶与通道 P3 和 P4 处诱发了 N200，其幅值随着距枕叶距离的增大而减小；在箭头刺激界面下，N200 出现在枕叶和通道 Fz、Cz、T7 处，其幅值也随着距枕叶距离的增大而减小。因此，方块和箭头刺激界面可能只诱发了大脑枕叶处与 N200 相关的脑活动。②单机器人刺激在额叶诱发了幅值高达 2.5μV 的 N200，并且其幅值随着与额叶间距离的增大而减小，直至消失在顶叶。同时 N200 出现在枕叶并表现出与额叶 N200 幅值的相似性($p < 1$)；多机器人刺激界面诱发的 N200 与单机器人刺激界面诱发的 N200 有着相似的分布，区别仅在于各个脑区的 N200 幅值略小(额叶、中叶、颞叶和枕叶的差别分别为 $p < 0.5$，$p < 0.1$，$p < 0.5$，$p < 0.005$)；机器人+箭头刺激在额叶诱发最大的 N200 并且随着距额叶距离的增大而减小，顶叶几乎无 N200，与额叶 N200 相比，枕叶 N200 幅值较小($p < 0.005$)。由这三个刺激界面的 N200 分布可以猜测，此三个界面不仅能够诱发与方块刺激界面、箭头刺激界面情况下诱发的大脑枕部相同的 N200 相关脑活动，还能诱发大脑额叶处与 N200 相关的脑活动，从而表现出比较明显的前部 N200。

表 8.4 对应 5 个视觉刺激界面的 15 个被试对象的平均 N200 电位 (单位：μV)

电位	方块刺激	箭头刺激	单机器人刺激	多机器人刺激	机器人+箭头刺激
Fz	1.83	−0.28	−2.5	−2.07	−3.2
F4	2.49	0.055	−2.26	−1.9	−2.56
T7	0.84	−0.5	−1.54	−1.18	−0.92
C3	1.95	0.47	−0.93	−0.52	−1.14

续表

电位	方块刺激	箭头刺激	单机器人刺激	多机器人刺激	机器人+箭头刺激
Cz	2.01	−0.27	−2.15	−1.51	−2.34
C4	2.06	0.39	−0.7	−0.04	−0.4
T8	1.34	0.51	−0.96	−0.33	−0.14
P3	−0.86	1	0.25	0.51	0.95
Pz	0.25	0.8	0.19	1.04	0.52
P4	−0.6	0.19	−0.67	0.42	0.12
O1	−1.1	−2.21	−2.25	−1.66	−0.33
Oz	−0.78	−1.08	−2.91	−2.25	−1.32
O2	−1	−1.7	−2.9	−2.17	−1.35

2) r^2 分析

r^2 能够应用于 ERP 波形与目标刺激间关系的评估[16]。本书计算 15 个被试对象在刺激时刻至刺激后 500ms 间的的平均 r^2，结果如图 8.11 所示。图中各界面坐标系的横轴为时间(原点为刺激图片出现的时刻)，纵轴对应各个通道。每个界面右侧的彩色竖条表示 r^2 值和颜色之间的对应关系。

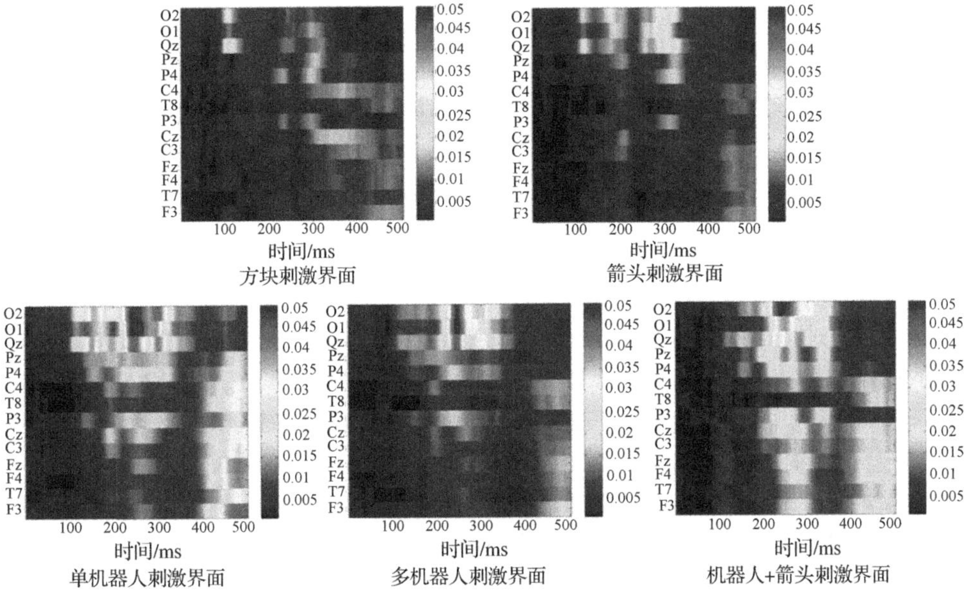

图 8.11　方块刺激界面、箭头刺激界面、单机器人刺激界面、多机器人刺激界面和机器人+箭头刺激界面对应的平均 r^2 图(见彩图)

比较方块刺激界面诱发的脑电信号在刺激后 200～300ms 的平均 r^2 值可知，方块刺激主要在通道 Oz、P3 和 P4 处取得相对较大的 r^2，同时由表 8.4 可以看出，这些通道存在 N200，幅值分别为 1.1μV、0.86μV 和 0.6μV。箭头刺激界面的较大 r^2 值来源于通道 O2、O1 和 Oz，其 r^2 值略大于方块刺激界面，同时由表 8.4 可以看出，箭头刺激界面在通道 O1、Oz 和 O2 处诱发的 N200 幅值(分别为 2.21μV、1.08μV 和 1.7μV)也略大于方块刺激界面在通道 O1、P3 和 P4 处取得的 N200 的幅值。单机器人刺激界面在枕叶计算得到最大的 r^2 值，额叶和中叶的 r^2 值相对较小(但仍然要大于其他时间段的 r^2 值)，对应表现出枕叶通道 Oz 处幅值高达 2.9μV、额叶处幅值为 2.5μV、中叶处幅值为 2.15μV 的 N200。多机器人刺激界面在枕叶得到最大的 r^2 值，并在通道 Oz 处得到各通道中所能得到的最大 N200，其幅值为 2.25μV。机器人+箭头刺激界面同样在枕叶得到最大的 r^2 值，同时中叶和额叶的 r^2 值也相对较大。由 ERP 波形图可以看出，被试对象在这些区域均得到较大幅值的 N200。

比较图 8.11 中 5 个刺激界面的 r^2 分布，可以看出：①5 个刺激界面均在枕叶处 r^2 值较大，然而其 r^2 值的大小不同，这来源于各个刺激界面在枕叶处诱发的幅值不等的 N200。②r^2 分布的差别主要表现在额叶和中叶区域：单机器人、多机器人和机器人+箭头刺激界面均在这些区域计算得到较大的 r^2 值并表现出较为明显的 N200，然而方块刺激与箭头刺激在额叶和中叶区域计算得到的 r^2 值很小，并且几乎没有诱发 N200。这说明基于机器人图片的刺激界面在额叶区域诱发了与 N200 相关的脑活动，而方块与箭头这两种非机器人的刺激界面可能难以引起与 N200 相关的脑活动。③与单机器人刺激界面和多机器人刺激界面相比，机器人+箭头刺激界面在额叶、中叶、颞叶等脑区通道处的 r^2 值相对较大，意味着其在这些区域可能表现出更明显的 N200。如机器人+箭头刺激界面在额叶诱发的平均 N200 为 2.7μV，大于单机器人刺激界面诱发的 2.3μV 和多机器人刺激界面诱发的 1.9μV。

3) 脑地形图分析

五个刺激界面的各时刻脑地形图如图 8.12 所示。图中各行脑地形图由上到下分别对应于方块刺激界面、箭头刺激界面、单机器人刺激界面、多机器人界面和机器人+箭头刺激界面，每行由左至右对应时刻分别为目标刺激后 170ms、200ms、230ms、260ms、290ms 和 320ms，如图中横坐标轴所示。脑地形图中的颜色表示某时刻各个通道脑电信号的电位大小，颜色与电位的对应关系由图片右侧的颜色条决定。

比较 5 个刺激界面同一时刻的脑地形图可以看出：170ms 时，各刺激界面均在额叶和中叶诱发正电位，在枕叶诱发较小的负电位；方块刺激、单机器人刺激、多机器人刺激和机器人+箭头刺激诱发的电位变化缓慢，直至 200ms 时，各通道处电位与 170ms 处对应电位相差较小，但是箭头刺激界面表现出显著的电位幅值增强(正负不变)；由 170～230ms，方块刺激界面脑地形图上对应各通道的电位缓慢变化为正，仅枕叶少数几个通道依然为负电位，箭头刺激诱发的电位幅值有所减小，单机器人刺激、多机器人刺激和机器人+箭头刺激对应脑地形图的电位分布发生明显变化，额叶和中叶的电位由正变负，同时枕叶显示出较大的正电位；260ms 时，方块刺激和箭头刺激也发生上述变化，这表明 200～260ms，方块刺激界面和箭头刺激界面可能和含机器人界面发生了同样的认知心理活动；在 290ms 处，五个刺激界面的电位变化缓慢：方块刺激和箭头刺激诱发的各通道电位表现出微小地增长，单机器人刺激、多机器人刺激和机器人+箭头刺激诱发的各通道电位略有减小；在 320ms 处，5 个刺激界面均在额叶表现出大的正电位。由此可知以下三点。①在刺激后 170～200ms，方块刺激仅仅诱发了较小的枕叶 N200。②箭头刺激主要在刺激后 200ms 左右诱发了明显的枕叶 N200。③在刺激后 260ms 左右，单机器人刺激、多机器人刺激和机器人+箭头刺激均在额叶和中叶诱发了较大 N200。由于 5 个刺激界面所用刺激方式和实验过程完全相同，所以各界面下 N200 的分布和幅值差异可能来源于刺激图片含义丰富度的差异。

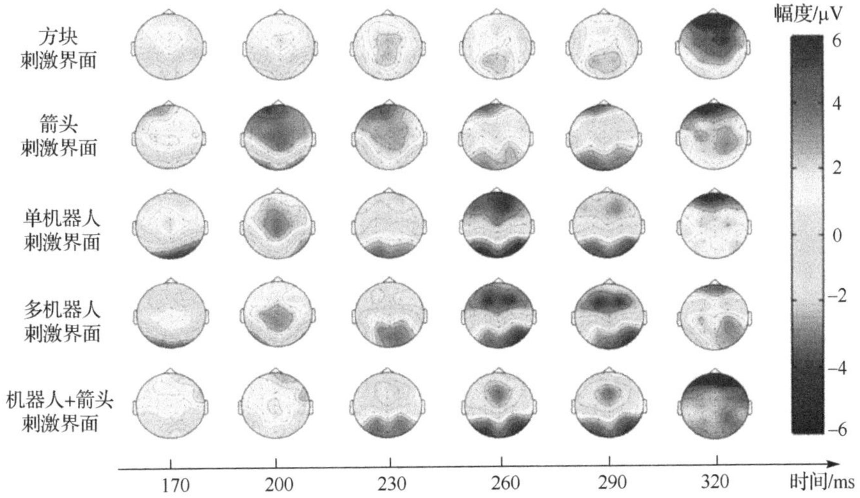

图 8.12 五个刺激界面各时刻脑地形图(见彩图)

8.3 认 知 解 释

8.3.1 与其他 ERP 的比较

1. 与前部注意指向负波的比较

RobotStim 刺激的内容包含机器人和箭头，而 SquareStim 刺激只有红色方块，前者比后者增添了两种内容。因此首要确定的问题是：在箭头和机器人这两者中，哪一个是在额叶与中央区域增大 N200 的幅值和延长 P300 的潜伏期的主要因素。

在文献[17]和[18]中仅由箭头诱发的 ERP 与 RobotStim 诱发的 ERP 存在明显差异。首先，RobotStim 诱发的 N200 的幅值为 5～6μV，远大于只由箭头引起的前部注意指向负波(anterior directing attention negativity，ADAN)的 1～2μV，如图 8.13 所示。其次，ADAN 主要分布在大脑的两侧，然而 N200 主要分布在头皮的中央区域，如额叶与中央区域的矢状线周围。此外，文献[19]和[20]的视觉刺激虽然也包含箭头，但是未诱发出与本实验相近的 N200 信号。基于以上三方面的比较可知，RobotStim 中的箭头不是在额叶和中央区域诱发出明显 N200 的主要因素。

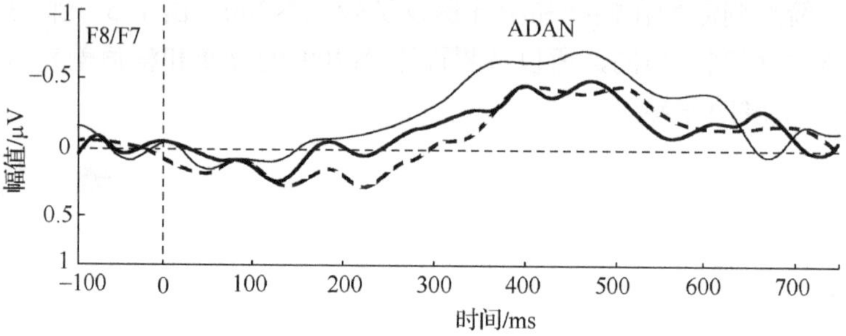

图 8.13　文献[18]中的 ADAN 波形图

2. 与额叶 N200 的比较

N200 是在刺激后大约 200ms 出现的负向波。N200 家族包含多种 N200 成分，前部 N200(anterior N2)是其中一种，主要分布在额叶或者中央区域[21]，与记忆的提取、记忆中表征的匹配有关[22,23]。

RobotStim 诱发的 N200 与前部 N200 具有相近的特点：潜伏期大约为 260ms，主要分布在额叶和中央区域，这意味着这两种电位可能在信息的认知处理机制上具有共同之处。诱发前部 N200 的经典范式为用于研究短时记忆的 Sternberg 范式：首先要求被试对象对少量的事项进行记忆，然后给被试对象显示一些刺激并要求他/她判断这些刺激是否属于记忆的事项[21]。这个范式需要被试对象回忆与当前刺激相关的信息以进行两者的匹配。在基于 RobotStim 的实验中，每个视觉刺激被赋予了机器人行为含义，因此我们认为当被试对象注视 RobotStim 的刺激并尝试用其去控制机器人时，他/她可能会根据视觉刺激所提供的机器人信息从记忆中提取与机器人动作相关的信息，从而理解并输出控制意图。RobotStim 比 SquareStim 提供的信息更加丰富使得其能够从记忆中提取更多的信息，从而可能诱发出更为明显的 N200。N200 较为明显的额叶与大脑的工作记忆有非常密切的联系[24]，这也在一定程度上支持了上述对 N200 的解释。

8.3.2　认知解释

1. 从认知负荷角度解释

本研究结果显示含义丰富的机器人图片比含义不丰富的红色图片能在额叶诱发出具有更大幅值的 N200 电位。两种图片刺激的差异是含义的丰富程度，主要表现为图片所传递的信息量和图片所传达的意图与预期表征的意图相关程度。这些可能会影响认知负荷，因此本小节拟从认知负荷的角度对含义丰富度对大脑的认知过程进行解释。

被试对象在进行认知任务时需要在有限容量的工作记忆中同时加工若干个元素，过多元素会造成工作记忆的超负荷现象，降低信息加工的效率。减小工作记忆中每个单元的认知资源能够释放工作记忆中的部分容量，从而来提高认知任务的完成效果。图式构建是指整合多个元素为一个整体，减少工作记忆中的单元数量；图式的自动化是指不需要有意识地控制的进行加工，几乎不占用资源，由此可见采用图式构建和图式运行的方式可达到降低认知负荷的效果。含义丰富的图片使得大脑能够感知到更多的事物和事件，增加了像元的数量。像元以整体的方式运作，激活的某个像元可能会引起像元的群簇化激活与呈现，因此较多的像元数量会增加激活更多像元并以整体方式运作的可能性。大脑在长时记忆中以图式的方式存储着被试对象处理外界信息的经验与知识，对与图式相关程度高的信息会自动地将其整合在图式中，从而减少工作记忆中单元的数量。含义丰富的图片具有激活更多像元的可能性，并且这些像元与被试的控制意图具有更高的相关性，这使得大脑能够更加迅速地把像元整合到已有的图式中，在工作记忆中形成更少的单元，从而降低认知负荷，提高认知过程的效率。在图片含义较为丰富的情况下，较少的认知单元数量会释放更多的认知资源，更为快速地处理图片信息；同时，每个单元所包含的像元数量较大，这使得工作记忆能够从长时记忆中提取出更多的信息，并将其用于对认知任务的完成，这些使得被试对象对含义丰富的图片有更快和更为深刻的理解。

注意分离效应(split-attention effect)[25]指出当多种视觉信息是理解某个事物的必要条件时，它们应以整体的方式进行呈现，因为大脑在信息独立出现的情况下需要有意识地去整合信息，这会增加工作记忆上的负担。图片的呈现方式影响工作记忆中处理该信息所调用认知资源的数量，从而影响认知负荷。含义丰富的机器人图片更加形象和直观地代表了被试对象想要机器人执行的动作。在 RobotStim 情况下，当被试对象想让机器人执行某个动作时，他/她通过扫视刺激矩阵能够直接地将注意力集中在目标图片上，而目标图片所呈现的情景是与他/她生活经验相关的事物，这可能使得大脑对这些信息的处理过程是较高程度的自动化过程，不占用过多的资源消耗。在 SquareStim 情况下，被试对象需要根据实验设定的映射关系转换其控制意图转换，从而得知应注视的目标图片；目标图片提供的信息较少并且与控制意图的相关性较小，被试对象利用记忆中的相关内容有意识地联系图片含义与控制意图，这可能会占用较多的工作记忆的认知资源，增大了认知负荷，进而降低认知处理过程的效率。

上述两种解释分别从工作记忆中的单元数和认知资源两方面探讨含义丰富度影响认知负荷的可能因素。受到认知负荷的影响，大脑的认知处理过程可能存在不同，进而造成神经元的放电过程存在差异，从而使得在 RobotStim 与 SquareStim 两种情况下的 N200 和 P300 的幅值、潜伏期、分布出现不同。

实验结束后每个被试对象描述了他/她对这两种刺激的感受。三名被试对象认为 RobotStim 更加生动，可以帮助他们理解刺激含义，将这些被试对象归并为第一组；其他四名被试对象没有感觉到这两种刺激之间有明显差异，归并为第二组。图 8.14 在 Fz、Cz、T7 和 CPz 通道比较了这两组被试对象的 N200 的叠加平均值。从图中可以看出，N200 在第一组的幅值比第二组略微高($p>0.1$)。

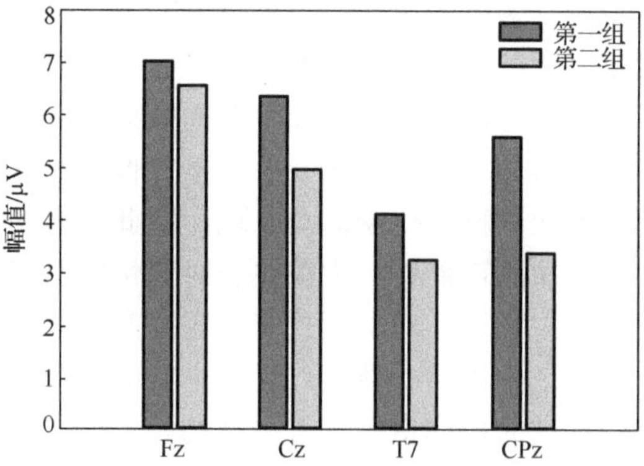

图 8.14 两组被试对象的 N200 幅值

2. 从注意力模型角度解释

第二个实验共采用 5 个视觉刺激界面诱发 N200，其他参数设置均相同，仅存在刺激图片内容上的差异。由上述 N200 分析可知，不同刺激界面诱发的 N200 在幅值以及分布上有所区别。单机器人刺激界面、多机器人刺激界面和机器人+箭头刺激界面能够在额叶、中叶、颞叶和枕叶区域诱发明显的 N200，然而方块刺激界面和箭头刺激界面仅在枕叶区域存在较为明显的 N200。

视觉信息经由视觉通路进行传输时，大脑根据被试对象的需求选择感兴趣的细节进行处理并滤去不必要的信息，保留的视觉信息进入工作记忆空间进行高级认知活动。注视目标刺激这一任务触发注意力选择机制，在任务驱动的自上而下和数据驱动的自下而上注意力机制的共同作用下分配视觉信息所得的注意力资源；同时，认知负载理论认为任务的认知负载也影响注意力资源的分配；工作记忆是认知、记忆和计划的重要系统，拥有有限的视觉信息处理资源。工作记忆中的信息处理过程包括信息提取、编码、表示、存储形态等[26]。充足的注意力资源将增强中央执行子系统用于注意力控制和指挥其他工作记忆子系统的能力，从而更有效地处理进入工作记忆空间的视觉信息。视觉信息的有效处理诱发被试对象活跃的心理认知活动，由于 N200 是一种容易受相关心理因素影响的内源性成分，所以活跃的相关心理活动可能诱发更明显的 N200。

高复杂度目标刺激图片的认知负载较高，能够获得较大的注意力资源；同时，注视目标刺激这一任务触发自上而下的注意力机制，此机制对自下而上的注意力机制产生抑制作用，也促进将注意力资源更多分配给目标刺激图片。因此，大脑根据注意力分配状况对视野中的视觉信息进行保留和滤除，从而将更多关于目标刺激图片的视觉信息送入工作记忆空间进行高级认知活动。此时，目标刺激携带的充足注意力资源提高了工作记忆空间的处理效率，增强了心理活动强度。从而诱发更明显的 N200。

比较 5 个视觉刺激界面的刺激图片，方块刺激界面中的刺激图片为同一红色方块，图片复杂度较低；箭头刺激界面中的刺激图片在棕色背景下添加了红色的箭头，提高了图片复杂度；单机器人界面与多机器人界面中的刺激图片均展示了一个构造复杂的机器人，其复杂度要高于箭头刺激界面；机器人+箭头刺激界面中的刺激图片包含同一构造复杂的机器人，并且在机器人上添加箭头标识，相比于其他 4 个界面的刺激图片，机器人+箭头刺激界面的复杂度最高。因此，在方块刺激界面实验中，被试对象可能被其他刺激图片的出现分散注意力。而在机器人+箭头刺激界面的实验中，被试对象可能不容易被其他刺激图片的出现分散注意力。

比较 5 个刺激界面诱发的脑电信号，可以看出图片复杂度较高的刺激界面(如单机器人、多机器人和机器人+箭头刺激界面)在多处脑区诱发了明显的 N200，然而图片复杂度较低的刺激界面(如方块刺激界面和箭头刺激界面)仅仅在枕叶诱发了较小的 N200。

N200 家族成分中的前部 N200 与工作记忆存在联系。在记忆搜索阶段，工作记忆搜索与所处理视觉信息相关的描述，从而提高对视觉信息的理解和认知程度。单机器人、多机器人和机器人+箭头刺激界面能够诱发相对较大的额叶与中叶 N200。这意味额叶与中叶 N200 可能和前部 N200 有着相似的视觉信息处理特性，即两者均能够通过增强工作记忆中的信息搜索和匹配活动来诱发明显的前部 N200。含义丰富度较高的刺激图片通常复杂度较高，因此大脑将目标刺激对应的大部分视觉信息送入工作记忆进行进一步处理。含义丰富的视觉信息能够得到较多的注意力资源分配，即用于记忆搜索和信息匹配的注意力资源相对丰富。工作记忆中待处理视觉信息的含义丰富度决定搜索效果和认知程度。视觉信息含义丰富度较低时，工作记忆搜索到的与此视觉信息相关的有效信息较少，因此激发的心理认知活动较为微弱。视觉信息的丰富度较高时，对应的记忆搜索和信息匹配活动强度增大，从而激发活跃的心理认知活动。

根据上述分析本小节从工作记忆角度提出图片差异造成N200差异的可能原因。方块刺激界的刺激图片仅包含颜色信息，工作记忆无法搜索到目标刺激与对应指令之间关系的描述，激发了较为微弱的心理认知活动。因此，方块刺激界面几乎没有诱发前部N200。箭头刺激包括与指令相关的方向信息，工作记忆不仅能够在记忆空间中搜索与箭头相关的描述，并且能够在箭头的提醒下搜索指令信息。然而，箭头与系统被控对象仍然存在差异，导致记忆搜索和信息匹配活动强度的提高并不明显，从而使得前部N200也较小。单机器人刺激界面、多机器人刺激界面和机器人+箭头刺激界面内容的丰富度接近且高于方块和箭头，它们能够诱发相似的记忆搜索与信息匹配活动。机器人+箭头刺激图片比单机器人和多机器人刺激图片包含更为丰富的指令相关信息，与被试对象自发产生的控制意愿更逼近，降低了图片记忆和维持记忆的难度；并且工作记忆不仅能够搜索到关于机器人的描述，也能搜索到关于指令信息的描述。因此，机器人+箭头刺激界面在额叶处通道Fz表现出最明显的N200。

8.4 伪　　迹

ERP的信噪比较低[27]是导致分类准确率较低的原因之一。伪迹是造成信噪比低的因素之一，它是人体自身产生的大脑活动以外的电位，包括肌肉伪迹、眼动伪迹、脉搏伪迹等[28]。相比ERP，伪迹的幅值相对较大，它与神经电位混合在一起，造成N200和P300形状的畸变。分类器通过不同类别波形之间的显著差异来识别目标和非目标，因此，畸变的N200和P300容易被错误判断，降低分类准确率。

减小伪迹是提高分类准确率的有效途径，通过去除伪迹得到较为纯净的脑电信号，从而得到清晰的分类特征。眼电伪迹是一种较为常见的伪迹。眼睛的角膜带正电，视网膜带负电，因此眼睛形成一个电偶极子。眼睛周围的电场变化受到眼球转动和眼睑动作影响。不同眼部动作诱发的电场变化不同，对脑电信号的影响方式也不同。眼电伪迹主要表现为两种模式：眨眼与垂直眼动伪迹、水平眼动伪迹[29,30]。有研究者检测眼周的电信号并将其作为眼动伪迹的模板信号以识别脑电信号中的伪迹；有研究者采用独立成分分析方法将采集的脑电信号分解成独立源信号，并选取固定特征用于判断各独立源信号是否为伪迹成分。

8.4.1 模板信号采集法

Schlögl等提出了一种基于水平眼动、垂直眼动以及眨眼伪迹成分的线性模型[31]：

$$Y(t,\mathrm{ch}) = S(t,\mathrm{ch}) + [\mathrm{EOG1}(t),\mathrm{EOG2}(t),\mathrm{EOG3}(t)]\cdot[b_1(\mathrm{ch}),b_2(ch),b_3(\mathrm{ch})]^{\mathrm{T}} \tag{8.2}$$

其中，$Y(t,\mathrm{ch})$ 是各通道处 t 时刻记录的电位值；S 是未经伪迹污染的脑电信号；EOG1、EOG2、EOG3 分别为水平眼动、垂直眼动以及眨眼；$b(\mathrm{ch})$ 表示各种伪迹对应在各个 EEG 通道 ch 处的权值。将式(8.2)转化为矩阵形式：

$$Y_{TxM} = X_{TxM} + U_{Txn}\cdot b_{nxM} \tag{8.3}$$

其中，下标表示各个矩阵的大小；矩阵 Y、S 均包含 T 个时间点和 M 个通道；噪声源 U 包含 n 个噪声成分；b 表示各个 EOG 伪迹成分对应在各个通道处的权重。为了得到未经污染的脑电信号 $S=Y-U\cdot b$，需已知噪声源 U 和其对应的权重系数 b。因此 Schlögl 等在 EOG 通道处采集相应伪迹信号；b 为计算权重系数，假设信号 S（如 EEG 信号）和噪声源 U（如 EOG 信号）是相对独立的。通过下方的公式

$$\begin{cases}\langle U^{\mathrm{T}}S\rangle = \langle U^{\mathrm{T}}Y\rangle - \langle U^{\mathrm{T}}U\rangle b\\ \langle U^{\mathrm{T}}S\rangle = 0\end{cases} \tag{8.4}$$

可以推出

$$b = \langle U^{\mathrm{T}}U\rangle^{-1}\langle U^{\mathrm{T}}Y\rangle = C_{NN}^{-1}C_{NY} \tag{8.5}$$

其中，$C_{NN}=\langle U^{\mathrm{T}}U\rangle$ 是 EOG 通道的自协方差矩阵；$C_{NY}=\langle U^{\mathrm{T}}Y\rangle$ 是 EEG 和 EOG 通道的互协方差。由 $S=Y-U\cdot b$ 计算得到修正后的 EEG。

研究者采集被试对象进行不同眼动动作时的电信号，过程中需保证被试对象动作幅度较大，使得出现较大的 EOG，眼动指令如表 8.5 所示，由此得到水平眼动、垂直眼动和眨眼三种 EOG 信号。

表 8.5　眼动指令

眼球转动	顺时针、逆时针转动眼球，持续若干秒，此过程中仅眼部动作，禁止头部动作
眨眼	眨眼，此过程需持续至少 1min

8.4.2　基于 ICA 的伪迹成分选取

ICA 算法能够将多路通道采集的观测信号分解成数目相同的统计独立源信号，并提供各个源信号的头皮分布(即空间特征)，源信号的头皮分布可用于比较此源信号在各通道处的显著程度。

实验共采集 30 个电极通道处的脑电信号，ICA 算法将其分为 30 个独立的源信号，ICA 的解混模型如式(8.6)所示：

$$y = Zx \tag{8.6}$$

其中，Z 称为解混矩阵；$y=(y_1,y_2,\cdots,y_n)^{\mathrm{T}}$ 为解混后得到的估计源信号；$x=(x_1,x_2,\cdots,x_n)^{\mathrm{T}}$ 为观测信号。由计算得到的解混矩阵的逆（Z^{-1}）可以得出对应源信号在头皮各个通道处的大小分布[32]。源信号的头皮分布计算公式的矩阵形式如下：

$$x = Z^{-1}y \tag{8.7}$$

其中，Z^{-1} 是解混矩阵 Z 的逆矩阵。由式(8.7)可以看出通道 i 处采集的观测信号 x_i 是由 y 与 x_i 对应的 z_{ij}（j=1～n）的线性组合，因此，将 z_{ij} 称为源信号 y_j 对通道 i 的权值。权值 z_{ij} 的绝对值表示源信号 y_j 在第 i 个通道处的投影大小，投影越大，y_j 对此通道脑电信号的影响越大；z_{ij} 的正负表示此投影的方向。因此，由矩阵 Z^{-1} 的列向量可以得到源信号各自在头皮的分布情况。

研究者得出，不同类型的伪迹显示出不同的且较为固定的头皮分布和分布混杂的伪迹图(各个 repetition 中时间和电位的关系图)，因此可以根据独立成分的空间特征绘制的脑地形图和伪迹图来手动选择伪迹。然而，被试对象的个体差异性导致不同被试的伪迹脑地形图与标准伪迹脑地形图不完全相同。通常伪迹的选择是依据判断者的经验，但是当需要判断的独立成分较多时会花费判断着大量的时间，因此考虑通过制定相应的判别标准来自动选择伪迹。

1. 经验法选择

眨眼和垂直伪迹、水平伪迹独立成分的脑地形图如图 8.15 所示[33,34]，判断者通过对比独立成分与标准伪迹成分之间的相似性进行判断。

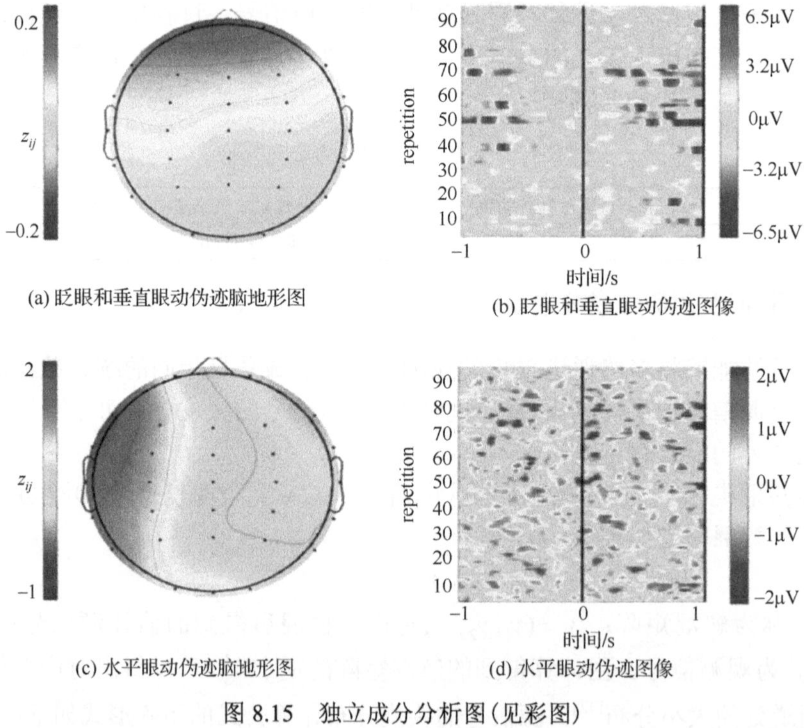

(a) 眨眼和垂直眼动伪迹脑地形图　(b) 眨眼和垂直眼动伪迹图像

(c) 水平眼动伪迹脑地形图　(d) 水平眼动伪迹图像

图 8.15　独立成分分析图(见彩图)

图 8.15 中的脑地形图(a)和(c)中的颜色代表此独立成分对应于各个通道的权值大小。权值的绝对值表示其对此通道的投影，绝对值越大，则此成分对此通道的影响越大。图 8.15(b)和(d)中的颜色表示电势的强度，横轴是以视觉刺激时刻为零点的时间轴，纵轴表示第 *n* 个 repetition。图 8.15(a)为眨眼和垂直眼动伪迹的脑地形图。投影在额叶相对较大并且权值为正，在颞叶、中叶和枕叶几乎为零，表明眨眼和垂直眼动伪迹在额叶较大，对颞叶、中叶和枕叶影响较小。图 8.15(b)显示该成分会随机地出现极大的波峰。图 8.15(c)为水平眼动伪迹的脑地形图。投影在左前颞和右前颞处相对较大，其余区域几乎为零，即水平眼动伪迹主要出现在左前颞和右前颞，对其余区域几乎没有影响。图 8.15(d)中的颜色杂乱无序，表明该成分没有稳定的波形。

2. EEGLAB 自动选择

EEGLAB 是一个用于处理连续脑电信号的 MATLAB 工具箱，它使用 ICA 算法、时域和频域分析、伪迹判别特定方法等进行数据分析[35]。它通过计算各个独立成分的特定空间特征和时域特征来判断伪迹成分，其中包括眨眼伪迹、水平眼动伪迹、垂直眼动伪迹。此三种伪迹对应的空间和时域特征包括空间平均差、时域峰度、最大 epoch 方差和空间眼睛差异。其中，空间平均差(spatial average difference，SAD)对头皮前部的大幅值电位尤其敏感；时域峰度(temporal kurtosis，TK)对幅值分布中的极端值十分敏感；最大 epoch 方差(maximum epoch vareance，MEV)是独立成分各个 epoch 的时域方差中的最大值，相比于 TK，MEV 对时域中缓慢的波动更加敏感；空间眼睛差异(spatial eye difference，SED)对头皮前部靠近眼睛处通道中的高幅值电位特别敏感，尤其是相反极性的高幅值电位。

伪迹判别时首先计算独立成分的各个指标和对应的阈值。当 SAD 和 TK 超过阈值时，将此成分判定为眨眼伪迹；当 SAD 和 MEV 超过阈值时，将此成分判定为垂直眼动伪迹；当 SED 和 MEV 超过阈值时，将此成分判定为水平眼动伪迹。EEGLAB 的自动伪迹判断方法将眨眼伪迹与垂直眼动伪迹判别为两个不同的伪迹成分，然而常有成分同时被判别为眨眼伪迹与垂直眼动伪迹，如图 8.16 所示。由图 8.16 可以看出，此独立成分的 SAD、MEV 和 TK 特征值均超过了阈值，EEGLAB 同时将其判定为垂直眼动伪迹与眨眼伪迹。由于垂直眼动伪迹、眨眼伪迹的脑地形图相同，文献中常常将它们归为同一类伪迹，称作“眨眼和垂直眼动伪迹”，它与水平眼动伪迹共同组成眼动伪迹的两种类型[29]。

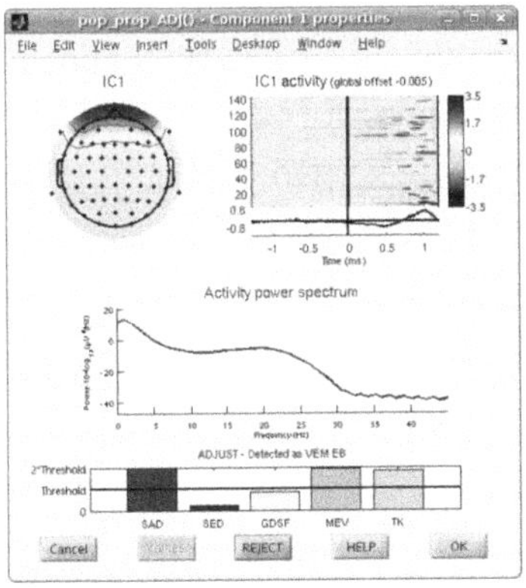

图 8.16　独立成分的伪迹判别结果[35](见彩图)

8.5　辨识 N200 电位的通道选取

为提高辨识大脑意图的正确率，研究者通常在进行特征提取之前首先选取通道——选取包含有效脑电信号较显著的通道作为特征通道。有研究者发现分类 P300 主要选择的分类通道为 Fz，Cz，Pz，Oz，P3，P4，P7，P8[35]；分类 N200 主要选择 P3 和 P7 通道[36]。然而，ERP 存在个体差异，表现为不同被试对象的脑电信号的潜伏期、幅值、脑区分布都不同。因此对不同被试对象使用同一通道组合进行特征提取和分类时，某些被试对象的 N200 和 P300 特征可能不明显，从而导致目标特征向量被错误分类，降低了准确率。为解决个体差异造成的问题，一些研究者在计算 N200 的分类准确率时，选取被试对象 N200 幅值最大的通道用于分类[36]；有研究者使用 N200 和 P300 频繁出现的固定 8 通道组合作为分类通道[35]；有研究者选择 N200 和 P300 间电位差较大的若干通道用于分类计算；有研究者采用离散粒子群优化(discrete particle swarm optimization，DPSO)算法，通过不断更新粒子群的位置及速度，以分类准确率作为粒子群的适应度(优化指标)，求解分类准确率最优的通道组合[37]。本节基于前期实验发现如果某个通道具有明显 N200 和 P300 成分，并且没有或者有较少伪迹的脑电信号，那么采用该通道进行特征提取与分类可以得到较高的准确率，因此提出基于独立成分分析的通道组合方式，具体见 8.5.3 节。

8.5.1　基于幅值的通道选择法

ERP 幅值越大，则目标特征向量与非目标特征向量之间的差异越大；显著的差异能够提高分类器的准确率。本书中设计的实验可以依次诱发出 N200 和 P300 两种电位，将 N200 与 P300 之间的电位差定义为此通道的峰-峰值。峰-峰值越大，则目标向量与非目标特征向量间的差距越大，从而提高分类准确的可能性。峰-峰值计算方法如下。

(1)对应每个刺激的脑电信号，选取刺激后 0～800ms 的数据作为 epoch。

(2)使用 Butterworth 滤波器对各个 epoch 滤波。

(3)选取目标刺激诱发的 epoch 中的最大电位和最小电位之差小于某个阈值的目标样本，减小数据中奇异值的影响。

(4)将所选 epoch 进行平均，绘制出通道的 ERP 波形图。

(5)取刺激后 180～325ms 的最小波谷的电位值为 N200 的电位，选取刺激后 200～800ms 的最大波峰的电位值为 P300 的电位，N200 与 P300 之间的电位差为此通道的峰-峰值。

将 30 个通道按峰-峰值降序排列，计算前 n(n=1,2,⋯, 30)个通道作为通道组合时的分类准确率，选取准确率最高的通道组合作为最优通道组合。

8.5.2 经验最优 8 通道组合

Hoffmann 等共选用了 4 种包含不同数量通道的通道组合方式，每种方式都主要位于大脑顶叶及周边的通道，且包含明显 P300 信号。四种组合分别为 4 通道组合(Fz、Cz、Pz、Oz)、8 通道组合(Fz、Cz、Pz、Oz、P3、P4、P7、P8)、16 通道组合(Fz、Cz、Pz、Oz、P3、P4、P7、P8、FC1、FC2、C3、C4、CP1、CP2、O1、O2)和 32 全通道组合。结果显示，8 通道组合的分类准确率要稍高于 4 通道组合，并且与 16 通道组合、32 通道组合的准确率差别较小，由此得出 8 通道组合具有最优分类的效果，适合日常使用[35]。

8.5.3 基于 ICA 的方法

伪迹和 N200 与 P300 混合，导致 N200 和 P300 的形状发生畸变，由此畸形的观测信号提取的 N200 和 P300 特征不明显，导致分类器容易错误分类，从而降低了分类准确率。因此本节认为包含显著 N200 和 P300 信号，并且伪迹较小或者没有的通道提取的特征向量可能更容易被准确分类，提高分类准确率。ICA 算法可以从多维观测信号中提取出多维独立的源信号，并提供各个源信号的头皮分布，而源信号的头皮分布可用于比较此源信号在各通道处的显著程度。因此本节通过 ICA 算法计算 N200、P300 和伪迹的头皮分布，进而找到 N200、P300 较为明显并且伪迹较小的通道，作为通道组合。

1. 权值计算

ICA 算法能够通过计算源信号的投影来表示此源信号在各个通道的显著程度。由此假设 N200 和 P300 源信号(即 ERP 源信号)投影较大的通道能够提取出明显的 N200 和 P300 特征，伪迹投影较小或者没有的通道受到伪迹的干扰较小，即投影值是选择通道的依据。

选取对脑电信号影响较大的两种眼动伪迹作为本通道选取方法主要考虑的伪迹。计算每个通道的 score，从而判断各个通道的 N200、P300 与眼电伪迹的大小关系，考察其是否适用于特征向量提取与分类。score 的计算公式为

$$\text{score} = |z_{\text{N200,P300}}| - |z_{\text{blink,VEOGartifact}}| - |z_{\text{HEOGartifact}}| \tag{8.8}$$

其中，$z_{\text{N200,P300}}$、$z_{\text{Blink,VEOGartifact}}$、$z_{\text{HEOGartifact}}$ 分别代表解混矩阵的逆矩阵 Z^{-1} 中各个通道对应于 ERP、眨眼和垂直眼动伪迹、水平眼动伪迹的列权值。对通道按照 score 值进行降序排列，我们认为 score 大的通道的 N200、P300 特征明显，可能得到更高的分类准确率。将通道按照 score 值降序排列后，取前 n(n 取值为 1~30)个通道作为提取特征向量的通道组合并计算其分类准确率，对应共得到 30 个各通道组合的分类准确率。将准确率首次达到最高的通道组合作为此被试对象的最优通道组合，并且将此组合中的通道对应的 score 最小值作为阈值。

2. ERP 独立成分选择

从图 8.17(a)的 ERP 脑地形图可以看出，ERP 投影在额叶和顶叶相对较大，反映到对应通道的波形图上则是较明显的 ERP 波形；ERP 投影在枕叶处较小，反映到对应通道的波形图上则是微小的。图 8.17(b)为 ERP 图像，表明在各个 repetition 的固定时刻，ERP 都稳定地表现出一定的电位特征，与 ERP 的波形图电位特征相符合[33]。由此得知，该成分为 ERP 成分。

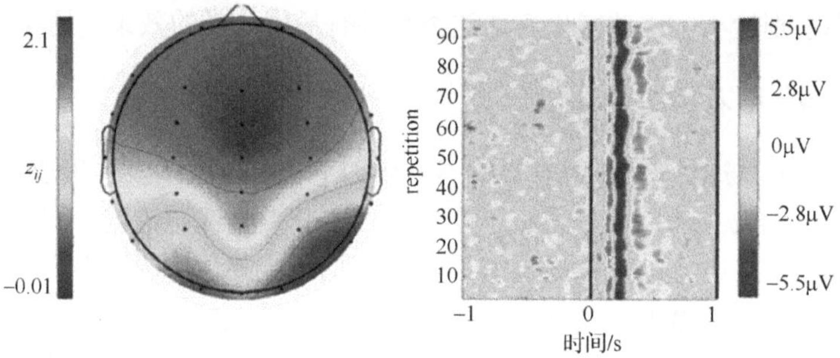

(a) ERP脑地形图　　(b) ERP图

图 8.17　ERP 独立成分分析图(见彩图)

此外，可应用 EEGLAB 进行 ERP 独立成分的辨别。EEGLAB 能够计算得出各个独立成分对平均 ERP 的贡献，由于伪迹独立成分也可能对 ERP 的幅值贡献较大，所以选取对平均 ERP 贡献为前三的独立成分进行 ERP 判别。图 8.18 为某被试对象对平均 ERP 贡献的前三个独立成分。通过将此三个独立成分的脑地形图与标准 ERP 脑地形图进行比对，将最相似的独立成分 13 视为此被试对象潜在的 ERP 独立成分。由图 8.19(b)所示，进一步查看独立成分 13 的 ERP 图，其具有 ERP 的特征，因此可将独立成分 13 判别为此被试对象的 ERP 独立成分。

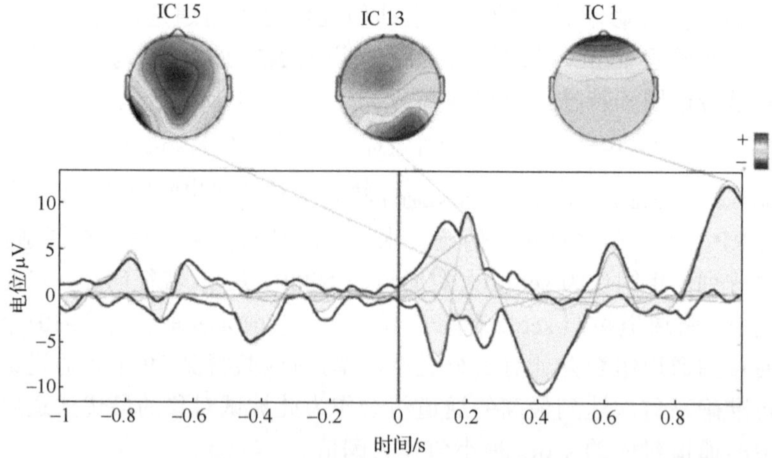

图 8.18　独立成分贡献——被试对象 subj8 的最大 ERP 成份(见彩图)

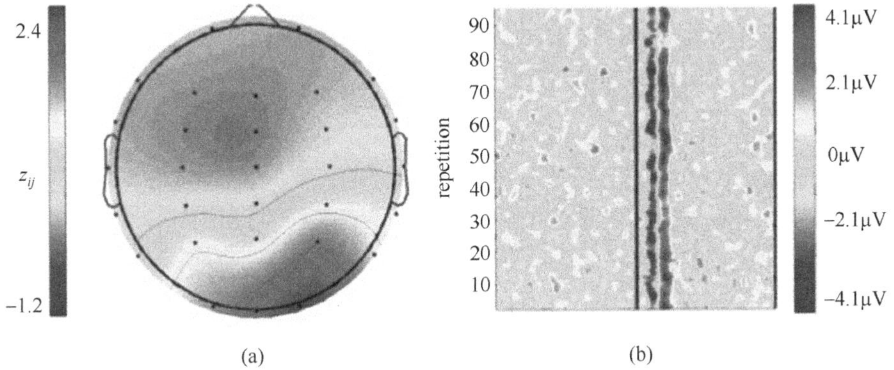

图 8.19　独立成分 13 脑地形图以及 ERP 图(见彩图)

3. 曲线拟合

本节提出利用曲线拟合来绘制脑电信号与 score 之间的关系，从而使得可以仅仅利用已有被试对象的最优通道组合来预测其他被试对象的最优通道组合。将各被试对象的 30 个 score 值取绝对值并求其平均值，比较得出各个被试对象 score 值的绝对值的平均值不同，同时各个被试对象的阈值也有所不同。假设阈值与被试对象的 score 值的绝对值的平均值存在某种联系，即阈值与被试对象的 score 相关。在被试对象间 score 值的比较中，将各被试对象的 score 值进行归一化。我们将被试对象归一化的 score 值的平均值定义为 A，将每个被试对象将对应的阈值设为 B，使用已知被试对象的 A 值和对应 B 值拟合出一条预测曲线，从而探索 A 值和阈值之间的关系，得到新被试对象的预测阈值，用于最优通道组合的选取。

共使用 12 个被试对象的数据进行曲线拟合，采用最小二乘法对各被试对象对应的 A 值和 B 值进行二阶拟合，得到如式(8.9)所示的拟合函数，对应拟合曲线如图 8.20 所示。由图 8.20 可以看出，大部分被试对象的阈值处于 0.6～0.9，其可能需要多个通道用于特征提取与分类；被试对象 subj1 和 subj3 的阈值为最大值 1，与其他被试对象相比，被试对象 subj1 和 subj3 在头皮多个区域均表现出明显的 N200 和 P300，在实验中仅选用了一个通道作为优选通道并得到准确分类。随着 A 值的增大，阈值 B 显示出上升趋势，即在 score 值的平均值(经归一化后)较大时，较大的阈值便能得到多个 score 大于阈值的分类通道。根据此预测曲线预测新被试对象的阈值，选取所有 score 值(经归一化后)大于阈值的通道作为最优通道组合。

$$B = -4.032 \times A^2 + 5.697 \times A - 1.138 \tag{8.9}$$

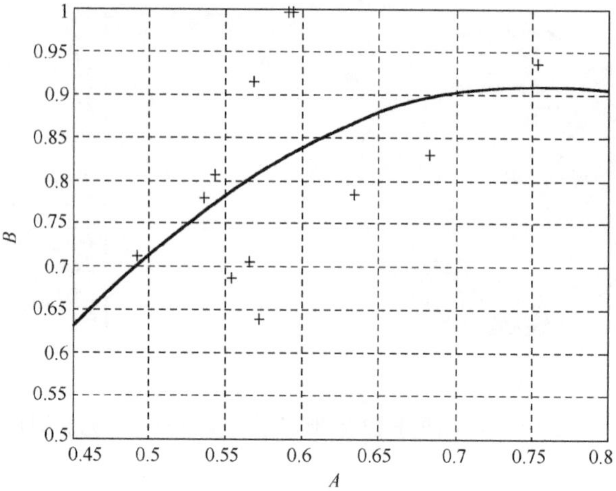

图 8.20　曲线拟合

8.5.4　方法结果比较

1. 基于 ICA 的通道选择结果分析

使用基于 ICA 的通道选择方法与基于幅值的通道选择方法、经验最优 8 通道组合及 30 通道组合分别计算被试对象 subj1 和 subj12 的分类准确率，并使用平均值的成对二样本 *t*-检验方法进行比较，结果如表 8.6 所示。本书方法计算得到的平均准确率为 93.10%，比基于幅值的方法(85.83%)、经验最优 8 通道组合(92.03%)、30 通道组合方法(17.14%)的平均准确率分别高出 7.27%(p<0.05)、1.07%(p<0.1)、75.96%(p<0.01)。同时，对基于 ICA 的通道选择方法与基于幅值的通道选择方法所选的最优通道组合进行比较。由表 8.6 和表 8.7 可以得到以下结论。

(1)最优通道组合存在个体差异性。比较由基于幅值的通道选取方法选择的最优通道组合可以发现，不同被试对象选取的最优通道组合有所不同。被试对象 subj1 和 subj3 仅使用大脑顶叶的单个通道便得到 100%的分类准确率；被试对象 subj2 在使用大脑顶叶通道的基础上又添加了枕叶通道，如通道 O1 和 O2；被试对象 subj4 不仅选择了位于顶叶和枕叶的通道，还选择了额叶通道，如通道 F4。由于被试对象 subj8、subj10 和 subj11 第一次接触本实验，对实验流程较为陌生，所以获得了质量较差的脑电信号，需要使用较多通道的信息用于分类。

(2)基于 ICA 的方法与经验最优 8 通道组合相比，不同通道的增加或者删除提高了分类准确率。被试对象 subj2 选取 5 个通道作为最优通道组合，其分类准确率为 98.57%；而经验最优 8 通道组合共选取 8 个通道，得到的准确率为 94.29%，比基于 ICA 方法的准确率低 4.28%。

(3) 存在较大伪迹的通道进入最优通道组合后将减小分类准确率。被试对象 subj4 使用基于 ICA 方法得到的准确率为 98.57%；然而使用基于幅值的方法计算得到的准确率为 85.71%，比基于 ICA 方法低 12.86%。准确率的降低可能是因为基于幅值的方法选取了常常出现眼电伪迹的通道 FP1 和 FP2。

表 8.6　准确率　（单位：%）

被试对象	ICA	幅值	最优 8 通道	30 通道
subj1	100	100	100	21.43
subj2	98.57	95.71	94.29	24.29
subj3	100	100	100	21.43
subj4	98.57	85.71	98.57	15.71
subj5	94.29	74.29	84.29	12.86
subj6	94.29	77.14	84.29	10
subj7	97.15	75.71	100	25.71
subj8	98.57	97.14	98.57	15.71
subj9	100	100	100	10
subj10	72.86	78.57	80	17.14
subj11	78.57	71.43	84.29	18.57
subj12	84.29	74.29	80	12.86
平均	93.10	85.83	92.03	17.14

表 8.7　通道

被试对象	ICA	幅值
subj1	P8	Pz P8 CPz Cz FCz Fz F4 F3
subj2	O2 O1 Oz P4 P8	P4 P3 FCz Fz F4 FP1 F7 FP2
subj3	P4	P4 Fz FCz FC3 F3 FP2 F7 FP1
subj4	CP4 Cz C4 CPz FC4 TP8 CP3 C3 F4	FP1 FCz Cz Fz FP2 F3 CPz F4
subj5	O2 O1 Oz P8 FCz	FCz Fz F4 FC3 F3 FP2 F7 FP1
subj6	O2 O1 Oz P8 C4 TP8	O1 CP4 C4 CP3 CPz Cz FC4 FT8 C3 FCz Fz F4 F8 FT7 FC3 F3 FP2 F7 FP1
subj7	O2 Oz	FCz Fz F4 FC3 F3 FP2 F7 FP1
subj8	O1 Oz Pz P4 CP4 P7 P3 CPz Cz C3	Oz Pz P4 P3 CP3 CPz FCz Fz FP2 FP1
subj9	O1 Oz Pz P7 P3	O2 O1 Oz P4 CP4 P3
subj10	O2 Oz CP4 P3 CPz Cz FCz Fz	P8 TP8 P3 FP2
subj11	O2 O1 Oz P4 CP4 P8 C4 FC4	Fz F4 F3 FP2 F7 FP1
subj12	FCz T7 FT7	FC4 FT8 FCz Fz F4 F8 FC3 F3 FP2 F7 FP1

2. 基于 ICA 和预测曲线的通道选择结果分析

使用由已知 12 个被试对象数据拟合而成的曲线可以预测新被试对象的阈值，从而选取 score（经归一化后）大于阈值的通道作为新被试对象的最优通道组合。使用预测曲线对三名新被试对象(subj13、subj14 和 subj15)的阈值进行预测，并将预测的通道组合的准确率与其他通道组合方式的准确率进行比较，如表 8.8 所示。

由表 8.8 分析各种方法得到的分类准确率，并使用 t-检验中平均值的成对二样本分析方法分别计算基于 ICA 的预测曲线通道选择方法与其他方法的差异显著性。基于ICA 的预测曲线通道选择方法得到的准确率和直接通道选择方法的平均准确率均为 92.38%；比基于幅值的通道选择方法和经验最优 8 通道组合的平均准确率分别高出 8.57%($p>0.1$) 与 1.43%($p>0.1$)；比 30 通道组合方法的准确率高出 80.47%($p<0.01$)。由平均准确率来看，基于 ICA 的预测曲线通道选择方法的效果优于基于幅值的通道选择方法、经验最优 8 通道组合和 30 通道组合方法。

表 8.8　准确率　　(单位：%)

被试对象	曲线预测	ICA	幅值	最优 8 通道	30 通道
subj13	100	100	85.71	98.57	11.43
subj14	97.14	97.14	94.29	94.29	14.29
subj15	80	80	71.43	80	10
平均	92.38	92.38	83.81	90.95	11.91

参 考 文 献

[1] 胡竹菁，胡笑羽. Evans 双重加工理论的发展过程简要述评. 心理学探新，2012, 32(4)：310-316.

[2] Clark J M, Paivio A. Dual coding theory and education. Educational Psychology Review, 1991, 3(3): 149-210.

[3] Sadoski M, Goetz E T, Fritz J B. Impact of concreteness on comprehensibility, interest, and memory for text: Implications for dual coding theory and text design. Journal of Educational Psychology, 1993, 85(2): 291-304.

[4] 闫岩. 双重编码理论及其传播学应用. 国际新闻界，2013, 35(10)：42-52.

[5] Paivio A. Mental imagery in associative learning and memory. Psychological Review, 1969, 76(3): 241-263.

[6] Merriënboer J J G V, Sweller J. Cognitive load theory in health professional education: Design principles and strategies. Medical Education, 2010, 44(1): 85-93.

[7] Ruiz N, Taib R, Chen F. Freeform pen-input as evidence of cognitive load and expertise. Proceedings of the International Conference on Multimodal Interfaces, New York, 2011: 185-188.

[8] Hollender N, Hofmann C, Deneke M, et al. Integrating cognitive load theory and concepts of human-computer interaction. Computers in Human Behavior, 2010, 26(6): 1278-1288.

[9] 卢敏. 基于生物视觉特征的计算模型研究. 厦门: 厦门大学，2008.

[10] 汪云九. 神经信息学: 神经系统的理论和模型. 北京: 高等教育出版社, 2006: 102-105.
[11] Ware C. Visual Thinking: For Design. San Francisco: Morgan Kaufmann Publishers Inc, 2008.
[12] 李树艳. 基于人类视觉系统的选择性注意模型研究. 成都: 电子科技大学, 2013.
[13] McFarland D J, Sarnacki W A, Wol-paw J R. Brain-computer interface (BCI) operation: Optimizing information transfer rates. Biological Psychology, 2003, 63(3): 237-251.
[14] Li M, Li W, Zhou H. Increasing N200 potentials via visual stimulus depicting humanoid robot behavior. International Journal of Neural Systems, 2016, 26(1): 1550039.
[15] Zhang D, Song H, Xu R, et al. Toward a minimally invasive brain-computer interface using a single subdural channel: A visual speller study. Neuroimage, 2013, 71(5): 30-41.
[16] 李文轩. 事件相关电位幅值提高与独立成分分析优选通道算法研究. 硕士学位论文. 天津: 天津大学, 2017.
[17] Hietanen J K, Leppänen J M, Nummenmaa L, et al. Visuospatial attention shifts by gaze and arrow cues: An ERP study. Brain Research, 2008, 1215(2): 123-136.
[18] Lubbe R H J V D, Neggers S F W, Verleger R, et al. Spatiotemporal overlap between brain activation related to saccade preparation and attentional orienting. Brain Research, 2006, 1072(1): 133-152.
[19] Shishkin S L, Ganin I P, Kaplan A Y. Event-related potentials in a moving matrix modification of the P300 brain-computer interface paradigm. Neuroscience Letters, 2011, 496(2): 95-99.
[20] Curtin A, Ayaz H, Liu Y, et al. A P300-based EEG-BCI for spatial navigation control. Proceedings of International Conference of the IEEE Engineering in Medicine & Biology Society, San Diego, 2012: 3841-3844.
[21] Folstein J R, Pettern C V. Influence of cognitive control and mismatch on the N2 component of the ERP: A review. Psychophysiology, 2008, 45(1): 152-170.
[22] Daffner K R, Mesulam M, Scinto L F M, et al. An electrophysiological index of stimulus unfamiliarity. Psychophysiology, 2000, 37(6): 737-747.
[23] Wang Y, Tian S, Wang H, et al. Event-related potentials evoked by multi-feature conflict under different attentive conditions. Experimental Brain Research, 2003, 148(4): 451-457.
[24] Zhang J, Leung H, Johnson M K. Frontal activations associated with accessing and evaluating information in working memory: An fMRI study. Neuroimage, 2003, 20(3): 1531-1539.
[25] Sweller J. Cognitive load theory. Psychology of Learning and Motivation, 2011, 55: 37-76.
[26] 赵会坡. 视觉工作记忆不同负载下脑电网络的信息传递特性研究. 天津: 天津医科大学, 2015.
[27] Espinosa R. Increased signal to noise ratio in P300 potentials by the method of coherent self-averaging in BCI systems. International Scholarly and Scientific Research & Innovation, 2013, 7(11): 386-390.

[28] Mozaffar S, Petr D W. Artifact extraction from EEG data using independent component analysis. Lawrence: The University of Kansas Center for Research, 2002.

[29] Plank M. Ocular correction ICA. Brain Products Press Release, 2013, 49(9): 1-4.

[30] Makeig S, Onton J. ERP features and EEG dynamics: An ICA perspective. Oxford Handbook of Event, 2012: 1-53.

[31] Schlögl A, Keinrath C, Zimmermann D, et al. A fully automated correction method of EOG artifacts in EEG recordings. Clinical Neurophysiology, 2007, 118(1): 98-104.

[32] Hoffmann S. Independent Component Analysis of Ocular Artifacts. Bochum: Ruhr-University Bochum, 2009.

[33] Jung T P, Makeig S, Westerfield M, et al. Analysis and visualization of single-trial event-related potentials. Human Brain Mapping, 2001, 14(3): 166-185.

[34] Mognon A, Jovicich J, Bruzzone L, et al. ADJUST: An automatic EEG artifact detector based on the joint use of spatial and temporal feature. Psychophysiology, 2011, 48(2): 229-240.

[35] Hoffmann U, Vesin J M, Ebrahimi T, et al. An efficient P300-based brain-computer interface for disabled subjects. Journal of Neuroscience Methods, 2008, 167(1): 115-125.

[36] Gao X, Gao S, Bo H, et al. N200-speller using motion-onset visual response. Clinical Neurophysiology Official Journal of the International Federation of Clinical Neurophysiology, 2009, 120(9): 1658-1666.

[37] 张宇, 王行愚, 张建华, 等. 离散粒子群优化-贝叶斯线性判别分析算法用于视觉时间相关电位 P300 的分类. 中国生物医学工程学报, 2010, 29(1): 46-52.

第9章　结　语

脑-机器人交互技术在发展的过程中取得了令人瞩目的成果,但是其依然面临严峻的挑战，大致可表现在以下几方面。

(1)新型的诱发范式。现存的诱发范式在原理、编码及解码上都有较快的发展，但其分类准确率还不能完全满足对智能设备的控制。例如，SSVEP 及 ERP 需要视觉激励设备；MI 模式需要较长的训练时间，而且指令数量有限，分类准确率较低。因此，BCI 的发展需要开发新的诱发范式来脱离外部激励或者开发新型解码算法，从而获得更高的准确率。

(2)自适应的解码算法。由于 BCI 的性能因人而异且受操作者心理状态的影响较大，所以为了获得一个较理想的 BCI 性能，操作者必须经过一个阶段的训练，对 MI 而言更为突出，这对于现存的解码算法是一个难题。因此，针对不同生物个体的脑电差异性，寻找一种自适应解码算法，使模型能够通过自学习和自纠错的方法来适应不同的脑电个体差异显得尤为重要。

(3)便携式采集设备。脑电的采集设备对整个交互系统的稳定性及正确率的保证起着至关重要的作用。随着传感器及放大器的发展，脑电信号的噪声信号可以很好地被抑制。但是现存的高精度高可靠性的设备，如 Cerebus，体积都较为庞大并且便携性差；Emotiv Epoc 虽然比 Cerebus 小巧轻便，但其通道数有限，无法满足多通道的分析要求。另外，对于需要视觉激励的模式，如 SSVEP、ERP，其激励源一般采用显示器等大型的显示设备，应用不便。因此，一些便携的可以产生视觉激励的设备，如 Google Glass、VR 等设备或许可以用以解决这一问题。

(4)机器人动力学、运动学及控制体系。就脑-机器人交互而言，机器人的动力学及运动学会极大地影响一个 BRI 系统的性能。一方面，动力学决定了机器人运动过程中的速度、加速度、稳定性等运动特性，且机器人的运动学可以用来解决机器运动与信息传输率之间的匹配问题。通过动力学的研究，可以计算出机器人每个动作的时间损耗，这样便可以通过这一数值来匹配信息传输率，使 BRI 系统整体的执行效率大大提高。另一方面，机器人运动学的研究在路径规划、路径优化及全局路径建模等方面起到了关键的作用。通过对机器人动力学与运动学的研究，便可以建立起机器人的运动控制体系，并且将多传感器信息融合，路径建模，运动控制等结合起来，通过人机融合最大限度地发挥机器人的智能性，减少人脑的工作负荷，实现人机交互的最优化。

(5)EEG 与其他检测手段的结合。除了基于脑电图的脑电信号检测手段，许多现代化的检测设备也能实时监测人脑的活动。许多研究者也在尝试将 EEG 与功能性磁共振成像[1] (functional magnetic resonance imaging，fMRI) 及功能性近红外光谱技术[2,3] (functional near infrared spectroscopy，fNIRS) 等检测手段结合起来，且其检测及分类的准确率比单一的 EEG 检测手段有所提高。随着 EEG 与其他检测手段的结合，这些技术势必为未来 BCI 设备的设计及 BRI 系统的完善奠定良好的基础。

全球最具影响力的 20 位科学家之一、巴西世界杯“机械战甲”发明者米格尔·尼科莱利斯在对脑-机接口进行长时间地艰苦思考与研究后认为，脑-机接口的未来是乐观的、令人期待的，而不是充满阴暗与灾难的[4]。脑-机器人交互系统，这种“大脑-机器人-大脑”的闭环回路不仅通过绕开损伤的神经来将大脑与外界环境重新连接在一起，并且将机器人的能力赋予人类进而扩大了我们的知觉以及可承受的范围。脑-机器人交互方向不仅能够恢复有运动障碍的残疾人和老年人的部分运动功能，获得生活自理能力；也为健康人群提供额外的控制方式，代替或者辅助他们完成危险、复杂的任务，BCI 或者 BRI 将通过以下几方面影响我们的未来生活与工作。

(1) 在医疗方面，通过脑-机器人交互系统可以重新搭建连接大脑与肢体的通路，根据大脑意图直接刺激肌肉或者其他外部设备来完成相关动作，从而弥补损伤神经缺失的部分功能。近些年脑-机器人交互方向以及相关领域的研究成果向我们昭示着“重新行走”的时代正在来临。2012 年在布朗大学上演了激动人心的一刻：58 岁的中风患者通过想象来控制机械臂举起并移动杯子，成功地喝到了咖啡[5]。在 2014 年巴西世界杯开幕式上，一名残疾少年通过想象动作来控制其穿戴的外骨骼，完成行走和开球等动作，初步实现了重新行走的设想[6]。Bouton 等[7]把从脑电中提取的意图转化为肌肉的刺激信号，使得残疾人可使用本已失去运动功能的手臂完成如刷卡、倒水等日常活动。

(2) 在军业和工业方面，脑-机器人交互系统能提供独立于肌肉操作这一优势，以及解码脑电信号在速度与真实性上的潜力，使得该系统的应用已经逐渐向健康人领域发展。在航空航天和深海潜水领域，复杂的、未知的作业环境增加了舱外工作的危险程度，脑-机器人交互系统可以作为人类的替身执行危险任务，降低工作的风险性；狭小的舱内空间导致少量的工作人员需要完成较多的执行任务，增加了肢体操作的负担，脑-机器人交互系统可直接连通大脑与机器人，降低工作人员肢体操作的压力。随着神州十一号检测航天员脑电信号的初步尝试，脑-机器人交互系统在航天航空领域的发展已迈出第一个脚步。2013 年美国投资支持美国国防高级研究计划局的脑-机接口的应用，尝试恢复失去肢体控制能力的伤员的运动能力，缩短士兵技能训练周期，培养“超级战士”，扩大士兵识别威胁目标的范围等目标。脑电信号反映了人的本质的心理与认知的过程和状态，检测该信号能够有助于辨识人的当前状态。酒驾、疲劳驾驶危害交通安全，通过实时分析司机的脑电信号获知大脑状态，并将其转换为汽车的警示或者制动行为，从而降低交通事故。

(3)在商业方面，越来越多的开发者尝试将脑-机器人交互系统作为一种新的娱乐方式进入千家万户。这种娱乐方式不仅新颖，同时可培养用户的注意力，这对于提高少年的专注程度具有一定的积极意义。Emotiv 和 Neurosky 公司设计基于脑-机接口的软件游戏；Boland 等[8]开发基于 P300 的国际象棋游戏——用户脑控机械臂来安放棋子；Congedo 等[9]开发一款“大脑入侵者”的游戏，用户需要集中注意力盯住“入侵者”才能将其消灭。

脑-机器人交互技术的发展已有几十年，它从用意念拼写单词发展到如今的站立行走与使用工具；从简单的“脑-机”开环控制演变到如今的智能化“脑-机器人-脑”的闭环控制；从少量的研究小组壮大到如今的庞大研究队伍与机构。该项技术在发展的道路上虽然会受到多个学科局限性的影响，但是各学科的优势互补使得其仍不断涌现出新的科研硕果，神经学、心理学、信息学、机器人学、人工智能学、材料学等学科的发展也必将推动脑-机器人交互技术在理论与应用层面的进步，使得该项技术向更加智能化、实用化、多元化的方向迈进。

参 考 文 献

[1] Mulert C, Jager L, Schmitt R, et al. Integration of fMRI and simultaneous EEG: Towards a comprehensive understanding of localization and time-course of brain activity in target detection. NeuroImage, 2004, 22(1): 83-94.

[2] Leamy D J, Collins R, Ward T E. Combining fNIRS and EEG to improve motor cortex activity classification during an imagined movement-based task. Proceedings of the International Conference on Foundations of Augmented Cognition: Directing the Future of Adaptive Systems, Berlin, 2011: 177-185.

[3] Putze F, Hesslinger S, Tse C Y, et al. Hybrid fNIRS-EEG based classification of auditory and visual perception processes. Frontiers in Neuroscience, 2014, 8: 373.

[4] 米格尔·尼科莱利斯. 脑机穿越. 黄珏萍译. 杭州: 浙江人民出版社, 2015.

[5] Hochberg L R, Bacher D, Jarosiewicz B, et al. Reach and grasp by people with tetraplegia using a neurally controlled robotic arm. Nature, 2012,7398(485): 372.

[6] Servick K. Kickoff looms for demo of brain-controlled machine. Science, 2014, 344(6188): 1069-1070.

[7] Bouton C E, Shaikhouni A, Annetta N, et al. Restoring cortical control of functional movement in a human with quadriplegia. Nature, 2016, 533(7602): 247-252.

[8] Boland D, Quek M, Tangermann M, et al. Using simulated input into brain-computer interfaces for user-centred design. International Journal of Bioelectromagnetism, 2011, 13: 86-87.

[9] Congedo M, Goyat M, Tarrin N, et al. Brain invaders: A proto-type of an open-source P300-based video game working with the Open-ViBE platform. Proceedings of 5th International Brain-Computer Interface Conference, New York, 2011: 280-283.

彩　　图

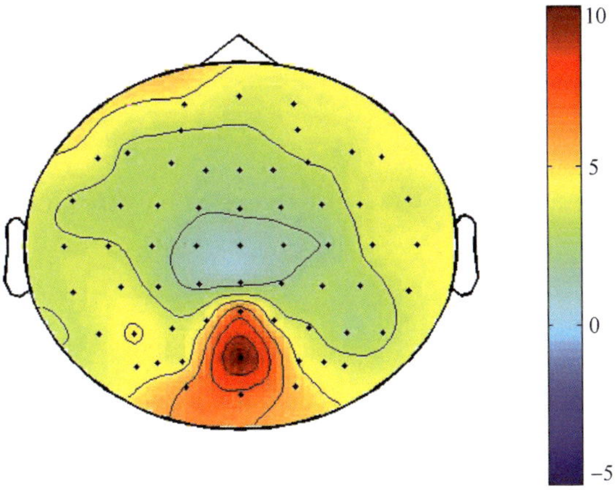

(d) 12Hz SSVEP响应的空间分布

图 1.5　SSVEP 信号的时域、频域、空间域特征

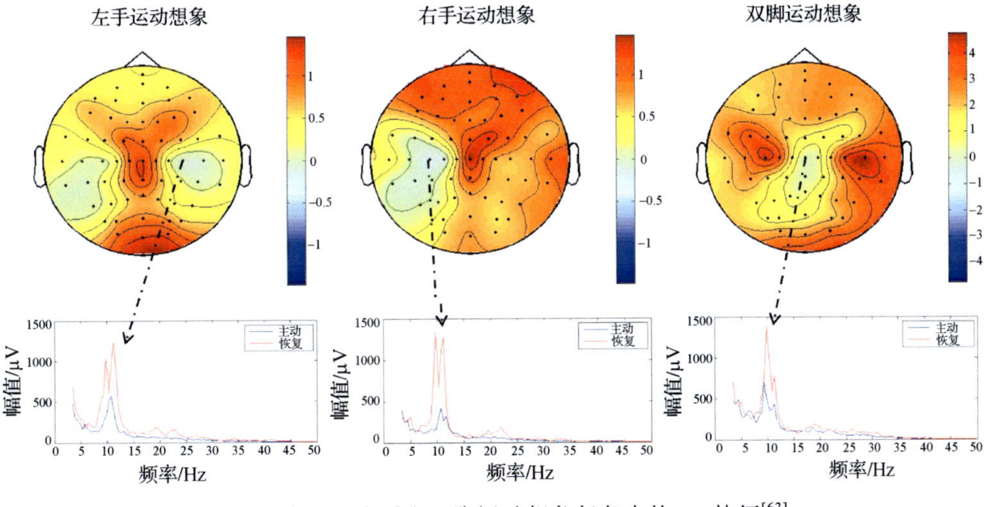

图 1.7　左手、右手和双脚运动想象任务中的 MI 特征[63]

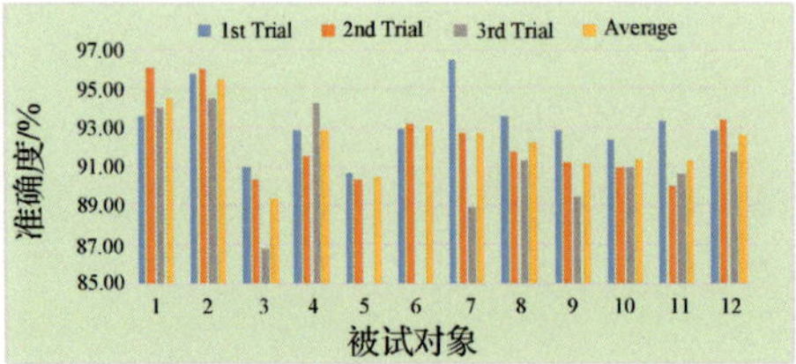

(a) 指令识别正确率的变化情况（中频）

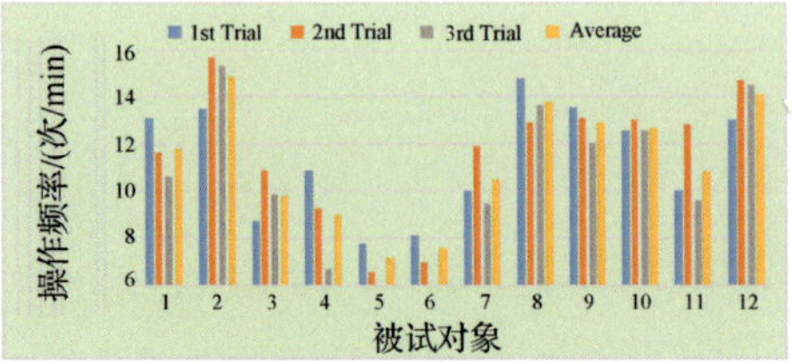

(b) 操作频率的变化情况（中频）

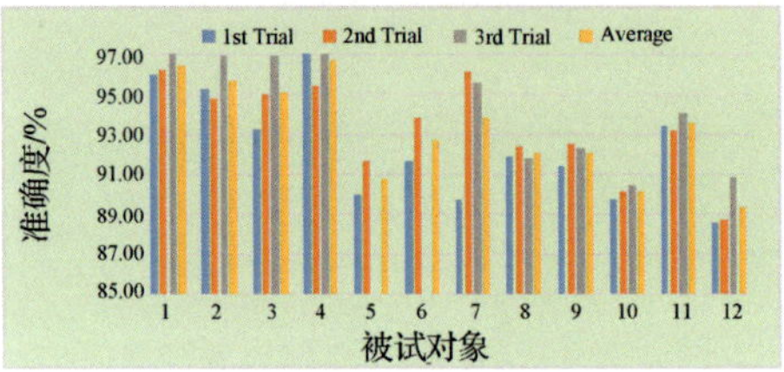

(c) 指令识别正确率的变化情况（高频）

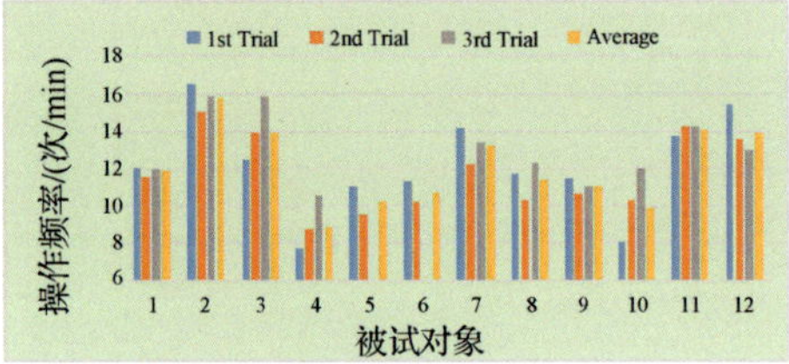

(d) 操作频率的变化情况（高频）

图 4.29　基于 SSVEP 的导航系统的性能指标随实验进程的变化

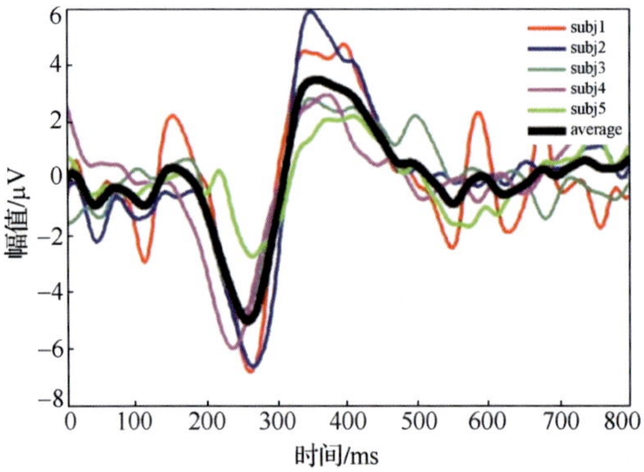

(a)

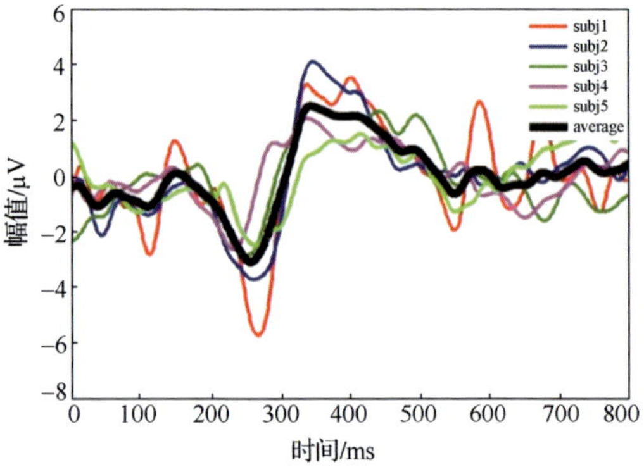

(b)

图 4.33　被试对象在 P3 和 CP3 通道的 N200 波形图

彩色细线为每位被试对象的波形图，黑色粗线为所有被试对象的平均波形图

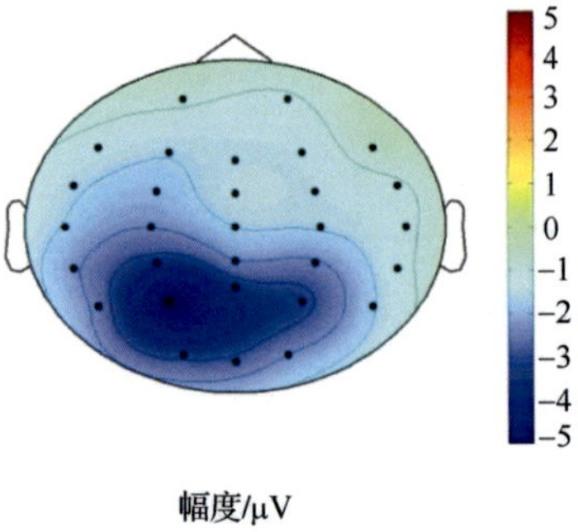

(a)

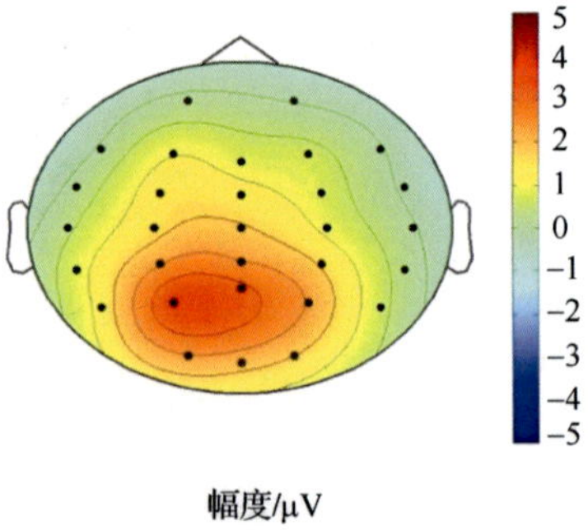

(b)

图 4.34　激励出现后 258ms 和 358ms 的 5 名被试对象的平均脑地形图

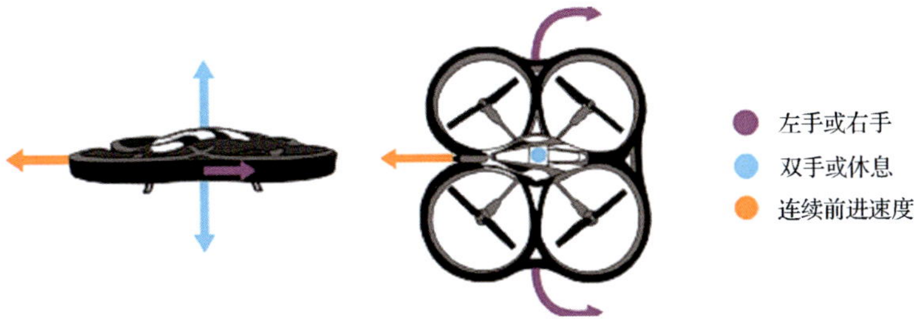

(a) 无人机可执行四种动作：前进(橙色)、上升(蓝色)、下降(蓝色)和转弯(紫色)　(b) 每个动作对应某个肢体的想象

图 4.56　无人机的执行方式

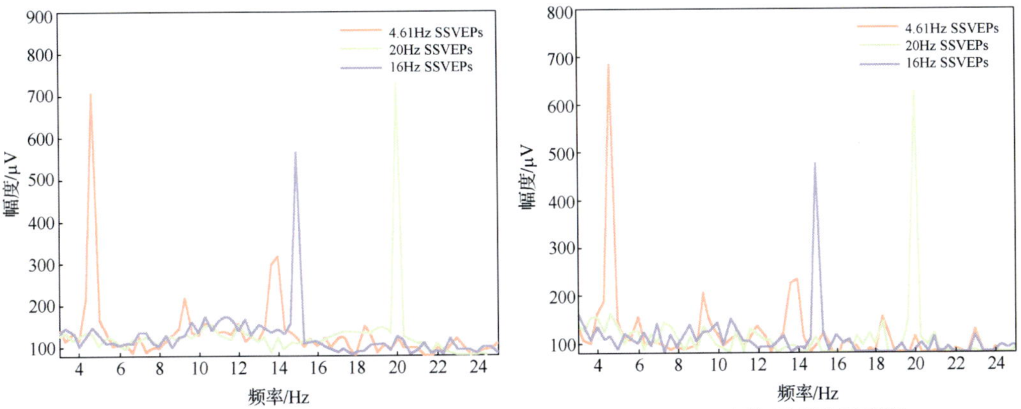

(a) Cerebus信号频谱图　(b) 便携采集器信号频谱图

图 5.17　两采集设备的信号频谱图

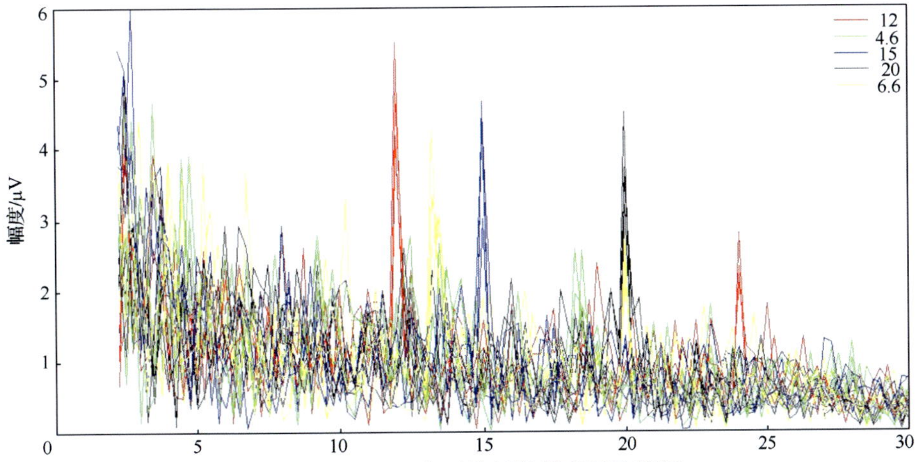

图 6.11　SSVEP 在五种刺激频率下的特征

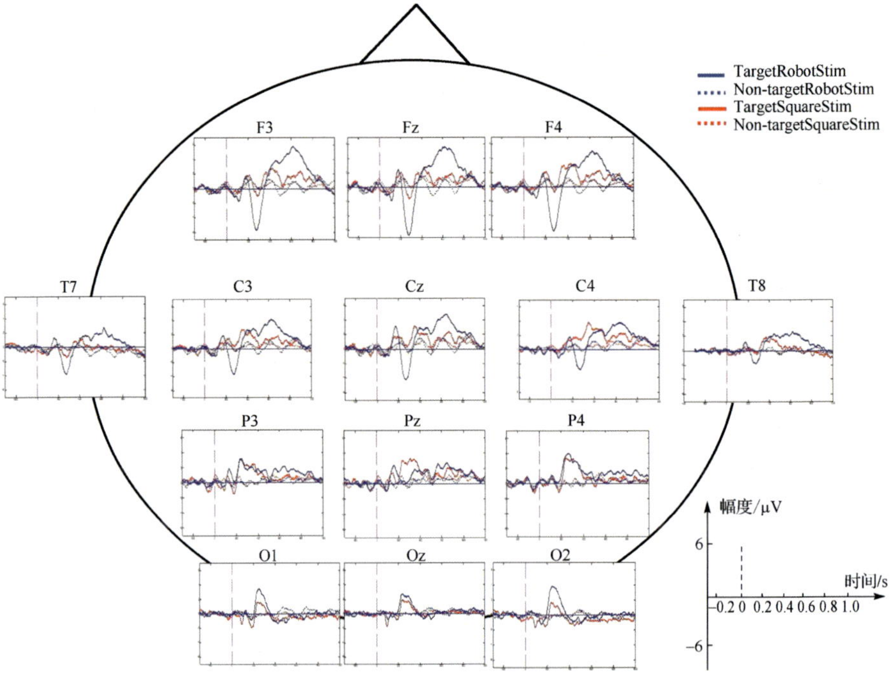

图 8.5　7 名被试对象的总平均图

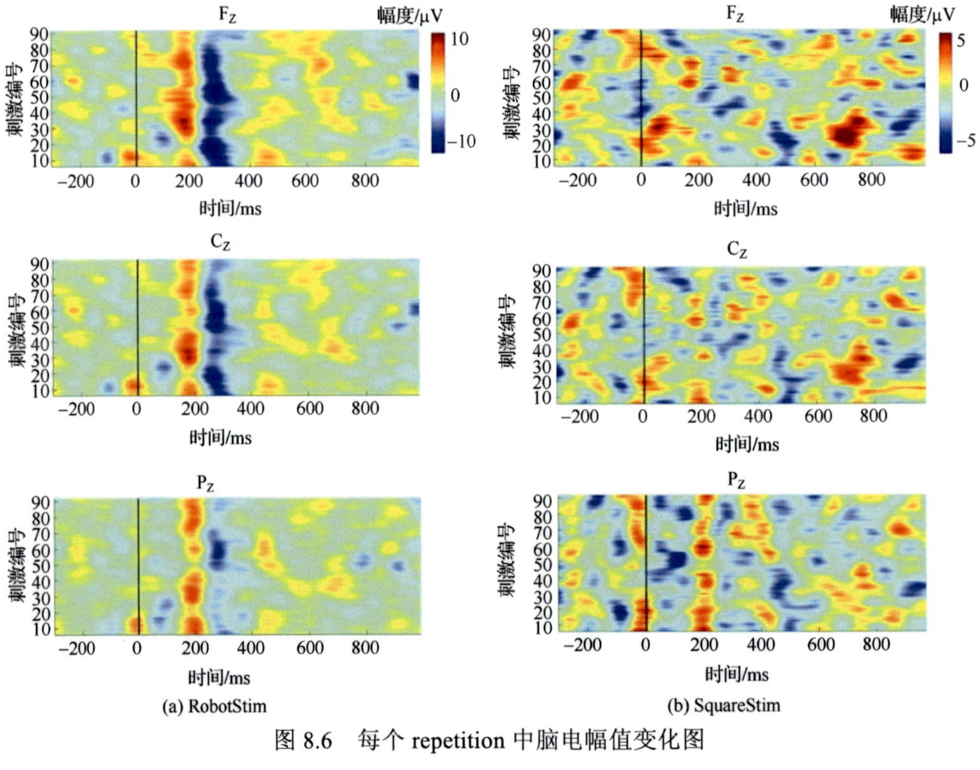

图 8.6　每个 repetition 中脑电幅值变化图

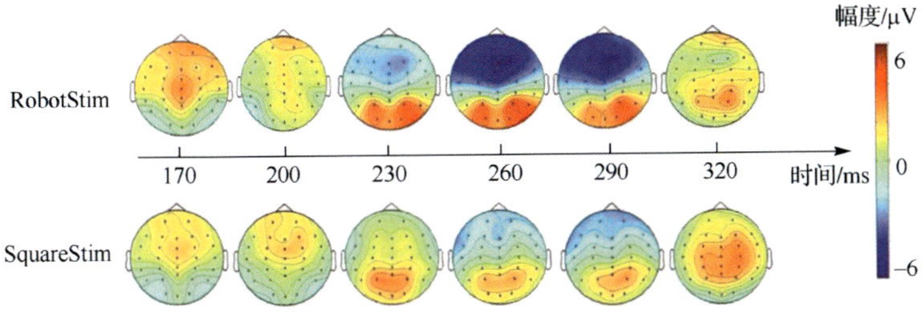

图 8.7　RobotStim 和 SquareStim 下多个时刻的脑地形图

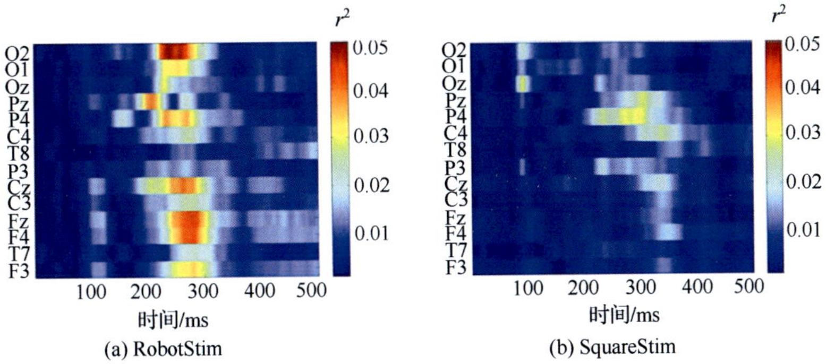

图 8.8　平均 r^2

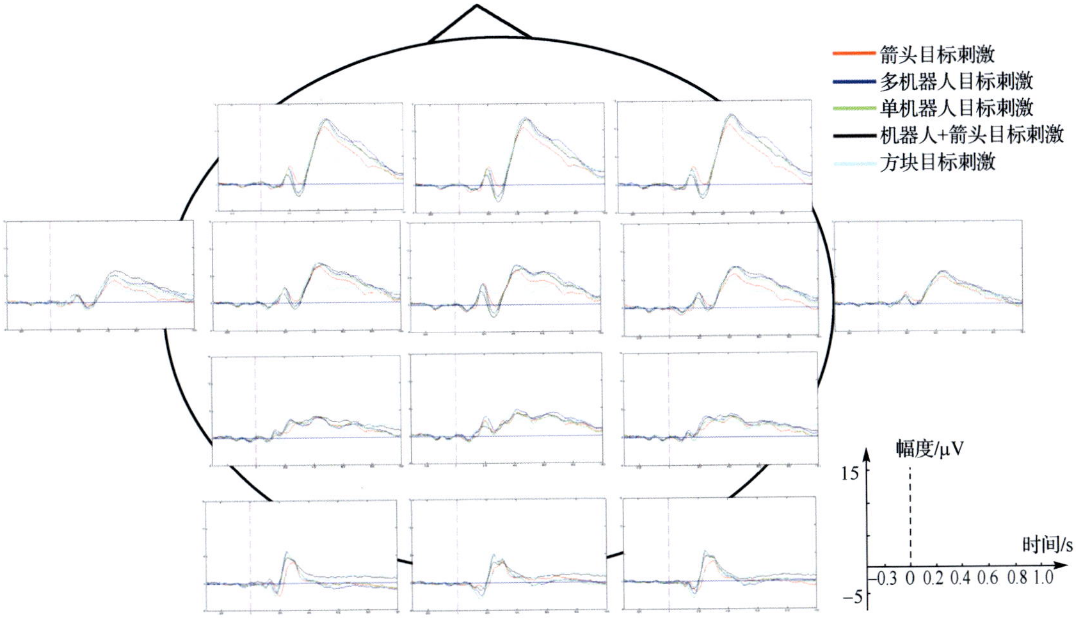

图 8.10　各通道的平均 ERP 波形

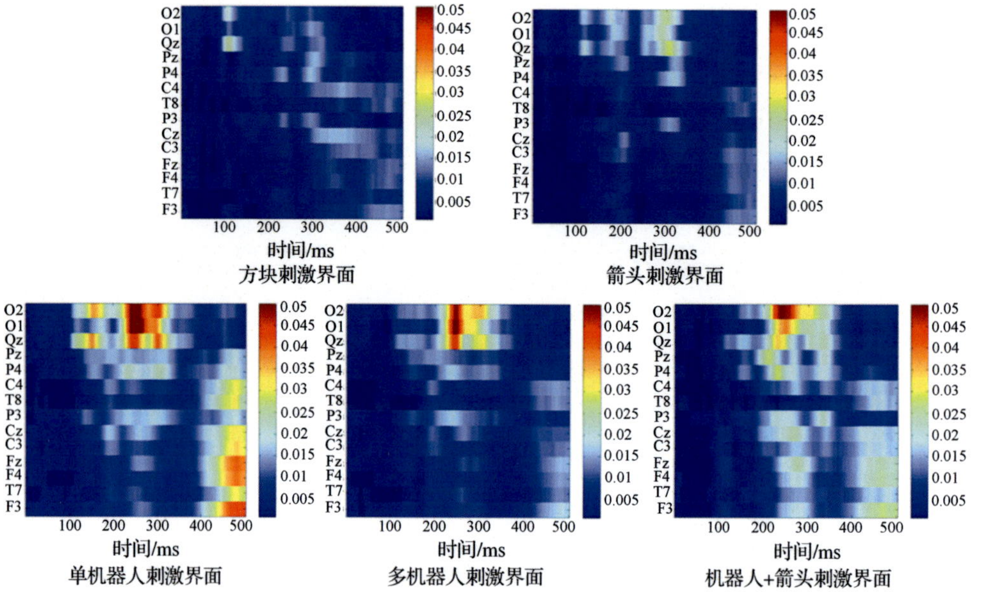

图 8.11　方块刺激界面、箭头刺激界面、单机器人刺激界面、多机器人刺激界面和机器人+箭头刺激界面对应的平均 r^2 图

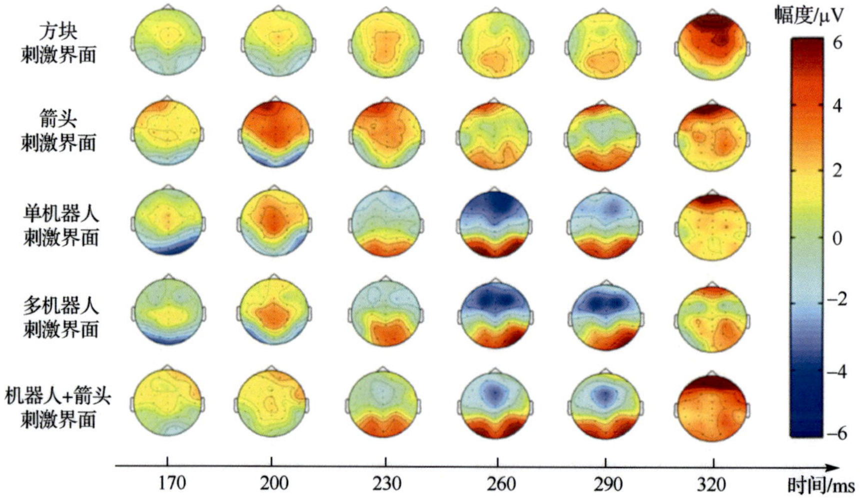

图 8.12　五个刺激界面各时刻脑地形图

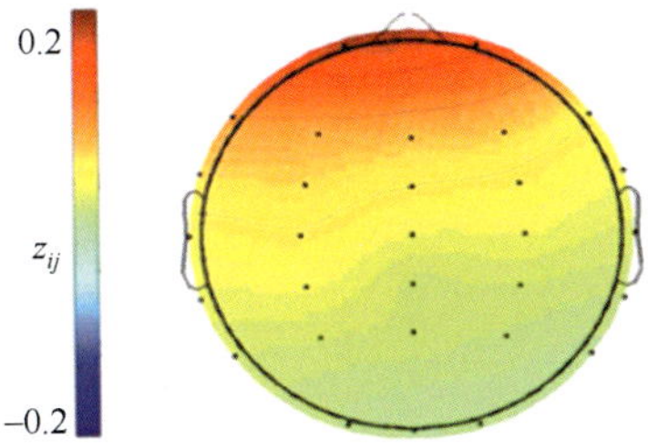

(a) 眨眼和垂直眼动伪迹脑地形图

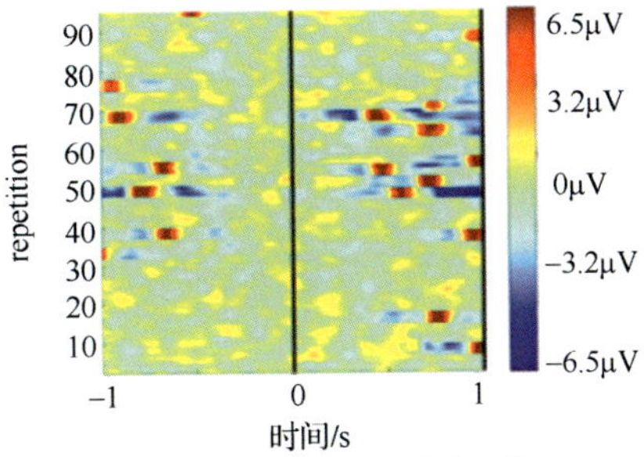

(b) 眨眼和垂直眼动伪迹图像

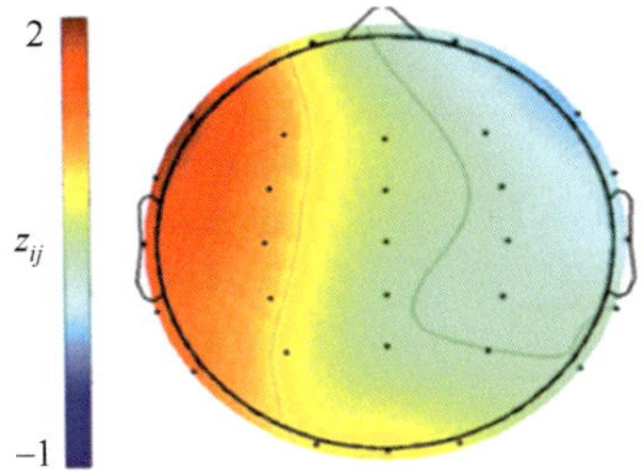

(c) 水平眼动伪迹脑地形图

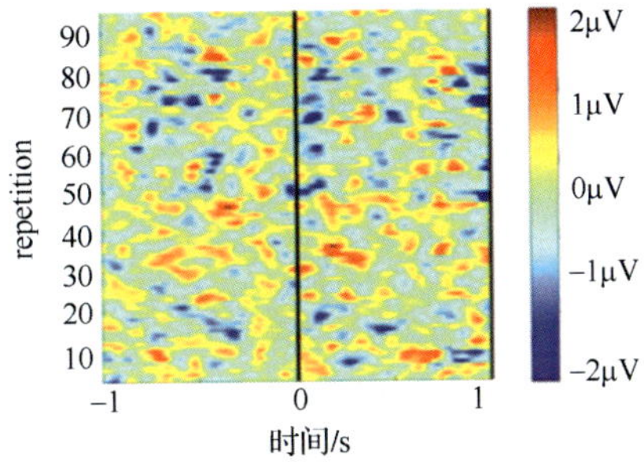

(d) 水平眼动伪迹图像

图 8.15　独立成分分析图

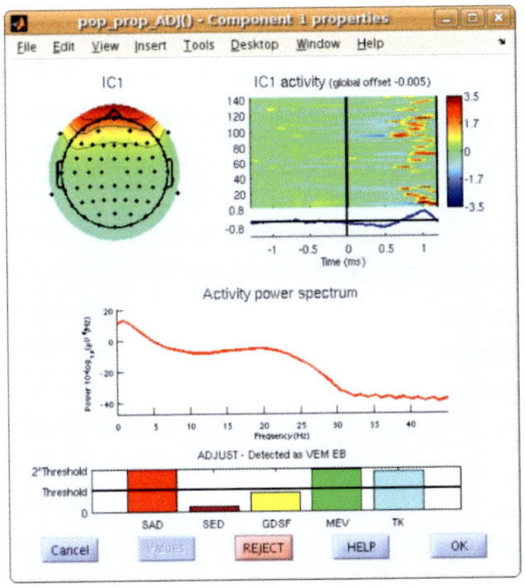

图 8.16　独立成分的伪迹判别结果[35]

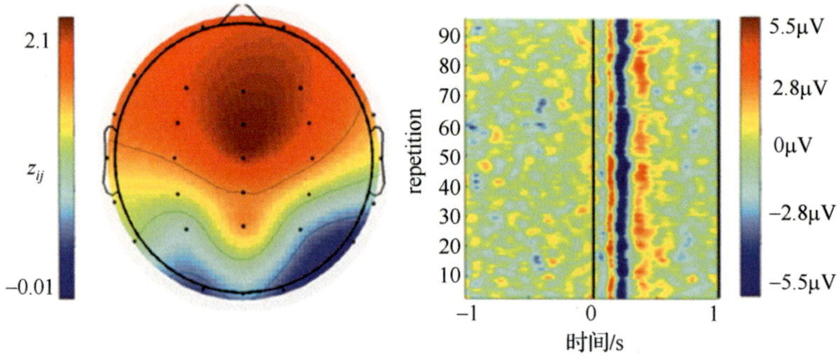

(a) ERP脑地形图　　(b) ERP图

图 8.17　ERP 独立成分分析图

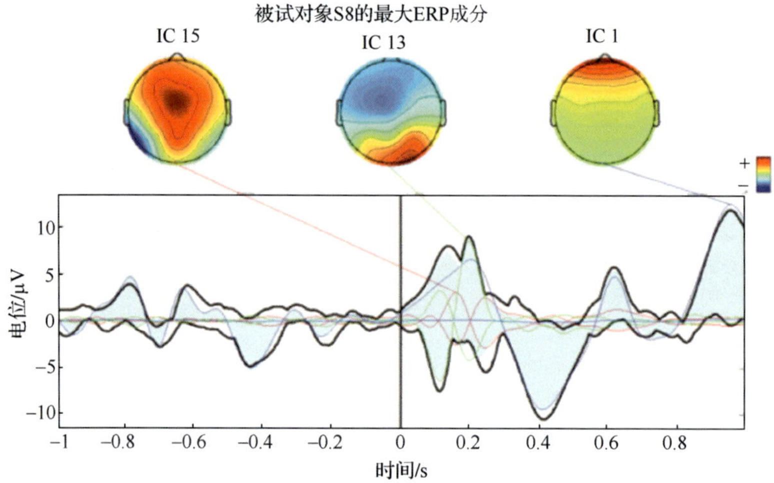

图 8.18　独立成分贡献——被试对象 subj8 的最大 ERP 成份

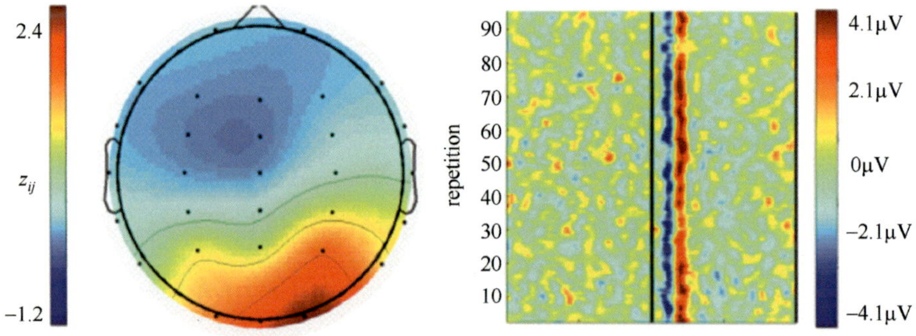

(a)　　(b)

图 8.19　独立成分 13 脑地形图以及 ERP 图